中国并购与股权投资基金年鉴

(2012)

China M&A and PE Yearbook

全国工商联并购公会 中国股权投资基金协会　编著

首都经济贸易大学出版社
·北　京·

图书在版编目(CIP)数据

中国并购与股权投资基金年鉴.2012/全国工商联并购公会,中国股权投资基金协会编著.—北京:首都经济贸易大学出版社,2012.1
ISBN 978-7-5638-1544-9

Ⅰ.①中… Ⅱ.①全… ②中… Ⅲ.①企业兼并—中国—2011—年鉴 ②股权—投资基金—中国—2011—年鉴 Ⅳ.①F279.21-54 ②F832.51-54

中国版本图书馆CIP数据核字(2011)第210487号

中国并购与股权投资基金年鉴(2012)
全国工商联并购公会　中国股权投资基金协会　编著

出版发行　首都经济贸易大学出版社
地　　址　北京市朝阳区红庙(邮编100026)
电　　话　(010)65976483　65065761　65071505(传真)
网　　址　http://www.sjmcb.com
E-mail　publish@cueb.edu.cn
经　　销　全国新华书店
照　　排　首都经济贸易大学出版社激光照排服务部
印　　刷　北京世纪雨田印刷有限责任公司
开　　本　787毫米×1092毫米　1/16
字　　数　672千字
印　　张　26.25
版　　次　2012年1月第1版第1次印刷
书　　号　ISBN 978-7-5638-1544-9/F·1120
定　　价　180.00元

主　　编：王　巍

执行主编：孙海波

执　　笔

（按姓氏笔画）

习青青　方时波
王叁寿　王君政
王本思　叶有明
史宣章　邓永成
代安乐　冯丽芸
吉尚凯　朴延华
刘晓君　刘晓娟
李彩凤　吴　军
张晓森　张　芝
陈　慧　陈克梦
陈可可　施国敏
徐翌成　柴建刚
曹光远

主　编

王　巍　万盟并购集团董事长，全国工商联并购公会会长，中国股权投资基金协会秘书长。自1982年以来曾任职中国建设银行、中国银行、日本野村证券、摩根大通银行、世界银行和中国南方证券等多家境内外金融机构，直接组织了中国几十家大型企业的改制、重组、承销及并购业务，在创新金融工具、企业重组和产业整合等领域经验丰富。王巍长期担任多个部委和省市政府的经济顾问，担任多家上市公司和金融机构的独立董事。主导本书的结构设计和全面统筹、审核工作。

E－mail：wangwei@mergers－china.com

执行主编

孙海波　《资本交易》副主编，具有教育、企业与媒体等工作经历，在行业期刊与新媒体方面有丰富的采编经验。曾参与主编《中国并购报告》、《新世纪中国十大并购》、《中国并购快讯》等图书与期刊。负责本书的协调与统稿。

作　者（按姓氏笔画排序）

习青青　幸汇投资管理有限公司高级投资经理。获开普敦大学（南非）经济、金融双学位，曾任南非联维资产管理公司（Interneuron Group）高级投资经理，管理2亿美元投资资产，为南非10亿美元养老基金提供资产管理顾问服务，先后参与400余家企业PE股权投资评估及30余家企业的尽职调查。负责本书第二章第二节部分内容的撰写。

方时波　上海新威投资管理有限公司董事、副总经理。曾任职于中国银行湖北分行、东方同济医疗产业有限公司、《上海经济》杂志、浦东金融管理学院等金融、投资专业机构和研究、教学单位。对金融市场、金融行业与上市公司、公司发展战略等理论有较深入的研究，在《经济体制改革》、《国际金融》等国家级核心期刊上发表多篇论文；在金融投资、并购与公司重组等运作方面有丰富的实践经验，为华东医药、益佰制药等多家上市公司和大型企业提供投融资和公司并购等专业服务。负责本书第三章并购分析部分内容的撰写。

王叁寿　汉鼎咨询执行总裁。自2006年起至今，带领汉鼎上市咨询团队为330家企业提供IPO一体化咨询、商业模式咨询、IPO可行性诊断、上市前细分市场调研、上市前后5年发展战略规划、上市后并购重组及市值管理咨询服务。负责本书第一章第二节、第三章各行业趋势分析与PE投资分析等章节的撰写。

王君政 京银律师事务所主任律师。中国社会科学院金融学博士（在读），拥有16年的法律从业经验，在企业并购与重组、私募股权投资、项目融资等领域有丰富的法律服务经验。先后为海峡（漳州）金融资产交易所、北京金融资产交易所、新华社金融信息交易所股权融资部、幸汇资本集团、宁夏能源产业基金、钻石基金、经易期货基金等基金设立、基金募集及基金项目投资提供全方位、全程的法律服务。同时，先后为《京华时报》、《银行家》杂志等媒体和摩根基金组织、清华紫光集团、巨能实业等公司提供常年法律服务。负责本书第四章第二节内容的编撰。

王本思 京银律师事务所律师。在公司并购与重组、私募股权基金设立、募集与项目投资及企业法律风险管理领域具有丰富的法律实务操作经验，其承办及参与的代表性案例有广州国际信托投资公司债务重组、某集团公司对原海南省证券交易中心重组等案例。同时，还先后为中国担保协会、北京金融资产交易所、新华社金融信息交易所、幸汇投资管理有限公司、中加国联投资担保有限公司等数十家企业单位提供常年法律服务及专项法律服务。负责本书第四章第二节内容的编撰。

叶有明 乔丹投资咨询（上海）有限公司总裁，拥有美国国际管理研究院（雷鸟商学院）MBA学位。在叶先生的主导下，乔丹公司（集团）先后在中国成功完成20余个投资项目，投资形式包括民营企业收购、国有企业改制中的股权竞购和绿地投资等。叶先生在中国担任美国企业成长协会（ACG）中国总部主席、全国工商联并购公会常务理事、上海并购俱乐部副秘书长。负责本书第二章第一节部分案例的点评。

史宣章 信永中和会计师事务所管理咨询合伙人，信永方略管理咨询有限责任公司总经理，西南财经大学会计专业硕士生导师。1985年从业以来，一直从事会计、审计、财务咨询、会计咨询等相关工作。在20多年的专业工作经历中，积累了丰富的实践经验和理论知识，主持多项国有大型企业、上市公司、IPO相关会计、审计、咨询服务，在工作过程中，从专业的视角，能够提出积极的建设性的专业意见，并能够以其专业能力为企业提供各类复杂问题的解决方案。负责本书第三章第一节各行业趋势分析与PE投资分析的撰写。

邓永成 幸汇投资管理有限公司高级投资经理。北京大学经济学本科和金融学研究生毕业，专注于股权和证券投资，曾任北京同凯经济发展有限公司投资经理，方得资产管理股份有限公司投资经理、投资总监。负责本书第二章第二节部分内容的撰写。

冯丽芸 东方高圣投资顾问有限公司分析师，上海并购俱乐部志愿者，华东政法大学国际法专业法学硕士，第二专业为华东师范大学金融学，具有跨金融、法律专业背景。曾在国浩律师集团担任并购业务领域律师，曾参与撰写《2010年中国并购报告》，在《资本交易》杂志发表文章若干篇。负责本书第二章第一节部分案例的撰写。

朴延华 幸汇投资管理有限公司高级投资经理。韩国首尔国立大学MBA，曾任职韩国韩亚银行和韩国美锐证券，负责中国企业赴韩上市项目。负责本书第二章第二节部分内容的撰写。

刘晓君 《资本交易》杂志编辑，河北大学文学学士。长期的期刊媒体从业经历练就其丰富的采编经验。负责本书第五章第一节部分内容的编撰。

李彩凤 亚洲商学院职员，具有企业行政、媒体等工作经历，有丰富的编辑部工作经验。负责本书第五章第二节部分内容的编辑整理。

吴　军 现任云南中致远汽车集团财务副总经理，四川大学2011级在读MBA，中国注册会计师、国际注册内部审计师。曾在国有企业、会计师事务所分别从事财务及审计、咨询工作，参与或负责过多家大型国企、上市公司的审计、IPO、改制重组等工作。曾参与编写《中国企业并购年鉴2010》及《中央企业并购重组报告2011》等书籍，并在《中国注册会计师》、《首席财务官》等杂志上发表过数篇关于审计、内部控制咨询及IPO、资本运作等方面的文章。负责本书第三章并购分析部分的撰写。

张晓森 中咨律师事务所合伙人，目前担任全国工商联并购公会常务理事、中华全国律师协会公司法专业委员会副主任。主要著述有《中国公司法原理与实务》、《公司纠纷的法律救济》、《杠杆收购与垃圾债券》、《中国并购报告》、《律师办案思路与技巧》等，获并购公会贡献奖、并购专项奖及国家科技进步二等奖等诸多奖项。负责本书第二章第一节部分案例的点评。

张　芝 幸汇投资管理有限公司资金部经理，对外经济贸易大学金融学硕士。负责基金募集与投资者关系管理。负责本书第二章第二节部分内容的撰写。

陈　慧 美国普睿驰咨询顾问，国家二级心理咨询师、临床执业医师。负责中国区并购整合、变革管理、企业文化顾问业务，主要研究领域为企业并购整合、变革管理、企业文化提炼与转型、压力提升绩效。研究企业并购群体心理、95—5企业文化方法论，擅长发现企业心理资本，辅助企业中高层在变化中成为领航者，提升员工心理素质。心理咨询个案积累逾2 000小时，团体及培训时数逾800小时。翻译出版普睿驰管理类书籍《经营变革》、《组织变革之员工手册》、《点燃承诺——组织变革经理人手册》。负责本书第二章第一节部分案例的点评和第三章并购分析部分的撰写。

陈克梦 北京股权投资基金协会（BPEA）研究部副部长。负责协会《中国PE与VC专刊》的编辑工作，并独立编辑《2010中国PE/VC人物名录》。负责本书第五章第二节部分内容的编撰。

施国敏 易凯资本有限公司高级投资经理。负责医疗保健行业（生物技术、药品、医疗器械、医疗服务等）、农业、清洁能源与新型技术领域的投资与并购机会的项目评估、筛选和执行。在加入易凯资本之前，施国敏先生任职于美敦力（中国）医疗技术有限公司，负责神经外科领域的产品市场与销售，在银华基金、阳光保险资产管理部、中欧国际工商学院拥有研究经历，负责医疗行业的项目咨询和公司研究。负责本书第三章并购分析部分的撰写。

徐翌成 中金公司投资银行部董事、总经理，兼并收购组负责人。徐翌成先生在兼并收购方面具有丰富的经验，曾作为项目牵头人、执行协调人参与了多行业、多类型的境内外并购项目，涉及A股、H股、红筹股及美国资本市场。近期经验包括中国电信行业重组、中国铝业收购力拓12%股份、中国移动收购巴基斯坦Paktel移动通信公司及香港万众电话、中国电监会920电力资产战略出售、中国石化私有化四家子公司，以及若干非上市公司的公开竞标和协议收购等。此外，徐翌成先生在电信行业、国企重组、境外IPO等领域也具有广泛的经验。负责本书第一章第一节的撰写。

柴建刚 长安律师事务所合伙人、律师，长安律师事务所私募股权基金部负责人，北大PE同学会投资服务专业委员会主任。在加入长安律师事务所之前，曾先后在新加坡国浩地产（中国）投资公司、冀中能源集团有限公司、北京天润置地集团等公司担任法务负责人，拥有丰富的国际商业运作投融资法律经验，对VC和PE投资银行业务有专项研究，在私募基金企业的设立、GP与LP的合伙人协议、募集说明书、LP的认购协议、资金托管协议、投资决策议事规则及拟投项目公司的股权并购、增资扩股、定向增发、股权置换、回购、对赌、反摊薄条款等方面的商业策划有着独到见解。负责本书第四章第一节内容的编撰。

曹光远 北京市长安律师事务所律师，金融证券委员会业务部成员，私募股权基金部成员。在公司法务，企业并购、重组，企业投融资顾问，私募股权基金全程运作，企业债券发行，企业改制与上市辅导，股权纠纷、合同纠纷等诉讼与仲裁方面具有较为丰富的经验，为花木兰投资基金并购上海敏慎环保科技公司、湖南岳阳广济医院、北京青鸟健身有限公司等并购交易提供法律咨询，并进行法律尽职调查。负责本书第四章第一节内容的编撰。

其他作者

代安乐 天津商业大学旅游管理专业研究生。

刘晓娟 天津商业大学企业管理专业研究生。

吉尚凯 天津商业大学企业管理专业研究生。

陈可可 天津商业大学旅游管理专业研究生。

导　言

自2002年起，全球并购研究中心主编的《中国并购报告》已经连续出版了10年，报告记录了中国并购市场的创建与高速成长的历史。无数大大小小的并购事件、更多前赴后继的并购人物、变幻莫测的市场和规则，都凝聚在每年一度的厚重长卷中，已成为重要的里程碑。

从2010年起，全国工商联并购公会（中国并购公会）正式与中国股权投资基金协会结成战略联盟，共同推动新金融力量（基金、并购等）在中国的发展，致力于建立一个规范的全球化的中国本土资本市场。鉴于此，全国工商联并购公会的全球并购研究中心与中国股权投资基金协会的中国新金融研究中心决定联手合作，将《中国并购报告》扩展为《中国并购与股权投资基金年鉴》，每年出版。

应邀写导言时，想到当年为《中国并购报告》出版奔波的往事。10年前，并购还是非常陌生的词汇，我们曾希望编辑一本《中国并购年鉴》，推动一个新的领域的年鉴出版物的诞生。我们从互联网上看到美国和澳大利亚都有类似的年鉴出版，并学习它们的谋篇布局。在联系了十几家出版社后，得到在中国物资出版社自费出版的机会。不过，出版社要求至少有两个“政审”方面的要求：即必须经部委机构批准才能称为年鉴，而且需要一位知名经济学者的序言。

显然，我们无法得到任何部委的确认，只好改称“报告”。不过，这个名字似乎比年鉴更受市场欢迎。我同时给七八个当时被社会认可的知名经济学家发函，介绍本书的内容和出版意义。很快我们接到了茅于轼先生的3 000字序言，而且这也是我们得到的唯一的经济学家的反馈。这个序言大大提升了报告的重要意义。在茅老80岁寿宴上，我们专门将这篇序言和历年并购报告的封面制作在一个精制镜框里，特别题词：“茅于轼先生，您是中国并购市场的吹鼓手!”茅老非常开心。

此后，前几年出版的并购报告不断改换出版社，有商业因素，但更重要的是审查因素。我写的序言始终被大量删改，甚至在第三年干脆开了天窗，用博客的网络链接地址代替序言。台湾的同行给我们写了几万字的台湾并购市场分析，基于政治用词的审查，结果大部分在出版时被砍掉。而且，台湾众多资深专家的简历也删去了全部“伪政府”的工作经历，变成了仅仅是学历简介，令人啼笑皆非。我每次面对台湾同行都要再三道歉。

不过，在这样一个混沌初开的市场上，能有这么多编辑朋友和出版社朋友支持我们，这是让我们永远感念的。作为主编，我感谢首都经济贸易大学出版社、中国物资出版社、华夏出版社、人民邮电出版社、中国经济出版社、中国金融出版社等出版社。

当然，我们更感谢所有参与《中国并购报告》写作的作者，他们来自几十家机构，特别是全国工商联并购公会的会员机构。他们本身都是实践者和探索者，他们在工作之余执著地记录着当下的历史，也通过并购报告的发布潜移默化地影响着历史的轨迹。

股权投资基金（Private Equity，简称“PE”）刚刚进入中国本土市场，正在探索中成长。与并购不同，股权投资基金刚一起步就得到了资本市场的高度重视，特别是在全球次贷危机后政府大举入市的背景下，股权投资基金成为中国政府调整结构和扩张经济的重要工具。

中央政府和各地政府积极推动产业基金的建立，以股权投资基金的形态投入市场，全球股权投资基金的巨头也迅速进入中国这样一个处女地，民间资本利用股权投资基金的方式整合自己的力量，各级监管部门也争相进入这个领域，以积极的扶植来伸张话语权。中国正在进入一个股权投资基金的热潮中。

并购与股权投资基金有高度的联动性，而且在很多情形下又具有同一性。没有基金的支持，并购常常是无源之水；没有并购的操作，基金则深陷泥潭。成熟的市场经济表明，基金与并购是互相激励、共同发展的资本力量，同样，如果处理不好，也是彼此拆台、互相毁灭的因素。从这一角度看，将并购与基金的研究结合起来大有好处。

中国股权投资基金协会与全国工商联并购公会能在非常短的时间内联手合作，为基金界和并购界贡献这样一本年鉴，值得高度关注。我期待业界同仁能给予支持和指教，帮助我们将这样一本年鉴做得有声有色，成为业界重要的知识资源和实用工具。

王　巍
全国工商联并购公会会长
中国股权投资基金协会秘书长
2011 年 12 月 18 日

目　录

第一章

中国并购与股权投资基金发展综述

第一节　并购综述[①]

一、全球并购分析

随着2008年由次贷危机引起的本轮全球金融危机有所缓和，全球经济从2010年伊始进入了缓慢复苏的过程。全球范围的宽松货币政策制造了充裕的流动性，后危机时代企业纷纷抓住机遇进行战略调整和布局，促进了全球并购市场回暖。

（一）全球并购市场概况

根据Dealogic数据统计，全球并购交易自2008、2009年连续两年数量、金额双双下滑后，在2010年企稳回升，并在2011年上半年保持了良好势头。2010年全年全球并购市场共发生41 738宗交易，涉及金额约为2.8万亿美元，分别较2009年增长了11.8%和19.4%，但交易金额仍比2008年少约4 045亿美元，仅相当于2007年峰值水平的59.62%；2011年上半年全球并购市场共发生22 328宗交易，涉及金额约为1.6万亿美元。参见图1－1。

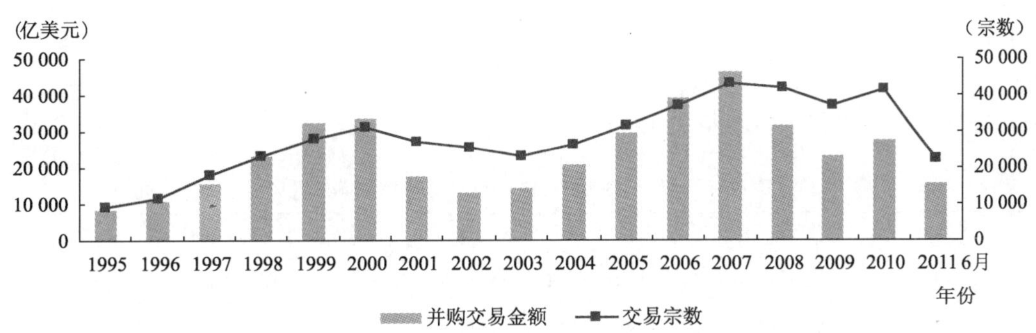

图1－1　1995～2011年6月全球并购交易总规模和总宗数

资料来源：Dealogic。

跨国并购市场基本保持了与全球并购市场同步回升的脚步。Dealogic数据显示，2010年全球共发生跨国并购交易10 170宗，涉及金额约为9 542亿美元，分别较2009年增长了21.9%和58.8%，但仍低于2008年的水平，交易金额仅约为2007年峰值的52.9%；2011年上半年，全球共发生跨国并购交易5 620宗，涉及金额约为4 894亿美元，基本保持了缓慢回升的态势。参见图1－2。

① 本节作者为徐翌成。

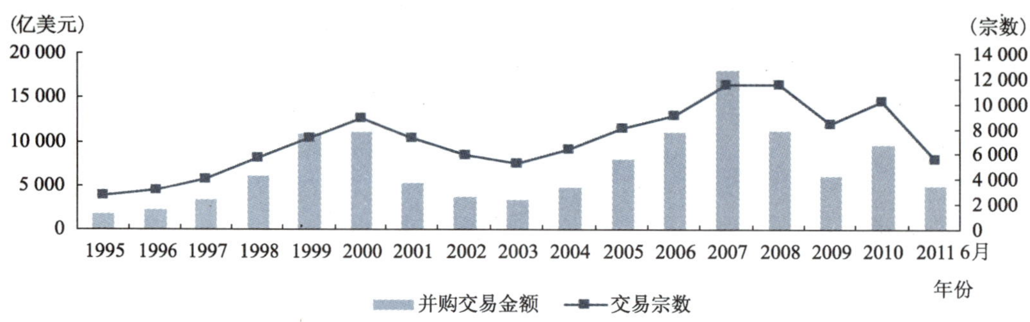

图1-2 1995~2011年6月全球跨国并购交易总规模和总宗数

资料来源：Dealogic。

(二) 全球重大并购交易分析

从单宗交易来看，Dealogic数据显示，2010年至2011年上半年，全球共有14宗超过200亿美元的大型并购交易，各国政府在其中扮演了重要的角色。最大的一宗交易为美国政府救助美国国际集团（AIG），收购其61%的股份，交易金额达到589.8亿美元；其次为巴西石油公司向巴西政府收购在桑托斯盆地40年勘探生产特许权，交易金额达到425.9亿美元。值得注意的是，在过去的一年半中，电信行业的并购交易十分活跃，包括AT&T 390亿美元收购T-Mobile USA 100%股权；俄罗斯Vimpelcom 248.8亿美元收购意大利Weather Investment 100%股权；墨西哥美洲电信公司241.3亿美元收购Carso Global Telecom 99%股权；CenturyTel 237.8亿美元收购Qwest Communication International 100%股权等。参见表1-1。

表1-1 2010~2011年6月全球十大并购交易

排名	宣布日期	目标方			收购方			交易金额（亿美元）	持股（%）
		公司	所在国	行业	公司（或政府）	所在国	行业		
1	2010-9-30	美国国际集团	美国	保险	美国政府	美国	政府	589.8	61
2	2010-9-1	油气资产（桑托斯盆地勘探生产特许权）	巴西	油气	巴西石油公司	巴西	油气	425.9	100
3	2011-3-20	T-Mobile USA	美国	电信	AT&T	美国	电信	390.0	100
4	2010-1-4	Alcon	瑞士	医疗	诺华制药	瑞士	医疗	283.6	52
5	2011-1-10	Progress Energy	美国	电力	Duke Energy	美国	电力	258.1	100
6	2010-10-4	Weather Investment	意大利	电信	Vimpelcom	俄罗斯	电信	248.8	100
7	2010-8-29	Genzyme	美国	医疗	Sanofi-Aventis	法国	医疗	244.8	100
8	2010-1-13	Carso Global Telecom	墨西哥	电信	墨西哥美洲电信公司	墨西哥	电信	241.3	99
9	2010-4-22	Qwest Communications International	美国	电信	CenturyTel	美国	电信	237.8	100
10	2010-8-10	GDF Suez	法国	电力	International Power	英国	电力	234.1	100

资料来源：Dealogic。

同期，后危机时代背景下投资者和各国政府、监管机构对于大规模并购交易的审慎态度也导致了诸多并购交易的搁浅。最大一宗失败交易为必和必拓在加拿大政府的影响下，最终放弃了其对 Potash Corp of Saskatchewan 高达 433.8 亿美元的敌意收购意向，而纳斯达克交易所与美国洲际交易所以 133.9 亿美元联合收购纽约泛欧交易所的失败也引起了相当的关注，参见表 1－2。

表 1－2　2010～2011 年 6 月全球十大失败并购交易

排名	宣布日期	目标方			收购方			交易金额（亿美元）	持股（%）
		公　司	所在国	行业	公　司	所在国	行业		
1	2010－8－17	Potash Corp of Saskatchewan	加拿大	化工	必和必拓	澳大利亚	矿业	433.8	100
2	2010－3－1	友邦保险	中国香港	保险	Prudential	英国	保险	355.0	100
3	2010－9－30	Mobile Telecommunications	科威特	电信	Emirates Telecommunic	阿联酋	电信	184.0	51
4	2011－6－28	Companhia Brasileira de Distribuicao	巴西	零售	家乐福、巴西国家发展银行、BTG Pactual	法国	零售	139.8	100
5	2010－6－15	英国天空广播公司	英国	电信	新闻集团	美国	出版	135.3	62
6	2011－4－1	纽约泛欧交易所	美国	金融	纳斯达克交易所、美国洲际交易所	美国	金融	133.9	100
7	2010－12－20	PLUS Expressways	马来西亚	建设	Jelas Ulung Sdn Bhd	马来西亚	金融	109.6	100
8	2010－3－9	Sanofi－Aventis	英国	医疗	Merck & Co	美国	医疗	90.0	100
9	2010－6－27	Reliance Infratel	印度	电信	GTL Infrastructure	印度	建设	89.6	100
10	2010－12－15	Capital Shopping Centres Group	英国	地产	Simon Property Group	美国	地产	87.7	94

资料来源：Dealogic。

（三）全球并购市场行业分布分析

分行业来看，2010 年至 2011 年上半年，油气、金融依然保持了在并购领域的强势，交易金额分列第一、第二位。油气行业是 2010 年至 2011 年上半年交易发生最频繁的行业，共发生并购交易 2 672 宗，涉及金额约为 4 441 亿美元，占全球并购市场的 10.3%，比 2005 年以来平均 7.8% 的市场份额有较大提升；金融行业同期共发生并购交易 5 062 宗，涉及金额约为 4 265 亿美元，占全球并购市场的 9.8%，但还是大幅低于 2005 年以来平均 14.3% 的市场份额。参见图 1－3。

近一年半以来，电信行业的整合步伐进一步加快，交易金额排位由 2009 年的第四位上升一位，列第三位。2010 年至 2011 年上半年，电信行业共发生并购交易 1 819 宗，涉及金额约为 3 905 亿美元，占全球并购市场份额的 9.0%，单宗平均交易金额为2.15 亿

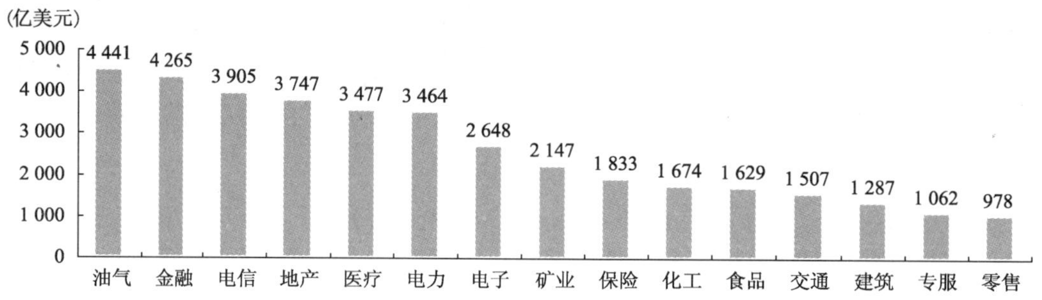

图 1-3　2010～2011 年 6 月全球并购交易前 15 大行业情况

资料来源：Dealogic。

美元，是各行业中最高的。同期前十大交易中有 4 宗来自于电信行业，贡献交易金额 1 117亿美元。

此外，地产行业有所回暖，2010 年至 2011 年上半年共发生并购交易 4 398 宗，涉及金额约为 3 747 亿美元，占全球并购市场的 8.7%。医疗行业并购交易依然在高位运行，2010 年至 2011 年上半年共发生并购交易 4 108 宗，涉及金额约为 3 477 亿美元，占全球并购市场的 8.1%，参见图 1-4。

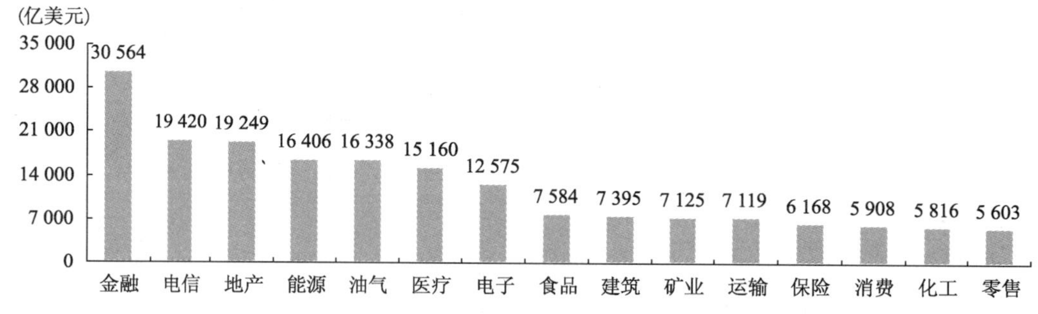

图 1-4　2005～2011 年 6 月全球并购交易前 15 大行业情况

资料来源：Dealogic。

（四）全球并购市场地域分布分析

从地域看，北美一直是全球并购市场中最活跃的地区，2005 年以来并购交易额占全球的 39.9%，共发生并购交易 73 787 宗，涉及金额 86 799 亿美元。但在此次金融危机和亚洲、拉美等新兴经济体迅速发展的双重影响下，近年来其占全球并购市场份额有所下降，2010 年至 2011 年上半年，北美地区共发生并购交易 18 366 宗，涉及金额 16 453 亿美元，占全球的 38.1%。

欧洲受到债务危机等因素的持续影响，经济复苏迟缓，投资者信心低迷，反映在并购市场则是交易金额的大幅下滑。2010 年至 2011 年上半年，欧洲地区共发生并购交易 21 580 宗，涉及金额 12 520 亿美元，占同期全球并购市场的 29.0%，远低于 2005

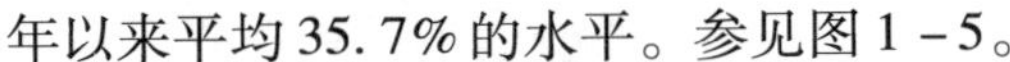

年以来平均35.7%的水平。参见图1－5。

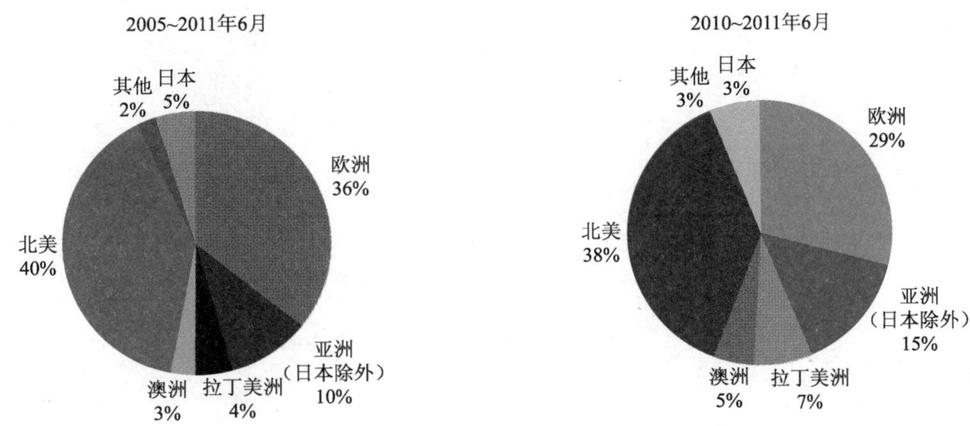

图1－5　全球并购交易按地区分布（按交易金额）

资料来源：Dealogic。

注：亚洲含北亚、东南亚及印度，其他包括非洲、中东和加勒比地区。

与之形成鲜明对比的是，新兴经济体的快速发展带动了区域并购市场的活跃发展。2010年至2011年上半年，亚洲（除日本）地区并购市场依然保持了强势增长态势，共发行并购交易13 717宗，涉及金额6 328亿美元，占同期全球并购市场的14.7%。拉丁美洲地区在2010年至2011年上半年，在全球并购市场表现最为抢眼，共发生1 995宗交易，涉及金额3 091亿美元，超过日本位列第四，占同期全球并购市场的7.2%，远远高于2005年以来3.6%的平均水平。

二、中国并购市场分析

2010年至2011年上半年是后危机时期，世界经济复苏缓慢，中国引领了全球经济的增长步伐；2010年至2011年上半年又是跨越时期，“十一五”重要的收官之年，“十二五”精彩的开局之年。在“保增长、扩内需、调结构”的方针指引下，国民经济增长升级，产业结构调整等需求日益凸显，加上国家产业政策的大力支持，中国并购市场保持了较为活跃的发展态势。

（一）中国并购市场概况

2010年，中国共发生并购交易4 306宗，涉及金额约为2 349亿美元，较2009年分别增长了16.3%和14.5%。2011年上半年，中国共发生并购交易2 198宗，涉及金额约为1 102亿美元。从全球市场来看，2010年至2011年上半年，中国并购交易占全球市场份额已经从2001年的1.0%水平上升到目前的8.0%，中国并购交易已经开始在全球并购市场上扮演着举足轻重的角色。参见图1－6。

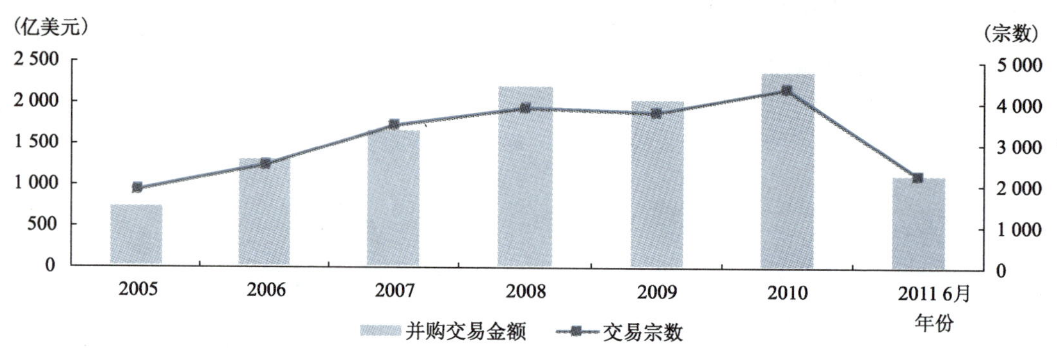

图 1-6　2005～2011 年 6 月中国并购市场情况

资料来源：Dealogic。

（二）中国并购市场行业分布分析

分行业来看，根据 Dealogic 统计数据显示，金融、地产、矿业和油气行业是中国并购市场保持增长的驱动力。2010 年至 2011 年上半年，金融业是第一大并购板块，相关并购交易共发生 342 宗，共涉及金额 451 亿美元，占中国市场份额的 13.1%，以通过战略投资、再融资、基石投资等形式收购上市银行股权为主要交易形式，也包括部分企业集团财务公司的增资扩张。同期，地产相关并购交易共发生 635 宗，涉及金额 368 亿美元，占中国市场份额的 10.1%。

此外，油气、汽车等行业并购交易增长迅速，2010 年及 2011 年上半年交易金额分别达到 324 亿美元和 146 亿美元。同期，运输和医疗等行业并购市场与往年相比较为平淡，交易金额分别为 140 亿美元和 82 亿美元。参见图 1-7。

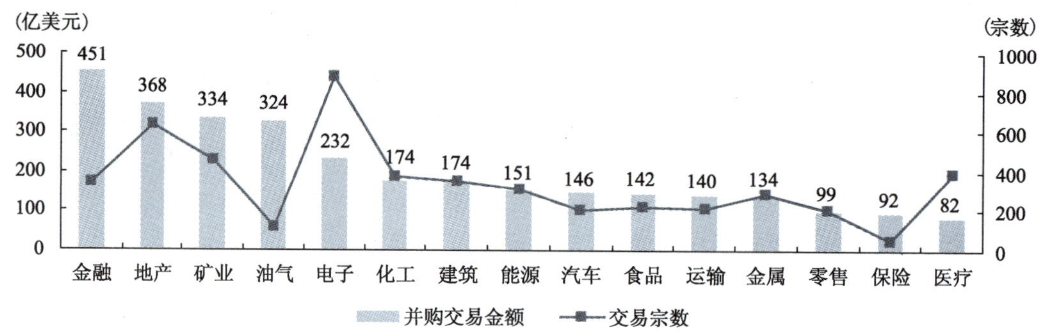

图 1-7　2010～2011 年 6 月中国并购市场总交易额按行业分布

资料来源：Dealogic。

从平均单宗交易来看，油气行业 2010 年至 2011 年上半年共发生并购交易 113 宗，平均单宗交易额高达 2.9 亿美元，为平均单宗交易额最大的行业。其中，中石化以 25 亿美元收购阿根廷油气运营资产的相关交易成为该行业当期最大的收购案。

保险业也不乏大单并购交易。2010 年至 2011 年上半年，该行业平均单宗并购交易金额达到 1.9 亿美元，为平均单宗交易额第二大行业。其中的大单交易包括：周大福以 25 亿美元收购平安保险 3.4% 股份；安联以近 9 亿美元收购中国太平洋保险 2.3% 股份。

金融行业以同期平均单宗并购金额 1.3 亿元成为平均单宗交易第三大行业。行业内大单交易包括：中移动以 58 亿美元收购上海浦东发展银行 20% 股份，同时也成为同期中国地区最大的并购交易；平安保险以旗下平安银行资产为对价，认购深发展银行新发行股份，交易后深发展银行完成对平安银行的收购，同时平安保险集团合计持有深发展银行 51% 的股份。参见图 1－8。

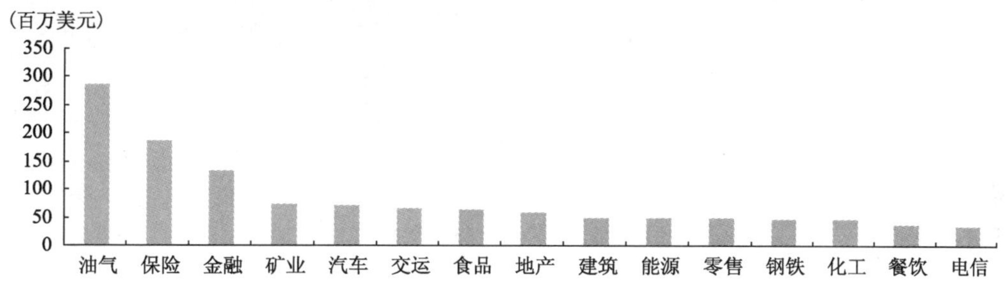

图 1－8　2010～2011 年 6 月中国并购市场平均单宗并购交易金额按行业分布

资料来源：Dealogic。

（三）中国并购市场交易类型分布分析

从交易类型来看，2010 年至 2011 年上半年，境内并购共发生并购交易 4 680 宗，涉及金额 2 047 亿美元，市场份额与 2005 年以来平均水平基本持平，约占全部并购交易的 59%；同期外资入境共发生并购交易 1 303 宗，涉及金额 689 亿美元，市场份额较 2005 年以来平均水平有所下降，约占全部并购交易的 20%；海外收购份额较 2005 年以来平均水平上升一个百分点，达到 21%，共发生交易 521 宗，涉及金额 715 亿美元。参见图 1－9。

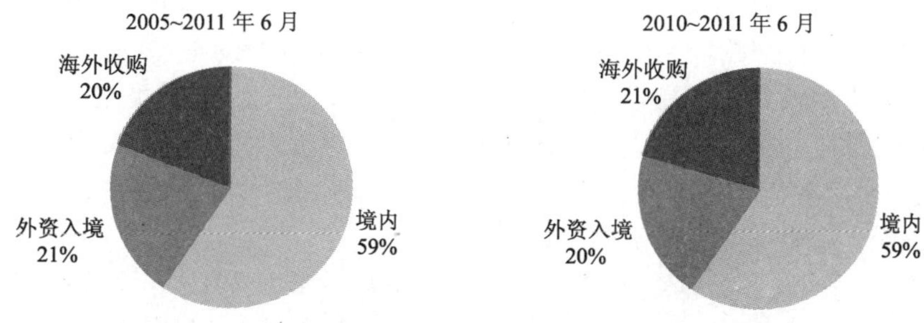

图 1－9　中国并购市场交易按类型分布（按交易金额）

资料来源：Dealogic。

1. 中国境内并购市场持续升温

具体而言，中国境内并购保持活跃，2010 年共发生并购交易 3 076 宗，涉及金额 1 378亿美元，同比分别增长 13% 和 3%；2011 年上半年共发生并购交易 1 604 宗，涉及金额 669 亿美元。中国境内并购的热点行业主要集中在金融、地产和能源矿产行业，2005 年至 2011 年上半年，境内金融行业并购交易额为 306 亿美元，占比 15%；境内地产行业并购交易额为 265 亿美元，占比 13%；境内能源矿产行业并购交易额为 181 亿美元，占比 9%。参见图 1－10。

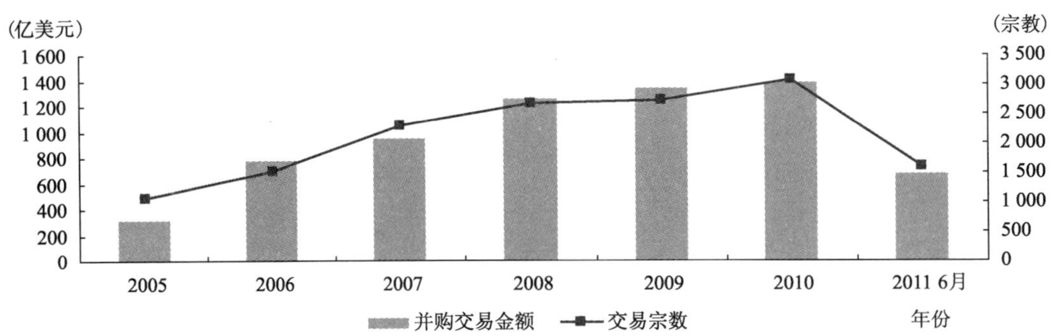

图 1－10　2005～2011 年 6 月中国境内并购交易情况

资料来源：Dealogic。

从并购交易目的来看，中国境内并购交易还可以大致细分为以下五类：

➢ 产业整合：一般是同行业横向，或上下游企业纵向的股权收购，并且一般收购的股比比较显著。2010 年至 2011 年上半年，产业整合类型的并购交易金额达 859 亿美元，占全部交易类型的 47%。2005 年以来，产业整合类型的并购交易金额累计达 2 173 亿美元，占全部交易类型的 39%。

➢ 整体上市：同一控制下企业间资产或股权整合上市。2010 年至 2011 年上半年，整体上市类型的并购交易金额达 500 亿美元，占全部交易类型的 27%。2005 年以来，整体上市类型的并购交易金额累计达 2 299 亿美元，占全部交易类型的 41%。

➢ 财务投资：包括财务性投资、私募入股、回购等交易。2010 年至 2011 年上半年，财务投资类型的并购交易金额达 321 亿美元，占全部交易类型的 18%。2005 年以来，财务投资类型的并购交易金额累计达 577 亿美元，占全部交易类型的 11%。

➢ 借壳：非上市公司借壳上市。2010 年至 2011 年上半年，借壳类型的并购交易金额达 80 亿美元，占全部交易类型的 4%。2005 年以来，借壳类型的并购交易金额累计达 393 亿美元，占全部交易类型的 7%。

➢ 基金收购：以各类基金为收购方发起的并购交易。2010 年至 2011 年上半年，基金收购类型的并购交易金额达 70 亿美元，占全部交易类型的 4%。2005 年以来，基金收购类型的并购交易金额累计达 121 亿美元，占全部交易类型的 2%。参见图 1－11。

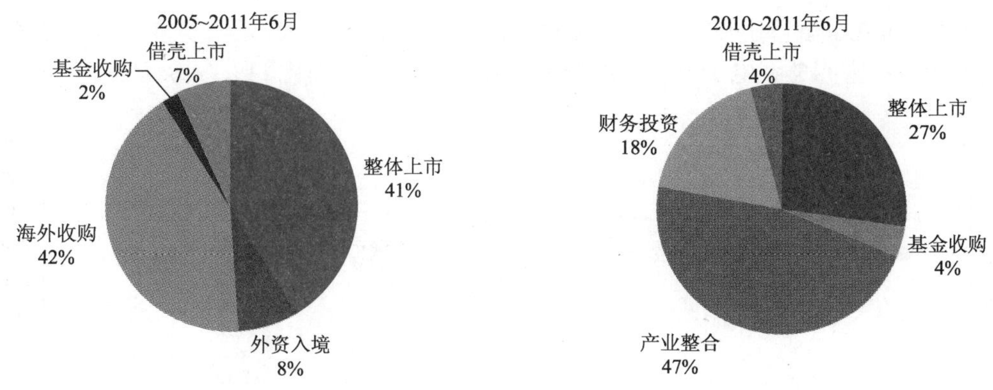

图1-11　交易金额5 000万美元以上的中国并购交易按交易目的分布（按交易金额）

资料来源：根据公开信息整理。

2. 中国企业海外收购高速增长

由于受此次金融危机冲击较小，国家政策鼓励企业"走出去"，近年来，中国企业赴海外收购较为积极。2010年，中国海外收购共发生交易327宗，涉及金额529亿美元，同比分别增长25%和41%。2011年上半年，中国海外收购共发生交易194宗，涉及金额187亿美元。中国公司海外并购的热点行业主要集中在油气、矿产和金融3个行业。2005年至2011年上半年，中国公司海外并购中油气行业的交易额为300亿美元，占比42%；矿产行业海外并购交易额为100亿美元，占比14%；化工行业海外并购交易额为62亿美元，占比9%。参见图1-12。

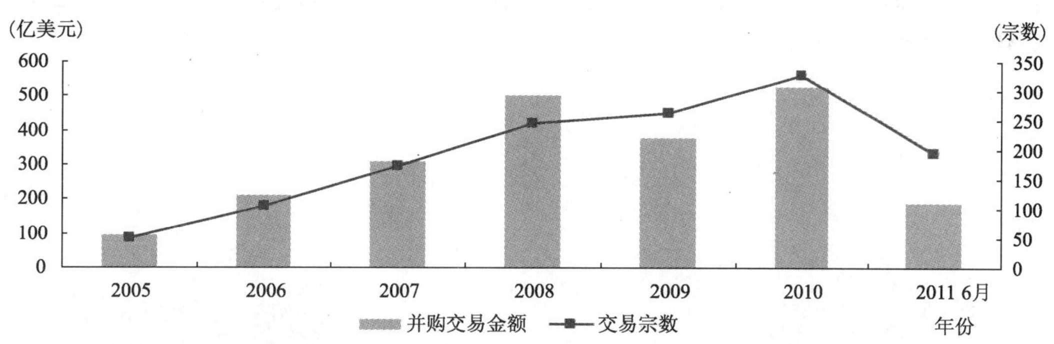

图1-12　2005~2011年6月中国海外并购交易情况

资料来源：Dealogic。

3. 外资入境并购比例下降

外资入境并购交易虽然在总体份额上略有下降，但绝对数量和金额仍有较大增长。2010年共发生外资入境并购交易903宗，涉及金额443亿美元，同比分别增长16%和43%。外资入境并购主要的热点行业包括金融、地产和电子等。2005年至2011年上半年，外资入境在金融行业并购交易额为104亿美元，占比15%；地产行业并购交易额为98亿美元，占比14%；电子行业并购交易额为76亿美元，占比11%。参见图1-13。

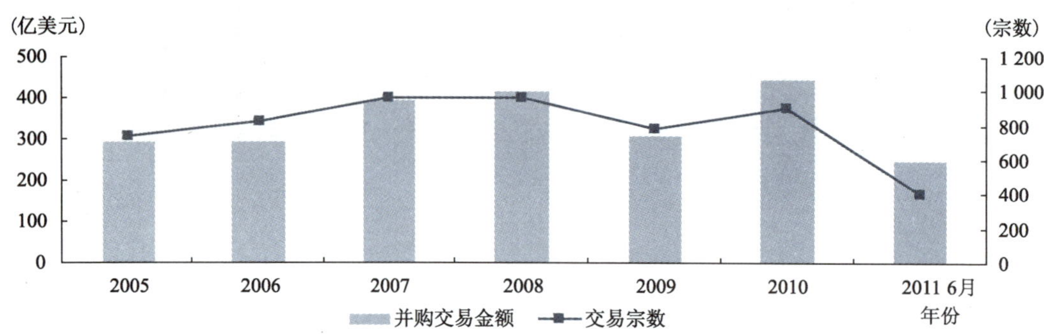

图1-13　2005~2010年6月外资入境并购交易情况

资料来源：Dealogic。

（四）中国并购市场交易主体分布分析

我们研究了2005年以来涉及金额在5 000万美元以上的中国并购交易。从并购交易涉及的主体类型来看，央企近年来并购份额有所下降，民营经济在并购市场上逐渐扮演越来越重要的角色。2010年至2011年上半年，央企并购涉及金额636亿美元，占中国并购市场的23%，较2005年以来平均34%的市场份额大幅下滑11个百分点；国企并购涉及金额877亿美元，占中国并购市场的31%，较2005年以来平均30%的市场份额上升1个百分点；外资并购涉及金额672亿美元，占中国并购市场的24%，较2005年以来平均19%的市场份额上升5个百分点；民营企业并购涉及金额618亿美元，占中国并购市场的22%，较2005年以来平均17%的市场份额上升5个百分点。参见图1-14。

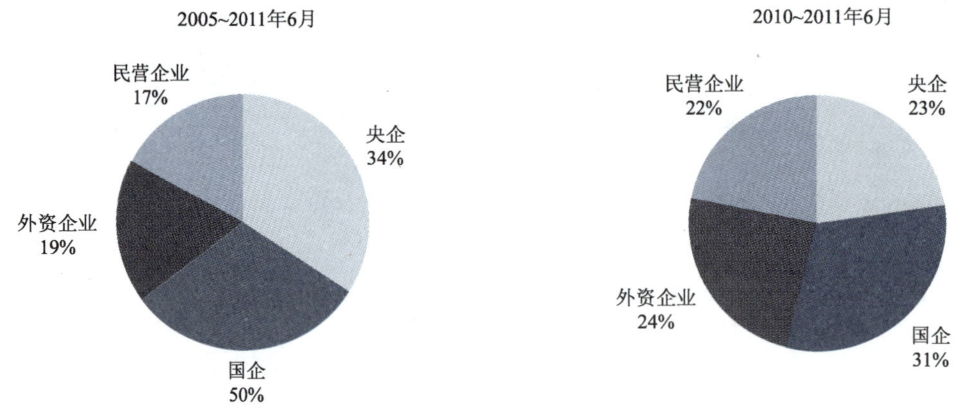

图1-14　交易金额5 000万美元以上的中国并购交易按交易主体分布（按交易金额）

资料来源：根据公开信息整理。

注：央企为中央级企业和机构，国企仅为地方国有企业。

三、中国上市公司并购分析

（一）中国上市公司并购概况

按照上市公司上市地划分，中国上市公司的并购交易可分为 A 股上市公司、香港上市公司、美股上市公司和其他海外上市公司的并购交易。其中，A 股市场和香港市场作为目前中国企业上市的主流市场，仍是中国上市公司并购交易最为活跃的两个市场。交易金额 5 000 万美元以上的样本案例显示：2010 年至 2011 年上半年，涉及 A 股上市公司的并购交易金额合计超过中国并购交易总金额的 48%，交易宗数占比 46%；同时，涉及香港上市公司的并购交易金额和宗数占比均为 23%。参见图 1－15。

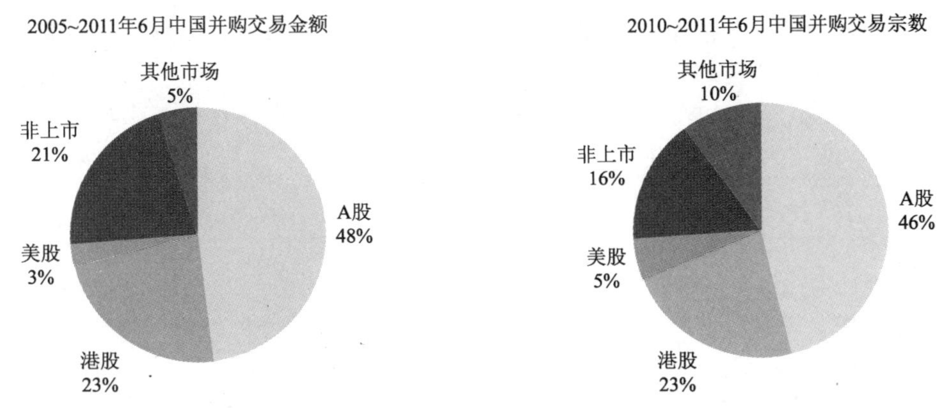

图 1－15　交易金额 5 000 万美元以上的中国并购交易按资本市场分类

资料来源：根据公开信息整理。

历史数据显示，中国上市公司并购交易的活跃程度从 2001～2008 年呈现了快速上升态势。近年来受到金融危机的影响，中国上市公司并购交易活动的增长有所放缓，交易金额和宗数均基本保持在历史高位徘徊。2010 年中国上市公司并购交易金额为1 747亿美元，交易宗数为 2 734 宗，无论是交易金额还是交易宗数都达到了历史最高水平。2011 年上半年交易金额为 786 亿美元，交易宗数为 1 403 宗，与 2006 年全年水平相当。参见图 1－16。

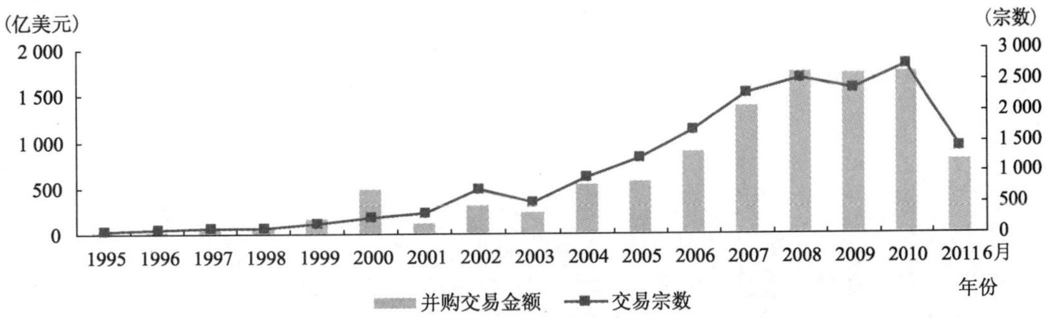

图 1－16　1995～2011 年 6 月中国上市公司并购交易情况

资料来源：公开信息，统计口径为涉及中国 A 股、H 股及海外上市中国公司的全部并购交易。

（二）中国上市公司并购行业分布分析

分行业来看，2010～2011 年上半年期间，中国上市公司并购交易中的 35% 集中于金融、矿业、地产三大行业。其中，按交易金额计算，金融行业为并购交易第一大行业，收购案达 94 宗，涉及金额 360 亿美元，占总交易金额的 16%。同时，金融行业产生了多宗大规模并购交易，平均每宗交易金额高达 3.8 亿美元。2010 年 3 月 10 日，中国移动宣布以 57.8 亿美元收购上海浦东发展银行 20% 的股权，为 2010～2011 年上半年所有中国上市公司并购交易中金额最大的交易。此外，2010 年 9 月 1 日中国平安以 42.7 亿美元收购深发展 32% 股权为同期第三大交易，影响深远。

矿产行业上升为 2010 年至 2011 年上半年并购交易第二活跃的行业，交易宗数为 100 宗，涉及金额 231 亿美元，占总交易金额的 10%，平均每宗交易 2.3 亿美元。

地产行业从 2009 年的第一下降到第三，但若按交易宗数排名，仍为产生并购交易最多的行业。2010 年至 2011 年上半年，地产行业并购交易达 118 宗，涉及金额 207 亿美元，占总交易金额的 9%，平均每宗交易金额较低，仅为 1.8 亿美元。与矿产行业相仿，地产行业涉及的大宗交易数量较少。参见图 1－17。

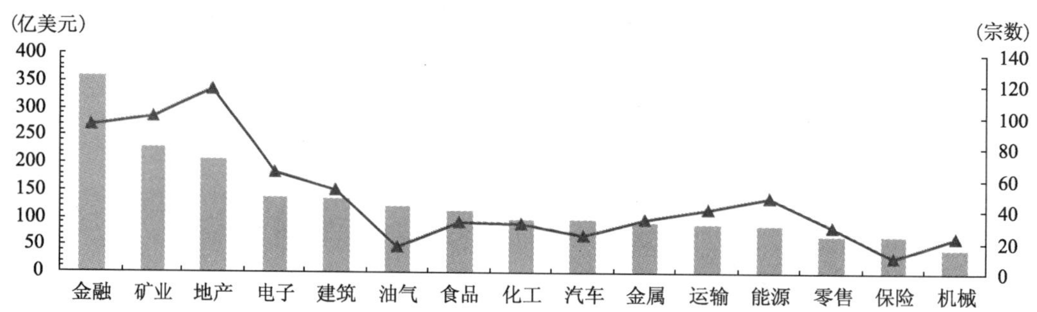

图 1－17　2010～2011 年 6 月中国上市公司并购交易按行业分布

资料来源：根据公开信息整理。

石油天然气行业中并购交易也十分活跃。由于其行业特质，石油天然气行业并购交易的单宗金额较大。与 2009 年相仿，2010 年至 2011 年上半年行业平均每宗交易涉及金额仍为所有行业中最高，达 7.2 亿美元，较 2009 年增长了 1.6 倍。其中，中国石化以 25 亿美元收购位于阿根廷的油气资产，以 17.7 亿美元收购澳大利亚太平洋液化天然气公司（Australia Pacific LNG）17% 的股权是 2010 年以来较大的并购交易。参见图 1－18。

（三）中国上市公司重大并购交易分析

按交易金额计算，涉及 A 股上市公司的前十大并购交易中，金融行业占 3 宗，油气行业占 2 宗，食品、金属、保险、建设和零售行业各占 1 宗。前十大并购交易中有 4 宗是 100% 全资股权收购，6 宗为 50% 股权以下的收购。其中，中国移动战略入股浦发银行的交易于 2010 年 3 月 10 日宣布，并于当年 11 月 25 日完成，是中国电信企业与

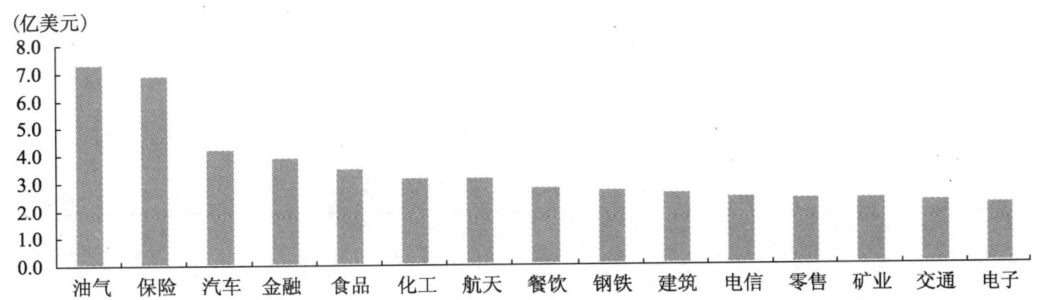

图1-18 2010~2011年6月中国上市公司交易平均单宗并购额按行业排名

资料来源：根据公开信息整理。

商业银行首次实现股权上的深度合作。依据双方签订的战略合作协议，中国移动将持有浦东发展银行20%的股权，双方将在移动支付和移动电子商务领域开展深入合作。参见表1-3。

表1-3 涉及A股上市公司的前十大并购交易（按交易金额）

排名	宣布日期	目标方			收购方		交易金额（亿美元）	持股（%）
		公司	性质	行业	公司	性质		
1	2010-3-10	上海浦东发展银行	国企	金融	中国移动	央企	57.8	20
2	2010-11-29	双汇集团和罗特克斯持有的肉制品相关股权和资产	民营	食品	双汇发展	民营	48.5	49
3	2010-9-1	深圳发展银行	民营	金融	中国平安	民营	42.7	32
4	2010-6-9	邯钢集团邯宝钢铁有限公司	国企	金属	河北钢铁	国企	35.5	100
5	2010-12-10	油气资产（阿根廷油气业务）	外资	油气	中国石化	央企	25.0	100
6	2011-3-14	中国平安	民营	保险	周大福代理人有限公司	外资	25.0	3
7	2011-4-12	上海城建集团	国企	建设	上海隧道工程股份有限公司	国企	24.5	100
8	2010-11-4	上海百联集团	国企	零售	上海友谊集团	国企	24.0	100
9	2011-2-25	Australia Pacific LNG	外资	油气	中国石化	央企	17.7	15
10	2010-3-25	中国石油财务有限公司	央企	金融	中国石油	央企	14.1	45

资料来源：Dealogic。

涉及香港上市公司前十大并购交易的行业分布较为集中。其中，油气行业占4宗，金融行业占3宗，能源、汽车、保险行业各占1宗。前十大并购交易中有3宗是100%全资股权收购，2宗为50%股权以上的控制权收购，5宗为50%以下股权的收购。长江基建与港灯合作完成向 EDF Energy Plc 收购英国电网业务，涉及交易金额 90 亿美元，为 2010 年至 2011 年上半年涉及香港上市公司最大的并购交易。交易完成后，长江基建与港灯分别持有英国电网 40% 股权，余下 20% 股权由李嘉诚（海外）基金会持有。参见表 1－4。

表 1－4 涉及香港上市公司的前十大并购交易（按交易金额）

排名	宣布日期	目标方			收购方		交易金额（亿美元）	持股（%）
		公　司	性质	行业	公　司	性质		
1	2010－7－30	EDF Energy	外资	能源	长江基建集团、李嘉诚基金会、香港电灯集团有限公司	外资	90.2	100
2	2013－3－10	上海浦东发展银行	国企	金融	中国移动	央企	57.8	20
3	2010－9－1	深圳发展银行	民营	金融	中国平安	民营	42.7	32
4	2010－5－19	骏威汽车	外资	汽车	广汽集团	国企	31.9	62
5	2010－3－14	Bridas	外资	油气	中海油	央企	31.0	50
6	2010－12－10	油气资产（阿根廷油气运营）	外资	油气	中国石化	央企	25.0	100
7	2011－3－14	中国平安	民营	保险	周大福代理人有限公司	外资	25.0	3
8	2010－10－11	Eagle Ford 60 万英亩油气项目	外资	油气	中海油	央企	22.0	33
9	2011－2－25	Australia Pacific LNG	外资	油气	中国石化	央企	17.7	15
10	2010－12－14	金利丰金融	外资	金融	黄金集团有限公司	外资	15.4	100

资料来源：Dealogic。

四、外资企业并购与中国企业海外并购分析

（一）外资企业入境并购概况

2009 年由于受到全球金融危机的影响，外资企业入境并购在交易金额和交易宗数上都明显下降。2010 年随着经济情况好转，外资企业入境并购交易活跃程度迅速回升，总交易金额达 443 亿元，同比增长 43%，超过 2008 年并创造新的历史最高水平。2010 年外资企业入境并购交易宗数为 903 宗，平均每宗交易涉及金额 0.5 亿美元，同比分别增长 16% 和 24%。2011 年上半年外资企业入境并购交易金额为 246 亿美元，交易宗数为 400 宗，平均每宗交易涉及金额 0.6 亿美元。参见图 1－19。

（二）外资企业入境并购行业分布分析

根据 Dealogic 数据统计，2005 年以来，金融、地产、电子为外资企业入境并购最为活跃的三个行业，截至 2011 年上半年，交易总金额达 458 亿美元、348 亿美元和 209

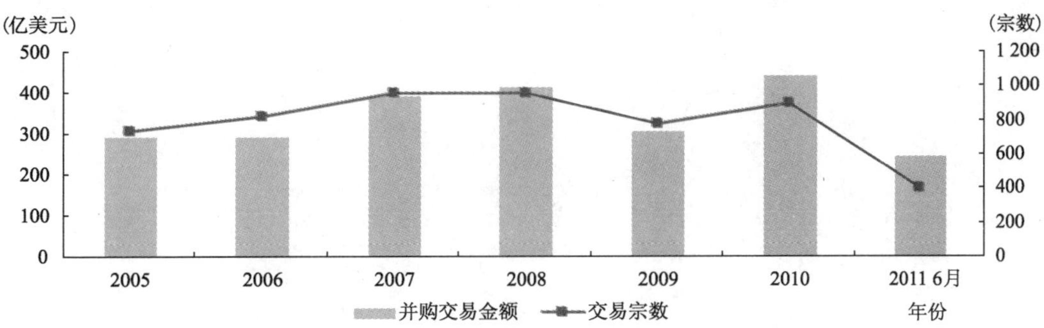

图1－19　2005～2011年6月外资企业入境并购交易基本情况

资料来源：Dealogic。

亿美元，分别占同期全部外资入境并购交易的19%，15%和9%。

2010年至2011年上半年，金融行业依然是最吸引外资企业入境的行业，交易金额达到104亿美元，占同期外资企业入境并购交易总金额的15%，交易宗数达到237宗。同时，外资企业入境并购交易在全部涉及中国金融行业并购交易中的比例也较高，按金额计算占29%，按交易宗数计算则达到70%。其中，较大的交易包括：新加坡政府投资公司、华侨银行控股的大东方人寿保险公司，以及美国私募基金KKR，TPG等4家公司以10亿美元获得原摩根士丹利持有34%的中金公司股权。参见图1－20。

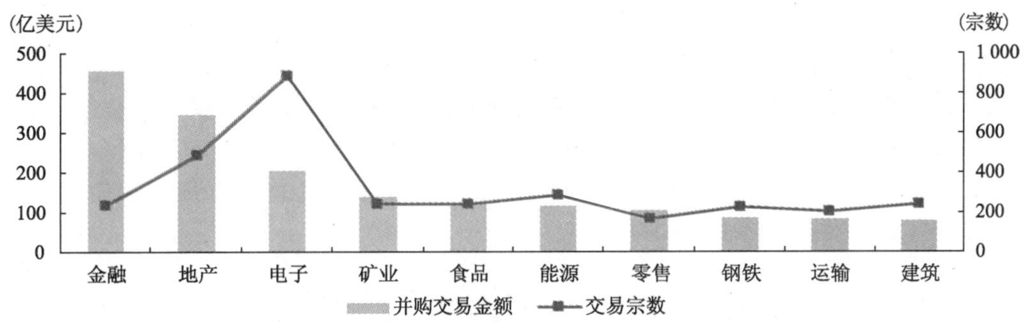

图1－20　2005～2011年6月外资企业入境并购额前十大行业

资料来源：Dealogic。

同期，外资企业入境并购在地产行业领域依然排名第二，仅次于金融行业，全年交易金额98亿美元，占2010年至2011年上半年外资企业入境并购交易总金额的14%，其中较大的交易包括新加坡凯德置业以22亿美元全资收购东方海外发展公司。参见图1－21。

电子行业为2010年至2011年上半年排名第三的行业，全年交易金额76亿元，由于交易宗数远高于其他行业，达201宗，因此平均每宗交易涉及金额不足0.4亿美元，且规模以上交易较少。

2010年至2011年上半年，保险行业在吸引外资企业入境并购方面增长较快，共发

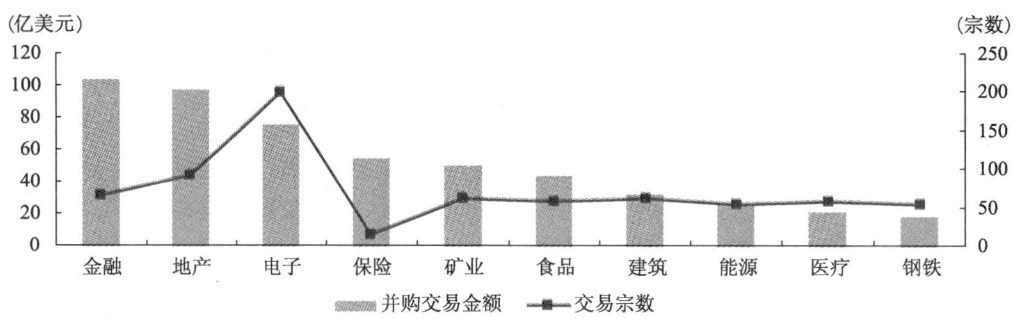

图1－21 2010～2011年6月外资企业入境并购额前十大行业

资料来源：Dealogic。

生并购交易15宗，涉及交易金额55亿美元，平均每宗交易涉及金额高达4亿美元，其中包括中国平安作价25亿美元向香港企业家郑裕彤控股的周大福代理人有限公司出售3%的股权，高盛、嘉德拍卖行、新加坡政府投资公司以12亿美元收购泰康人寿16%的股权等交易。

此外，矿业、食品等行业也较受外资关注，其中不乏重要交易，如俄罗斯网站运营商数码天空环球集团、美国老虎基金向京东商城投资15亿美元，获得15%的股权；英国高档白酒品牌（DIAGEO）最终获得商务部批复，以9亿美元的投入获得四川水井坊控制权。

（三）外资企业入境重大并购交易分析

2010年至2011年上半年，外资企业入境并购交易前十大交易涉及的交易金额在8.5亿～25亿美元之间，并购目标以境内民营企业为主，占5宗，另有5宗为国企并购。从行业上看，3宗涉及保险行业，2宗涉及矿产行业，地产、电子、能源、金融和食品行业各占1宗。参见表1－5。

表1－5 2010～2011年6月外资企业入境并购前十大交易

排名	宣布日期	目标方			收购方			交易金额（亿美元）	持股（%）
		公司	性质	行业	公司	所在国	行业		
1	2011－3－14	中国平安	民营	保险	周大福代理人有限公司	中国香港	金融	25.0	3
2	2010－1－18	东方海外发展	民营	地产	凯德置业	新加坡	地产	22.0	100
3	2011－4－1	京东商城	民营	电子	Digital Sky Technologies Global、Tiger Global Management	俄罗斯、美国	金融	15.0	15
4	2010－12－27	中石油北京天然气管道有限公司	央企	能源	昆仑能源有限公司	中国香港	油气	14.0	30

续表

排名	宣布日期	目标方			收购方			交易金额（亿美元）	持股（%）
		公　司	性质	行业	公　司	所在国	行业		
5	2011-3-11	泰康人寿	国企	保险	高盛、嘉德拍卖、GIC	美国 中国 新加坡	金融	12.0	16
6	2010-9-21	优派能源发展	民营	矿业	泰德阳光	中国 香港	电信	10.0	100
7	2010-12-8	中金公司	国企	金融	GIC、华侨银行、KKR、TPG	新加坡 美国	金融	9.9	34
8	2010-3-2	四川水井坊	民营	食品	Diageo plc	美国	食品	9.3	60
9	2011-2-1	大冶有色金属有限公司	国企	矿业	中国大冶有色金属矿业有限公司	中国 香港	矿业	9.2	100
10	2011-1-10	太平洋保险	国企	保险	安联保险	德国	保险	8.5	2

资料来源：Dealogic。

（四）中国企业海外并购概况

中国企业海外并购在2009年至低谷后，于2010年再次创造历史新高。2010年中国企业海外并购交易共发生327宗，涉及交易金额529亿美元，同比分别增长25%和41%。2011年上半年中国企业海外并购交易共发生194宗，涉及交易金额187亿美元。参见图1-22。

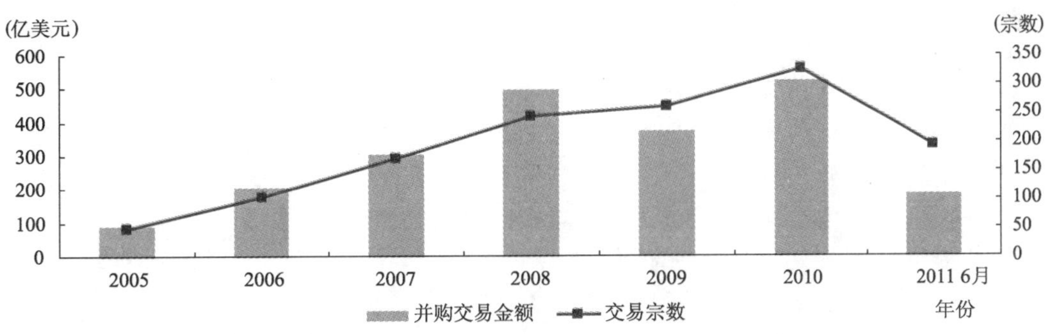

图1-22　2005~2011年6月中国企业海外并购基本情况

资料来源：Dealogic。

（五）中国企业海外并购行业分布分析

从统计数据看，以央企为代表的资源型企业是中国企业海外并购的绝对主导力量。2005年至2011年上半年，按照交易金额计算，中国油气行业企业海外并购交易金额占全部海外并购交易金额的35%。而2010年至2011年上半年，该比例达到42%，中国油气行业企业海外并购共发生29宗，涉及交易金额超过300亿美元，平均每宗交易涉及金额高达10余亿美元。

矿产行业也是中国企业海外并购最为活跃的行业之一。2005年至2011年上半年，中国矿产行业企业海外并购交易金额占全部海外并购金额的19%，而2010年至2011年上半年该比例为14%，均仅次于油气行业列各行业第二位，平均每宗交易涉及金额高达9.1亿美元。参见图1－23。

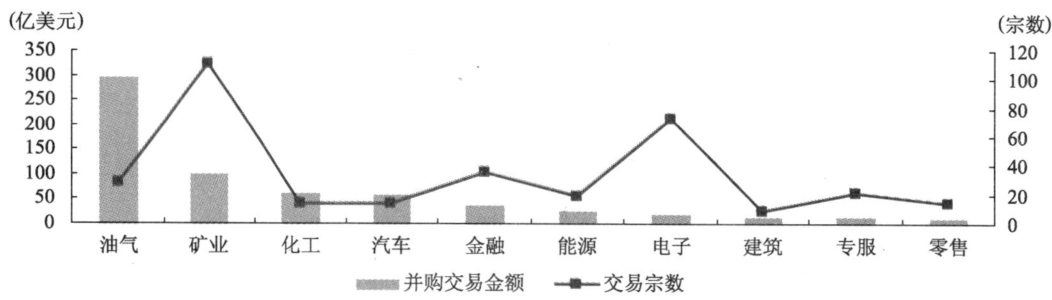

图1－23　2010～2011年6月中国企业海外并购金额前十大行业

资料来源：Dealogic。

此外，化工行业2010年至2011年上半年也发生多宗大规模海外并购交易，总交易金额达62亿美元，包括中国化工集团公司以22亿美元收购以色列公司（Makhteshim Agan Industries）60%的股权、22亿美元全资收购挪威公司（ELKEM）100%的股权等交易。参见图1－24。

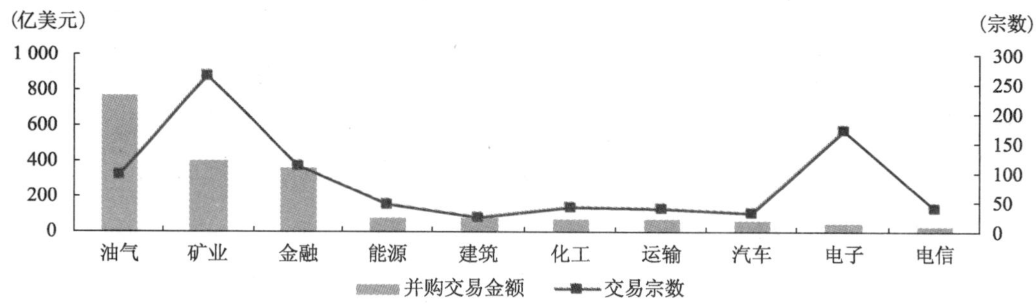

图1－24　2005～2011年6月中国企业海外并购金额前十大行业

资料来源：Dealogic。

（六）中国企业海外重大并购交易分析

中国企业海外并购2010年至2011年上半年前十大交易都在15亿美元以上，规模远大于外资企业入境并购交易，其中2宗为100%全资股权收购，3宗为控股权收购，其余为30%股权以下的收购。收购方除了广汽集团、中国中化为国企以外，其余都是央企，包括中国石化、中海油和中国化工。从行业看，油气行业占了绝大多数，达7宗，其余2宗为化工，1宗为汽车。参见表1-6。

表1-6　2010~2011年6月中国企业海外并购前十大交易

排名	宣布日期	目标方			收购方			交易金额（亿美元）	持股（%）
		公　司	性质	行业	公　司	性质	行业		
1	2010-10-1	Repsol Brasil	巴西	油气	中国石化	央企	油气	71.1	40
2	2010-4-12	Syncrude Canada	加拿大	油气	中国石化	央企	油气	46.5	9
3	2010-5-19	骏威汽车	中国香港	汽车	广汽集团	国企	汽车	31.9	62
4	2010-3-14	Bridas	阿根廷	油气	中海油	央企	油气	31.0	50
5	2010-5-21	Peregrino油气资产	巴西	油气	中国中化集团公司	国企	化工	30.7	40
6	2010-12-10	油气资产	阿根廷	油气	中国石化	央企	油气	25.0	100
7	2010-10-11	Eagle Ford 60万英亩油气项目	美国	油气	中海油	央企	油气	22.0	33
8	2010-10-11	Makhteshim Agan Industries	以色列	化工	中国化工集团公司	央企	化工	21.9	60
9	2011-1-11	ELKEM	挪威	化工	中国化工集团公司	央企	化工	21.7	100
10	2011-2-25	Australia Pacific LNG	澳大利亚	油气	中国石化	央企	化工	17.7	15

资料来源：Dealogic。

第二节　股权投资基金综述[②]

一、全球 PE 市场分析

（一）美欧亚三足鼎立　亚洲地区 PE 增长强劲

目前投资者将首次面对一个三足鼎立的全球私募股权（Private Equity，简称“PE”）投资市场——美国、欧洲和亚洲，每个市场都将有各自的运作规则。虽然私募股权的概念来自于美国，并于20世纪80年代传至欧洲，但目前亚洲的全球影响力正日益扩大。今天的投资者将面对三个不同的私募股权投资市场，每个市场都有各不相同的投资条件和投资动力。

亚洲的显著特性为该地区的强劲增长。中国的经济增长加速来自于巨额的经济刺激计划，而印度则得益于其日益壮大的新兴中产阶级。在亚太地区，超过100名优秀的基金经理将从这些投资机会中受益。

欧洲的机会大部分来自于欧洲的一体化进程。公司分拆有望为中小并购市场带来新的交易，而不良债权基金及重振资本在该地区尚属起步阶段，投资者需要以最高标准甄选。

来自国际货币基金组织等权威机构的预测数据显示，至2030年，中国和印度的年度国内生产总值在全球国内生产总值（GDP）中所占比例将分别由2008年的7%和2%飙升至18%和10%，而美国和欧洲的年度国内生产总值全球占比将分别由24%和30%下降至18%和15%。

但是，亚洲国家上佳的经济增长前景并不意味着欧美私募股权市场未来竞争机会的丧失，尽管欧美国家的私募股权投资规模将在未来几年内缩减约30%。在亚洲国家强劲增长的同时，欧洲的政治和经济一体化进程将为该区域市场带来新的机遇，而美国的私募股权市场则会在受困企业和科技领域拥有“特殊的机会”。

（二）全球并购市场回暖　迎接新一轮快速增长

全球并购市场在经历了2008年的急速下滑和2009年的沉寂低谷之后，在2010年大幅回暖，2011年呈蓄势待发之势。而新兴市场的并购依旧是全球的焦点，能源及矿产争夺战更是火力不减。随着世界经济形势的逐步复苏，并购企业的信心增强，资本流动性充足，融资成本较低。2010年全球的并购活动增长近22.9%，为2007年以来首次实现年度上升。2011年一季度，全球并购活动总额达7 163亿美元，同比增长16.0%。企业对于并购的热情正在升温。另外，发达国家仍保持相对宽松的货币政策，市场流动性仍较强。而且，全球企业认识到危机中充裕现金流的重要性，为了控制风险，加强了资金储备。有数据显示，美国标准普尔500指数成分公司自雷曼破产以来

② 本节作者为王叁寿。

增加的现金总量已经超过了1 000亿美元。企业在金融危机期间自身囤积的大量现金使较大规模的收购或并购行为成为可能。2011年全球范围内企业并购活动将重新进入活跃期，全球将迎来新一轮的并购浪潮。

全球并购市场中，中国、俄罗斯、巴西等新兴市场的表现总是灼人眼球。2010年新兴市场国家并购交易总额占全球并购交易总额的比例进一步提升，新兴经济体资本市场并购交易金额达8 063亿美元，超过全球并购交易总额的1/3，较2009年同比大幅增长了76.0%，并购交易总额创下历史新高。2011年第一季度，“金砖四国”——巴西、俄罗斯、印度和中国的交易总额为1 184亿美元，占据了新兴市场并购交易的绝大部分。新兴市场国家已走上快速发展的轨道，其经济实力及其在世界经济中的积极作用不断加强。包括中国在内的许多新兴国家，都在政策上支持和鼓励并购重组。例如，中国颁布了鼓励和促进兼并重组的一系列政策措施，对并购活动起到了有力的推动作用。随着新兴国家经济的崛起，新兴国家企业对外扩张的意愿旺盛，因此，可以推断，在全世界范围内，2011年新兴国家依然是并购大潮中的耀眼明星。

（三）PE市场退出策略的把控

全球金融危机以及2011年的经济动荡对于私募股权行业的影响愈发凸显。资产估值、再融资活动以及退出市场将成为未来最大的挑战。

长短期比较分析显示，私募股权行业的表现优于公共股权市场。很多研究表明，机构投资者在危机之后对于其私募股权投资仍旧十分满意。目前尚未完成投资目标的投资者计划继续增加该类资产的配比。

大部分在繁荣时期用作并购投资的借贷资金将在2013~2014年到期并产生再融资需求，因此，相关公司在此时将遇到他们最大的困难。艾德维克认为，公司资产出售以及再融资困境将在未来几年带来诱人的私募股权投资机会。

（四）全球PE的新挑战

1. LP的挑战

LP（Limited Partner，有限合伙人，简称“LP”）的投资一般使用承诺制。LP一般只需在PE的发售期满前支付承诺金额的一部分。对于余额部分，GP（General Partner，一般合伙人，简称“GP”）将按照实际投资进度，随时要求LP缴付部分或全部余额。次贷危机影响深远，各行各业均受到严重打击，资产大幅缩水，连通用电气、高盛和美国国际集团（AIG）都不得不以优惠的条件向巴菲特和美国联邦储备局融资，其他大型企业的资金状况更加紧张。在如此恶劣的经营环境下，部分LP，尤其是企业LP，无法兑现出资承诺而断供。

2. GP的挑战

次贷危机影响各行各业。各行各业均面临融资和经营等方面的问题。如何通过自己的能力帮助被投企业度过寒冬，是GP面临的最大考验。假如企业无法正常经营或者倒闭，GP的投资将蒙受重大损失，因此，GP自身也面临因为LP断供而造成的融资困难问题。在市场气氛炽热时，GP要成功挑出明日之星的难度非常大。然而，经过一轮兴衰周期或一轮危机后，行业便会自动进行“洗牌”，“剩者为王”。投资“剩者”，肯定是低风险、高回报。

3. GP的机遇

事实证明，只要找到好的基金经理人，回报都是相当可观的。因此，投资的关键在于如何选择GP。对现金充裕的GP来说，次贷危机则为其带来绝佳的投资机会。除资产价格大幅降低外，更重要的是，GP可以投资到真正的具备实力的企业。

二、中国PE市场分析

（一）中国PE市场规模分析

从投资规模上看，绝大部分案例的投资金额在5 000万元以下，这部分的案例数量占到总体数量的一半左右。此外，投资金额在5 000万~1亿元，以及1亿~3亿元的案例占比相差不大，均为整体比重的10%~15%。参见图1-25。

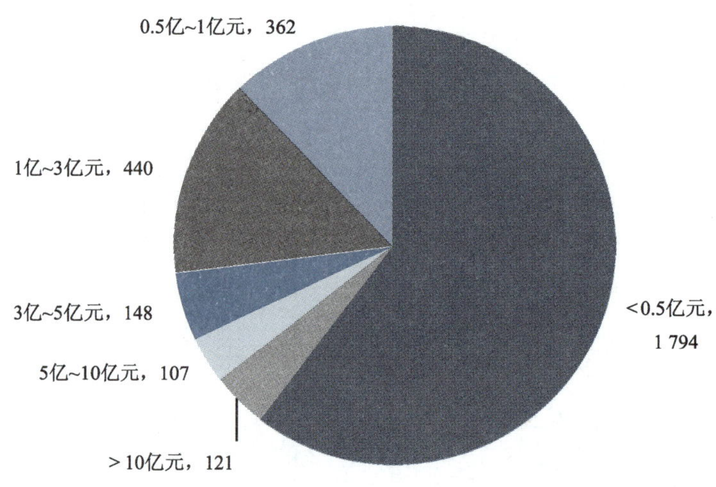

图1-25　2010~2011年6月中国PE市场规模（单位：笔数）

（二）PE活跃地区分析

从投资区域上看，广东、北京、上海及江苏的并购数量明显领先于其他地区，与这些区域金融氛围比较活跃有较大的相关性。参见图1-26。

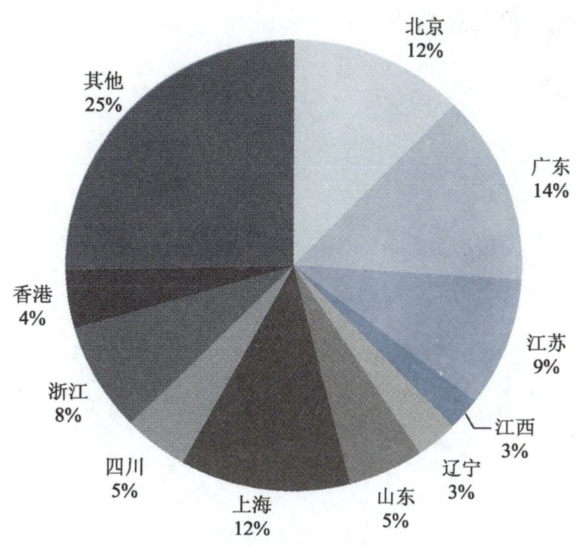

图 1－26　2010～2011 年 6 月中国 PE 投资地域分布（单位：笔数）

（三）投资时间分析

从投资时间上看，2010 年底发生的投资数量逐月渐增，反映出经济复苏背景下投资信心逐步增强，但 2011 年受复杂的国际国内环境的影响，不同月份之间发生投资数量的波动明显增加。参见图 1－27。

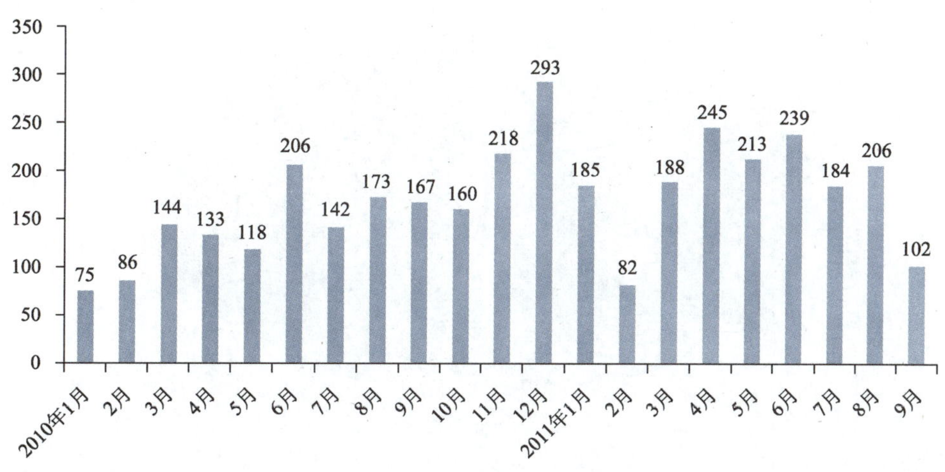

图 1－27　2010～2011 年 9 月 PE 投资数量（单位：笔数）

（四）PE 市场资金性质分析（美元或人民币）

从投资资金的性质上看，还是以人民币基金为主，占到90%以上。参见图1-28。

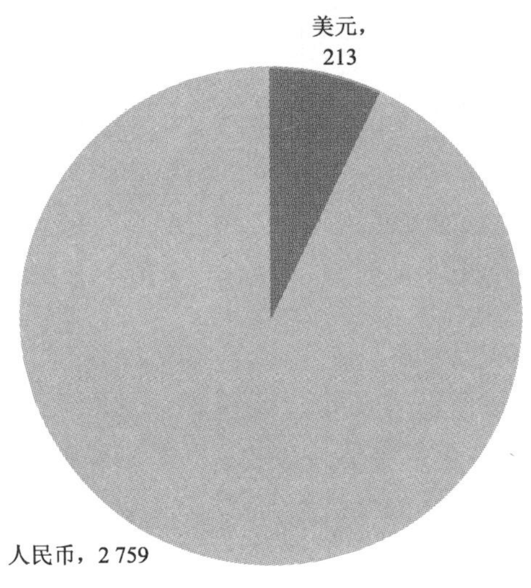

图1-28　2010~2011年6月人民币基金与美元基金投资占比（单位：笔数）

（五）PE 市场投资行业分析

从投资案例的行业分布看，受国家政策扶持的制造业和新能源产业发生的投资案例较多，反映出投资受国家政策影响较大的特点。参见图1-29。

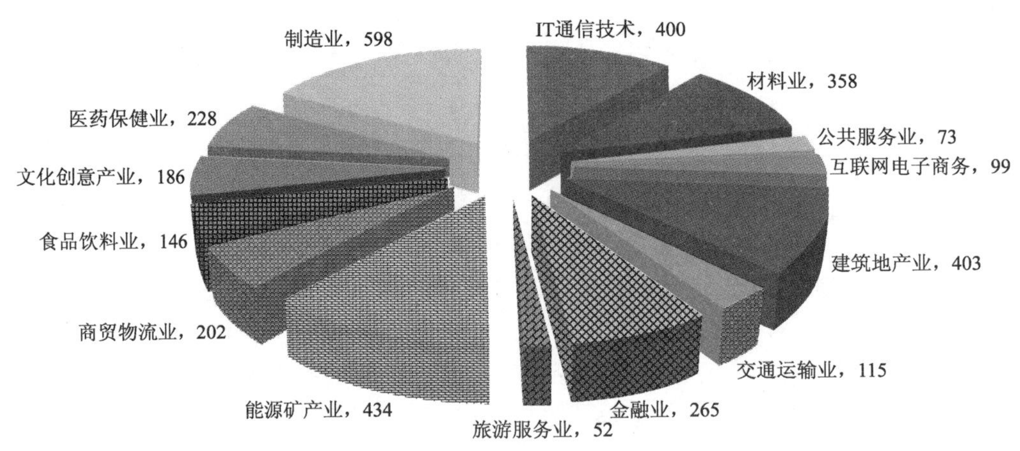

图1-29　2010~2011年6月各行业PE投资分析（单位：笔数）

三、中国 PE 募资事件

2011 年 1 月

佳兆业收购杭州地块

2001 年 1 月 18 日，佳兆业集团（01638. HK）称，公司附属公司佳兆业地产（深圳）有限公司拟以 6. 72 亿元收购浙江伍丰，以扩大杭州业务版图，涉及股权 100%。

2 月

兴业银行收购联华信托

2001 年 2 月 1 日，兴业银行以总计 8. 52 亿元的对价收购联华国际信托有限公司（以下简称“联华信托”）51. 18% 的股权，已获得董事会通过以及中国银监会的批准。至此，兴业银行成为境内继交行、建行之后第三家控股联华信托公司的银行。

众业达收购上海泰高

2011 年 2 月 16 日，众业达电气股份有限公司与拉森特博洛国际有限公司签订了“股权转让协议”，收购拉森特博洛持有的上海泰高开关有限公司 100% 的股权。股权转让价款为 6 200 万元。众业达表示，交易完成后，上海泰高为公司全资子公司，其部分房产作为公司物流配送中心，泰高现有业务继续经营。2011 年 3 月 16 日，众业达宣布各种审计已通过。

广联达收购得力软件

2011 年 2 月 23 日，广联达软件股份有限公司发布公告，广联达以 3. 2 亿元超募资金收购上海兴安得力软件有限公司 100% 的股权。多年来，两家都是立足于工程建设领域的知名企业，通过优势互补和资源整合，将为行业客户提供更加丰富的产品服务以及系统的信息化解决方案。同时，此番战略重组，广联达在国内建筑领域信息化服务全面领先的优势将得到进一步的扩大和巩固。

3 月

德力西集团收购江门甘蔗化工

2011 年 3 月 16 日，江门甘蔗化工厂（集团）股份有限公司公告称，德力西集团有限公司拟以约 4. 22 亿元人民币的价格，收购江门市资产管理局持有的江门甘蔗化工 19. 82% 的股权。2011 年 9 月 6 日，该交易完成。

中广核铀收购维奥集团

2011 年 3 月 18 日，中广核铀业发展以每股 0. 23 港元的价格认购维奥集团 42. 787 亿股，共涉及约 9. 84 亿港元，占维奥集团已扩大后股本约 73. 39%。

特变电工收购德阳电缆

2011 年 3 月 22 日通告，特变电工股份有限公司以货币资金 29 326 万元向德缆公司增资扩股，增资后公司持有德缆公司 57. 33% 的股权。

4月

香雪制药收购化州中药

2011年4月6日，香雪制药公司与广州市清平集团有限公司和曾小村在广东省广州市签订了股权转让协议，公司拟出资7 590万元收购广东化州中药厂制药有限公司原全体股东持有的100%股权。其中，收购清平集团持有的94%股权，收购曾小村持有的6%股权。4月25日，该收购完成。

城投置业收购鼎云房地产

2011年4月7日，云南城投置业股份有限公司与云南鼎云投资集团有限公司签署了股权转让协议，双方同意按人民币1.38亿元作价，收购云南鼎云持有的成都鼎云房地产开发有限公司51%的股权。

立讯精密收购联滔电子

2011年4月19日，深圳立讯精密工业股份有限公司公告称，深圳立讯精密工业股份有限公司和明志国际实业有限公司关于收购明志国际拥有的昆山联滔电子有限公司60%股权事项，经双方多次协商，最终确定本次股权的交易价格为58亿元人民币。2011年4月18日，立讯精密与明志国际正式签署股权转让协议书。5月20日，该收购已完成。

华新水泥收购金龙水泥

2011年4月20日，华新水泥公告称，华新水泥已于近日以3.64亿元的价格，收购陕西金龙水泥有限公司持有的湖北金龙水泥有限公司80%的股权。湖北金龙水泥另20%的股份仍由陕西金龙水泥有限公司持有。

5月

天立环保收购页岩科技

2011年5月14日，天立环保公司拟用自有资金1.5亿元收购孙刚、张云喜和朱元春持有的吉林三鸣页岩科技有限公司及长岭永久三鸣页岩科技有限公司100%的股权。其中，用1.315亿元收购吉林三鸣页岩科技有限公司，用1 850万元收购长岭永久三鸣页岩科技有限公司。

江涛房地产收购润渝置业

2011年5月18日，上海江涛房地产有限公司对上海润渝置业有限公司进行增资，使润渝置业公司的注册资本从1 000万元增加到1亿元。本次增资后，江涛房地产将持有润渝置业90%的股权，三毛房产将持有润渝置业10%的股权。

南玻伟光收购顺络科技

2011年5月28日，深圳顺络电子股份有限公司拟将全资子公司深圳顺络科技有限公司100%的股权出售给深圳南玻伟光导电膜有限公司，出售价格为7 855万元。本次交易已获董事会批准。

6月

海纳川收购英纳法

2011年6月23日，北京海纳川汽车部件股份公司宣布，公司将收购英纳法集团100%的股份，收购金额约为1.9亿欧元。该收购已正式通过国家发改委审批。完成收购后，英纳法将成为海纳川的全资子公司。2011年7月31日，该收购完成。

神州泰岳收购普天通信

2011年6月30日，神州泰岳软件股份有限公司公告称，公司将与孙海粟等自然人签订“股权转让协议”，以现金2.4亿元收购其所持有的宁波普天通信技术有限公司全部股权，交易完成后，宁波普天成为公司的全资子公司。

7月

江淮动力收购中凯矿业

2011年7月6日，江苏江淮动力股份有限公司公告称，公司拟用自有资金5.49亿元收购西藏中凯控股有限公司持有的西藏中凯矿业股份有限公司60%的股份，该事项已签订相关协议，并获公司董事会同意。公告中还称，纳入收购范围的矿业权共计13个，较意向性协议增加了西藏昌都地区芒康县色错铜矿采矿权。

华润雪花收购上海亚太啤酒

2011年7月14日，华润雪花啤酒（中国）有限公司以8.7亿元的总价格拿下了喜力亚太持有的江苏大富豪啤酒有限公司49%的股权，以及上海亚太啤酒有限公司100%的股权。

泰尔重工收购瑞慈机械

2011年7月29日，安徽泰尔重工股份有限公司公告称，公司拟收购瑞慈（马鞍山）传动机械有限公司99.09%的股权，作价9 784.42万元。

联想集团收购 Medion

2011年7月29日，联想集团有限公司以2.3亿欧元完成了收购德国电脑和消费电子产品制造商 Medion AG 约51.9%的已发行股本的股权交割。

8月

春光置地收购京洋房地产

2011年8月16日，北京市大龙伟业房地产开发股份有限公司公告称，公司将持有的北京京洋房地产开发有限公司93.45%的股权及债权出售给北京春光置地房地产开发有限公司，作价8.2亿元人民币。

海信房地产收购鲁能置业

2011年8月17日，青岛海信房地产股份有限公司收购了山东鲁能集团有限公司持有的山东鲁能置业集团有限公司100%的股权及所有债权，作价约10亿元人民币。

伊藤忠商收购如意集团

2011年8月31日，日本伊藤忠商事株式会社宣布，公司以约150亿日元收购了山东如意科技集团有限公司30%的股权。

9月

中国铌业投资收购巴西矿冶

2011年9月1日，太原钢铁（集团）有限公司、中国中信集团公司、宝钢集团有限公司等共同出资成立的中国铌业投资控股有限公司，以19.5亿美元的价格成功收购了世界最大铌公司——巴西矿冶公司15%的股权。

华电国际收购浩源煤炭

2011年9月15日，华电国际电力股份有限公司以人民币7.15亿元收购了煤矿企业浩源公司85%的股权，以便获得更多的煤炭资源。

葛兰素史克收购葛兰素史克海王

2011年9月21日，葛兰素史克公司斥资3 900万美元，从深圳海王英特龙生物技术股份有限公司手中收购了双方合资公司深圳葛兰素史克海王生物制品有限公司剩余51%的股权。

四、中国PE投资分析

（一）投资规模分析

从投资规模上看，投资额为5 000万元人民币以下的案例数量占比为48.4%，接近一半的比例，反映出整个并购市场的平均资金规模还比较小。此外，投资额在5 000万元到1亿元，以及1亿~3亿元的案例占比相差不大，接近整体比重的20%。参见图1-30。

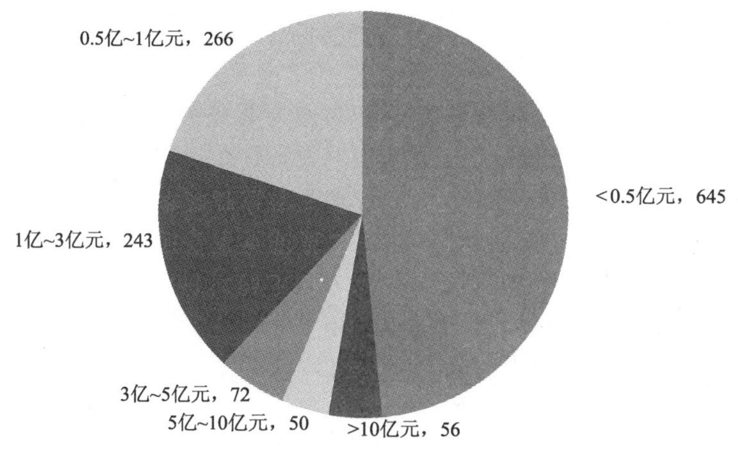

图1-30　2010~2011年6月PE投资规模（单位：笔数）

（二）投资地区分析

从投资案例发生的地区分布看，北京、广东、上海、江苏和浙江位列前五名，在这五个区域发生的投资案例数量占到投资案例总量的60%以上，这与这些区域的金融环境比较活跃呈明显的相关性。参见图1－31。

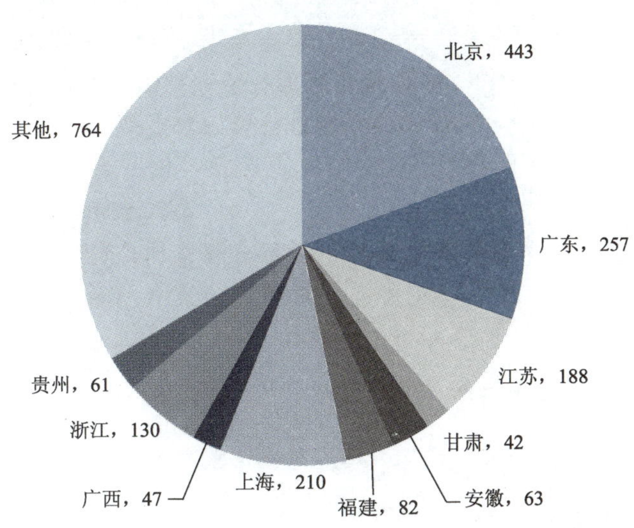

图1－31　2010～2011年6月各地区PE投资规模（单位：笔数）

（三）投资时间分析

从案例在一年中发生的时间看，2010年全年投资案例有逐渐上升的趋势，反映在经济复苏背景下，投资信心逐渐恢复，但2011年度受复杂的国际、国内环境影响，投资案例数量的波动明显加大。参见图1－32。

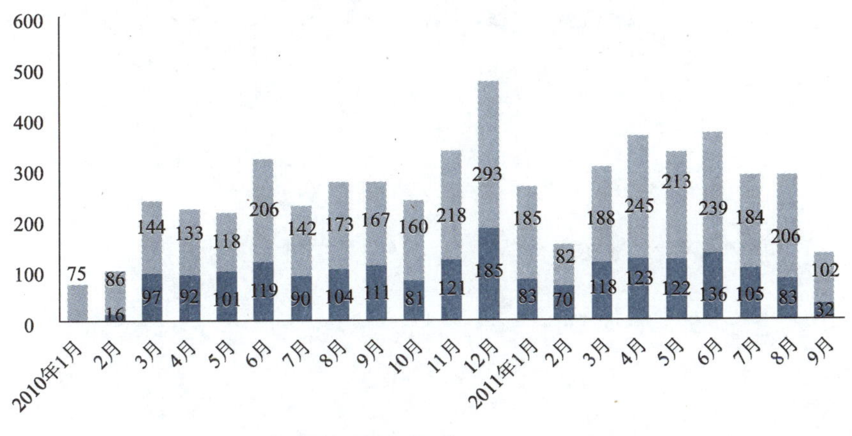

图1－32　2010～2011年9月并购与PE投资数量（单位：笔数）

（四）PE 投资资金性质分析（美元或人民币）

从资金的性质上看，整个投资还是以国内资金为主，发生的投资案例数量占到整体的绝大多数。参见图 1 - 33。

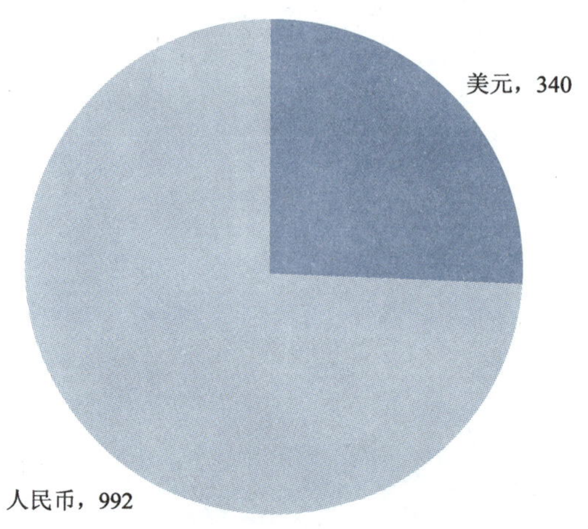

图 1 - 33　2010 ~ 2011 年 6 月人民币基金与美元基金投资占比（单位：笔数）

（五）投资行业分析

从行业上来看，互联网产业、材料业、制造业、IT 和通信业的并购案例明显领先，反映出上述行业未来将以规模取胜的发展趋势。参见图 1 - 34。

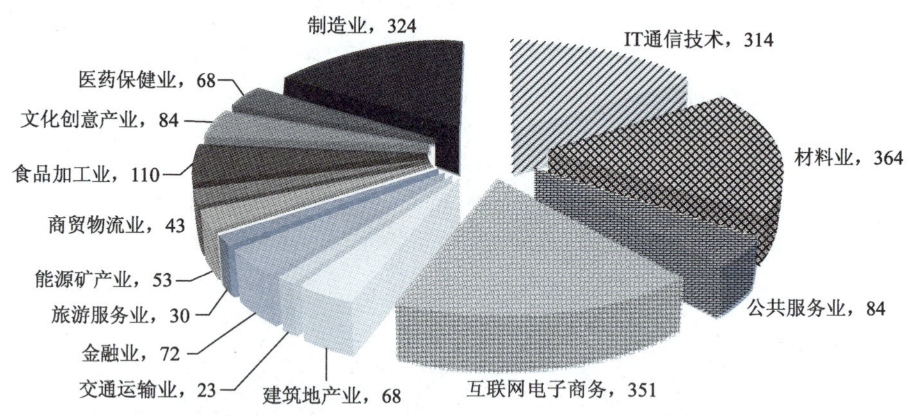

图 1 - 34　2010 ~ 2011 年 6 月各行业 PE 投资情况（单位：笔数）

五、中国 PE 退出概况

（一）PE 退出市场规模分析

从资金退出规模上看，1 亿 ~ 3 亿元之间的投资案例较多，而从上述的投资情况可知，接近一半案例的投资额在5 000万元以下，因此，可知投资的资金报酬率多数都在3倍以上。参见图1－35。

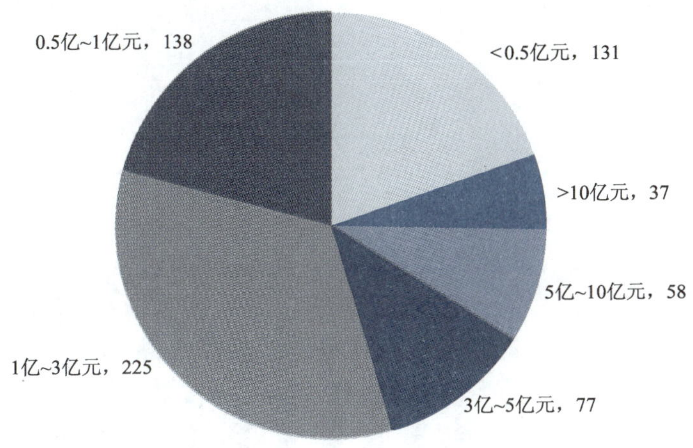

图1－35　2010～2011年6月PE退出情况（单位：笔数）

（二）PE退出地区分析

从资金退出案例所处的区域看，北京、广东、江苏、上海和浙江位列前五名，这与前文中区域的投资案例处于前五名的情况非常吻合。参见图1－36。

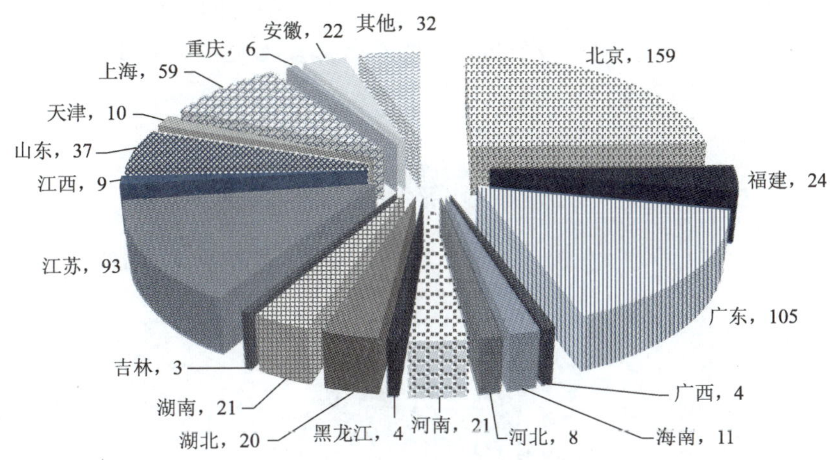

图1－36　2010～2011年6月各地区PE退出情况（单位：笔数）

（三）PE退出时间分析

从案例退出的时间看，2010年基本上逐步上升，12月达到峰值，之后开始下降，这与投资案例的发生趋势比较匹配，说明投资受国际、国内宏观经济环境的影响较大。参见图1-37。

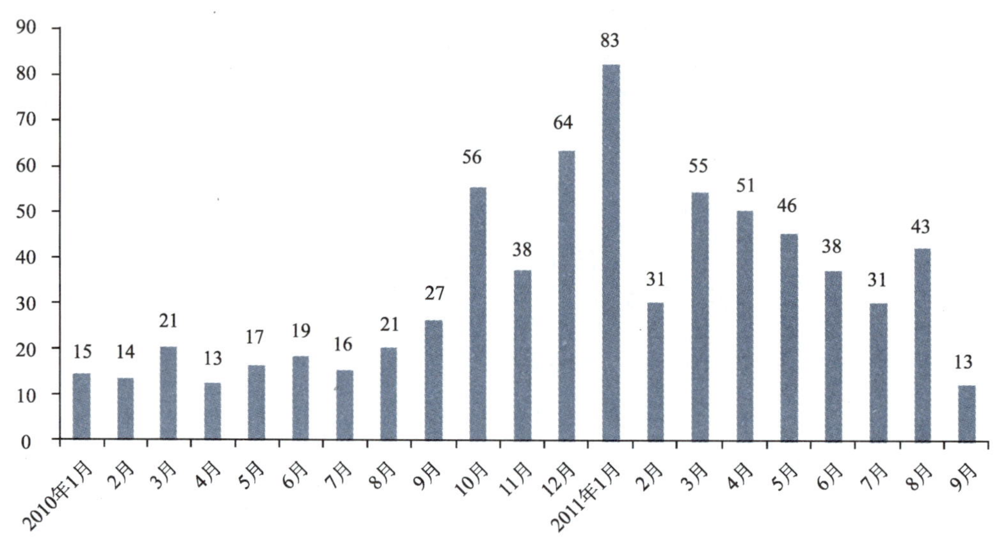

图1-37　2010~2011年9月PE退出情况（单位：笔数）

（四）退出资金性质分析

从退出资金的性质上看，人民币资金占主体，但美元退出案例的比例与投资相比相对较大，在一定程度上反映出其投资成功的概率较高。参见图1-38。

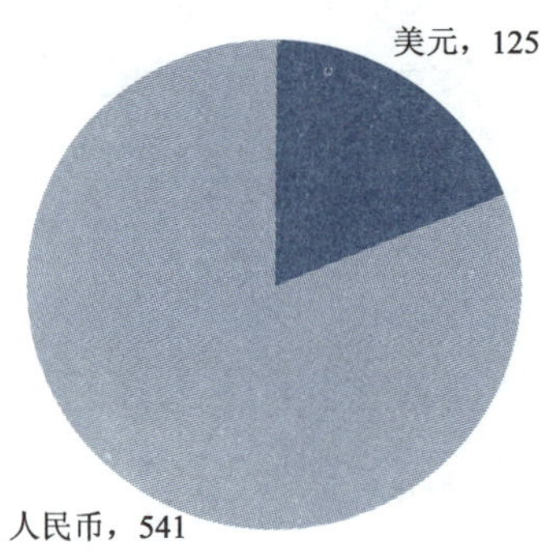

图1-38　2010~2011年9月人民币基金与美元基金退出占比（单位：笔数）

（五）PE 退出行业分析

从资金退出的行业分布看，制造业、IT、通信技术业和电子商务的数量相对较多，尤其以先进制造业的比重较大，这与这些领域的投资案例较多有明显的相关性。参见图 1－39。

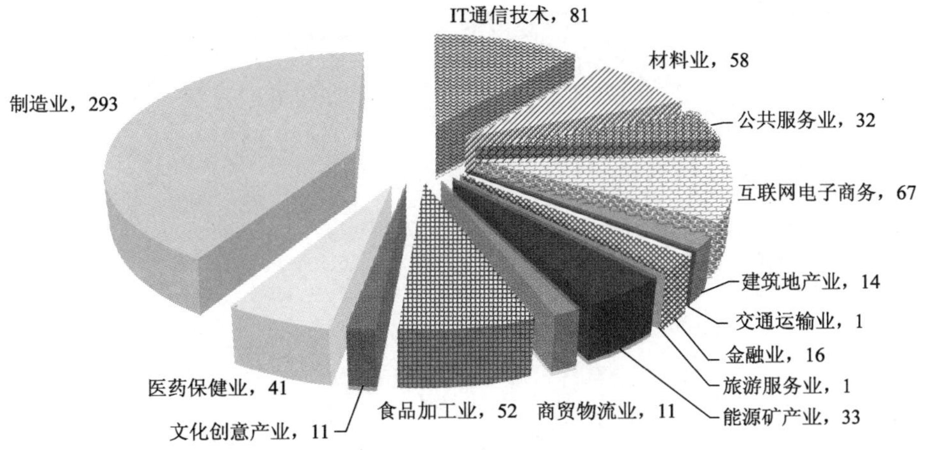

图 1－39　2010～2011 年 6 月各行业 PE 退出情况（单位：笔数）

第二章

中国并购与股权投资基金经典案例

- 第一节　2010年中国十大并购部分案例解读
- 第二节　2010年中国十大PE部分事件解读

第一节　2010 年中国十大并购部分案例解读[③]

一、浦发银行获得中国移动战略投资

（一）交易概述

2010 年 3 月，浦发银行发布增发预案，宣布将向中国移动广东子公司发行新股。2010 年 10 月，增发方案获得监管机构批准，浦发银行最终向中国移动广东子公司发行 28.7 亿股，占浦发银行增发后总股本的 20%，共计募资 395 亿元，中国移动成为浦发银行的第二大股东。这是商业银行与中国电信企业首次实现股权上的深度合作。

（二）并购背景

1. 中国有望成为世界上最大的移动支付市场

根据市场调研公司（IE Market Research）的预计，到 2014 年，全球移动支付交易总额将达到 1.13 万亿美元。根据研究与咨询公司（Celent）预测，到 2013 年，中国将是世界上最大的移动支付市场，届时将有 4.1 亿中国人使用移动支付业务。根据中国电子商务研究中心的统计，2010 年中国移动支付市场整体规模达到 202.5 亿元。到 2013 年，亚洲移动支付用户将占全球相应用户总量的 85%，中国市场规模将超过 1 500 亿元。预计未来几年，中国移动支付的年均增速将超过 40%。

2. 中国移动欲进军移动支付，培育新的业务增长点

中国移动于 2000 年 4 月 20 日成立注册，资本 518 亿元人民币，资产规模超过 8 000亿元人民币，主要经营移动话音、数据、IP 电话和多媒体业务，并具有计算机互联网国际联网单位经营权和国际出入口局业务经营权。中国移动已连续 10 年被美国《财富》杂志评为世界 500 强，最新排名为第 77 位。中国移动是中国内地最大的移动通信服务供应商，拥有全球最多的移动用户和全球最大规模的移动通信网络。根据 2010 年 2 月 22 日中国移动公布的主要运营数据显示，截至 2010 年 1 月底，中国移动用户总数已达到 5.27 亿户。

3G 时代，语音数据领域增长乏力，中国移动市场份额正不断被中国电信和联通蚕食，而移动支付被业界一致认为是运营商继话音和数据信息后新的业务增长点，有望成为运营商主要利润的来源。中国移动本身具有庞大的用户群基础，加上手机终端的随时可获取性等因素，开展移动支付业务既具有天然的优势，也是应对增长压力的选择。

另外，根据中国移动 2010 年 3 月披露的年报显示，中国移动现有近 2 500 亿元现金。中国移动现金流充裕，同时也面临如何提高资本收益率的压力。

3. 浦发银行资本充足率压力影响业务的开展

浦发银行是 1992 年 8 月 28 日经中国人民银行批准设立，1993 年 1 月 9 日开业，

③ 本节作者为冯丽芸、陈慧、刘晓君，叶有明、张晓森点评部分案例。

1999 年在上海证券交易所挂牌上市的股份制商业银行，总行设在上海。浦发银行拥有全国性经营牌照，已基本完成对全国重要中心城市的地域布局。浦发银行发起于金融重镇上海，在我国经济最为发达的长三角地区业务布局完善，在该区域的机构数量在全国性股份制商业银行中处于领先地位，拥有一定地缘优势。长三角地区经济发达，个人金融服务内容和深度均处于全国领先地位，是推广移动金融和移动电子商务业务的理想市场。

浦发银行的资本充足率一直捉襟见肘。根据浦发银行发布的公告，2008 年年底，该行发行规模为人民币 82 亿元的次级债，以补充附属资本。2009 年下半年，该行又定向增发，融资近 150 亿元，资本充足率达到 10.16%，但在核心资本充足率方面仅为 6.76%，低于银监会监管的要求，且影响了其贷款业务的开展。如 2009 年底并购贷款政策推出后，浦发银行有浓厚兴趣但也难以有所作为。浦发银行 2009 年公告的《中长期资本规划》也显示，浦发银行将通过发行股票、次级债、可转换债券等多种产品，采取定向增发、海外上市、创新一级资本等多种渠道补充资本。因此，除了上述次级债和增发之外，浦发银行也在寻求新的合适途径补充资本。而中国移动有着充裕的资金，中国移动全部以现金的方式战略投资浦发银行增发的 20% 股权后，浦发资本充足率近 14%，核心资本充足率超过 10%，未来几年可以有充实的资金。

另外，中国移动的网络和客户资源也是极具吸引力的。按照中国移动披露的资料，中国移动截至 2009 年底农村渠道网点总数已接近 52 万个，用户规模超过 5 亿。对于浦发银行和中国移动来说，如果共同开发手机支付市场，优势互补，就容易取得协同效应。

（三）战略投资动因

1. 培育新的业务增长点

如上述分析，现有 3G 市场发展乏力，培育新的业务增长点是中国移动战略投资浦发银行的主要出发点。易观国际 Enfodesk 产业数据库发布的《中国第三方支付市场蓝皮书》显示，中国第三方支付市场经过 10 年的发展，2009 年度交易规模已经接近 6 000亿元，成为中国金融支付体系中重要的组成部分。中国移动自然希望把握机会，从中受益。

2. 解决金融牌照问题

移动投资浦发的一大原因即获得金融牌照。中国移动总经理王建宙在接受媒体采访时明确表示，中国移动入股浦发与手机支付有关，“中国移动没有金融牌照，只能通过与银行合作才能开展相关的业务”。中国移动作为非金融性企业，要开展金融相关的业务，必须获得央行等监管部门的许可。这与 2010 年 6 月中国人民银行出台的《非金融机构支付管理办法》的规定一致。中国移动缺乏金融运营和结算资质，通过与浦发银行的股权深度合作，就能“借用”开展移动支付业务所需要的资质，包括支付清算、账号管理、发行多功能存储卡和银行卡等，进而规避开展移动支付业务面对的政策风险。

3. 借助银行平台，快速切入金融业务

移动支付具有相当的专业性和复杂性，操作本身涉及进钱渠道、产品本身和消费环境三个环节，即覆盖从上游的金融业，到产品本身的制造开发支付以及下游的消费圈。因此，此次合作有助于中国移动通过浦发银行的金融服务平台，更透彻理解移动支付相关金融业务，为用户提供安全、便捷、高效的支付服务。

4. 富有想象空间的第三方支付平台

就像越来越多的信托公司不甘心只是扮演融资通道角色，正在努力向真正的财富管理者转型一样，中国移动也并不甘心做一个简单的网络通道。据中国移动相关人士称，“类似于支付宝这样的第三方支付平台，是我们最想做的移动支付形式。我们希望用户尽量将资金存入中国移动的‘移动支付宝’账号中，然后通过这个账号进行消费，而不是仅通过移动的网络使用银行服务。我们不想做一个移动互联网中的网上银行平台。”这是中国移动没有采取和金融机构通过协议形式实现合作，而是斥资400亿元巨资入股浦发银行的主要原因。通过战略投资，中国移动计划以大股东的身份和浦发银行实现资源共享和优势互补，谋求深度合作和共同发展。另外，发展移动支付还可以增强中国移动现有语音和数据用户的用户黏度。

（四）交易过程和内容

中国移动于2010年3月10日宣布，其全资附属公司广东移动已与浦发银行签订股份认购协议。根据协议，广东移动有条件同意以人民币398亿元收购浦发银行2亿新股。交易完成后，中国移动将通过全资附属公司广东移动持有浦发银行20%的股权，并成为浦发银行第二大股东。广东移动已向浦发银行提名两位董事、一名独立董事，但广东移动及中国移动不会参与浦发银行的日常经营管理。交易双方表示，有意就共同发展移动金融及移动电子商务展开紧密合作。

交易大事记

◆ 2010年2月25日，浦发银行因筹划引入战略投资者停牌。

◆ 2010年3月30日，浦发银行召开2010年第一次临时股东大会，审议通过了非公开发行的相关议案。

◆ 2010年8月25日，经证监会发行审核委员会审核，浦发银行非公开发行股票申请获得有条件通过。

◆ 2010年9月26日，非公开发行收到中国证监会证监许可［2010］1278号批复核准非公开发行股票。

◆ 2010年10月14日顺利完成向中国移动的非公开发行，共发行股份28.7亿股，募集资金净额人民币391.99亿元。发行完成后，中国移动持有浦发银行20%的股份。见图2－1。

广东移动承诺，自本次非公开发行股份交割之日起5年内不转让所持该等浦发银

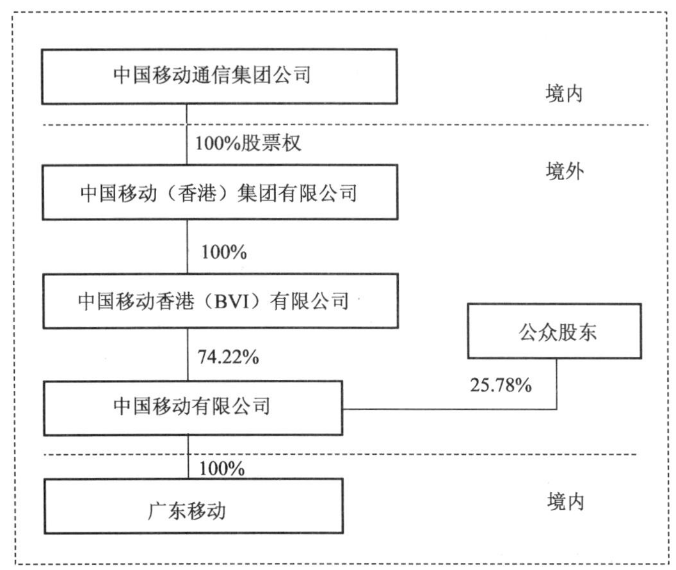

图 2－1　广东移动与其控股股东、实际控制人的主要关系

资料来源：浦发银行 2010 年 3 月 10 日公告《详式权益变动报告书》。

行股份（适用法律法规许可范围内，在广东移动关联机构之间的转让不受此限）。同时，如果本次交易结束后，浦发银行发行新的股票，则广东移动有权同等条件认购，以维持自己 20% 的持股比例。如制定或者对任何融资计划做出决策，浦发银行应兼顾广东移动在股票认购协议下的权利以维持其股权比例。广东移动不谋求增持超过 20% 的股份，除非经浦发银行同意和适用法律允许。另外，广东移动承诺将不会参与浦发银行的日常营运管理、不会谋求控股地位、不会偏离电信运营商的核心业务。

（五）并购之后

2010 年 11 月 25 日，为落实双方在移动金融、移动电子商务领域以及客户和渠道等资源共享方面的合作内容，浦发银行与中国移动正式签署了“战略合作协议”。根据该战略合作协议，中国移动和浦发银行将共同为手机用户开发推广手机钱包、手机金融软件、手机支付安全解决方案等，并合作探讨公共事业缴费、充值结算、手机汇款等多项手机支付应用。双方承诺将根据业务发展需要共同投入资源，充分发挥中国移动客户资源和运营能力优势，以及浦发银行在资金和交易安全管理方面的专业经验，大幅提升移动电子商务业务的广度和深度。

对中国移动来说，此次战略投资不仅可为移动支付业务铺路，也可延伸核心业务；不仅可为其未来收入增长储备新的增长点，还可以捆绑客户。从国外运营商的经验看，移动支付是捆绑用户的有效手段。日本和菲律宾是移动支付业务开展最成功的国家之一。日本的 NTTT DOCOMO 不断推出支持钱包功能的手机，使用户能够一直留在

DOCOMO 的网内，从而保持了大量的话务量和业务收入。菲律宾 SMART MONEY 业务普及率超过 15%，SMART 认为，其主要意义首先是增加了用户黏性；其次是降低了充值卡发行成本。

对于浦发银行来说，除了提高资本充足率，增强公司抗风险能力外，关键在于通过双方在移动金融、移动电子商务以及客户、渠道资源共享等方面开展深入合作，推动浦发银行移动金融业务的创新，开辟利润的新蓝海。比如，零售业务中的电子化、农村金融和大额付款等。

（六）并购点评

浦发银行获得中国移动战略投资，不仅实现了商业银行与中国电信企业在股权上的首次深度合作，而且在央企入股商业银行、央企的产融结合以及央企的主业和非主业协调发展等领域均有重要的示范效应，对我国移动支付业务的影响具有里程碑性质。

浦发银行和中国移动“联姻”的重要意义在于实现资源共享、优势互补。对浦发银行来说，一方面，中国移动的现金注资直接缓解了资本压力，实现了资本充实率的实质性提升；另一方面，可以充分利用中国移动的广阔市场，提高市场占有率。对中国移动来说，一方面，将现存的现金注入经营业绩良好而资本缺乏的浦发银行，有效实现了资本收益的目标；另一方面，可以间接获得金融牌照，规避移动支付业务的政策风险，并充分利用浦发银行的金融资源和技术，不断完善移动支付业务，为开发和拓展移动支付业务奠定良好的基础。

为了实现浦发银行和中国移动的“联姻”，从当事人双方到监管单位，都尽了最大的努力。浦发银行和中国移动均为上市企业，经营的又是国家重点产业，他们之间的“联姻”在诸多领域是突破性的。根据《公司法》、《证券法》、《银行业监督管理法》和《企业国有资产监督管理暂行条例》等法律法规的规定，交易必须经过证监会、银监会、国资委的审批。类似这种并购，从当事人双方谈判协调到最终实现并购，历时不足 8 个月，实属罕见。这也从侧面证明，无论是当事人双方还是监管单位，对浦发银行和中国移动的“联姻”都非常支持，对其前景非常看好。

浦发银行获得中国移动战略投资涉及的主要法律问题就是审批。并购不仅要得到股东的批准，还要得到相关部门的批准。在本并购案例中，浦发银行作为上市公司，其定向增发一定要得到证监会的批准，对于一般上市公司来说，得到证监会的批准就可以定向增发，证监会的审批是它们定向增发中最难过的一道关卡，但是对于本次并购来说，有了证监会的批准还不够，银监会和国资委的批准才是关键。

银监会对绝大多数央企入股商业银行是排斥的，中央电信企业入股商业银行业从未有过先例，因为央企成为商业银行的大股东后，易使商业银行吸纳存款用于大股东的投资项目，规避银监会的有效监管，对储户不利。银监会批准此次并购，表示银监会对中央电信企业入股商业银行的支持态度，在今后的类似并购中，银监会的批准可能不会成为障碍。

国资委对于央企的产融结合一直都讳莫如深。早在 2008 年，宝钢集团曾试图出资

42.18 亿元收购深圳发展银行5.44%的股份，并成为第二大股东。在当时，深发展股东以高达99.8%的赞成率支持宝钢集团入股。而最终的结果是监管层并未批准这项入股，最重要的原因就在于国资委不支持央企产融结合，近年来，国资委态度有所转变，开始允许“具备条件”的央企实行产融结合。国资委批准此次并购，表明中国移动及其相类似的一些央企是具备实行产融结合条件的。国资委对于央企开展非主业务投资是有严格限制的，《央企2010年效能监察指导意见》规定了央企开展非主业务投资时不超过企业总投资金额20%的限制，中国移动在本次并购中，其股权刚好占浦发银行的20%，符合国资委的规定。中国移动在并购时约定不参与浦发银行的日常经营管理，这是对外界质疑中国移动过多涉足非主业的一种回应，国资委批准此次并购和这项约定有比较大的关系，国资委通过批准此次并购为那些想涉足非主业的央企如何选择投资模式提供了一个示范，对央企实现主业和非主业的协调经营有重要意义。

二、光明食品集团系列海外收购

（一）交易概述

2010年，在食品行业的海外并购中，光明食品集团的身影频繁出现，进行了一系列的并购活动，但是最后似乎只是雷声大雨点小，除了对新西兰信联乳业的成功收购以外，更多的收购案都以失败告终。从这些案例中，我们既可以看到光明食品集团的国际化战略的坚定不移，同时也发现中国企业海外并购时遇到的一些共通的问题。

（二）光明食品集团的战略

1. 国内并购实现核心业务突破

光明食品集团是一家国内大型食品集团企业，其下拥有4家上市公司，主要产业和其他产业覆盖面极广，包括乳业、糖业、酒业、综合食品制造业、品牌代理业、连锁零售业、现代农业、城市物流、房地产以及旅游酒店等，但是集团公司成立之初，业务重叠分散，质量也参差不齐，由此产生的对集团管理效率以及“大而不强”的诟病也在外界受到广泛质疑。

之后的光明食品集团明确了其战略定位以及核心业务，将乳业、糖业、酒业、综合食品制造业、品牌代理业、连锁零售业和现代农业（“6+1”）作为其核心主业，并在集团内部进行一系列的重组，以简化内部管理流程和提高管理效率，以期将食品产业做大做强并剥离部分不相关产业。2007年7月，公司将其下属的“可的便利”转让给农工商集团，整合开始实质性启动。2009年7月，光明食品集团以15亿元总价，从上实控股手里正式接盘光明乳业30.18%的股权；随后，金枫酒业将所持有的上海顺联通创业投资有限公司46%的股权转让给上海市糖业烟酒集团；约一个月后，海博股份从集团子公司上海城隍投资购回上海海博出租汽车公司5%的股权。

同时，围绕主业，光明食品集团旗下的各个子公司进行了一系列的并购活动。在糖业方面，通过子公司光明糖业公司（光明集团在香港注册的公司）以8亿元收购了云南省最大的糖业企业英茂集团60%的股份，英茂集团食糖销售规模达45万吨，占云南蔗糖产量的20%，是全国十大制糖企业之一。本次收购后，光明食品集团成为食糖销售规模排名第一的“中国糖王”。通过子公司梅林股份，收购了生猪饲养企业重庆今普食品，整合猪肉制品的上游供应商，以期保证食品质量。通过心族实业公司收购了黄山汪满田茶叶公司50%的股权，扩张了自身的茶叶业务。由于交易一般都是通过现金支付且获得控股权，展现了光明食品集团作为产业整合者的决心。

国内收购的交易金额相对较小，缺乏能够使光明在单个业务上形成突破的并购对象，因此，寻求海外并购成为更好的选择。

2. 营收压力扩大，海外并购势在必行

国内并购使光明食品集团的收入增长迅速。据东方网报道，2010年光明食品集团的主营业务收入达到618亿元，同比增长22%，实现利润32亿元，同比增长45%，糖业和饲料业的销售增速分别达到118%和165%。从2010年开始，光明食品集团实施了新三年发展规划，提出了“保八争九”的战略目标，到2012年，集团实现主营业务收入确保800亿元，力争900亿元，成为国内领先、国际有影响力的大型食品产业集团。2010年完成618亿元，开了一个好头，但是在2011年和2012年要实现300亿元的主营业务收入的增长依旧具有巨大压力，通过优质资产的并购实现该目标是必由之路。

根据上海市国资委的部署，“十二五”期间，上海将形成3～5家在全球布局、跨国运营的国资企业集团。光明食品集团也依据上级机关制定的战略目标，制定了自身的国际化战略，希望通过国际并购，使集团收入在“十二五”结束时有30%来自于国外的收入贡献。借此，光明食品集团开始了一系列的海外并购之旅。成败皆有，喜忧参半。

（三）2010年光明食品集团的海外并购简述

1. 收购西斯尔公司（CSR）的糖业和再生能源单位

2010年1月12日，光明食品集团有意以最高15亿澳元（约合14亿美元）的价格收购澳大利亚西斯尔公司（CSR）旗下的糖和可再生能源单位的消息传出，这是光明食品集团在2010年迈出的海外并购的第一步。西斯尔公司是一家在澳大利亚和新西兰主要从事建筑产品业务的企业，糖业和可再生能源单位不是公司的核心业务，西斯尔公司出于专注主业的考虑而计划出售或分拆糖业和可再生能源单位。对于光明食品集团起初的收购意图，西斯尔公司并未接受，它试图将该部分公司直接分拆，并向法院提交了申请。但是在2月初，法院拒绝了西斯尔公司关于分拆的提案，交易的可能再次浮现。4月，光明食品集团对于本次交易的报价提高到17.5亿澳元，6月，光明食品集团召开新闻发布会宣布了该笔并购交易进入最后阶段。

如果光明食品集团本次收购成功，公司的糖产量将一跃成为亚洲第一，取代郭鹤年成为新的“亚洲糖王”。并且，西斯尔公司的糖业公司拥有150年的历史，这笔收购能够让光明食品集团的食糖业务稳健地进入澳大利亚市场。这既符合光明食品集团做主营业务整合扩张，在澳大利亚以乳业、糖业和酒业的三大产业布局，提高市场地位，又能服务集团公司扩大海外市场收入占比的目标。但是，令光明食品集团感到意外而又束手无策的是，在最后一次竞价之后，7 月 5 日，西斯尔公司宣布新加坡丰益国际集团以 17.5 亿澳元的价格，成功收购了西斯尔公司的糖业和可再生能源单位。而这个半路杀出的丰益国际集团是世界最大的粮食、食用油及农产品供应商、贸易商之一，新加坡市值最大的上市公司。而丰益国际集团的掌门人郭孔丰正是有“亚洲糖王”之称的郭鹤年的侄子。

本次交易的失败被认为是光明食品集团在交易策略上的重大失误。在进入最后一轮报价前便向外透露了将竞购价格提高至 17.5 亿澳元的消息，使一直潜伏的竞争对手在最后一轮报价中给出更具有吸引力的报价，而光明食品集团却以为胜券在握，调低了报价至 16.8 亿澳元。在价格上对于西斯尔公司光明不具有竞争力，西斯尔公司最后选择了丰益国际，光明与西斯尔公司失之交臂。

2. 收购新西兰信联乳业

2010 年 8 月 5 日，光明乳业发布公告，股东会决议通过了收购新西兰信联乳业所增发的股份的提案。交易完成后，光明乳业将拥有信联乳业 51% 的股份，获得实际控制权，并且在董事会的 7 席中拥有 4 席。这是光明乳业在 2010 年的几次海外并购中唯一成功的一个案例。

新西兰是全球最大的全脂奶粉出口国，2009 年其出口额占市场总额的 40%，乳业的行业卫生和安全标准十分严格，使得新西兰的乳制品在全球赢得了优质、安全的产品声誉，且乳制品的加工成本是全球较低的国家（排名第三位），使得其乳制品在全球具有很强的竞争力。而信联乳业是一个在 2008 年 8 月才正式投产的年轻企业，位于新西兰原奶产量增长最快的坎特伯雷平原。公司目标是成为亚洲市场的配方奶粉（主要是婴儿配方奶粉）主要供应商之一。在过去的 3 年，信联乳业的销售收入增长迅速，络绎不绝的订单使一号工厂开工不久就已处于满负荷生产的边缘，公司急需投建第二工厂以满足旺盛的市场需求，二号工厂投产后公司产量将会加倍提升。根据测算，二号工厂整体建造成本估计为 9 500 万新西兰元。因此，信联乳业开始考虑抛出“绣球”，启动扩产融资计划。本次信联乳业增发的金额为 8 200 万新西兰元（约 3.82 亿元人民币）融资将用于偿还部分银行贷款和二号工厂的建设投产。

对于光明乳业而言，收购信联乳业在战略上意义重大。一方面，信联乳业将提供一个供应稳定、质量优良的海外原料供应基地，对于国际奶源资源的收购可以避免奶源风险；另一方面，新西兰乳制品良好的国际声誉和消费者认可，为企业进入高端婴儿奶粉市场提供了一个良好的市场切入点和生产基地，成为企业利润增长的新亮点。

光明乳业对于信联乳业并购的协同效应，是信联乳业选择光明的重要因素。光明乳业处于高端奶粉市场需求旺盛的中国，具有庞大的市场以及密布的分销渠道。光明乳业也承诺将从信联乳业每年采购 5 000 吨以上的奶粉，保证了信联乳业产能的释放，同时，借助如此强大的合作方，信联乳业可以以很低的成本打入中国市场。而光明乳业在奶粉业务上并非强项，通过引入一系列新西兰的高端奶粉产品，可以在不断扩张的高端婴儿奶粉市场中获得可观的收益，对于品牌美誉度的提升也是相当可观的。

3. 光明食品集团拟收购联合饼干

2010 年 9 月末传出光明食品集团欲以 208 亿元人民币（合 31.6 亿美元）的金额收购英国联合饼干。英国联合饼干是一家国际化的食品和零食生产企业，资产组合遍布诸多欧洲国家，且拥有如 KP，McCoy's 和 Mcvities 品牌。公司曾经在伦敦上市，后被著名的 PE 公司（Blackstone Group）以及 PAI Partners 收购。该饼干集团估值约 25 亿英镑，溢价部分是考虑到联合饼干在 2009 年强劲的财务表现。4 年中公司利润连续增长，且 EBITDA 增长了 13.7%，达到了 22.34 亿英镑。在成熟市场中，其收入增长也十分迅速，2009 年收入达到 13 亿英镑，增长了 5.1%。

光明食品集团将收购联合饼干视为开发中国本土新兴且增长迅速的零食市场的良好机遇，而非企图削减成本，把将在英国销售的零食转移到海外生产。光明食品集团看好联合饼干在欧洲良好的知名度，借助其提升自己在海外的知名度，更重要的是看好联合饼干在中国的销售前景，扩张其在国内的饼干业务。这一思路与中国企业的海外并购中的趋势相符，即通过收购拥有市场领先地位、技术以及本国市场经营诀窍的西方企业，寻求在地理上实现业务多元化。

但是光明食品集团在进行了一番尽职调查后发现，英国的养老金制度是光明食品集团“无法承受之重”，随后便主动退出了交易。在进入英国市场前，光明食品集团未能对当地的法律政策环境进行充分的评估被认为是本次交易失败的主要原因。

4. 收购美国 GNC

美国 GNC 是一家历史超过 70 年的营养保健品销售企业，在全球拥有 7 100 多家，商店，出售各类营养品、保健品、维生素和运动饮品等。2010 年 12 月，光明食品集团对于美国 GNC 表达了收购意图，根据路透社的报道，光明食品集团愿意为本次交易支付 25 亿 ~30 亿美元。

光明食品集团对于 GNC 的收购体现了与之前截然不同的战略思路。对于国外分销渠道的收购有利于光明食品集团将旗下品种诸多的中国产品销售到海外，这对于光明食品集团实现海外业务收入 30% 的目标具有重要的意义。但是这笔交易在 2011 年 1 月便戛然而止。

当光明食品集团还在内部讨论该笔并购是否应当执行、如何执行，并和美国对于交易价格讨价还价的时候，美国的两位股东——Ares 资产管理公司和安大略教师养老金计划委员会，担心中国并购的审批时间过长，并购节奏过于拖沓，放弃了与光明食品集团的合作，决定以 IPO 方式实现退出。其实这项计划并不意外，在 2010 年 9 月，美国就已经向美国证券监管部门填写了注册文件，拟通过退出方式融资 3.5 亿美元。

（四）经验与总结

光明食品集团的海外并购在战略上并无问题，主要在于缺乏实战经验，出现了诸多战术上的失误，与丰益国际、通用磨坊等国际巨头相比，光明食品集团的表现显得稚嫩（见表 2-1）。但是在这些案例中能够总结出一些值得思考的问题，光明食品集团未来的海外并购步伐不会因为几次海外并购的失利而有任何退却，那么对于这些问题的总结和梳理将对于未来提高海外并购的成功率至关重要。

表 2－1　光明集团 2010 年发起的主要海外并购

时间	标的公司	状态	原　因
3 月	CSR 的糖业和可再生能源单位	竞价失败	丰益国际最后竞价阶段给出更高的竞价
8 月	信联乳业	成功收购	
9 月	英国联合饼干	退出	了解英国养老金制度后认为无法承受
12 月	美国 GNC	退出	决策程序缓慢，美国 GNC 股东关注中国审批风险，更愿意使用 IPO 方式退出

1. 公司内部决策机制与行政审批效率缓慢，无法跟上海外迅捷的并购节奏

国外的并购从安排拍卖到结束最后一轮竞价一般在 3 个月内完成，在这 3 个月中需要给出多轮竞价。中国国有企业从了解一个并购标的的资料到管理层决定是否进行竞价的过程就已经反应迟钝，再加上这样的海外并购涉及外汇主管部门、商务部、上市公司，还可能会涉及证监会审批，冗长外加多部门的监管，使国内的并购决策与执行和海外的节奏脱节。光明食品集团与美国的案例便表现出国外企业对于中国审批制度的普遍担忧，使得他们即使面对中国企业具有吸引力的报价也不得不考虑中国境内的审批风险而望而却步。放眼一些成功的海外并购案例，大多采取了一些特别的交易结构来避免审批影响交易效率，如通过海外的合资公司进行收购等。

2. 对竞争对手动态的分析不够充分，忽略信息保密的重要性

并购接洽的一大原则就是尽量要保持低调和保密，竞购价格更是绝密的数据，决定着交易最后的成败。光明食品集团在这些问题上显出了不合时宜的高调。在收购糖业和可再生能源的案例中，一直隐藏着的丰益国际直到交易结束的最后一刻才爆冷出现，而光明食品集团对于这样的竞争对手几乎一无所知。吃一堑长一智，在之后的光明乳业收购信联乳业的案例中，直到公司发布公告，该笔交易一直处于“潜伏”状态。在随时都会发生颠覆性变化的并购交易中，交易的屡屡曝光对于交易的促成无疑有害无益。

3. 对并购对象的政策环境调查不足

海外并购会遇到诸多制度性差异，这对标的公司的研究具有一定难度，提高并购的风险。在与联合饼干的收购案例中，由于缺乏对英国养老金制度的了解，直至尽职调查阶段才暴露出这个问题。针对这样的问题，光明食品集团做出应对，组建新的团队，对澳大利亚、新西兰的投资环境、税收制度、企业情况等进行深入研究，在与澳、新等企业的股权合作作为国际化重点的光明战略决策下，深入研究可以有效避免联合饼干收购案的问题再次出现，避免浪费大量资源和时间。

（五）并购点评

对光明食品集团海外收购的了解仅限于媒体公开的信息，所谓“管中窥豹，只见

一斑”，因此，只能根据有限信息从技术角度谈一些看法。

总体而言，我不认同媒体上“失败论”的评价，“得失”不能与“成败”画等号。根据我20多年的投资、收购工作经验，如100个潜在的目标公司中，能有2~3个完成收购算正常情况。影响收购交易的因素很多，特别是跨国收购，不确定性更大。光明食品集团能在4个目标公司中完成1个收购，从交易数量本身看，这个“成绩”并不差。对光明的海外收购，不能以一城一地的得失论成败。

在技术方面，光明海外收购案例中显示出一些值得诸多中国公司在跨国收购中应当注意的事项。

一是对交易条件（包括价格）这类重要信息要严格保密。即便在内部，原则上也只允许参与交易决策和谈判的关键人员知道这些信息。在交割（不是签订收购协议）之前都不应松懈慢待，认为收购交易已经完成。须知“为山九仞，功亏一篑”。

二是一定要聘请熟悉东道国法律环境、税务环境等的独立专业机构实施尽职调查和参与谈判签约。这虽然会花费一些钱，但比起动辄数10亿美元的交易金额来说绝对是值得的。要避免“捡了芝麻，丢了西瓜”。

三是要尽全力缩短内部沟通和决策流程，并授予谈判人员适度充分的权力。一些中国企业已“习惯”了某些没有确定时间的行政审批和非正式的承诺（如“预审批”），但在海外收购中，这样的“习惯”是不能被卖方接受的。

成功收购不等于收购成功。前者是指交易本身是否完成，后者是指收购目的是否实现。收购只是手段，不是目的，收购后的整合才是真正的增值过程开始！

三、中海油系列海外并购

（一）中海油2010年并购概述

2010年3月，中海油斥资31亿美元与阿根廷石油公司（BEH）将Bridas Corporation改组为一家双方各占50%的合资公司；2010年10月，中海油以10.8亿美元的价格购入美国切萨皮克能源公司鹰滩页岩油气项目33.3%的权益；2010年11月底，中海油通过以约70.6亿美元的价格从BP手中收购泛美能源60%的权益；等等。在2010年，中海油进行了多笔并购交易，拓展了其在南美的业务平台。

本节中将通过前后两笔交易，以中海油实现对于泛美能源的收购为主进行分析。

（二）中海油海外并购历史

中海油的海外并购几多坎坷，其中名声显赫但也跌得最惨的一次交易就是2005年对于美国第9大石油公司优尼科的收购失败。其实，在2002~2005年间，中海油进行了多起成功的海外收购，如在2002年收购了西班牙的石油公司（Repsol）在印尼的油气田项目，2003年3月收购哈萨克斯坦北里海油田8.33%的权益等，但是总体而言交易的金额并不大，且油气项目均集中在亚洲地区。

对优尼科的收购被视为中海油国际化步伐中最重要的一个节点。当时中海油对优尼科的竞价高达130亿美元，而截至2004年底优尼科市值约110亿美元，并在后几轮的报价中，中海油的报价一直力压竞争对手雪佛龙。此外，中海油还将承担优尼科所有的债务，约16亿美元，并承诺不会裁员，而且满足优尼科关于员工福利的多项条件。中海油当时的市值也只有225亿美元，可谓竭尽全力，胜券在握。但是雪佛龙利用中海油作为中国国有企业的身份，大打“政治牌”，借助其在美国国会的力量，将舆论导向引向中海油收购优尼科会对美国能源安全造成威胁。2005年6月30日，美国众议院以333票反对、92票赞成的压倒性优势，否决了中海油收购优尼科公司的计划。随后的7月26日，美国国会特别小组决议，压后141天才能对中海油收购优尼科作出审议。就此，在8月2日中海油最终被迫宣布退出竞购。

对优尼科的收购失败使中国企业海外并购时的舆论公关和政治风险问题受到了前所未有的关注和讨论，中海油收购优尼科犹如一纸具有法律效力的判例，西方国家主管部门在对于中国国资背景的公司收购其资源企业的问题上更为保守，中海油的海外并购步伐也明显转缓。除2008年以171亿元人民币成功收购挪威海上钻井公司外，中海油在南美和太平洋地区的收购步伐始终属于停滞状态。2009年欲以13亿美元收购美国马拉松石油公司持有的安哥拉石油资源项目权益，仍然未能成功（见表2－2）。

表2－2　2002～2005年中海油上市后收购项目汇总

收购时间	收购标的	收购权益	收购金额	资金来源	收益	完成时间
2002年1月	印尼5个区块油气	South East Sumatra 65.34%；西北爪哇离岸36.72%；西马都拉岛25%；Poieng技术支持50%；布洛拉16.7%	5.85亿美元	自有	增加净权益下约3.6亿桶油当量	2002年4月
2002年8月	澳大利亚（NWS）天然气	NWS的5.3%及CLNG的25%	3.2亿美元	自有	可增储量2亿多桶油当量	2004年1月付款
2002年9月	印尼东固天然气	12.50%	2.75亿美元	自有	可增近3亿多桶油当量	2003年2月
2003年3月	哈萨克斯坦北里海油田	8.33%	6.15亿美元	自有	可增储量10亿桶油当量以上	2003年5月中止
2003年10月	澳大利亚高更天然气	12.50%	2.75亿美元	自有	可提升整体存量30%以上	2004年年底
2004年2月	印尼（Muturi）天然气	22.77%	9810万美元	自有	可增1亿桶当量	2004年5月

资料来源：搜狐财经。

（三）2010年中海油的海外并购

1. 两次交易，收购泛美能源公司

（1）设立合资公司收购部分股权。2010年3月13日，中海油国际有限公司（中海油的全资子公司）与能源控股BEH达成协议，将BEH的全资子公司（Bridas Corporation）进行改组，成立合资公司，中海油国际有限公司与BEH各持有50%的股份。改组后的合资公司，通过其子公司（包括在泛美能源公司40%的权益）拥有在阿根廷、玻利维亚和智利的油气勘探和开采活动。该笔交易在2010年5月4日完成，交易金额为31亿美元，进而中海油便通过合资公司中50%的股份间接持有了泛美能源公司20%的股份。中海油2010年年报对于该笔交易的描述，中海油意在以此合资公司作为其在拉丁美洲进行业务扩张的平台。该笔交易开启了中国企业海外并购的一种新思路，收购方式间接化，有效地降低了交易的难度，且避免了要约收购时对于市场和监管者的冲击。而随后发生的事件让这次业务布局显得格外意味深长。

（2）墨西哥湾漏油事件迫使英国石油公司出售优质资产。2010年4月20日夜间，位于墨西哥湾的“深水水平线”钻井平台发生爆炸并引发大火，在大约36个小时后沉入墨西哥湾，造成了难以置信的环境污染。事后美国政府证实，此次漏油事件的危害程度超过了1989年阿拉斯加埃克森公司瓦尔迪兹油轮的泄漏事件，成为美国历史上“最严重的一次”漏油事故。租赁该钻井平台的英国石油公司为此损失惨重，市值在漏油事件发生后的两个月间蒸发了近700亿美元。而公司需要为此次漏油事件承担的善后款项超过200亿美元。为支付昂贵的漏油事件赔偿款项，英国石油公司被迫忍痛出售其持有的大量优质资产，而英国石油公司在南美洲持有的泛美能源公司就榜上有名。泛美能源公司主要在南美洲阿根廷从事油气勘探生产活动，过去10年中已发展成为阿根廷第二大石油和天然气生产商，也是近年来阿根廷能保持油气产量增长的少数几家公司之一。对于中海油的南美业务拓展而言，泛美能源公司是十分理想的标的公司。

（3）通过合资公司全面收购泛美能源。2010年11月28日，中海油国际与能源控股的合资公司与英国石油公司达成股份购买协议，将自英国石油公司处收购泛美能源公司60%的股权，交易金额为70.6亿美元。本次收购包括泛美能源公司在玻利维亚的资产，中海油国际和BEH同意注资总数大约49.4亿美元作为本次并购70%的资金，出资金额将平均分摊。其余30%的金额，大约21.2亿美元，将由第三方贷款或者额外的来自中海油国际和BEH的增资提供。该笔交易在2011年1季度已经完成，而由于在本次并购前已经持有了泛美能源公司40%的股份，因而在交易完成后将100%控股泛美能源公司。

中海油作为国内国际化程度最高的资源类企业，一直以国际化的胸怀，致力于海外同行业企业的横向整合。阿根廷、巴西、委内瑞拉等国在内的南美地区是全球重要的产油区，也是公司近期海外业务拓展的重点。获得泛美能源50%的股份，意味着中海油在南美地区的开拓有了一个非常良好的发展基础。

事实上，与能源控股成立合资公司，而间接持股泛美能源公司20%股份的交易已经让人不禁联想，也许全面收购泛美能源公司的计划在英国石油公司墨西哥湾漏油事件之前早已酝酿。交易标的、合作买方、交易结构等问题早已敲定，阻碍交易迅速成形的只是交易价格。而4月发生漏油悲剧是迫使英国石油公司迅速出售该部分资产的最后一根稻草。为支付巨额的赔偿金，英国石油公司迫切需要资金，这迫使英国石油迅速促成交易，而双方的议价能力在这一个意外事件的冲击之下发生了急剧的转变。最后谈判的价格为70.6亿美元，而市场对于泛美能源公司60%股权的估值大约为100亿美元，价格颇为理想。

通过泛美能源公司，中海油扩张了南美业务，同时还能与多家国际级石油公司建立良好的合作关系，创造了未来更多合作的可能性。从这些角度看，这也是具有很强吸引力的交易。

2. 购入美国切萨皮克能源公司项目权益

在2010年10月10日，中海油国际通过其全资子公司中海油美国，与切萨皮克勘探公司（切萨皮克能源公司的子公司）签署购买协议，购买切萨皮克在德克萨斯州 Eagle Ford Shale 项目33.3%的非分红股权。本次交易金额为10.8亿美元，中海油还同意为该公司支付75%的钻探和完井成本，最高可达10.8亿美元，Chesapeake 将保留经营控制权。

中海油在岩气开采上没有技术专长，而是页岩油气的市场领军者。因此，本次交易对于中海油而言是一个相当好的学习机会。而依据高盛的研究报告，本次交易的价格与邻近期间的另外一笔出售的价格，与近期的类似交易的价格相当。该地区依旧是最近开放的页岩气地区，存在产量增长的潜力。目前项目的产量有限，但是在未来的10年间将达到产量的高峰，进而在2015年前后对中海油形成显著的影响。这场并购案的成功是中海油近年来在美国油气市场的一次突破，但是，外界并不认为这将是中海油在美国油气继续扩张的标志。中海油对于交易的考虑还是集中在开采技术和管理方面，但是未来进一步收购依旧存在可能。

（四）海外并购对中海油的影响

1. 油气产量增加

对于泛美能源公司的收购而言，依据中银国际的分析，泛美能源的上升势头良好，在过去8年里，原油产量增长47%，天然气产量增长101%，在阿根廷石油公司中是为数不多的保持持续增长的企业。作为阿根廷第二大油气生产商，泛美能源在阿根廷的市场份额占到15%，拥有油气开采、管道、油码头等在内的完整油气产业链。资料显示，泛美能源目前有23个石油和天然气生产区块，其中13个在阿根廷，10个在玻利维亚。此外，泛美能源还拥有15个勘探区块的权益。由于本次交易的资产包括其在玻利维亚的更为优质的资产，因而中海油这次购入的资产质量颇高。除传统的石油及天然气资源外，泛美能源还拥有丰富的煤层气资源。该公司2008年煤层气的产量达到1 860万立方米。据港交所的公告称，交易完成后，中海油的原油日产量将增加10.1%，达到每天73.8万桶。而原油可探明储量也将增加14.4%，达到34.1亿桶原油当量。

2. 南美业务扩张，为进一步收购奠定基础

收购了泛美能源的优质油气资源，为在南美地区的纵向整合创造了良好的条件。据阿根廷2011年2月16日的报道，泛美能源公司将收购美国埃克森美孚石油公司在阿分公司的炼油厂和加油站。泛美能源公司已经与埃克森美孚在阿分公司——埃索石油公司达成收购协议，泛美将以8亿~9亿美元的价格收购后者在阿坎帕纳炼油厂和分布在全国的450个加油站。目前埃索石油公司约占阿国内汽油和柴油销售14%的市场份额，排在（YPF）公司和壳牌公司之后。如果此次收购交易顺利完成，泛美能源将形成包括石油勘探和生产、提炼、加油站业务在内的完整的产业链条。通过泛美能源公司的扩张，中海油实现了在南美地区，特别是阿根廷地区石油产业的深入渗透，相信在以后通过泛美能源公司的平台，中海油在南美还有巨大的发展空间。

3. 地缘政治与管理风险值得警惕

在2001年发生经济危机后，阿根廷颁布《经济紧急法案》，油气政策进入了以“强化政府对油气产业的控制力和主导权”为目标的调整阶段，阿根廷政府试图将有限的油气产能留在国内，以满足本国的能源需求。为此，阿根廷实施了对油气价格的冻结和提高出口关税等措施，出口的最高税率达到45%，造成跨国公司利润下降，出口油气数量不断减少。英国石油公司之所以急于出售该部分一直处于产量增加的资产，就是因为这样的投资环境的变化。在这样的政策环境中，如果试图以阿根廷产的石油来满足中国的石油进口需求，在短期内可能很难实现。因而，对当地政府的公关活动是否有效将直接影响该部分资产未来的盈利能力以及对中国的资源供给支持的效果。

同时，由于被收购资产的所在地在地理和管理跨度上都非常大，这将直接考验中海油的全球管理能力。其中人才和管理问题是最大的挑战。如何保证公司派遣至南美地区的管理者能够尽职尽责地承担起为国有资产保值增值将面对很多问题。比如，央企派往海外的管理人员，为谋私利，成立与自身存在关联关系的公司，并通过各种手段将国有资产转移至该公司，造成国有资产流失的现象。这样的问题在央企的海外资产管理中并不罕见，杜绝这样的问题，也将是中海油面对的一项课题。

（五）并购点评

为保障国家的石油安全和石油供应，中国的大型石油企业走上了海外油气资源并购的道路，但是一路坎坷，在国外舆论和政策限制的情况下，石油企业海外并购的脚步未能加快。本次中海油对于泛美能源公司的收购交易是一个非常值得借鉴的案例。

通过与国外地方的石油公司建立合作关系，增资建立合资公司，通过合资公司进行并购活动可以有效地弱化海外并购审查中对于“中国因素”的重点关注，配合媒体和政府公关，可以有效地提高海外并购的成功率。而在成功收购海外企业后的管理问题也可以通过合作方分担解决。由于合作方扎根于并购标的公司的经营地域，因而也可以缓解中国企业并购后整合的“水土不服”的现象，提高整合的效率和成功率。在并购完成后，利用被并购的企业在其地域内的声望和资源，再进行横向和纵向收购难度就会降低。

笔者认为，这种“合资收购，间接整合”的外海并购战略对于中国企业的海外并购而言是十分值得借鉴的模式，在并购前和并购后都具有明显的优势。对中国企业海外并购存在的两个担忧：是否能够成功收购，并购失败的成本很高；并购后的管理挑战很大，难以整合。通过中海油收购泛美的模式，这两个担忧都能够有效地缓解，是现阶段海外并购政策环境不佳、中国企业海外管理经验欠缺之时最为行之有效的模式。

四、上海电气收购美国高斯软性资产

（一）交易概述

2010 年 6 月，作为美国高斯国际公司第二大股东，上海电气集团股份有限公司以约 100 亿元人民币（15 亿美元）的价格获得了这家拥有百年历史、全球三大印刷设备制造企业的所有剩余股权。本次收购是一起立足于技术的软性资产收购，是中国国有企业开始争霸全球技术性产业的一次尝试。同时，从合作、参股再到全部控股，其逐步渗透的收购策略也为中国企业的海外并购提供了一个范例。

（二）并购背景

1. 标的公司——高斯国际介绍

美国高斯国际公司（Goss International）是一家生产精密印刷机械设备的供应商，是全球三大印刷设备制造商之一，有 170 年的历史，总部位于美国新罕布什尔州，目前在 9 个国家开展业务，全球有 4 000 名员工。此次并购，使“年轻”的上海电气公司名下多了一家百年老店。

原高斯国际由三家企业合并而来，包括高斯印刷、哈瑞斯图像以及在德国海德堡的丝网印刷部门。2004 年底，该公司收购了世界最大印刷设备制造商——德国海德堡印刷设备公司的卷筒纸胶印业务和资产，成为全球最大的卷筒纸胶印机供应商。

据公开资料显示，高斯国际的主要业务是生产滚筒式胶印设备。印刷企业使用高斯的设备，可在 1 个小时内印刷完毕并装订好 9 万本杂志。目前，高斯的印刷机械已可实现行业内最高级应用“熄灯操作”和“个性化订制”。也就是说，一大筒铜版纸送进去，无须人工操作，出来的就是数万本装订好的《时代》杂志。而且，不同订户收到的《时代》，内页广告和内容可以完全不一样。

2. 新媒体冲击，高斯国际出现盈利危机

由于新媒体的兴起，传统出版不断遭受数字媒体的挤压，平面广告、杂志、报纸的市场也在不断萎缩，而卷筒纸胶印机恰恰就是书刊印刷的主要生产机械。严峻的市场大环境再加上突如其来的金融危机，高斯国际陷入了困境。据上海电气提供的数据，高斯国际 2007 年全球营业额 11 亿美元，2008 年为 10 亿美元。2007 ~ 2008 年年度，高斯国际处于盈利状态。但 2009 年遭遇全球金融危机的外部冲击，业绩有较大下滑。

3. 上海电气与高斯国际已经有长期的合作关系

高斯国际在这次上海电气全面收购以前，上海电气就在其股东名册当中，占有其

40%的股份，是高斯国际的第二大股东。两家公司的合作自1993年开始，上海高斯印刷设备有限公司，即是高斯国际首次进入中国与上海电气成立的合资公司。上海高斯为双方进一步合作打下了基础。事实上，在进入中国市场的十几年内，高斯国际在中国已经有了很强的客户基础。几乎所有的大型媒体集团，如南方报业集团等，都采购了高斯的设备。

4. 交易对手的身份注定了高斯国际的出售

本次交易中上海电气的交易对手是 Matlin & Patterson 投资公司的私募股权投资基金。该基金是典型的“秃鹫基金”，擅长收购破产或濒临破产的传统企业，并通过出售给第三方而获利。该公司之前曾收购 MCI Worldcom 公司，后把它卖给美国电信行业巨头 Verizon。因此，能够把收购并改造后的公司卖给上海电气，也绝不会让投资者感到意外。

（三）并购动因

上海电气在印刷设备制造业的雄心壮志在过去的并购举措中就相当明显，这次对于高斯国际的收购是看中了高斯国际拥有的先进技术和研发能力。高斯拥有739项有效专利技术，226项已申请专利；在全球的8个工厂中，高斯国际有近600名工程师，2009年的研发总投入达到2.8亿美元；而且，为了应对印刷市场的下滑，高斯正在研究进入一个更大的市场——包装机械市场。高斯国际具有前瞻性的战略设定与上海电气的雄心壮志完美切合。高斯国际在国内市场的口碑还算不错。在进入中国市场的十几年里，高斯国际在中国已经有了很强的客户基础，几乎所有的纸媒集团都采购了高斯的设备。未来两三年内，中国印刷厂将进入大规模的升级换代阶段，那么高斯国际无疑将从中获得巨大的收益，收购高斯国际将使上海电气自身的更新换代成本降低，同时避免了诸多议价风险，并掌握市场中与其他下游厂商交易的主动权，毫无疑问，这种地位的提升对于上海电气而言，可以确保其行业统治的地位。这些效应对于上海电气是可观且可计量的协同效应。同时，高斯国际在国际市场上的地位也成为上海电气国际化的有力扩张。

近期的一些迹象显示，中国企业确实对海外的软性资产越来越感兴趣。值得一提的是，之前的华盛顿邮报集团下属的新闻周刊，也因为纸媒行业的疲软而被挂牌出售，引来了来自中国传媒行业的博瑞传播。尽管华盛顿邮报回绝了来自中国的报价，但中国企业对海外软性资产的兴趣已经显露无遗。

（四）交易内容

2010年6月，上海电气集团以15亿美元收购高斯国际，实现对于高斯国际100%的股权控制。由于在本次交易前，上海电气已经持有高斯国际40%的股份，因此，这次交易应当是从交易对手 Matlin & Patterson 投资公司处购得了其余60%的股权。

由于之前在高斯国际的董事会中，上海电气已经派遣两名董事，对于高斯国际的运营情况与现有的战略方向已经十分清晰，国际并购的整合风险可以说已经尽可能地降至最低。

（五）并购之后

1. 国际印刷业将重新洗牌

上海电气在印刷机械制造领域被称为“联合舰队”，而上海电气得名“联合舰队”则是因为上海电气集团旗下有诸多的公司。这也并非上海电气第一次进行跨国并购整合。在2002年，上海电气与晨兴集团以900万美元成功收购了日本秋山印刷机械株式会社，持股50%，开创了国有印刷设备制造企业收购国际先进设备品牌的先河。2009年，上海电气则以3.5亿元人民币全面结束了历时3年的对秋山公司、上海光华、上海紫光股权的并购。

过去的收购为上海电气的国际并购整合提供了宝贵的经验，过去的记录也应当说是喜人的。“之前，上海电气并购日本秋山印刷，使国产印刷技术有了15～18年的跃进。收购高斯最根本的目的与收购秋山一样在于它的技术。”中国印刷及设备器材工业协会常务副理事长王德茂如此认为。

同时，上海电气印包集团总裁曹敏表示：“通过收购高斯国际，使我们在报纸轮转机、商业轮转机、单张纸胶印机和装订机械等产品方面直接获得了国际一流技术和产品研发的能力。”而在2010年英国国际印刷展览会上，上海电气印刷包装机械集团展出的NOVA12全自动骑马订联动线，即是其旗下上海紫光和高斯国际联手的产品。这意味着上海电气在一个过去并不擅长的领域内占据了领先的地位。

并购后的上海电气将对高宝、海德堡等企业的卷筒纸胶印机市场产生很大冲击，而国内的一些印刷机械制造企业也必将受到很大的影响。

2. 有待观察的市场前景

就并购所带来的市场预期，总体来讲，占领市场值得肯定，但未来市场前景似乎还有待观察。

在国家将高档印刷机械制造业列入振兴规划的政策下，本次并购在短期内的盈利将是可预期的，未来几年里增长的订单将保证高斯国际的业绩增长。但是整体印刷行业受到的新媒体的冲击从长期看已经存在持久冲击的趋势，未来印刷行业再有显著增长几乎难以得到市场认同了。

网络电子阅读的发展，数字化个性印刷的普及对此次并购的市场前景有至关重要的影响。雅昌企业集团公司董事总裁在对上海电气的本次并购做评价时说：“并购市场前景不好评价，应该在可预见的时间内不会太差。但还要看产业整体发展趋势。”随着产业结构性的调整，将有一个产业生命周期的问题。在国际经济危机中，能使用的调节手段都使了。但是经济规律本身是不可逆转的，市场调整只能在一定范围内解决部分问题。印刷产业的业态格局也是如此。

书报刊业务在全球范围内萎缩，大批量印刷需求减少得非常快。日本2009年有119个杂志倒闭，美国倒闭的媒体也在百十家以上，这些原来都是轮转印刷机在印刷，因此，轮转设备市场在国外扩展的可能性几乎没有。而最近有关于商业轮转印刷设备的调查表明，日本2008年有1 360多台，2009年下降到1 200多台。欧美发达国家商业轮转印刷用纸量也在逐年大幅度缩减。发达国家商业轮转印刷市场只是维持，发展中国家商业轮转印刷量还在增加，但增幅有限，由于中国包装需求档次没有西方高，很多设备技术需要本土化。另外，发达国家流入的二手商业轮转机价格低、质量也不差，挤压了新商业轮转机的市场。

金融危机以来，书报业全球范围内萎缩，发达国家商业轮转印刷用纸量逐年大减，因此，轮转设备在国外扩展的可能性很小。上海电气敢于出手，最主要的还是倚仗背靠中国这个还在快速增长的庞大市场。诚然，在城市化和人口红利释放的作用力下，中国确实处于高速增长的轨道，在后金融危机时代，在美国、日本和欧元区低迷经济的映衬下，更显得中国经济异常强大。但是，谁又知道这种快速增长究竟能维持多久？

因此，上海电气的大举收购，固然得到了领先技术，但国外市场低迷，国内市场有限，仍然具有风险。

（六）并购点评

本次并购之后，是否意味着印刷行业将会进一步整合，并不确定。而对于高斯国际的整合，虽然上海电气拥有一定的并购整合经验，但是依旧需要再审视。

首先，要整合生产结构和规模，在生产上要调整控制规模和方向，“至少不要再扩张”。其实，在被并购之前，甚至早在国际金融危机之前，大设备印刷机械制造商似乎已经嗅知了市场前景，否则，深谙市场深浅的印刷设备制造商大鳄海德堡不会在2004年抛售其商业轮转印刷机系统。因此，要谨慎投入，对包装印刷设备制造商进行适合中国市场的改造，缩减书报刊印刷制造设备。

其次，国内企业往往低估了被并购企业的人事压力。国外被并购企业工会势力之强、解雇限制之严的问题，所购高斯国际也同样面临。原高斯国际的主体企业分别驻美国、法国和日本，之前高斯国际就曾为裁减雇员费尽周折。上海电气势必要妥善安置外企文化背景下的大批员工。

最后，要整合吸收所购高新技术。中国工人与日本工人使用同样的图纸却往往生产不出同样质量的产品；同样的密封条材料，国产的几个月就报废，进口的几年不坏。这其中的问题说明，不是买来技术就万事大吉了，中国印刷设备制造能力与国际大企业的差距是综合性的。购买技术，更要有吸收技术的能力，还要对技术之外的工艺、材料、配件，甚至职业精神加以关注。印刷业态的升级改造，要从最基本的职业精神入手。

五、长江基建收购英国电力网络业务

（一）交易概述

2010年7月，李嘉诚名下的长江基建集团有限公司（01038. HK）牵头的财团，以约600亿元人民币（58亿英镑）成功收购法国电力集团（Electricite De France，EDF）旗下英国电力网络业务EDF Energy 100%的电网资产。此次收购使李嘉诚掌控了英国

1/4 的电力分销渠道，这也是李嘉诚的长江实业截至目前最大金额的收购项目。

（二）并购背景

1. 法国电力：负债过高

法国电力集团是欧洲最大的电力生产商，在 2008 年以 125 亿英镑收购英国能源集团，并掌管英国的电力网络，为英国南部和伦敦地铁、英吉利海峡隧道等主要基础设施供电，覆盖 780 万人，供应全英约 1/4 的电力，为英国最大的配电商。

按欧盟要求，为使英国对可再生能源的依赖从 2% 提升到 15%，英国电网需实施大规模升级方案：在 2012 年前耗资 140 亿英镑、2020 年前投入 135 亿英镑，进行全方位的电网技术改造和扩大覆盖范围。但法国电力集团前期大规模收购行动使其负债累累，2010 年上半年财报显示其赢利急剧下滑，从 2009 年同期的 31 亿欧元骤减至 16 亿欧元，致使电网建设缓慢，部分建设延缓至 2018 年才能并网，这无疑让英国可再生能源发展目标受阻。因此，自 2009 年 10 月开始，法国电力集团希望出售英国配电业务，以解债务之急。

2. 麦格理财团：后继乏力

自法国电力集团有意出售英国电网开始，由澳大利亚麦格理、阿布扎比投资局和加拿大养老金计划组成的财团（简称“麦格理财团”）就准备争夺这笔巨额的基础设施交易。在长达一年多的时间里，普格里奥接棒嘉德奈成为法国电力集团的新任 CEO 后，一直犹豫是否出售英国电网，外界揣测这桩买卖是否能继续下去。此外，由于受到信贷危机爆发的影响，麦格理财团出价保守，在第二轮竞投中出价落后于长江基建，最后不得不败下阵来。

3. 长江实业：重锤出击

长江基建是一家致力于交通、能源及基建材料的公司，香港电灯是香港主要电力供应商之一，两者同属长江实业。近年来，不少香港公用服务公司遇到发展瓶颈问题，因此，长江实业把目光投向海外市场，力求扩展利润空间。

英国电网的出售引起李嘉诚的极大兴趣，加上李嘉诚认为全球经济已经开始触底反弹，他曾表示，无论什么项目，只要在政局稳定、有法律保障的国家，都有可能投资，关键看投资项目的回报率与稳健性。分析预计，英国电网的投资回报率高达 15%，也有消息称，该项目的收购成功将使长江基建在英国的业务翻倍。

面对新任 CEO 普格里奥的犹豫，长江实业重锤出击，以收购价较其评估价溢价 27%，一举击倒麦格理财团。2010 年 7 月 30 日，长江实业向法国电力集团正式交付以不可撤回要约书形式发出的收购要约。此举是李嘉诚在英国的第五次投资，也是长江实业有史以来最大规模的海外收购案。

4. 长建港灯：联手布局

长江基建的主要业务含能源及基建材料，香港电灯的专长是能源基建项目，长江基建借助香港电灯的优势，联手发展能源基建业务。长江基建与香港电灯在业务上多次合作，不仅因为有合成效益，也可节省税务支出。早在 1994 年，李嘉诚通过和黄将英国第一货柜港（Felixstowe）纳入旗下。近6年来，长江实业开始谋划英国公用事业庞大版图。2004年8月，长江基建以5 138万英镑全额收购自来水供应商剑桥水务；2005年6月，长江基建以5.575亿英镑收购北方燃气网40%的股权，同时，香港电灯以2.773亿英镑收购该公司19.9%的股份，长江实业共持有北方燃气网59.9%的权益；2009年11月，长江基建和香港电灯增持北方燃气网的股份至88.4%，涉资约7 580万英镑；2010年5月，长江基建以2.117亿英镑收购电力供应商SeabankPower 50%的权益，6月将其中25%的权益转售香港电灯。据统计，此次收购后长江实业将控制英国约25%的电网配送市场、约10%的天然气供应市场，以及5%的供水市场。

（三）并购动因

1. 开拓海外市场

近年来，因香港公用服务公司遇到发展瓶颈问题，长江实业早把目光置于海外市场。该交易是长江实业英国布局的重要一步，对于已拥有英国剑桥水务公司以及北方燃气网的长江实业来说，取得优质成熟电网资产将提升长江实业的业务协同效应。

收购成功后，长江实业将控制英国约1/4的电网配送市场，输电量约890亿度，客户数目约780万，服务范围29 165平方公里，覆盖英国伦敦、英国东部及东南部地区（见图2－2）。这些地区的经济生产总值约占英国国内生产总值的40%。该电网还为伦敦4个机场、伦敦地铁、海峡隧道连接铁路、伦敦证券交易所及著名景点和高校等重要公共设施供电，这些地区的输电业务将带来稳定收入。

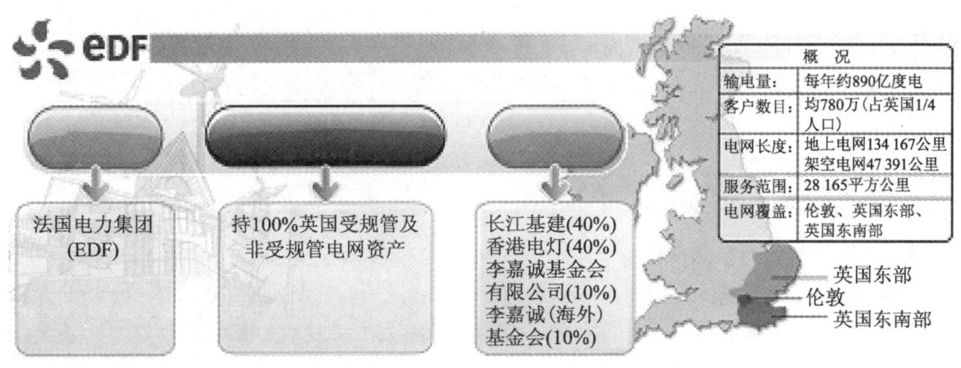

图2－2　英国电网业务新股权架构

2. 调整收入结构

长江实业积极走国际化道路，除了顺应规模扩张需要，更主要的是通过业务全球化分散其投资风险。不同的市场受经济周期影响不同、行业竞争程度差异，市场发展阶段也有先后。长江实业利用这种地域差异增加其投资灵活性、降低风险，确保整体回报令人满意。长江基建并购前约60%的收入来自香港电灯，40%的收入来自海外，而香港电灯75%的收入来自香港。长江实业收购后，将增加从香港以外获得的投资收益。

此外，基建和电力属回报期长的业务，特点是受当前经济状况影响较低，收入稳定，但资本投资较多。英国电力市场号称全球最自由的电力市场，主要体现在电力企业竞价上网，而负责电力运输的电网部分，依靠固定的电力运输费，投资收益相对稳定。在自由市场中，能通过收购取得稳定回报，也将有助于集团其他业务的发展，降低遇到困境时出现的财务危机。面对如此诱人的“蛋糕”，无怪乎国际财团也垂涎欲争。

（四）交易内容

2010年7月，李嘉诚旗下的长江基建集团有限公司、香港电灯连同李嘉诚基金会及李嘉诚（海外）基金会以600亿元人民币（58亿英镑）击退由阿布达比投资局、加拿大退休金计划投资局及澳大利亚麦格理集团组成的财团，向法国电力集团EDF收购旗下英国电力网络业务EDF Energy 100%的英国受规管及非受规管电网资产。

交易作价中，70%由项目融资支付，其余30%分别由长江基建、香港电灯及李嘉诚基金会各负责40%，40%和20%，三方出资成立新公司（UK Power Networks）管理英国电网资产。该项并购成为香港上市公司对英国资产最大的收购案，也是长江实业史上最大金额的收购项目。此次交易将作为长江实业海外扩张计划的一部分，增加长江实业从香港以外获得的投资收益，市场估计回报率约为15%。

（五）并购之后

在欧美债务危机、全球通胀升温的背景下，此宗并购案为长江实业海外并购打了一剂强心针，以全球业务化降低投资风险，投资公共事业使长江实业受惠。此外，长江实业财务状况良好，公众相信其继续拓展海外公共业务能力，并购也为集团盈利带来增长动力。

1. 并购后投资收益乐观

如果前期整合顺利，并购后将带来较好收益。理由是：第一，长江基建并购前约60%的收入来自香港电灯，而香港电灯75%的收入来自香港。为拓展英国投资市场，突破发展瓶颈，长江基建早在英国有燃气及水务项目，收购进一步令当地业务多元化，丰富海外投资组合，通过这些具有吸引力的资产，推动收益增长。第二，电网属回报周期长的业务，电网覆盖地区的经济生产总值约占英国国内生产总值的40%，地区中多处重要公共设施将为输电业务带来稳定收入。此次收购中90%为资产回报率较低的受规管资产，回报稳定、理想；余下部分包括机场电力供应及隧道业务的非规管业务，回报率较高，估计每年可带来6 000万~7 000万英镑的未计利息、税项、折旧及摊销前盈利。第三，此次交易英国的反垄断监管机构及民众未对此感到担忧，主要是英国政府需要满足2020年可再生能源发展目标，并购过程中受到民间及监管部门的阻挠较少。

2. 并购后问题

为达到英国可再生能源发展目标，法国电力集团经营的电力网络面临升级压力，仅萨福克电力网络就在对两个变电站进行升级，每项升级工程费超过 100 万英镑，这将是并购金额外的另一笔开支。2008 年法国电力集团以 125 亿英镑收购英国能源集团、美国 Constellation Energy 能源公司部分股权，后因投入过高使其债务高企，最后不得不出售英国电网。前车可鉴，长江基建要在并购后加快电网升级速度，需要充足的资金支持。

英国被称为世界自由电力市场，竞争激烈。英国保守党为促进市场竞争，曾于 2009 年计划拆分英国六大电力企业，以降低消费者的能源消费。虽然此次交易未造成英国民众担忧，但是，此后长江实业要在占据英国 25% 的电网配送市场的基础上再收购电网业务，将变得非常困难。

在管理上，EDF Energy 曾有不良客服记录，被英国行业监管机构天然气电力市场办公室罚款 200 万英镑，可见其管理需要一场变革。香港虽然曾一度是英国殖民地，港式管理与英式管理有相似之处，但是在跨国并购中，整合仍是关键。此次法国电力集团急需在 2010 年底前出售资产，从现有资料看属于救援式并购。在救援式并购中，被收购方正处于财务灾难边缘，但是收购方很少继续留任原公司管理者；从另一层面说，被收购公司是一个消失的公司，当大量管理者被替换时，中层及员工层中恐惧情绪和小道消息蔓延，员工非常担心收购方采取裁员行动以解决原有问题。此时，收购方应尽快抓紧时间消除被收购方存在的抵触情绪，减轻收购方对原公司部分管理人员的过度依赖。另外，需要关注收购双方的企业文化匹配度，使双方的无形资产也达到协同效应，再提炼出新公司的企业文化，以适应新的市场竞争。

为了扩张海外市场，长江实业收购步伐将逐步加快，其战略方向、投资组合都有许多值得学习之处，同时也应尽快解决公司并购后的问题，减少并购后衰退发生的可能性。

（六）并购点评

从长远看，长江基建收购英国电力网络业务，为今后的跨国收购打了一支强心针。结合此前长江基建在英国的燃气及水务项目，此次收购使当地业务多元化，丰富投资组合。此次收购的电网分布地区的经济生产总值占英国国内生产总值的 40%，收购英国优质电网资产，加上长江实业此前在英国投资方面有良好口碑，预计回报率高达 15%。

电网属回报期长的业务，受到英国 2020 年电网技术改造目标影响，长江基建除了并购费，还需要在今后的改造、管理上不断投入。英国为保证自由贸易，于 2002 年颁布了《企业法》，其中规定新的并购控制制度，并设立公平贸易办公室，评估长江基建此后再收购电网业务将变得困难。

跨国并购需要考虑地理、法律、市场和过往事件等外因，也要注意收购过程中双方企业战略、文化、管理模式和员工习惯等内因，做好两个企业的融合，才能使企业走上可持续发展的道路。

六、友谊吸收合并百联

（一）交易概述

2010 年 11 月 4 日，百联集团旗下的两家上市公司——百联股份（600631. SH）和友谊股份（600827. SH）同时发布并购方案，包括两项交易（见图 2－3），交易完成后，新百联将成为中国最大、业态最齐全的零售百货类上市公司。

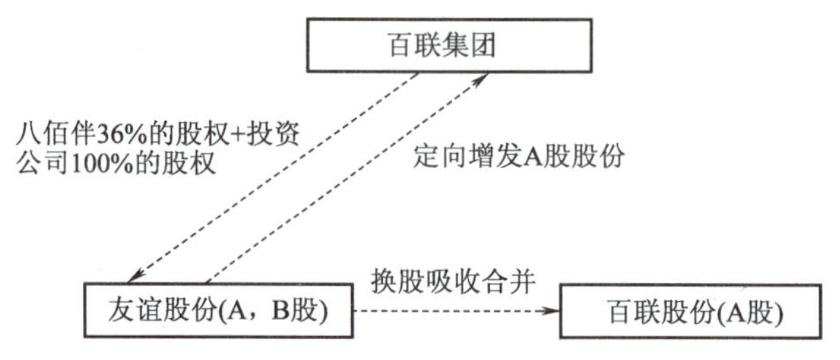

图 2－3 友谊并购百联交易情况

资料来源：东方财富网。

（二）并购背景

1. 竞争对手环伺，市场环境骤变

近年来，中国零售业掀起了并购热潮，且并购加速，规模不断扩大。业内以并购达到扩张目的的有重庆百货以 39. 5 亿元吞下新世纪百货、希望集团并购民升商贸、合肥百货对外大并购、广百股份正式并购新大新和物美集团并购美廉美等。其中，华润万家通过多次并购，将江苏苏果、天津家世界、先爱家和深圳民润等多家区域龙头企业收入麾下。正是通过不断地并购，华润万家逐渐成长为全国性的零售企业，在 2010 年的连锁百强中位列前五。

同时，外资零售巨头抢滩登陆中国市场，如沃尔玛并购好又多，韩国乐天并购万客隆超市，韩国乐天百货并购时代零售和家乐福并购家广超市等。据 2009 年数据显示，上海地区百货零售总额约为 705 亿元，外资所占份额达到 30% 以上，预计外资所占市场份额将进一步增大。上海市场外资零售商的竞争激烈：顶级百货商场几乎被外资全部垄断，素有南京西路“金三角”之称的恒隆广场、中信泰富广场、梅陇镇广场全为外资控股；第二档百货公司——马来西亚百盛购物中心在上海已有 3 家门店，极具竞争力；在第三档，香港新世界集团旗下的巴黎春天百货也陆续开店。

面对激烈的竞争，百联集团亟须突破发展瓶颈，巩固自身优势，因此，内部资源整合、重构迫在眉睫。

2. 经济结构调整，国资并购紧迫

据国务院国资委此前的统计，在全国各省、直辖市的国资委出资企业国资总量和营业收入中，上海占 1/8 左右，利润总额占 1/7 左右。换言之，上海乃地方国资的第一重镇。

回顾历史，上海国资改革分为两大阶段：1993 年的第一次改革中，国企仍面临诸多问题，如国资布局过散、部分产业跨度过大、管理链条过长，结构调整任务艰巨等，这些问题使上海国资改革困难重重。第二次改革是发生在“十六大”后的国资产权改革，于 2008 年 9 月出台《关于进一步推进上海国资国企改革发展的若干意见》后，出现了上海电气集团产权改革、百联集团横向联合并购等多种改革方向。“开放性并购”、“国资证券化”等旋即成为上海国资国企改革的关键词。

2009 年 4 月 8 日，在上海市国资国企改革发展工作会议上，市长韩正为上海国资高调定位：资产证券化的比例从现有的 18% 提高到 40% 左右，形成 3 ~5 家全球布局、跨国运营的国资集团公司，形成 5 ~8 家全国布局、产业领先的公司，形成 20 ~30 家有主业竞争力的蓝筹上市公司。此外，与之相呼应的是上海国资“十二五”计划将形成一批龙头企业，包括 5 家全球布局、跨国运营的企业集团，10 家全国布局、行业领先的企业集团，30 家左右主业居全国前列的蓝筹上市公司。2010 年 5 月以来，上海国资委旗下 10 家公司相继停牌并购，以达到 30% 证券化率的目标。百联集团作为上海国资最大的商业集团，并购是意料中的事。

3. 解决同业竞争，做大做强战略

百联友谊并购是上海国资优化旗下资产、做大做强主业的又一战略大手笔。并购完成后，百联股份和友谊股份同业竞争得到彻底解决。存续公司涵盖各种经营业态，有百货店、购物中心、奥特莱斯、大型超市、标准超市和便利店等，打造国内经营业态最全、综合实力最强的零售业上市公司。

但从 2009 年财报显示所知，百联股份的百货零售全年销售额为 95.03 亿元，占主营收入的 92.50%，而超市全年销售额为 0.21 亿元，占主营收入的 0.2%。友谊股份的超市营业额达到 267.45 亿元，占主营收入的 91.63%，百货全年收入为 8.56 亿元，占主营收入的 2.93%。百联股份的百货业务是友谊股份的 10 倍，而友谊股份的超市业务是百联股份的 1 000 倍。并购双方交叉业务所占比例很少，与其说是消除同业竞争，实际上是百联百货零售优势与友谊超市强强联合，打造“巨型商超企业”。

百联集团董事长马新生认为：“作为全国规模最大的商贸流通集团，百联多年以来一直进行内部资源优化和产业整合，此次并购旨在抓住国家‘扩内需、调结构’的政策机遇，通过加强资源集聚、业态联动、业务协同，进一步做大、做优、做强主业，真正成为全国性的商贸流通大集团”。集团总裁贺涛介绍，吸收合并后的新友谊将“立足上海、拓展泛长三角、连接全国”。

（三）并购动因

并购使企业优势在并购方和目标方之间相互共享，实现优势互补，产生管理、财务、营销等方面的协同效应，从而提高企业核心竞争力。百联友谊的并购目的在于发挥集团优势、整体优势、集约优势和规模优势，进一步适应消费者一站式服务的需求。

并购后新友谊将成为我国最大的“巨型商超企业”：拥有 136 家大卖场、2 878 家连锁超市、2 026 家便利店、21 家百货门店、8 家购物中心、1 家奥特莱斯，营业面积超过 400 万平方米。2010 年完全合并后的收入达到 439 亿元（百货 138 亿元，联华 283 亿元），净利润 10.8 亿元（百货 7.4 亿元，联华 3.4 亿元）。

业内乐观预期整合效应将显现，包括经营管理水平提升，期间费用下降，财务收益提升。百联在百货和购物中心业态方面也积累了诸多经验，成为国内奥特莱斯业态的领导者，品牌和规模优势将支持扩张效率。

（四）交易内容

本次并购包括两项交易：一是友谊股份以每股 15.57 元向百联集团发行 3.02 亿股 A 股股份作为支付对价，并购百联集团持有的八佰伴 36% 的股权和百联投资 100% 的股权，涉及金额 47 亿元。二是友谊股份以新增 A 股股份按 1∶0.861（友谊股份换股价格为每股 15.57 元，百联股份换股价格为每股 13.41 元）换股吸收合并百联股份。百联股份被注销，合并后的存续公司更名为“上海百联集团股份有限公司”，新友谊将成为百联集团旗下经营百货和商超业务的唯一上市平台，彻底解决友谊股份与百联股份之间的同业竞争问题，成为中国最大、业态最齐全的零售百货类上市公司。

（五）并购之后

目前，新友谊 2011 年一季度业绩显示：公司实现营业收入 91.59 亿元，同比增长 7.85%，营业利润 3.23 亿元，同比增长 20.76%；归属母公司净利润 1.03 亿元，同比增长 29.30%，基本每股收益为 0.218 元。

并购最终目的为了成为市场鼎足者，两个企业并购的目的是强强联合，发挥集团优势。预计百联集团计划“十二五”期间在全国新开 800 家门店，销售规模突破 1 800 亿元。由此可见，其发展分为三步走：并购—整合—扩张。

毋庸置疑友谊吸收合并百联战略的正确性，合并之后成为全国最大的商超类上市股份有限公司。但要在当今复杂的商业社会中成为霸主，除了做“大”，还要做“强”，既要适应外界要求，找准核心竞争力，也要提高企业内部的生产管理水平。

1. 缩短并购整合时程

企业是一个系统，包括结构与元素，其中结构包含硬结构与软结构。并购整合是两个系统的有机融合：财务、人力资源等方面属于硬结构，流程属于软结构，但是最终起关键作用的是“人”这一元素。

纵观全球，企业并购整合期越长，并购失败率越高。从人的心理角度看，一般股东、员工、顾客的耐性为 100 天，但整合期普遍需要 12 ~ 18 个月，甚至更长时间，为耐性期的 3 倍。

在并购整合期，企业要完成组织架构整合、市场营销整合、流程优化、安置人员、协调利益和实施文化整合等一系列步骤，人在长达 180 天甚至更长的时间内面对一系列不确定性事件，变得谨慎行事。

由图 2 -4 可知，企业高管、中层干部、员工三个等级对并购的主观体验呈现时间

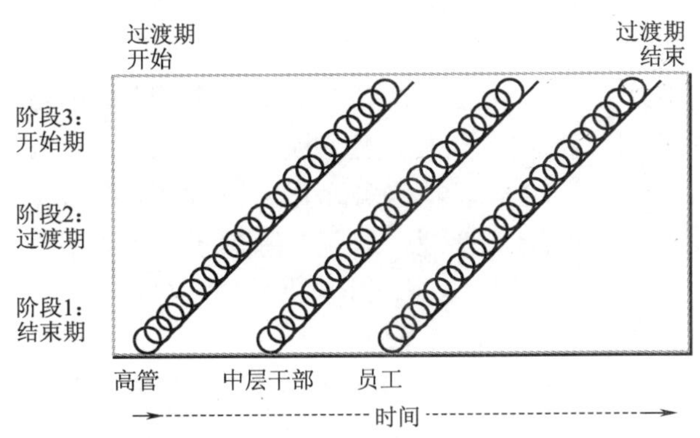

图 2-4　并购整合中的交错体验

资料来源：普睿驰咨询。

上的不一致性。因此，我们可以由此解释并购中出现这样的问题：董事会、高管们忙于并购的结构整合，加上传媒、评论员等外围渲染，容易使高管层出现一种企业整体同步的错觉，即高管认为员工与其一样，了解并购与转型的迫切性、重要性。可是，在员工层往往对企业最新动向、结构调整、企业发展前景不甚了解或持悲观态度，这在被裁部门和员工身上尤为明显。人在不确定性环境中将更多地关注自身利益，面对突发事件，往往呈现自动思维，如果是负面自动思维，无论个体还是群体，都将给企业带来破坏力。员工因岗位调整、薪酬调整、流程改进等变化而出现怠工、跳槽等现象时有发生。此外，如果关键员工把注意力停留在结束期，不愿向前推进，则导致绩效下滑、士气下降、过渡期将被延迟。

缩短并购整合期，针对元素整合关键点之一是缩减企业高管、中层干部与员工之间的时间差。首先，高管需要制造紧迫感，在企业内部清楚战略方向，同时引导员工做好本职工作；其次，对处于结束期、过渡期与开始期的中层、员工开展不同方式的沟通与宣传工作；再次，了解部门及个人的时间观；最后，增强部门及个人的适应力、抗压力。

2. 加快企业转型，多业态协同发展

并购交易完成后，新友谊将加快企业转型，主营业务基本涵盖当前百货类和商超类的各种经营业态，做到四类业态并重：以奥特莱斯、购物中心、大型超市和网上销售业态为重点发展领域。通过各业态间的组合和合作，推动多业态协同发展。

在购物中心业态层面上，新友谊将专注于在泛长江三角地区扩张，经过 3～4 年培育的百联中环购物中心和又一城购物中心逐渐成为盈利贡献的生力军；管理经营模式由传统的单体店独立经营模式逐步转变为现代化的连锁经营模式。超市经营方面将不断加快业务整合力度，通过按区域进行资源集中和统一采购，提高采购议价能力，通过建设物流中心，提高物流配送效率。

3. 让品牌走上可持续发展之路

在品牌方面，百联股份具有悠久的百货经营的历史，拥有第一百货商店、永安百货、妇女用品商店等多家具有丰富文化积淀的老字号百货店。而联华超市旗下的世纪联华、联华超市、华联超市和快客便利等影响力正在不断扩大。

企业要做强，离不开打造企业品牌，打造品牌的关键是锁定品类和定位。而多业态发展容易降低消费者对企业品类的认知度。为适应市场发展，满足消费者多元化需求，企业走向并购乃正确之举。零售业的多元化可以发挥协同效应，多业态的协同效应实际上是零售企业对资源的统一管理。但是，随后占据市场份额，要在消费者心中巩固企业品牌的地位，则需要对品类进行创建和细分，也需要聚焦和坚持。新友谊将面临更多的挑战：在激烈的上海市场中找准核心竞争力，建立符合快速进入消费者认知的品牌；在多业态发展的同时做好产品组合，实行差异化竞争。面对不断缩短的零售业态生命周期，只有把企业文化与市场对接，化被动为主动，才能成为真正的强企。

（六）并购点评

此次并购，将进一步巩固新友谊在国内连锁超市行业和商业百货行业的领先地位。合并后友谊总市值超过220亿元，预计当年总销售额有望超过430亿元。友谊80%以上的业务集中于上海与长三角地区，将在较长时间内受益于区域经济的增长与消费升级。

笔者认为，要在当今复杂的商业社会中成为市场霸主，除了适应外界要求，找准核心竞争力以外，还需提高企业生产管理水平，缩短并购整合期，加快企业转型，塑造企业品牌，适应市场发展，提高市场占有率，达到“做强”的最终目的，由此形成并购—整合—定位调校—转型—扩张五步走。其中，缩短并购整合时程，重视元素与结构之间的关系，建立新友谊在市场中的品牌地位成为合并后发展的关键。

并购与扩张是企业做大的手段，文化与品牌是企业做强的途径。

第二节　2010年中国十大PE部分事件解读[④]

2011年初，中国股权投资基金协会与全国工商联并购公会联合国内外知名金融专家与财经媒体网罗2010年最具震撼力的焦点PE事件，秉承公平、公信、公正的原则，以专业的角度和权威的评判，根据影响、交易金额、创新、责任及规范等一级指标以及行业影响、社会关注、规模大小、公司价值提升、价值发现、技术创新、社会责任和操作规范等二级指标，经过社会征集、推荐评选、专家书面评选等方式，最终于2011年3月评选出“2010年中国十大PE事件”，社保基金发力投资PE、QFLP试点启动、首支国家级母基金成立等具有标志性意义的事件入选。

一、社保基金发力投资PE

事件：

2010年，全国社会保障基金（简称“社保基金”）以超过60亿元人民币的承诺投资额，继续加大对PE的投资比例。1月，20亿元参与中信产业基金首只产业投资基金募集；6月，向IDG资本旗下的成长基金投资12亿元；10月，投资于联想投资设立的首只人民币基金，同时向弘毅投资设立的第二期人民币基金投资30亿元。作为本土LP的领军力量，社保基金长期以来对PE的一系列投资，对促进我国人民币PE的发展居功至伟。

点评：

回顾社保基金对于PE的投资，可以分为以下三个阶段：

第一个阶段是行政个别化审批阶段，时间为2008年4月之前。在2004年和2006年，经国务院批准，全国社保基金先后投资了中比基金和渤海基金。其中，中比基金是经国务院批准成立、中比两国政府及商业机构共同出资的产业投资基金，总规模1亿欧元，社保基金投资额1.55亿元人民币；渤海基金是国务院为了推进天津滨海新区开发开放而批准试点的第一只产业投资基金，总规模为200亿元，首期为60.8亿元，社保基金投资额为10亿元。

第二个阶段是市场化PE投资试水阶段，时间为2008年4月至2009年底。2008年4月，财政部、人力资源和社会保障部经国务院批准，同意全国社保基金投资经发展改革委员会批准的产业基金和在发展改革委员会备案的市场化股权投资基金，正式拉开了社保基金进军私募股权投资市场的大幕。按规定，社保基金可将投资资产的20%用于直接股权投资，5%用于信托投资，10%用于股权基金投资，合计为35%。依此，全国社保基金于2008年6~9月先后投资了两只市场化股权投资基金，即弘毅投资产业一期基金和天津鼎晖股权投资一期基金，分别承诺出资20亿元。

第三个阶段是市场化PE投资的推广阶段，从2010年起，社保基金对于PE的投资

④ 本节作者为习青青、邓永成、朴延华、张芝。

开始出现明显的年内分批现象。见表 2－3。

表 2－3　2010 年社保基金的三批 PE 投资

社保基金确认投资的时间	基金名称	管理机构	募集规模（亿元）	社保基金投资规模（亿元）
2010 年 1 月	绵阳科技城产业投资基金	中信产业基金	90	20
2010 年 6 月	IDG 和谐成长基金	IDG 资本	35	12
2010 年 10 月	弘毅投资产业二期基金	弘毅投资	70	30
2010 年 10 月	北京君联卓睿创投基金	联想投资	10	3

社保基金投资产业基金和 PE/VC 的基础条件为：在发改委备案、团队和历史业绩能通过尽职调查。从 2010 年几只基金获得社保基金投资的过程看，社保基金的尽职调查相当严格。例如，在决定向弘毅第二期人民币基金出资 30 亿元以前，社保基金委派专业人士历时近半年，分别对弘毅投资的江苏凤凰新华书业股份有限公司、汉口银行、中银国际证券公司与中联重工科技发展股份有限公司等企业开展尽职调查，调查内容主要包括上述企业近年业绩增长速度是否符合预期、弘毅后续投资管理成效及投资企业获利退出的进展等。

随着在发改委备案的基金增加，将有更多的机构满足社保基金投资的基础条件。自 2008～2010 年共有 4 批共计 23 家 PE 在国家发改委获批筹建并备案，截至 2011 年 7 月 31 日则有 3 批 9 家，能满足社保基金投资基础条件的 PE 数量在扩大。

社保基金可投资于 PE 的资金空间还很大。社保基金发布的 2010 年年报显示，截至 2010 年底，全国社保基金管理的资产总额达 8 567 亿元。按照 10% 可投向 PE/VC（私募股权基金与风险投资）的比例，静态计算也有 856.7 亿元的可投资额。而截至 2011 年 3 月 31 日，全国社保基金投资的 9 只由 7 家管理人发起设立的股权基金，承诺投资总额仅达到 156.55 亿元。

二、股权投资基金密集投资电子商务网站

事件：

2010 年，电子商务企业获得股权投资基金追捧：1 月，老虎基金等多家基金向京东商城注资，投资金额超过 1.5 亿美元；5 月和 11 月，IDG 资本等数家基金向凡客诚品先后注资，投资金额约 10 亿元人民币（1.5 亿美元）。同时，诸多基金还向乐淘、麦包包、丁丁网、红孩子、梦芭莎、唯品会与拉手网等电子商务网站投资。在国内消费升级的新形势下，PE 的追捧促进了电子商务在 2010 年的全面爆发，并为催生新的电子商务领军企业奠定了坚实的基础。

点评：

2010 年 VC/PE 投资电子商务网站的热潮是建立在零售变革的大趋势之上的。根据中国电子商务研究中心发布的《2010 年度中国电子商务市场数据监测报告》，2010 年

中国电子商务市场交易额达到4.5万亿元，同比增长22%。其中，B2B市场交易额达到3.8万亿元，网上零售市场交易规模达5 131亿元。网上零售市场交易规模较2009年接近翻番（2010年中国社会消费品零售总额同比增长仅为18.3%），约占全年社会商品零售总额的3%，预计在未来两年内将突破10 000亿元，占全年社会商品零售总额5%以上（见图2－5）。而一些电子商务领先的国家如韩国，网上零售的规模已经达到社会零售规模的20%。一个市场规模巨大、增速高、想象空间大的领域，理所当然会成为投资热点。

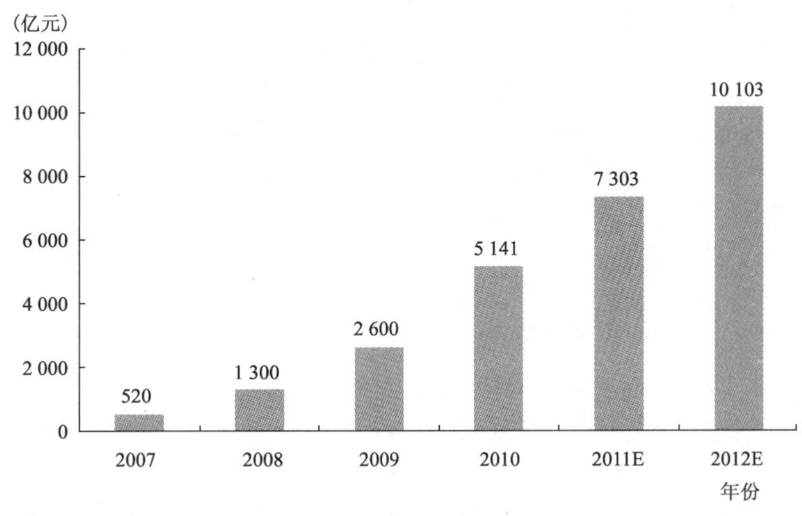

图2－5　2007～2012年中国网上零售市场交易规模

2010年电子商务的发展呈现诸多亮点，包括由麦考林、当当网的成功上市引发的第一波B2C（Business－to－Consumer，简称“B2C”）上市浪潮，大型传统渠道商、制造商乃至央企的电子商务化进程加速，B2C的百货化和平台化等。

中国电子商务研究中心分析师方盈芝认为，2010年国内网络B2C市场呈现以下行业特征：

第一，B2C行业呈现“两极分化”的趋势。2010年的网络零售市场注定也是不平静的一年。当当网和麦考林的上市终结了多年艰辛的长跑，最终得到资本的认可，在美国资本市场实现IPO。而以京东商城为代表的其他B2C企业也纷纷宣布完成巨额融资。但是在这些成功背后，也有一些案例让投资方和电子商务企业倍感压力，如千寻网的衰落与米粒商城的倒闭。

第二，B2C企业供应链管理亟须加强控制。2010年中国电子商务的跌宕起伏绝非偶然。在2011年，中国B2C的一只脚已经迈入成熟阶段，2010年只是成熟前的阵痛。从1999年开始，中国电子商务B2C经历了11年的发展历程。作为一个互联网的产业，对于前端的服务，B2C企业具有丰富的经验，但是B2C企业有太多的时间都投入到了供应链管理方面。

第三，B2C 市场开始步入“成熟期”。随着国内网络购物监管环境逐渐规范，物流配送体系逐步完善，以及购物网站服务质量的提高和网民网购接受度的增强，国内网络购物环境日趋成熟，网购行业将进入高速发展期。除资本因素外，当当网和麦考林的上市也反映了中国 B2C 企业前端和后端的能力差距已经开始缩小。2011 年，中国将会有更多的企业实现 IPO，尤其是在细分市场。从整个产业的发展周期看，整个 B2C 市场将步入成熟期。

第四，B2C 替代 C2C 成为网购主流是行业发展的必然趋势。C2C 对国内网络购物市场的培育贡献巨大，但随着网购市场的逐步完善，B2C 在商品质量、服务保障方面的优势愈加凸显，网民对 B2C 网购的认可程度相对更高，使 B2C 转化率稳步趋高。

第五，VC 后续投资持续度决定 B2C 行业的走向。随着网络零售行业竞争的全面加剧，缺乏竞争力的厂商将面临淘汰，如同 2010 年的千寻网和米粒商城。退出的原因在于资金链断裂、商业模式不清晰、领先厂商的压迫式竞争，以及外部政策风险影响（实名制、牌照、关税）等。电子商务模式对于资金的需求较高，对供应链管理能力的考验也很严格。投资热潮让很多厂商争先恐后地投入进来，然而后期的投入是否持续，以及是否能够保证对供应链系统的控制，将影响电子商务企业未来的走向。

第六，2011 年 B2C 企业竞争将全面升级。价格战作为产业初级阶段的核心竞争模式，在 2011 年依旧是 B2C 市场的常态，市场份额依然是市场追逐的第一要素。随着更多的 B2C 企业跨过 IPO 门槛，差异化的服务、产品将成为厂商竞争的新模式。凡客诚品和好乐买在终端服务方面作出的尝试已经收到成效。快书包、维棉网在细分领域的创新是 2010 年 B2C 市场的亮点，也是 2011 年的趋势。专业化的服务能力是综合 B2C 的短板，也是创新厂商在 B2C 市场生存的唯一砝码。

三、保险资金获准投资 PE

事件：

2010 年 8 月，保险资金投资 PE 正式获得批准。8 月 5 日，中国保险监督管理委员会（简称“保监会”）公布《保险资金运用管理暂行办法》；9 月 5 日，保监会公布《保险资金投资股权暂行办法》。这使得保险资金成为继社保基金后私募股权市场上的又一支主力军。根据该办法确定的相关股权投资比例规定，可用于股权投资的保险资金将达 2 300 多亿元，将对人民币 PE 的发展影响巨大。

点评：

在 2010 年 8 月之前，保险公司的股权投资均须通过“一事一议”的方式，逐一报送保监会审批备案，投资效率很低。2010 年 8 月，中国人寿获批保险资金投资 PE 牌照，成为业内首家获此牌照者。保险投资 PE 牌照的获批，意味着保险公司可在监管规定的额度内进行自主评估和自主选择，保险资金投资 PE 的大幕被徐徐拉开。

2010 年 9 月 5 日，保监会公布《保险资金投资股权暂行办法》，其核心规定包括以下各项：

（1）保险公司投资未上市企业股权的账面余额，不高于本公司上季末总资产的

5%；投资股权、投资基金等未上市企业股权相关金融产品的账面余额，不高于本公司上季末总资产的4%，两项合计不高于本公司上季末总资产的5%。

(2) 保险公司在进行直接或间接投资企业股权时“至少需要2名或5名3年以上经验的专业人员”；同时上一会计年度末以及投资时上季末的偿付能力充足率不低于150%；且在上一会计年度盈利的基础上，净资产不低于10亿元人民币。

(3) 保险资金不得投资不符合国家产业政策、不具有稳定现金流回报预期或者资产增值价值，高污染、高耗能、未达到国家节能和环保标准、技术附加值较低等企业的股权。不得投资创业、风险投资基金。不得投资设立或者参股投资机构。

(4) 保险资金直接投资股权，仅限于保险类企业、非保险类金融企业和与保险业务相关的养老、医疗、汽车服务等企业的股权。若投资其余产业，只能通过其他投资基金间接持有。

依据目前已独立成立资产管理公司的10家保险公司（含保险集团和控股公司）2010年年末的资产规模，可以粗略得出各家公司可用于PE投资的静态资金规模，最高能达到2 371亿元。其中，中国人寿集团以888亿元居各保险公司之首，平安保险集团和太平洋保险集团，可投资PE资金规模分别达到586亿元和238亿元。但实际额度还要考虑到保险产品存续期限与投资PE期限是否匹配、直接股权投资与通过PE间接投资的比例等问题。

尽管已有了首份牌照，但后续牌照的获得并非易事。2011年9月中国人寿之后的第二张牌照由中国平安获得。

保险公司真正进行PE投资的步伐比较慢。中国人寿获得投资PE牌照之后的一年，并没有向任何PE基金投出资金。就目前市场情况而言，保险公司不会将PE投资作为特别重要的一块，仅是另类投资的一种。但由于保险公司庞大的资金规模，尽管只有很小的一个比例，可投资PE的资金依然是社保基金的近3倍。保险公司在PE投资方面的一小步，都会成为PE业界的一大步。

四、QFLP试点启动

事件：

2010年10月，上海版合格境外有限合伙人（Qualified Foreign Limited Partner，QFLP）试点方案获得国家金融监管部门的原则性批准。2011年1月中旬，上海市正式公布《关于本市开展外商投资股权投资企业试点工作的实施办法》，这标志着QFLP制度正式在地方层面启动，试点方案在一定程度上解决了QFLP换汇、国民待遇获得的条件以及外资所管理的基金属性等问题，对于促进PE行业的发展影响深远。

点评：

合格境外有限合伙人是指境外机构投资者在通过资格审批和其外汇资金的监管程序后，将境外资本兑换为人民币资金，投资于国内的PE以及VC市场。QFLP被认为是中国资本项目开放的一小步，参与试点的海外PE有了一条投资境内企业的“直达通道”。2011年1月，上海和北京获得国内首批QFLP试点资格。2011年5月，重庆亦获得试点资格。

最早制定出地方法规的是上海。上海市金融服务办公室、上海市商务委员会和上海市工商行政管理局于2010年12月24日联合发布《关于本市开展外商投资股权投资企业试点工作的实施办法》（以下简称《试点办法》），并于2011年1月23日正式实施。

《试点办法》规定的设立外资GP的主要条件为以下三项：

（1）外资GP的投资者中至少有一个投资者或其关联实体的经营范围与股权投资或股权投资管理业务相关。外资GP在申请设立时，应当具有至少两名同时具备下列条件的高级管理人员：①有5年以上从事股权投资或股权投资管理业务的经历；②有2年以上高级管理职务（副总经理及以上职务或相当职务的管理人员）任职经历；③有从事与中国有关的股权投资经历或在中国的金融类机构的从业经验；④在最近5年内没有违规记录或尚在处理的经济纠纷诉讼案件，且个人信用记录良好。

（2）外资GP注册资本（或认缴出资）应不低于200万美元，出资方式限于货币形式。注册资本（或认缴出资）应当在营业执照签发之日起3个月内到位20%以上，余额在2年内全部到位。

（3）申请成为获准试点的外资GP，其出资必须实行专项资金托管，资金账户及账户内资金使用应由托管银行按规定实施管理。

上述三个条件比较容易满足，因此，实践中外资GP获得试点资格的较多。截至2011年7月，包括凯雷复星、百仕通、德同资本、弘毅资本和3i集团等5家公司已取得上海合格境外有限合伙人试点资格都是外资GP，而非外资PE。这些获得试点的外资GP，在国内设立的基金无境外LP时（即该基金的所有LP都是境内投资者人民币出资），该基金享受"国民待遇"，可绕过商务部颁布的《外商投资创业投资企业管理办法》和2008年外管局出台的"142号文"对外资投资国内企业股权的结汇进行的严格限制，不受投资领域限制。

《试点办法》规定的设立外资PE的主要条件为以下四项：

（1）外资PE的认缴出资应不低于1 500万美元，出资方式限于货币形式；合伙人应当以自己的名义出资，除GP外，其他每个有限合伙人的出资应不低于100万美元。

（2）申请试点的外资PE，其出资必须实行专项资金托管，资金账户及账户内资金使用应由托管银行按规定实施管理。

（3）申请试点的外资PE，其境外投资者应主要由境外主权基金、养老基金、捐赠基金、慈善基金、投资基金的基金、保险公司、银行、证券公司以及联席会议认可的其他境外机构投资者组成。

（4）申请试点的外资PE中的境外投资者应具备下列条件：①在其申请前的上一会计年度，具备自有资产规模不低于5亿美元或者管理资产规模不低于10亿美元；②有健全的治理结构和完善的内控制度，近两年未受到司法机关和相关监管机构的处罚；③境外投资者或其关联实体应当具有5年以上相关投资经历；④联席会议要求的其他条件。

上述有关设立外资 PE 的条件，核心是关于境外投资者的资格认定。一个 PE，如果其所有的境外投资者都需要先申请合格 LP 的资格认定，则操作起来很繁琐，而如果不申请资格认定，PE 基金获得的合格境外有限合伙人资格，其意义主要在于换汇层面，其性质仍然是外资基金，其投资仍要受到商务部关于外资机构投资的诸多限制。2011 年 8 月底，弘毅投资获批的合格境外有限合伙人试点基金即如此。

五、中投公司布局海外 PE

事件：

2010 年，在投资老牌 PE 机构安佰深集团（Apax Partners）之后，中国投资有限责任公司（以下简称“中投公司”）又向列克星敦投资公司（Lexington Partners）、高盛（Goldman Sachs）和磐石基金（Pantheon Ventures）等管理的特殊账户进行了投资；同时，中投公司与英特尔资本投资设立了 Intel – CIC partnership，并向中国东盟投资基金（China – Asean Investment Cooperation Fund）注资。在全球经济复苏的大背景下，中投公司布局海外 PE，通过投资私募股权二级市场，既实现了投资组合的多元化，又在一定程度上降低了作为主权财富基金遭遇的海外投资阻力。

点评：

中投公司《2010 年年度报告》显示，2010 年，中投另类投资在其全球投资占比从 2009 年的 6% 上升至 21%，其中私募股权基金大约占 7%，约为 286 亿美元。

英国另类投资研究机构——Preqin 2011 年的主权财富基金报告中，比较详细地披露了中投在全球私募股权投资的投资蓝图。Preqin 的报告显示，中投全球私募股权投资“显示出对收购基金和美国基金公司的偏好”。

中投公司对私募股权的首次投资是在 2008 年第一季度，当时该公司投资 40 亿美元到美国私募股权公司 JC 弗劳尔斯（JC Flowers）。这项投资占了后者总资本的 80%，也是当时最大的私募投资之一。

2009 年 7 月，中投公司还从香港的私募股权公司——“中信资本控股有限公司”（CITIC Capital Holdings）购入 40% 的股份，这项交易达 20 亿港币。

整个 2010 年，中投公司增加了对私募股权基金的配置。2010 年初，中投公司通过从安佰深有限合伙人处购买股份，向安佰深欧洲 7 号基金（Apax Europe Ⅶ fund）投资 6.85 亿欧元。在这笔交易之前，中投还在 2009 年第四季度购买了安佰深旗下基金管理公司（Apax Partners LLP）不超过 8 亿欧元的股份（即 2.3% 的股份）。就在当月，中投公司还投资了美国的收购基金——Triton Fund Ⅲ。2010 年第三季度，中投还是价值 12 亿欧元的英国私人股本 3i 增长资金基金（3i Growth Capital Fund）的主要有限合伙人。在 2010 年，中投还增加了二级市场投资，对两家二级市场基金公司投资 15 亿美元——列克星敦投资公司（Lexington Partners）和高盛各获得 7.5 亿美元来代表中投向二级市场收购和风险基金进行投资。除此，中投还通过对“基金的基金”进行投资，从而进一步分散私募股权投资组合。

中投公司在投资时已尽力争取优惠条款，并在部分基金中取得成效。在向列克星敦投资公司和高盛投资时，两家公司都同意在独立于各自主力基金的定制账户中管理中投公司的5亿美元，且中投公司为其投资争取到优惠条款，其中包括较低费率的承诺等。

六、天津建成中国最大股权投资基金服务平台

事件：

2010年，天津股权投资基金服务中心（以下简称“基金中心”）继续吸引着大批基金的入驻。截至12月底，已有231家国内外基金在基金中心安家，基金中心管理的资金规模超过1 230亿元，国家发改委备案通过的22家基金有14家在此落户，这标志着国内最大的股权投资基金聚集及服务平台已基本形成。

点评：

天津滨海新区地处天津东部沿海，是我国继上海浦东之后的第二个综合配套改革试验区。2006年6月，《国务院推进天津滨海新区开发开放有关问题的意见》鼓励天津滨海新区进行金融改革和创新，指出：“在金融企业、金融业务、金融市场和金融开放等方面的重大改革，原则上可安排在天津滨海新区先行先试。”5年来，天津适应金融机构集团化、综合化和专业化发展的趋势，以健全门类、填补空白、创新产品和完善体系为着力点，建立了多层次、多元化和开放型的金融机构体系。2008年3月和2009年10月，天津相继确定了两批共计40个大项近100项金融改革创新重点工作，希望用重点突破和分步实施的方法实现天津金融改革的整体推进。截至2010年底，各项重点工作全部完成。

“中国企业国际融资洽谈会”是天津市金融创新的重要组成部分。自2007年6月第一届融洽会召开至今，已在天津成功举办五届，累计超过3万企业和投资机构参会，为投融资双方搭建了畅通的资金融通桥梁。融洽会已成为国际上规模最大、层次最高、交易最多和影响最广的股权投融资年度盛会。

2009年6月11日，作为天津市金融改革创新的前沿阵地，带动区域经济结构和经济增长方式转变，滨海国际股权交易所（以下简称股交所）与天津股权投资基金服务中心（以下简称基金中心）揭牌成立。股交所与基金中心作为融洽会常态化的两个业务平台，体现了滨海新区金融改革创新先行先试的成果，为区域经济的发展作出了突出贡献。

滨海国际股权交易所是一家专门从事国际企业股权投融资信息交易的第三方服务平台，也是国内首家专业从事为拟融资的企业通过出让部分股权，进行直接融资的信息交易场所。已有来自世界六大洲二十多个国家及地区的260余家主流股权投资机构（VC、PE）、130余家国内外知名中介机构以及分布在国内28个省、自治区、直辖市的360余家经纪公司成为股交所会员，国内230余家金融机构成为股交所的战略合作伙伴，全球11家证券交易所与股交所形成合作关系。同时，股交所已与全国70多家地方政府、园区、部委、协会和商会签订（战略）合作协议。他们将通过股交所开展多种形式的股权、债权投融资业务。

天津股权投资基金服务中心是由天津市政府授权成立，面向国内外股权投资企业建立的中国国内首家专业从事股权投资企业服务的平台。基金服务中心作为中国国内成立的第一家专业从事股权投资基金服务的平台，率先推出了“一条龙”式服务，服务涵盖了从基金设立咨询、基金设立、备案推动、资金募集、商务办公、项目对接和转让退出等全过程，成为天津金融改革创新的重要组成部分，受到了包括中央电视台、路透社、英国金融时报在内的近百家国内外知名媒体的广泛关注。截至 2010 年 12 月底，已有 231 家国内外基金在基金服务中心安家，管理的资金规模超过 1 230 多亿元。国家发改委备案通过的 22 家基金有 14 家在此落户，标志着国内最大的股权投资基金聚集及服务平台已基本形成。

天津市滨海新区的一系列综合金融创新，使天津金融行业迅速集成化、立体化、多元化，不仅带来资金规模，而且活跃了私募股权投资活动，带动了产业发展及升级，而且在全国的影响也是巨大的。

七、首只国家级母基金成立

事件：

2010 年 12 月 28 日，国家级股权投资组合基金（Fund of Funds，FOF）——国创母基金正式成立，这是中国第一只国家级股权投资母基金，基金总规模达 600 亿元人民币，期限 12 年，首期资金 150 亿元，分为私募股权投资和风险投资两个板块，主要投资于中国市场上优秀团队管理的人民币基金。国创母基金的成立，预示着人民币母基金在中国的崛起与迅速成长，未来人民币母基金必将成为有限合伙人的主流，并对中国股权投资市场走向成熟起到积极的促进作用。

点评：

母基金（Fund of Funds，FOF）又称“基金中的基金”，20 世纪 70 年代起源于美国，是以股权投资基金作为投资对象的特殊基金。在欧美发达国家，股权投资基金的资金来源 20% 以上来自母基金。

母基金在投资价值链中同时扮演了普通合伙人和有限合伙人的双重角色，这使得母基金投资私募股权投资基金的门槛得以降低。一般来说，优秀业绩的私募股权投资基金都设有较高的最低投资金额限制，对于中小投资者来说，这无疑阻挡了他们的投资可能。而母基金将若干中小投资者的资金集结组成一只基金对私募股权投资基金进行投资，使他们有机会参与那些只有大型机构投资者才有资格进入的私募股权投资基金。母基金的这种双重角色的运作模式也有效地分散了投资风险。在一个高风险、高回报的行业当中，母基金通过对不同投资阶段、地区和策略的私募股权投资基金进行投资，逐渐降低其受新技术、新团队、新市场和经济周期等诸多因素的负面影响，使投资组合多样化，从而达到降低非系统性风险的目的。

目前作为人民币母基金主体的各地政府引导基金发展迅猛，特别是在各级政府频出新政、大力支持当地股权投资行业发展的大背景下，为了高效地引导民间资本入市，以苏州工业园区创业投资引导基金为代表的部分地方引导基金运作市场化程度正在不断提升。作为中国最具竞争力的开发区之一，苏州工业园区的创新活力吸引了全球创投机构的目光。

2010 年 7 月，第 13 次苏州工业园区中国新加坡联合理事会协调会议明确提出“支持苏州工业园区与开发银行联合中国人寿、中国再保险等机构共同发起设立股权投资母基金和创业投资母基金，推动股权投资行业的相关政策在园区先行先试”，并得到商务部、发改委、科技部和证监会等部委的大力支持。

在此背景下，2010 年 12 月国创母基金由国开金融有限责任公司和苏州创业投资集团再次联手发起设立，基金总规模达 600 亿元人民币，期限 12 年，首期资金规模 150 亿元，分为私募股权投资母基金和风险投资母基金两个板块。其中，私募股权投资板块名称为国创开元股权投资基金，首期规模 100 亿元，国开金融出资 50 亿元，主要投资于专注产业整合、并购重组的股权投资基金；风险投资板块名称为国创元禾创业投资基金，首期规模 50 亿元，苏州工业园区政府出资 30 亿元，主要投资于专注早期和成长期投资的创投基金。

由于母基金不直接投资某个项目，而是将投资母基金旗下的各子基金，可以达到放大母基金投资效应的作用。预计这 600 亿元的母基金将直接带动 2 000 亿元的投资。

八、私募股权投资企业 IPO 退出创纪录

事件:

2010 年，中国企业在美国上市的数量达到创历史的 36 家，而中国 PE 也因此创下退出的历史纪录。红杉资本以投资其中 8 家公司的业绩成为 2010 年投资企业赴美上市最多的股权投资机构。与此同时，国内 IPO 也刷新 PE 退出新纪录，共有 157 家 PE 支持的企业 IPO 涉及退出交易 331 笔，占退出交易总数的 85. 3% 。

点评:

清科研究中心发布的报告显示，2010 年中国私募股权投资市场退出案例数量持续稳步增长，特别是第四季度展现出强劲的翘尾势头，全年共发生退出案例 167 笔，其中包括 IPO 形式退出 160 笔，股权转让方式退出 5 笔以及并购退出 2 笔。

2010 年，共有 221 家具有创投和私募股权投资机构支持的中国企业在境内外市场上市，合计融资 395. 12 亿美元，上市数量和融资额均较 2009 年同期大幅增长，全年风险投资基金/私募股权投资基金支持的上市企业数量增加了 144 家，融资额增加了 1. 53 倍。相比而言，风险投资基金/私募股权投资基金支持的中国企业在境内资本市场上市占绝对优势（见图 2 -6）。由于境内中小板与创业板的高市盈率与市场估值影响，境内共有 149 家风险投资基金/私募股权投资基金支持的企业上市，较海外市场多出 77 家。在境内上市的 149 家企业中，平均背后有 2 家风险投资基金/私募股权投资基金机构的支持。

2010 年，香港主板依然是私募股权投资机构最主要的 IPO 退出市场，共有 54 只私募股权投资基金从该市场实现退出。值得注意的是，2010 年境内市场 IPO 退出案例大

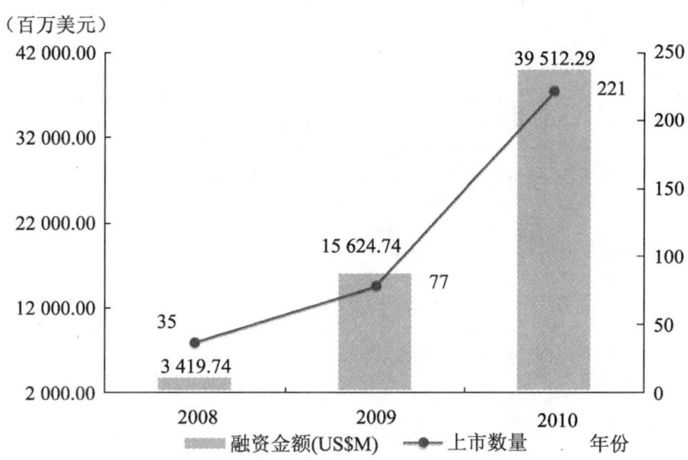

图 2-6　2008~2010 年风险投资基金/私募股权投资基金支持的中国企业境内外 IPO 统计

幅上升，沪、深两市 IPO 退出数量占比达全年总数的 37.5%。此外，2010 年中国企业赴美上市风潮渐起，160 笔 IPO 退出中，纽约证券交易所及 NASDAQ 市场 IPO 各占 24 笔及 13 笔，亦均打破最高历史纪录。见图 2-7。

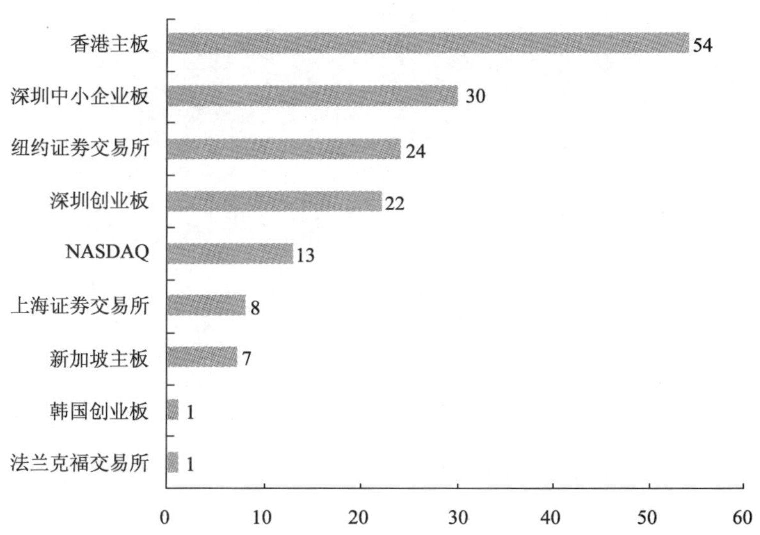

图 2-7　2010 年中国私募股权投资 IPO 退出市场分布（按案例笔数）

从所属行业看，2010 年的 167 笔退出案例分布于 20 个行业中。与往年退出案例寥寥无几的情况相比，2010 年机械制造行业以 31 笔退出案例跃居各行业退出案例数量首位，生物技术、医疗健康以及食品和饮料行业分别以 17 及 16 笔退出位居第二和第三位。各行业中，房地产行业退出案例数量下跌明显，由2009年的19笔回落至2010年的7笔。见图2－8。

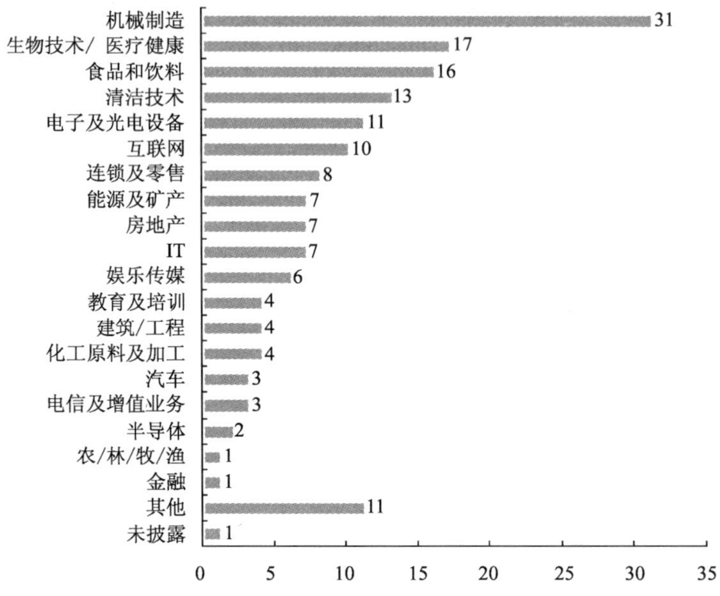

图2－8　2010年中国私募股权投资IPO退出行业分布（按案例笔数）

第三章

热点行业并购与股权投资基金投资分析⑤

⑤ 本章各行业趋势分析与PE投资分析由王叁寿、史宣章撰写，并购分析部分由方时波、代安乐、吉尚凯、刘晓娟、吴军、陈慧、陈可可、施国敏撰写。

第一节　金融业

一、金融业趋势分析

近年来，我国私募股权投资发展迅猛，自2010年3月1日至2011年9月15日，中国私募股权投资基金在金融业的投资达72项，涉及细分领域有银行业、证券业、保险业、期货业和信托业等。除其中27项投资具体数额不清外，其余的45项涉及金融业的私募股权投资金额累计达707.91亿元。

在已知累计投资金额的投资商中，投资金额过百亿元人民币的投资商有4家，分别为中投/TPG、证大投资、凯石长江和湖北联投。另外，弘业国际、国开金融的累计投资额也分别达到63亿元和39亿元。

在并购领域，国内并购金额项目累计达265项，除其中58家没有具体并购金额的统计数据外，其余207项并购案累计金额达2 290.44亿元（见图3－1）。

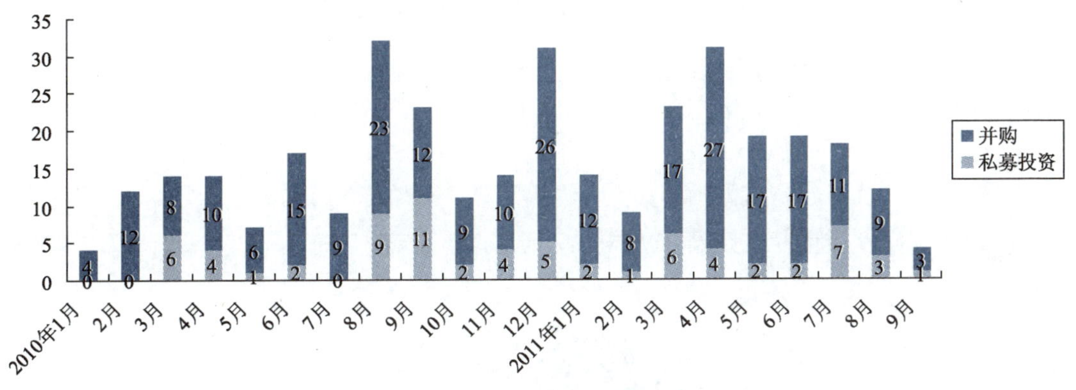

图3－1　金融行业私募股权与并购杠杆关系（单位：笔数）

二、金融业并购分析

（一）金融业并购数据

1．金融业并购趋势

金融业并购指数趋势如图3－2所示。

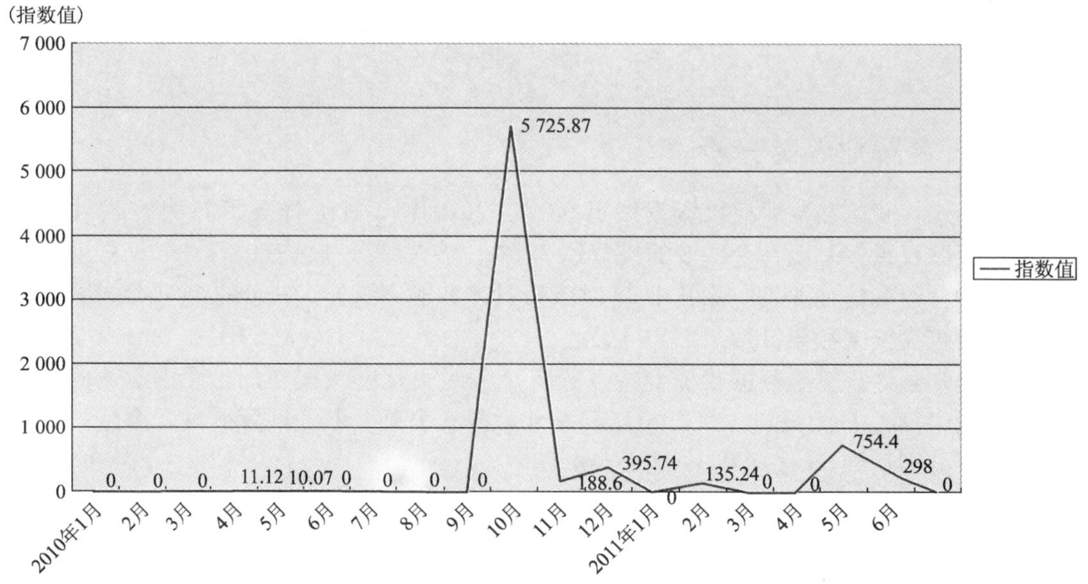

图 3－2　2010～2011 年 6 月金融业并购趋势

由图 3－2 可见，2010 年至 2011 年 6 月期间，金融行业并购呈现出非均衡发展的趋势，2010 年 9～10 月为峰值，反映出金融行业并购笔数不多，但单个项目金额差异巨大的特点。

2．金融业不同性质企业并购情况

金融业不同性质企业并购情况如图 3－3 所示。

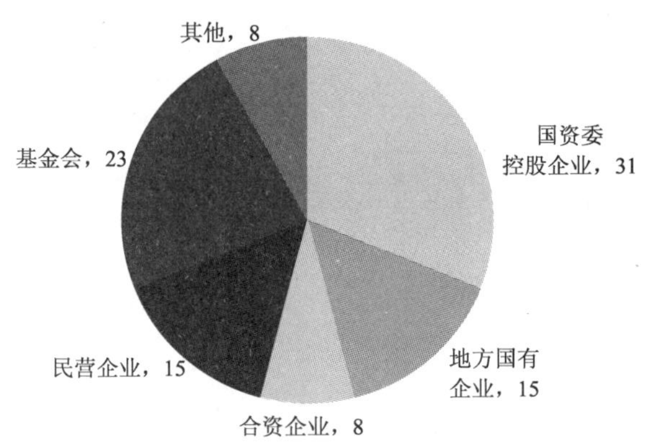

图 3－3　2010～2011 年 6 月金融业不同性质企业并购情况（单位：%）

由图 3－3 可见，在统计区间，金融行业并购呈现国有企业占主导地位的特点，国资委控股企业和地方国有企业占并购数的 51%，反映了国家目前对金融行业控制程度较高的特点。

3. 金融业并购交易笔数

金融业并购交易笔数如图 3－4 所示。

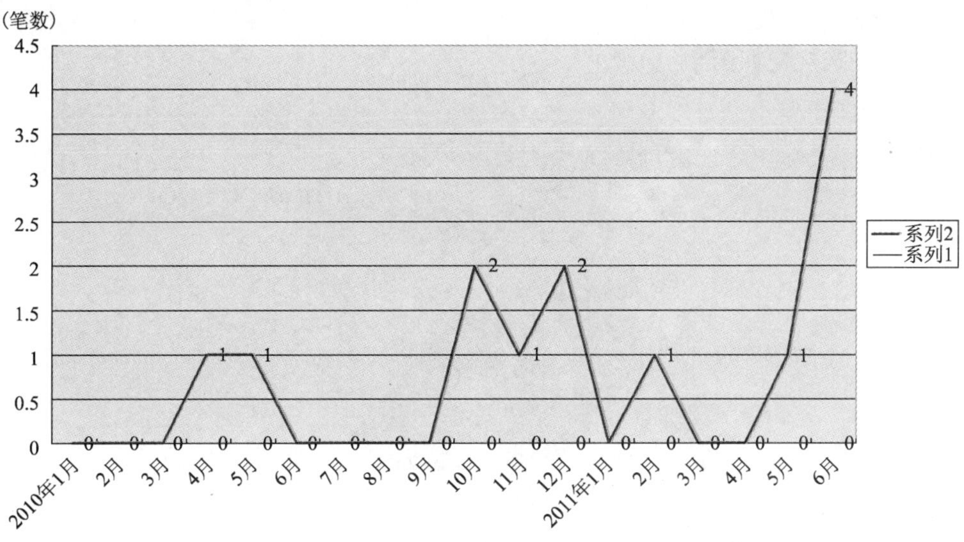

图 3－4 2010～2011 年 6 月金融业并购交易笔数

4. 金融业并购交易额

金融业并购交易额如图 3－5 所示。

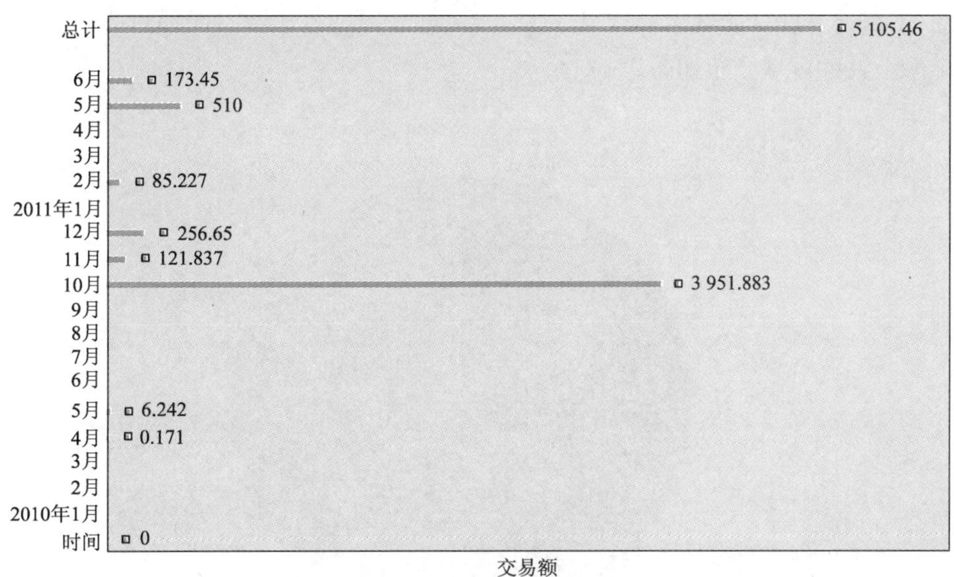

图 3－5 2010～2011 年 6 月金融业并购交易额（单位：千万元）

由图 3－5 可见，在统计区间，金融行业并购交易笔数为 15 笔；并购交易总额达

827 亿元。金融业并购以国内为主，中国移动收购浦发银行 20% 股权和中国平安收购深发展 52% 股权占据了前两位。

5. 金融业并购规模

金融业并购规模如图 3 –6 所示。

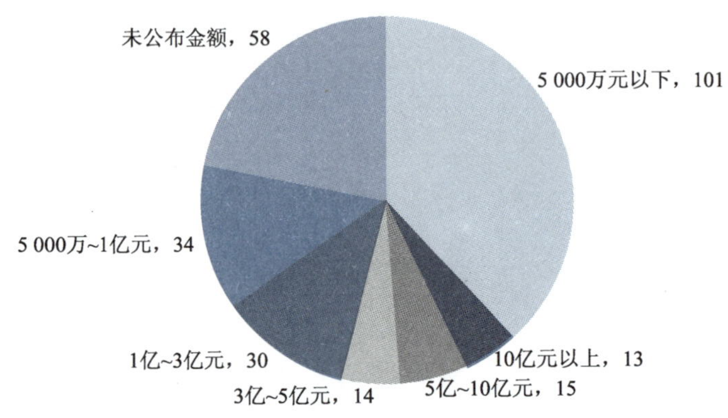

图 3 –6 金融业并购规模（单位：亿元，笔数）

由图 3 –6 可见，在有具体投资金额统计数据的 265 个投资案例中，并购案例中的资金规模主要集中在 5 000 万元以下、5000 万 ~1 亿元以及 1 亿 ~3 亿元区间；其相应的分别有 101、34 和 30 个投资案例，在 265 个案例中分别占 38%，13% 和 11%。

6. 金融业并购区域分布

金融业并购区域分布如图 3 –7 所示。

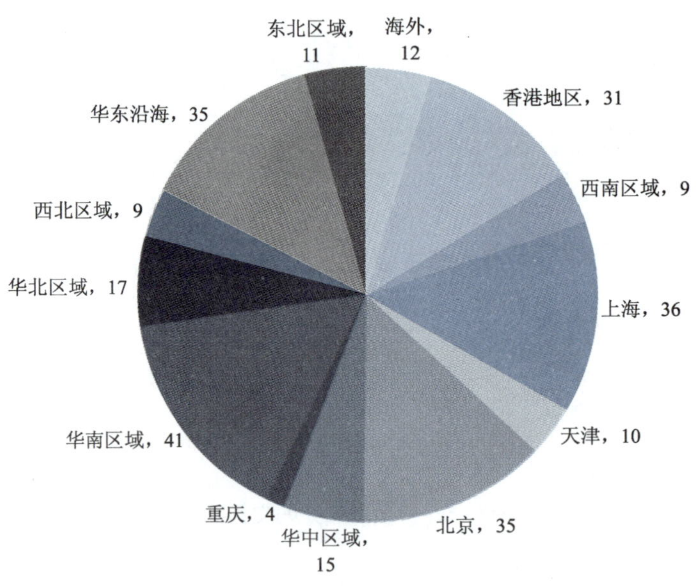

图 3 –7 金融业并购区域分布（单位：笔数）

由图 3 －7 可见，金融业并购区域主要集中在华南、华东经济发达地区、直辖市和香港地区，在 265 个案例中占 192 个。这些地区分布数量也较为均衡，大多在 30 ~ 40 例。

7．金融业并购时间分布

金融业并购时间分布如图 3 －8 所示。

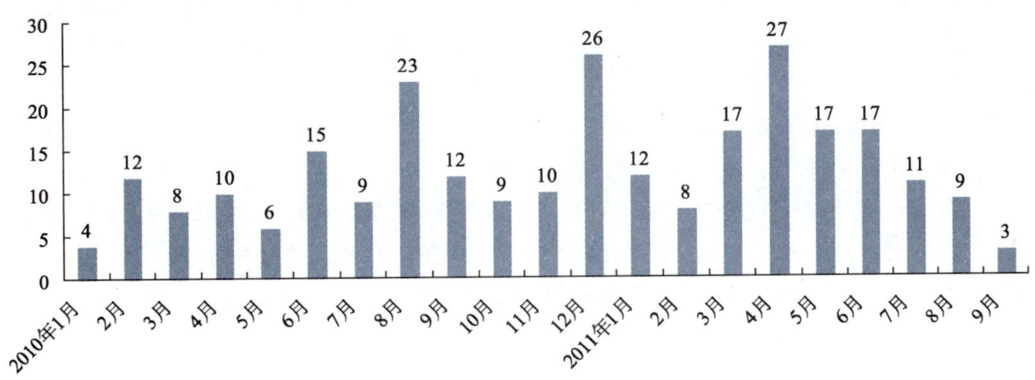

图 3 －8　金融业并购时间分布（单位：笔数）

8．金融业并购性质分析

金融业并购性质分析如图 3 －9 所示。

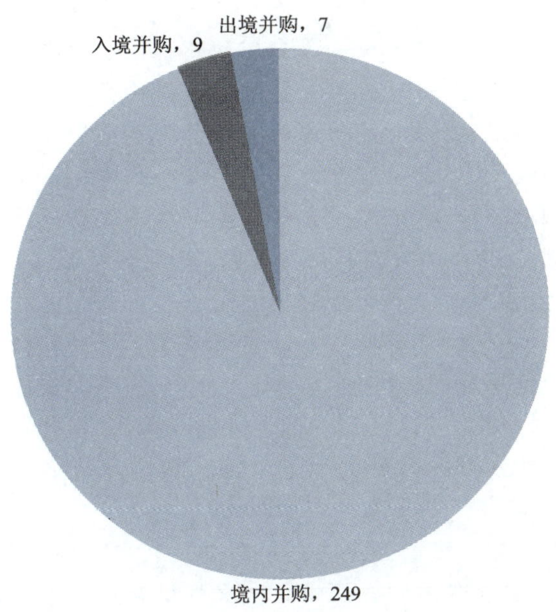

图 3 －9　金融业并购性质分析（单位：笔数）

由图3－9可见，在265个并购案例中，境内并购占比超过了90%，而出境并购和入境并购的占比只有6%左右。

（二）金融业并购事件Top5

1. 中国移动收购浦发银行20%股权

中国移动2010年10月15日宣布，全资子公司广东移动认购浦发银行20%股权一事已完成政府及监管机构批准，股份认购已完成交割，中国移动认购股份为28.7亿股，占浦发银行扩大后总股本的20%，认购价为每股13.75元，认购总金额为人民币395亿元。广东移动已登记成为浦发银行第二大股东。交易双方表示，有意就共同发展移动金融及移动电子商务展开紧密合作。

点评：中国移动通过全资附属公司广东移动持有浦发银行20%的股权，并成为浦发银行第二大股东，开启了电信运营商与银行合作的先河，有力地促进了我国两大产业的互相进入、合作与共赢。这符合产业资本与金融资本不断融合的国际潮流，也是我国产业扩张与整合的大胆创新与尝试。

2. 中国平安收购深发展A股权

2010年9月1日，中国平安和深发展A均公布股权收购及整合预案：中国平安拟以每股17.75元的价格，认购深发展A的16.39亿股，合计约291亿元，交易对价主要由中国平安向深发展银行注入平安银行90.75%的股份及部分现金来支付。本次交易完成后，中国平安及其控股公司持有深发展股份共计约26.84亿股，占比约52.38%，深发展成为中国平安旗下的控股子公司；深发展持有平安银行约90.75%的股份，平安银行成为深发展的控股子公司。

点评：中国平安控股深发展是中国平安实现以保险、银行、资产管理为核心，成为国际领先的综合金融服务集团目标的重要步骤。并购交易的完成，一方面使深发展成为中国平安旗下的控股子公司；另一方面实现了深发展和平安银行的两行整合。凭借中国平安强大的品牌、资本金、客户、网点、IT、后援、高端客户和人才等综合金融服务优势，整合后中国平安的一站式金融服务平台将逐步建立和发展。需要注意的是，并购完成后中国平安将面临资本补充的压力。

3. 中信证券转让华夏基金管理有限公司股权

2010年5月3日，中信证券董事会审议通过《关于转让华夏基金管理有限公司股权的预案》，拟转让华夏基金51%的股权。2011年8月11日，中信证券股份有限公司收到北京金融资产交易所出具的结果通知书，华夏基金管理有限公司31%的股权已完成挂牌，交易金额为人民币51.44亿元。

点评：中信证券出售旗下华夏基金部分股权，是为了满足内地监管要求和能够顺利在香港股市募集20亿美元的资金。过去3年中，中信证券一直控制华夏基金100%的股权，违反了我国基金管理的相关规定。这次股权转让，中信证券选择引入了一家外资股东和两家国内非金融业股东，一方面可以继续保留华夏基金51%的股权，保持控股地位；另一方面，受让股权的公司多为财务投资者，有助于中信证券对华夏基金的管理和运营。

4. 中国农业银行控股嘉禾人寿

2011 年 2 月 11 日，中国农业银行与嘉禾人寿就农业银行增资入股嘉禾人寿在京举行签约仪式。根据协议，交易金额约为人民币 25.92 亿元，认购嘉禾人寿定向增发的 10.36 亿股，农业银行将持有嘉禾人寿 51% 的股份，成为控股股东。嘉禾人寿 5 家原股东所持股份分别占嘉禾人寿股份总额的 9.8%，合计占嘉禾人寿股份总额的 49%。

点评：这是迄今内地最大宗银行入股保险公司的收购案。在银行业综合混业经营的必然趋势下，农业银行控股嘉禾人寿，把雄厚的资金实力、广泛的机构网点同嘉禾人寿坚实的发展基础和强劲的发展势头有机地结合起来，可以优化资源配置，有效地促进银保合作，推进双方共同发展。一方面，银行保险的深度整合有助于降低总成本，综合经营的协同效应得到最大的发挥；另一方面，银行保险产生强大的协同效应并非易事，未来银保如何基于股权层面实现深层次合作，如何进行资源和渠道整合，在产品和服务模式上实现创新，不可能一蹴而就。同时，金融业综合经营的趋势与分业监管体制之间存在的矛盾日渐突出，对金融监管也提出了更多的挑战。

5. 广发证券成功转让广发华福股权

广发证券 2010 年 12 月 9 日公告，公司挂牌转让的广发华福证券有限责任公司 60.351 9% 的股权，确定受让方为福建省能源集团有限责任公司、福建省交通运输集团有限责任公司和联华国际信托有限公司 3 家公司组成的联合体，转让总价为 24.9 亿元。以上 3 家公司分别受让广发华福 36%、20% 和 4.3519% 的股权。据广发证券称，广发证券是在 2003 年广发华福证券增资改制时入股广发华福证券的，成为广发华福证券控股股东。此次转让广发证券一次性投资收益近 22 亿元。

点评：广发证券通过挂牌方式转让所持有的广发华福证券有限责任公司的全部股权，是为了有效解决母子公司之间存在的同业竞争的问题。根据证监会的相关规定，广发证券与广发华福证券之间存在同业竞争的问题，不符合证券行业监管要求，需尽快完成整改以符合监管要求。子公司股权转让完成后，广发证券在新产品、新业务以及新网点申请上的限制将被彻底解除，在经纪、资金托管等业务领域迎来新的机遇。

（三）金融业典型并购案例分析

中国移动收购浦发银行 20% 股权

2010 年 10 月 15 日，中国移动宣布，全资子公司广东移动认购浦发银行 20% 股权一事已完成政府及监管机构批准，股份认购已完成交割，广东移动已登记成为浦发银行第二大股东。中国移动认购浦发银行股份为 28.7 亿股，占浦发扩大后总股本的 20%，认购价为每股 13.75 元，认购总金额为 395 亿元。广东移动已向浦发银行提名两位董事以及一名独立董事，但广东移动及中国移动不会参与浦发银行的日常经营管理。交易双方表示，有意就共同发展移动金融及移动电子商务展开紧密合作。

中国移动与浦发银行联姻，是我国电信和金融两大产业扩张与整合的大胆创新与尝试，双方的合作将推动我国移动支付产业的发展，影响深远。在不远的将来，移动支付与信用卡的结合应用将会诞生，新的业务品种将不断出现。由于国内银行与移动运营商并未形成统一的分成标准，移动支付产业的发展可能是一个不断探索和完善的过程。

我国电信和金融两大产业的互相进入、合作与共赢是必然的方向。但是，中国移动与浦发银行合作，联动和协同效应不会自动产生，整合双方资源是一项探索性的系统工程。同时，如何公平公正地建立良好的治理结构也需要双方的智慧与努力。另外，在现有监管体系并不完善的情况下，横跨电信和金融两个行业的监管难度将会增加，对相关监管部门也是一个挑战。

并购后的整合与监管是两个核心的问题，它决定了中国移动与浦发银行合作的发展方向与进程，也必将对行业未来的格局产生深远的影响。

三、金融业 PE 投资分析

1. 金融业 PE 投资规模

金融业 PE 投资规模如图 3－10 所示。

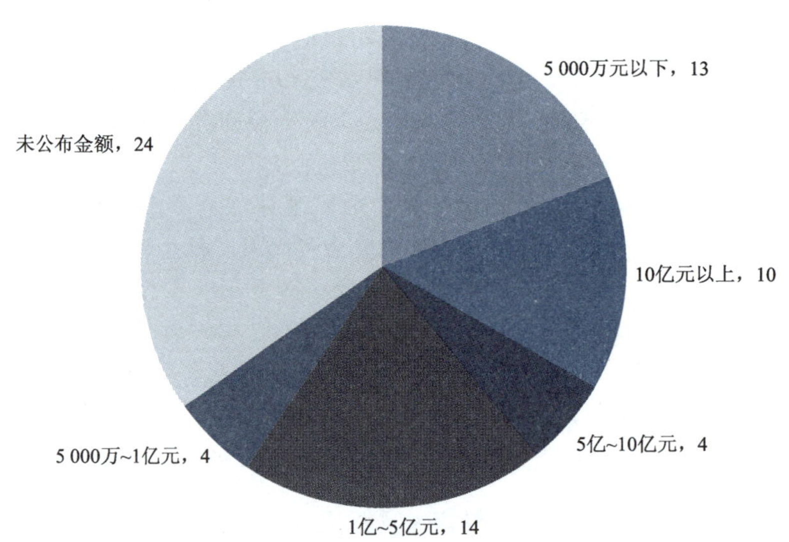

图 3－10　金融业 PE 投资规模（单位：亿元，笔数）

由图 3－10 可见，在有具体投资金额统计数据的 45 个投资案例中，私募股权投资基金投资规模主要集中在 5 000 万元以下，1 亿～5 亿元和 10 亿元以上的区域；其相应的分别有 13、14 和 10 个投资案例，在所有 72 个案例中分别占 18%，19% 和 14%。

2. 金融业 PE 投资区域分布

金融业 PE 投资区域分布如图 3－11 所示。

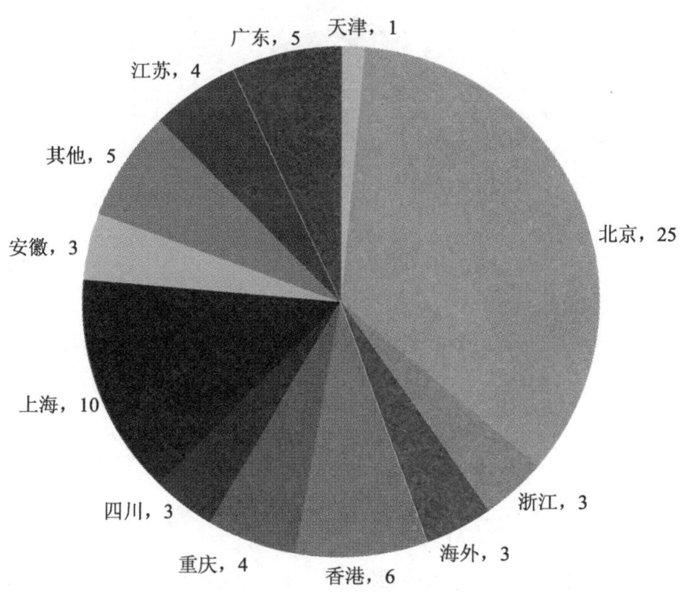

图 3－11 金融业 PE 投资区域分布（单位：笔数）

由图 3－11 可见，投资区域主要集中在直辖市、东部沿海经济发达地区、广东以及香港地区，在总共 72 个案例中占 58 个，其中北京地区的投资案例最多，达 25 例。

3. 金融业 PE 投资时间分布

金融业 PE 投资时间分布如图 3－12 所示。

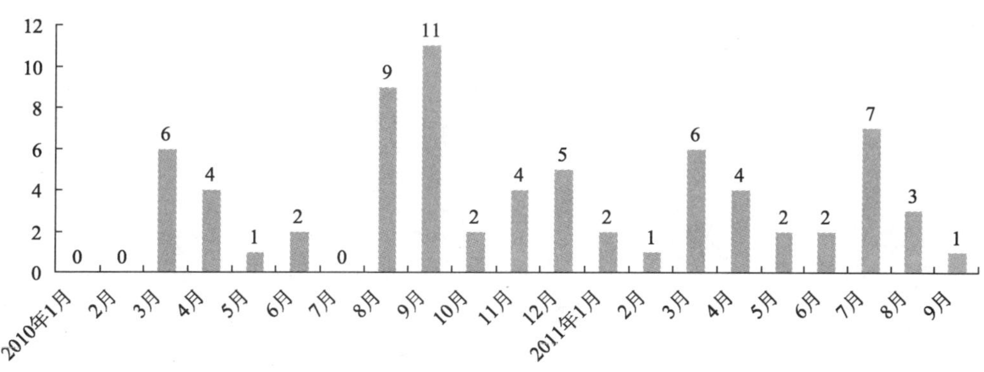

图 3－12 金融业 PE 投资时间分布（单位：笔数）

4. 金融业 PE 投资性质情况

金融业 PE 投资性质情况如图 3－13 所示。

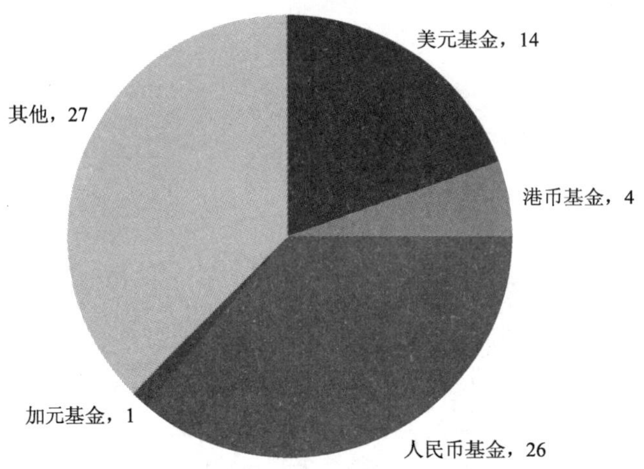

图 3－13　金融业 PE 投资性质情况（单位：笔数）

由图 3－13 可见，金融业私募股权投资主要以人民币基金和美元基金为主。

第二节　能源矿产业

一、能源矿产业趋势分析

2010 年以来，我国能源投资持续增长，能源投资占国内生产总值的比重继续高企。作为能源矿产业的重要板块，煤炭行业的并购走强，投资则呈下降趋势，煤炭行业投资占能源投资的比重不断下降，大中型煤矿投资依然是煤炭行业投资的主体。目前，由于国家政策的导向，煤炭行业股权投资和并购主要体现为对大中型煤矿的基本建设投资、更新改造投资、地质勘探投资和小煤矿建设投资，并购多在区域性互补情况下，大中型煤矿企业收购小型企业，以弥补自身的不足。作为能源矿产业的另一重要板块，石油天然气行业投资不断发生变化，整体表现为石油勘探开发投资主体地位依然，油气勘探开发投资比重下降，天然气勘探开发、成品油库与加油站和管道建设投资比重上升，炼油投资比重大体稳定。结合国家石油天然气"十二五"规划政策，私募股权的投资和并购主要体现在天然气勘探开发、成品油库与加油站和管道建设的企业上，且重点在天然气及相关配套设施上。电力投资一直是我国能源投资的重要组成部分，根据国家政策，电力行业私募股权的投资和并购主要体现在水电和火电的生产企业上，且投资多、并购少。新能源的投资总量和比重迅速增加，随着技术进步和推广加速，投资总额将从"十一五"的 1 774 亿元增加到 2020 年的 7 500 亿元，占能源总比重也从 3.3% 增加到 12.6%。新能源行业私募股权的投资和并购主要体现在风能和太阳能的生产企业中，且投资多。

能源矿业属于传统行业，对于主要关注新型业态领域的私募股权投资而言，在能源矿业领域，股权投资与并购呈跷跷板关系（见图 3－14），虽然私募股权投资不活跃，但是并购重组却极为活跃，无论是并购笔数与交易金额，其他行业都只能望其项背。

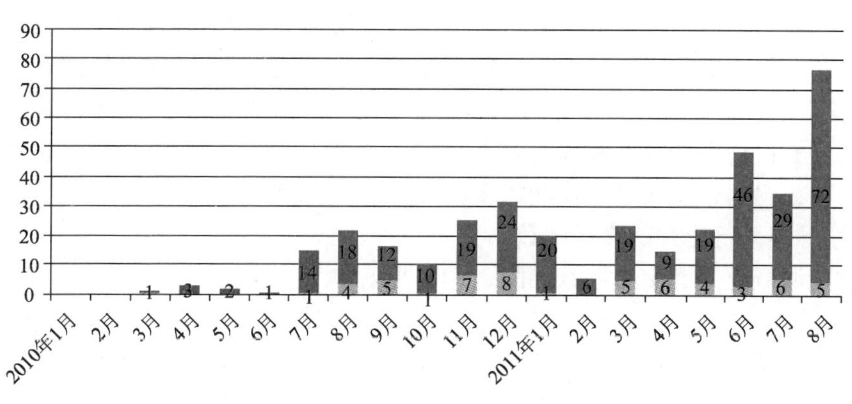

图 3－14　能源矿产业私募股权投资与并购杠杆关系

二、能源矿产业并购分析

（一）能源矿产业并购数据

1. 能源矿产业并购趋势、交易笔数与金额

图 3－15 显示出能源矿产业并购趋势。

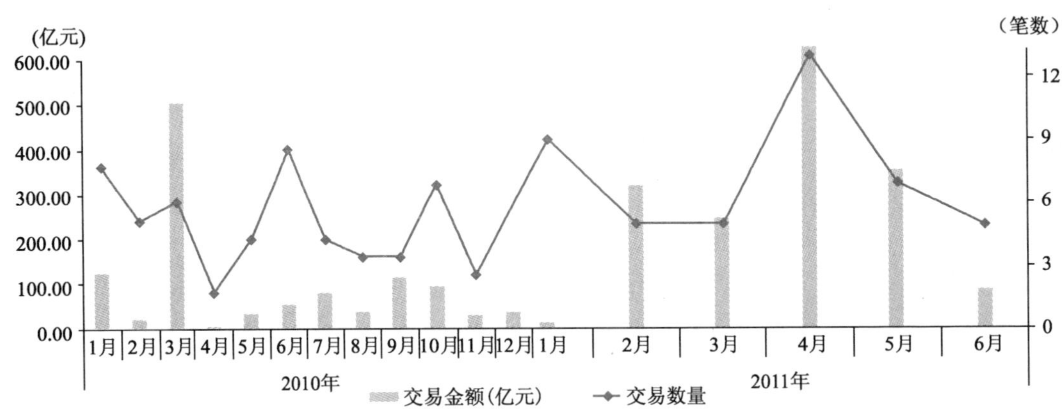

图 3－15　能源矿产业并购趋势

由图 3－15 可见，2010 年以来，能源矿产业上市公司（仅包含上海证券交易所和深圳证券交易所）发生的并购交易为 70 起；2011 年上半年为 44 起。2010 年发生的能源矿产业上市公司并购情况，从交易数量看，6 月份达到高峰，为 10 起；下半年略有下降，年底又有回升，12 月份为 7 起。从交易金额看，3 月份达到高峰，为 503.2 亿元，占据了当月交易金额的 24.2%；随后至年底的数据则显示，虽有交易数量的起伏，但平均月交易总金额一直保持在 100 亿元以下（仅 9 月就达到 111.7 亿元）。2011 年以来，上半年的并购交易数量比上年同期增加 13%，但是并购交易金额达到了上年同期的 4.46 倍。受行业政策及环境推动因素的影响，预计下半年将发生更多数量和更多金额的并购交易；特别是对海外能源矿产资源的储备性收购，但同时受被收购方保护性限制的影响，国内企业在海外收购的步伐可能有所放缓。

2. 全球能源行业并购交易笔数

全球能源行业并购交易笔数如图 3－16 所示。

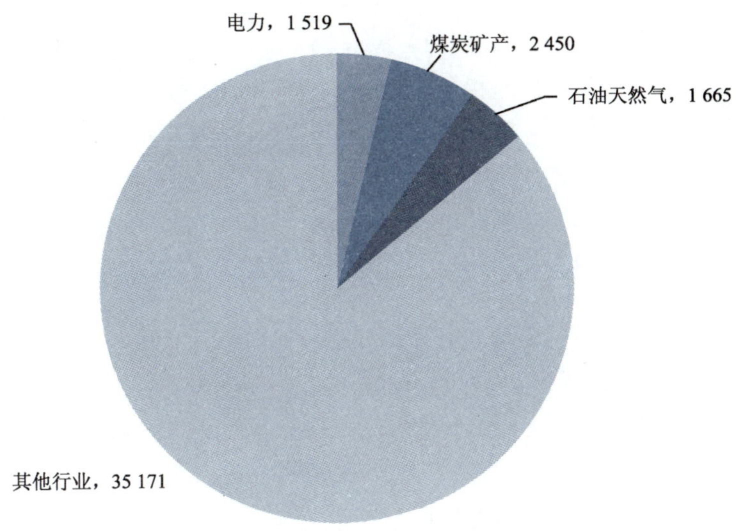

图 3－16　全球能源行业并购交易笔数

数据来源：Dealogic。

3. 全球能源行业并购交易金额

全球能源行业并购交易金额如图 3－17 所示。

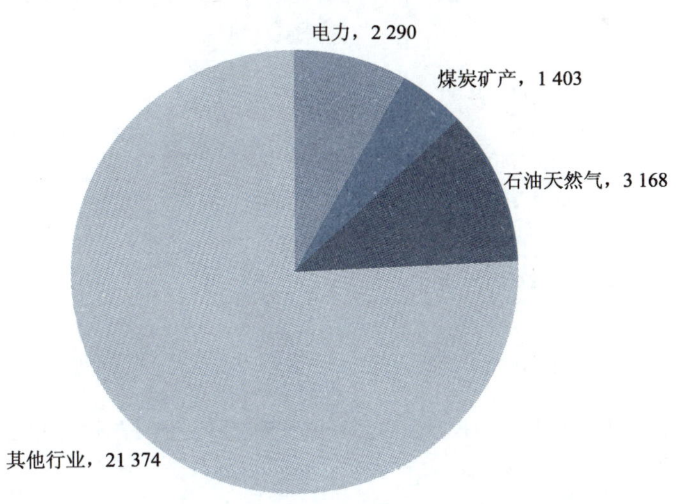

图 3－17　全球能源行业并购交易金额（单位：亿美元）

数据来源：Dealogic。

4. 中国能源矿产业各细分行业并购笔数

中国能源矿产业中各行业的并购笔数如图 3－18 所示。

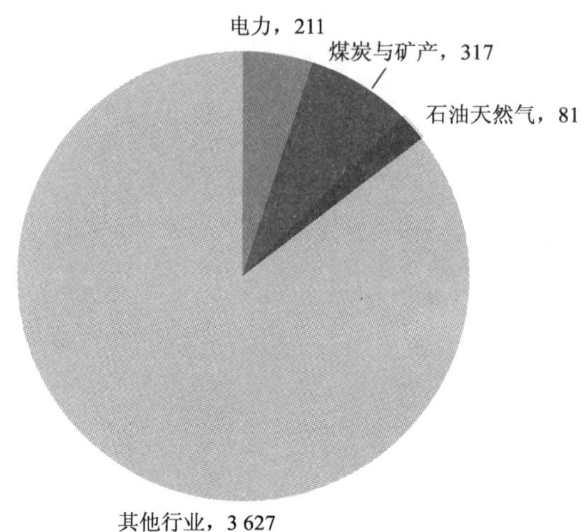

图 3－18　中国能源矿产业中各行业并购交易笔数

5. 中国能源矿产业各细分行业并购金额

中国能源矿产业中各行业并购交易金额如图 3－19 所示。

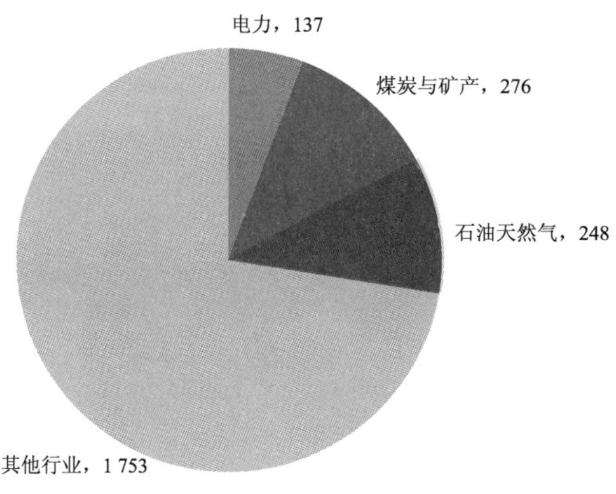

图 3－19　中国能源矿产业中各行业并购交易金额（单位：亿美元）

数据来源：Dealogic。

2010～2011 年 6 月，中国能源行业（包括上市与非上市企业）并购中，电力行业、煤炭与矿产行业、石油天然气行业的交易分别为 211 起、317 起和 81 起，金额分别为 137 亿美元、276 亿美元和 248 亿美元，占中国行业并购交易笔数和金额分别为电力行业的5.0%和5.7%，煤炭和矿产行业占7.5%和11.4%，石油天然气行业占1.9%和10.3%（见图3－18和图3－19）。

6. 能源矿产业在各行业并购中的占比

能源矿产业在各行业并购中的交易金额占比如图3－20所示。

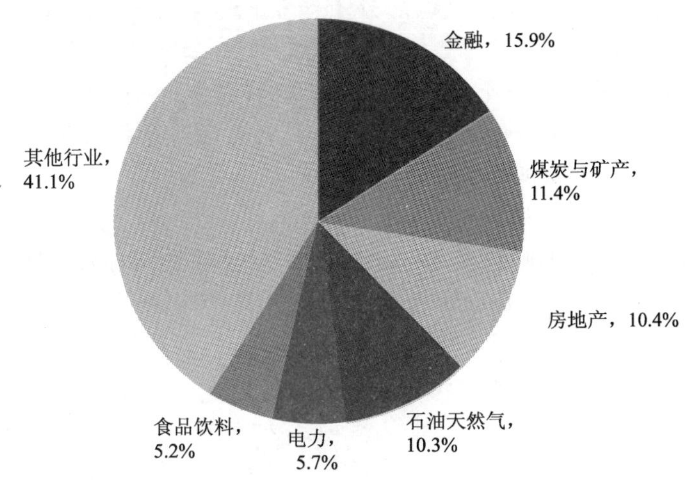

图3－20 能源矿产业在各行业并购中的交易金额占比

数据来源：Dealogic。

（二）能源行业重大并购事件Top 5

1. 长江电力重组湖北三环

2010年3月，中国长江电力股份有限公司召开董事会，会议通过换股重组湖北三环股份有限公司事宜的决议，置入资产和置出资产的交易价格分别确定为9.6亿元和11 247亿元。

点评：湖北能源重组三环股份成功收官，这家百亿元的地方能源霸主正式亮相资本市场。作为湖北省国资委下属的国有控股企业，湖北能源系该省控股最大的电力能源企业。与长江电力的合作，湖北能源可以在引进发展资金的同时，也可引进先进的电力管理经验。同时，双方可在调水、防洪和发电等方面发挥产业协同效应。

2. 华能国际收购山东电力旗下资产

2010年1月，华能国际宣布拟以86.25亿元受让山东电力集团公司旗下数项资产，包括山东电力拥有的滇东能源100%、滇东雨汪100%、沾化热电100%、鲁能生物100%、罗源湾海港60.25%、罗源湾码头58.3%、陆岛码头73.46%、鲁能胶南港100%、鲁能海运53%的权益和有关前期项目的开发权以及鲁能发展持有的罗源湾海港39.75%的权益。

点评：华能国际通过该笔交易，将进入云南电力市场，并进一步巩固在山东电力市场的市场地位，其产业链上游的延伸也进一步扩大。滇东能源和滇东雨汪两大项目最值得华能国际看重，这两个项目所建的白龙山煤矿和雨汪煤矿正好为电厂所配套，在煤矿投产后能充分实现其煤电一体化的优势。

3. 中国石化收购安哥拉 18 号石油区块 50% 的权益

2010 年 3 月，中国石化宣布将以 24.57 亿美元对价收购集团位于安哥拉 18 号石油区块 50% 的权益。本次交易标的持有方是安中石化公司，其拥有安哥拉 18 区块 50% 的权益。这是中国石化首次收购海外上游资产，也是中国石化目前最好的一项海外资产。

点评：18 号石油区块是一个在产油田，目前日产能力高达 24 万桶，正处于上产期，已经没有勘探风险，收益相对比较稳定。本次交易对于提升中国石化收益、利润率水平以及现金收入具有积极的促进作用。

4. 中国石化收购康菲石油（Syncrude）股权

2010 年 4 月，康菲石油同意以 46.5 亿美元的价格将所持加拿大康菲石油油砂项目的股份出售给中国石油化工股份有限公司。这是继 2009 年以 72.4 亿美元收购瑞士 Addax 石油公司后，中石化海外收购的最新举措。

点评：康菲石油公司拥有世界最大的油砂生产项目。截至 2009 年底，这个项目总剩余合成原油资源量为 119 亿桶，其中包括 51 亿桶探明和可能的合成油储量以及 68 亿桶潜在的可采资源量。目前的合成原油产能约为日产 35 万桶。对于上游板块资源严重不足的中石化来说，这一项目显然是不错的选择。

5. 中国铝业增资江钨

2010 年 9 月，中国铝业与江西省国资委草签了《江西稀有金属钨业控股集团有限公司增资扩股协议》。根据协议，在经江西省政府批准之后，中铝将以增资扩股方式对江钨出资，成为其控股股东。中铝增资 100 亿元，入主江钨有色双雄江西圈地。

点评：增资江钨是中国铝业不断尝试开辟新的业务领域的表现。8 月份收购力拓西芒杜矿，即被业内广泛解读为中铝公司尝试战略转型，以减弱铝业波动对业绩带来的压力。在上市公司寻求多业务发展的背景下，大股东中铝公司巨资入主业务多样、资源丰富的江钨控股，为市场各界提供了充分的想象空间。

（三）能源行业典型并购案例分析

中国石化收购安哥拉 18 号区块石油

1. 交易概述

2010 年 3 月 26 日，中国石化披露以 24.57 亿美元收购安中石化（SSI）公司 55% 的股权。安中石化公司主要从事石油和天然气的勘探、开发和生产，拥有安哥拉 18 号区块 50% 的权益。据悉，18 号石油区块是一个在产油田，目前日产能力高达 24 万桶，正处于上产期，已经没有勘探风险，收益相对比较稳定。撇开交易交割等因素，本次交易预计期望对提升中国石化收益、利润率水平以及现金收入具有积极的促进作用，同时可扩大其上游业务规模，建立海外业务平台，增强其国际化经营能力，提高国际竞争力和减少生产经营方面的持续性关联交易。

2. 并购背景

中国石化是一家上、中、下游一体化，石油石化主业突出，拥有比较完备的销售网络，境内外上市的股份制企业，是中国最大的石油产品（包括汽油、柴油、航空煤油等）和主要石化产品生产商和供应商。中国石化的最大股东——中国石油化工集团公司注册资本为1 820亿元，在《财富》2011年全球500强企业中排名第5位。中国石化167.8亿股H股股票于2000年10月18～19日分别在香港、纽约、伦敦三地交易所成功发行上市；2001年7月16日在上海证券交易所成功发行28亿股A股。截至2010年底，中国石化股份公司总股本为867亿股，中国石化集团公司持股占75.84%，外资股占19.35%，社会公众股占4.81%。

安哥拉位于非洲西海岸，石油、天然气和矿产资源丰富，已探明石油储量为125亿桶，天然气储量达7万亿立方米。安哥拉是世界第十五大石油生产国和第六大石油出口国，目前安哥拉已成为中国主要的原油供应国之一。截至2009年11月底，安哥拉18号区块石油已发现8个油田，安中石化在安哥拉18号区块东区的经济净权益剩余可采储量证实储量为10 249万桶（其中已开发储量7 904万桶，未开发储量为2 345万桶），概算储量为6 724万桶。

3. 并购动因

（1）海外并购布局、上游资产注入。根据中石化的公告，安哥拉18号石油区块是世界级的优良生产性资产，是中国石油化工集团公司最好的一项海外资产，目前其生产能力居全球深水石油资产前列。本次交易完成后，中国石化剩余原油探明储量将增加1.02亿桶，增长3.6%；原油产量每日将增加7.252万桶，增长8.8%。这是继2009年6月中石化并购瑞士石油公司、7月联合中海油收购美国马拉松石油公司在安哥拉32号区块20%的权益之后，中石化在海外并购中的又一次大动作。此次交易也是中石化首次收购海外上游资产，旨在进一步扩大中国石化上游的业务规模。

（2）行业“抄底”到来、产业结构调整。2010年以来，我国石油和天然气行业一直保持较快的增长趋势。外围环境以及整个石油天然气价格虽有波动，国际油价受到很大冲击，但鉴于国内市场旺盛的需求，中国企业受到的实质影响并不太大。按照“十二五”调整产业结构和提升产业竞争力的规划，在石油天然气产业上、中、下游的整合，特别是海外收购疑似处于“抄底”时期，由于中国经济率先走出金融危机，其“抄底”策略和“抄底”战术也更引人关注。此前，三大石油公司在海外谈判的项目非常多，但由于石油价格剧烈波动，双方对价格的预期差异较大，很难达成协议。而目前，越来越多的交易将浮出水面，现实还有可能继续朝着这个方向发展。

4. 并购内容

安哥拉所在的非洲逐渐成为中石化海外开发的重点。事实上，自2006年以来，包括中石化、中海油以及国外大型石油公司一直对安哥拉的石油资源有着浓厚的兴趣。2006年，中石化和安哥拉国家石油公司的联合体——安中石化，获得了17号勘探区

27.5%、18 号勘探区 40% 以及 15 号勘探区 20% 的股权；2009 年 1 月，中海油与中石化联手 13 亿美元联合收购美国马拉松石油公司持有的安哥拉一个石油区块 20% 的权益。

2010 年 3 月 26 日，中国石化披露以 24.57 亿美元收购安中石化公司 55% 的股权（安中石化公司拥有安哥拉 18 号区块 50% 的权益）。至此，中国石化收购安哥拉 18 号区块石油终于落地，作为中国石化自上市以来首笔油气方面的海外大型资产注入，产生的影响是公告日当天中国石化报收价格上涨了 1.78%。

5. 并购评述

据能源组织的预计，中国对柴油、汽油和轻柴油的需求量每年递增 8% ~10%；而来自瑞银的统计数据则显示，中国的石油需求到 2025 年才会达到顶峰。为满足大规模的石油需求，中国大型能源企业早已掀起收购热潮，随着在非洲、拉美等地的声势不断扩大，其资产收购额也相比较于其他国家要多，并且愿意以高出市场预期的价格进行收购。

一方面，油气来源的多元化以及石油天然气产业链上下游的结构和调整需要继续完善；另一方面，中国能源企业对外收购还面临政治优势和政治风险，相比较欧美石油企业，中国在苏丹、缅甸、伊朗等国家拥有保持收购优势，而对于北美以及澳洲矿产资源的收购，近些年不断面临当地保护性限制的约束。面对国际石油大公司对资产组合的再平衡时有回笼现金的需求，中国石油公司目前的收购策略更加灵活，无论从外资能源企业收购旗下股份还是关注长期上游勘探和开发项目上看都是如此。

中国石化以 24.57 亿美元收购安哥拉 18 号油田区块项目正是在基于多种复杂因素的环境中快速出手的一桩交易。该项目使中石化本身在上游规模偏弱的情形将有所改善，如相比于中石油和中海油，中石化的原油绝对量和成长性相对要低一些。本次安哥拉项目交易完成后，中石化股份公司剩余原油探明储量将增加 1.02 亿桶，增长 3.6%；原油产量每日将增加 7 252 万桶，增长 8.8%。

我们可以从 2010 年公布的年报数据看到，2010 年中石化全年收入达到 1.93 万亿元，相比 2009 年增加 42.2%；2010 年中石化的海外业务已经占到总销售额的 27.3%，海外资产增长了 31.4%，然而其上游原油产量几乎没有增长（同期天然气增长 47%），海外资产和平台如本次安哥拉 18 号石油区块也可在一定程度上给未来带来整合效应，中石化将通过本次交易进入海外油气资源市场，也将为今后获得新的油气资产奠定基础。

三、能源矿产业 PE 投资分析

1. 能源矿产业 PE 投资规模

能源矿产业 PE 投资规模如图 3 –21 所示。

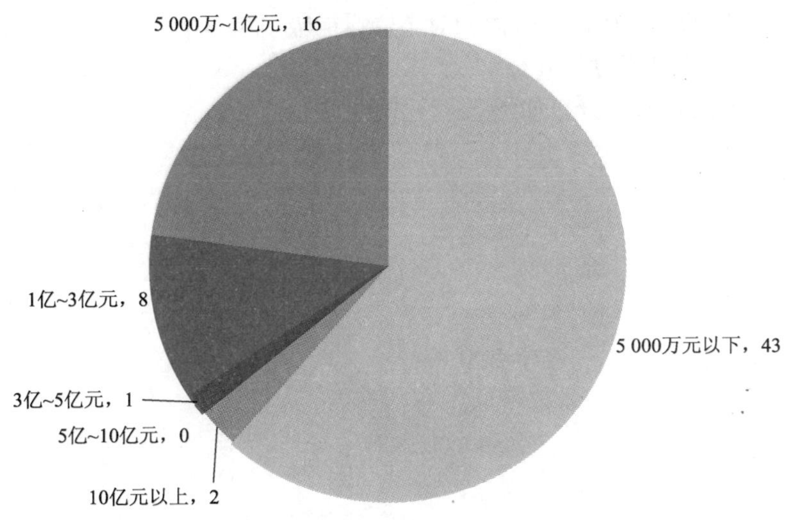

图 3-21 能源矿产业 PE 投资规模（单位：笔数）

由图 3-21 可见，从能源矿产行业投资规模看，绝大多数案例的资金规模均在 5 000万元以下，表明小额投资仍是主体，这在一定程度上反映出行业投资案例的规模还比较小。

2. 能源矿产业 PE 投资地区分布

能源矿产业 PE 投资地区分布如图 3-22 所示。

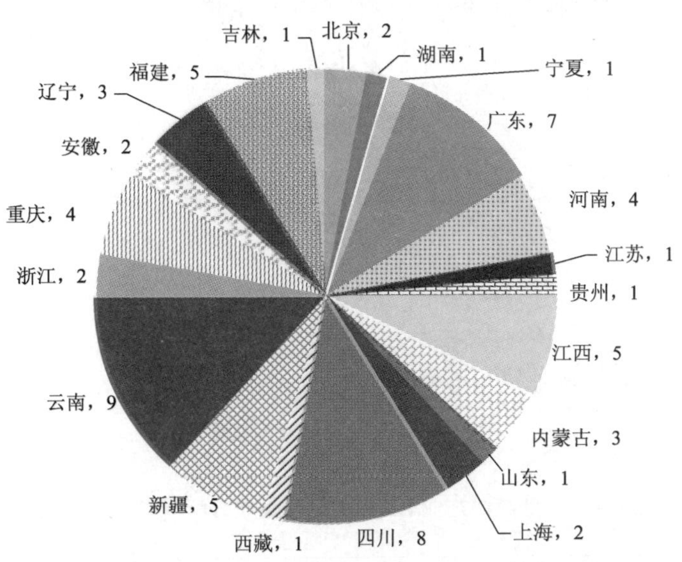

图 3-22 能源矿产业 PE 投资地区分布（单位：笔数）

由图 3－22 可见，从能源矿产业投资地区看，云南、广东和四川占据前三，在一定程度上表明这三地的能源矿产业资源相对丰富，能吸引更多的资金投入。

3. 能源矿产业 PE 投资时间分布

能源矿产业 PE 投资时间分布如图 3－23 所示。

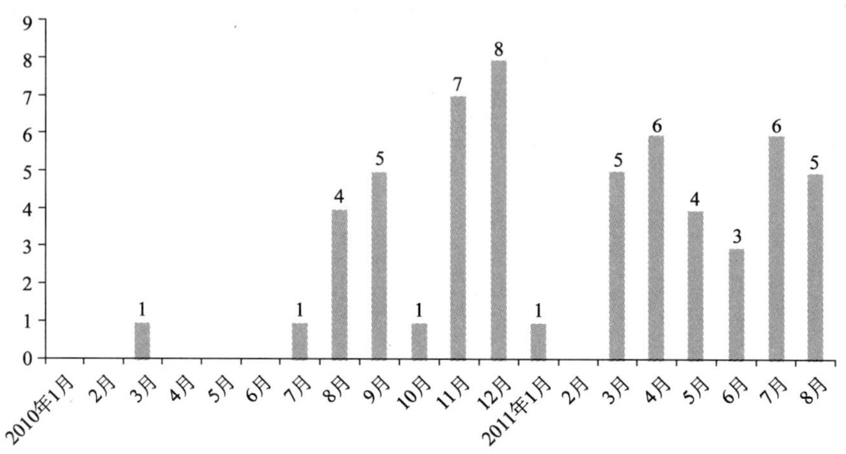

图 3－23　能源矿产业 PE 投资时间分布（单位：笔数）

由图 3－23 可见，从能源矿产业投资案例发生的时间看，受益于我国内需环境的快速恢复，2010 年 11 月和 12 月的投资案例数量达到峰值。

4. 能源矿产业 PE 投资基金性质分析

能源矿产业 PE 投资基金性质分析如图 3－24 所示。

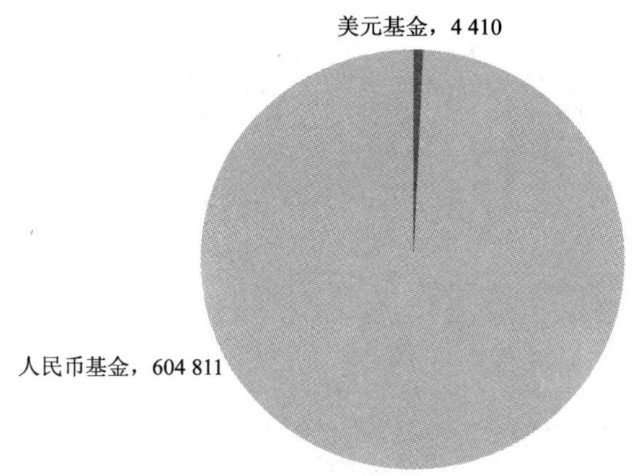

图 3－24　能源矿产业 PE 投资基金性质分析（单位：万元）

由图 3－24 可见，从能源矿产行业投资基金的性质上看，以人民币基金为主，占到 90% 以上。

第三节　材料业

一、材料业趋势分析

2010年以来，我国材料多元化投资持续增长，材料业投资的主导地位依然毫不动摇。

作为材料业重要板块的钢铁行业而言，钢铁行业股权过度集中，国有股所占比重过大，机构股东欠缺，不能发挥机构股东在公司治理和证券市场发展方面的积极作用。钢铁行业的特征决定了该行业私募股权投资的活跃程度，国有股在保持绝对控股地位的条件下，必然严重影响股份的流通性，减弱公司分散风险和筹集资金的作用。另外，国有股的比例过高，造成总股本偏大，利润增长能力因此受到影响。因此，私募股权投资一般不会涉及钢铁行业，但对于行业并购而言，钢铁行业向上下游的并购扩展较为活跃，行业间的兼并重组事件多。

对于水泥行业而言，水泥行业龙头企业一般属于自主创新型企业，且规模较大，在所属细分领域拥有较强竞争力，具有成长为大企业和未来上市的前景，因而受到风险资本和战略资本的青睐。随着政府加大对重点水泥集团的扶持力度，将有助于解决一直困扰国内水泥龙头企业发展的融资瓶颈，进一步推动水泥行业整合，未来的兼并重组将进一步加剧；通过兼并重组壮大的水泥集团，更有条件进一步兼并重组，加速产业集中度的提高。预计在国家“十二五”规划政策的推动下，私募股权投资和并购在水泥行业呈现区域化企业并购的特征。

玻璃业股投资机会将和以往一样，更多受各种主题的驱动，包括新能源预期，尤其是太阳能行业的发展预期、电子行业预期等。而从普通玻璃行业的景气状况看，2011年将呈振荡的走势，大规模的保障房建设决定了玻璃需求有保障，景气不会大幅下行，而大量的新增产能又决定了玻璃业景气指数大幅上行的空间不大。从建筑节能方面来看，比较看好玻璃的发展趋势。“十二五”时期的节能减排以及新型材料可能带来的机遇，决定了玻璃行业既是私募股权看好的行业，又是兼并重组将加快的行业，其兼并重组会酝酿一些投资机会。

中国经济的快速发展给造纸工业提供了巨大的成长空间，几年来，APP、芬欧汇川、斯道拉恩索等跨国公司纷纷抢滩中国，不惜投入巨资，以合资或独资的形式在全国各地跑马圈地。未来造纸业的并购重组将进一步加剧，但由于造纸业未来的成长空间受政策、环保以及技术创新等影响，从整体看，风投对该行业的关注度将不会太高。

综合材料行业各细分行业，在“十二五”期间受政策推动，私募股权投资和并购将多发生在材料行业的领头企业中，特别是新材料概念企业，投资比例将加大。对属于自主创新型的企业，且规模较大的或在所属细分领域拥有较强竞争力，具有成长为大企业和未来上市的前景，则受到风险资本和战略资本青睐的机会较高（见图3－25）。

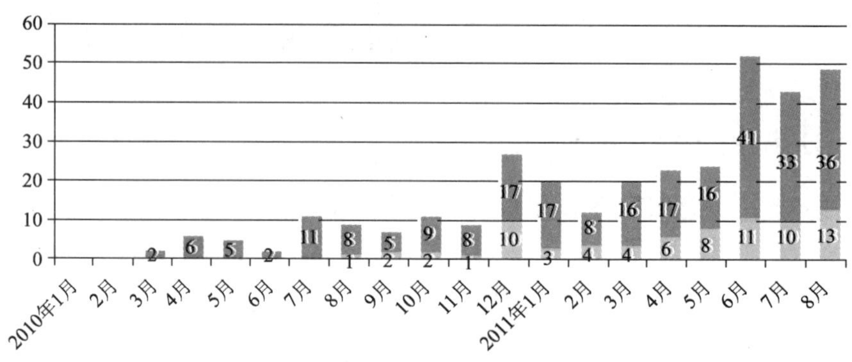

图 3－25 材料行业私募股权投资与并购杠杆关系（单位：笔数）

二、材料业并购分析

（一）材料业并购数据

1. 材料业并购趋势

材料业并购趋势指数如图 3－26 所示。

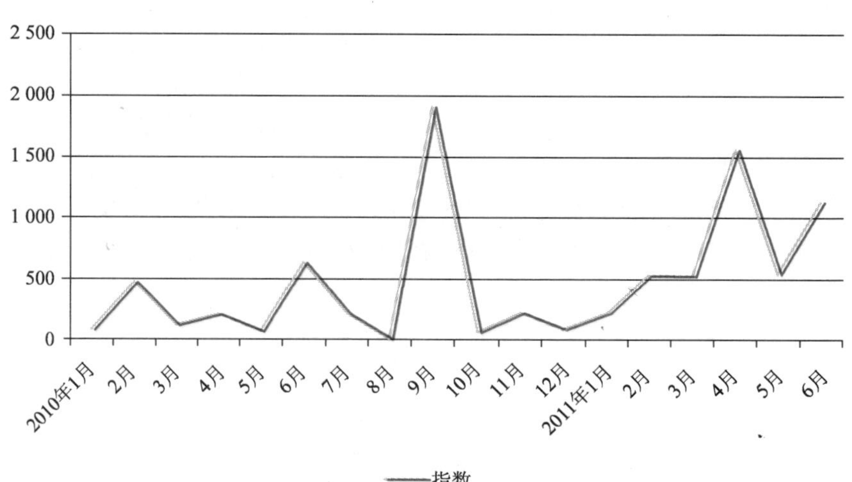

图 3－26 材料业并购趋势指数图

由图 3－26 可见，材料业的并购趋势在 2010 年至 2011 年 6 月的一年半中起伏不断，上下频繁波动，没有固定规律。从 2010 年至 2011 年上半年，整体趋势逐步上升，个别并购数额较大的企业使曲线形成各个峰值。2010 年 9 月由于中铝入主江西稀有金属钨业控股集团有限公司，才出现异常突起的高峰。

2. 材料业并购交易笔数

材料业并购交易笔数如图 3 – 27 所示。

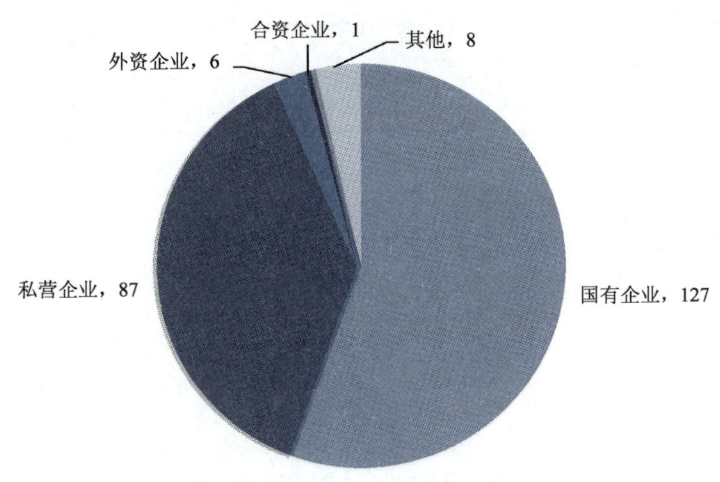

图 3 – 27 材料业并购交易笔数

3. 材料业总体并购交易情况

材料业总体并购交易情况如图 3 – 28 所示。

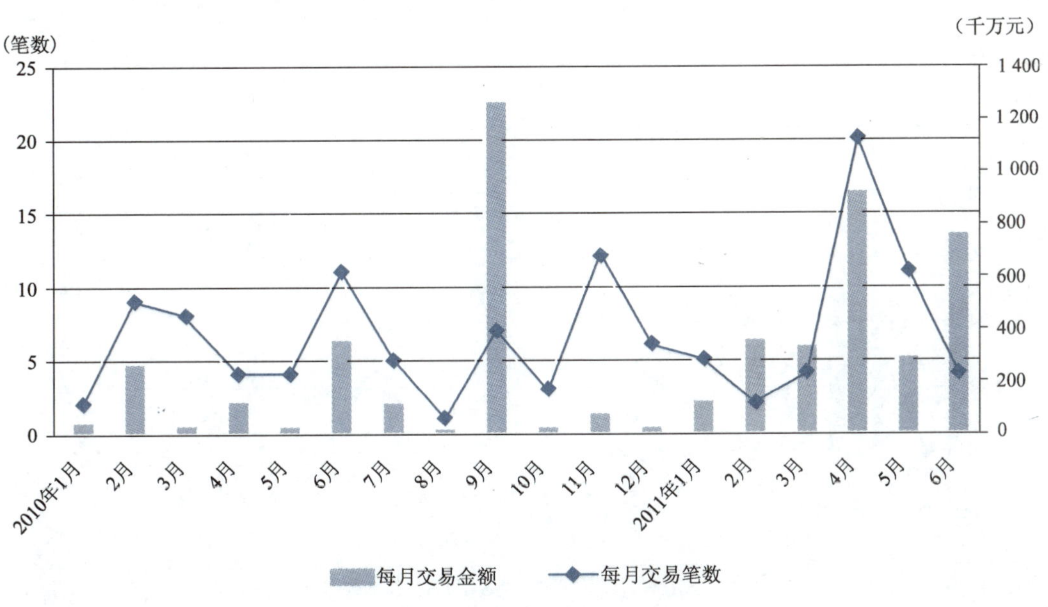

图 3 – 28 材料业总体并购交易情况

4．造纸、印刷业并购交易金额与数量

造纸、印刷业并购交易金额与数量如图 3－29 所示。

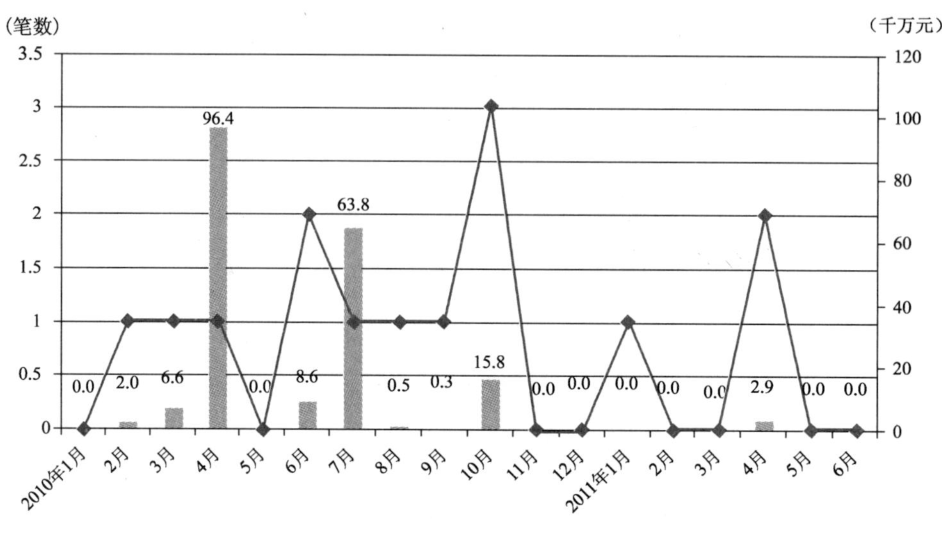

图 3－29 造纸、印刷业并购交易金额与数量

5．化学、塑胶、塑料业并购交易金额与数量

化学、塑胶、塑料业并购交易金额与数量如图 3－30 所示。

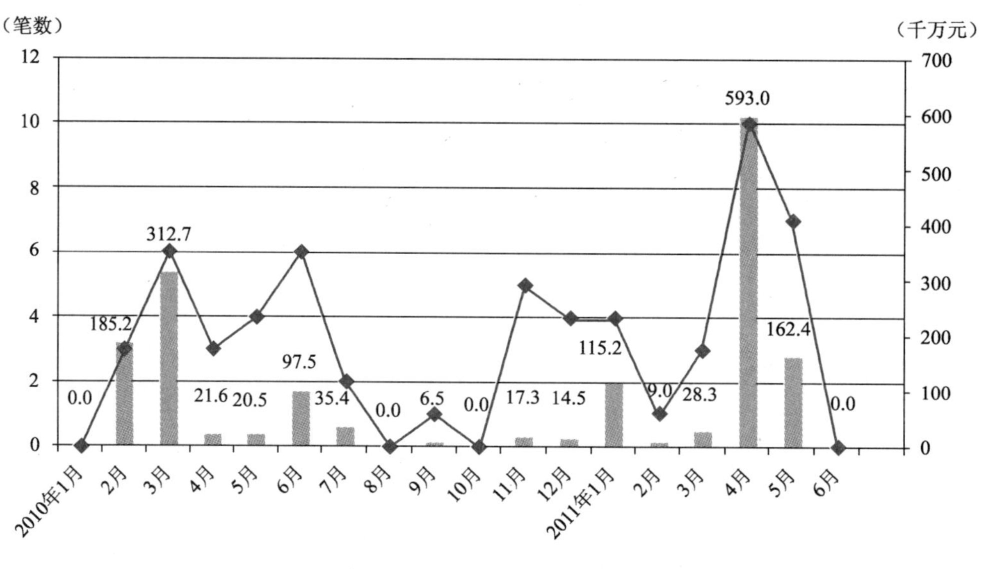

图 3－30 化学、塑胶、塑料业并购交易金额与数量

6. 金属、非金属业并购交易金额与数量

金属、非金属业并购交易金额与数量如图3－31所示。

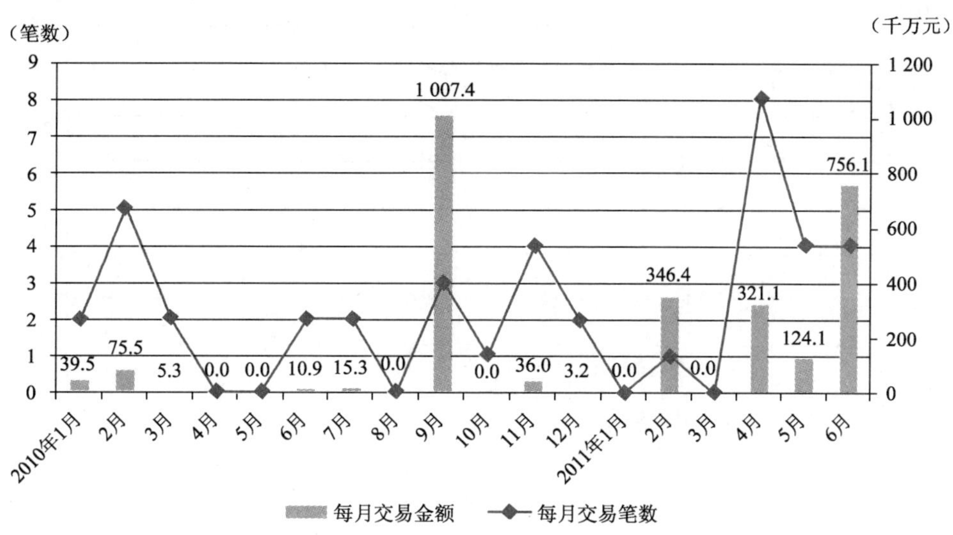

图3－31 金属、非金属业并购交易金额与数量

7. 钢铁制造业并购交易金额与数量

钢铁制造业并购交易金额与数量如图3－32所示。

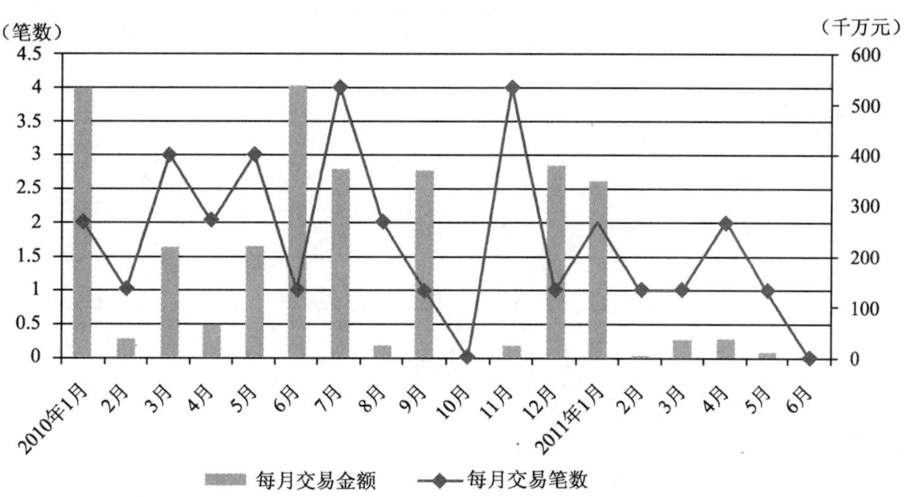

图3－32 钢铁制造业并购交易金额与数量

8. 水泥业并购交易金额与数量

水泥业并购交易金额与数量如图 3－33 所示。

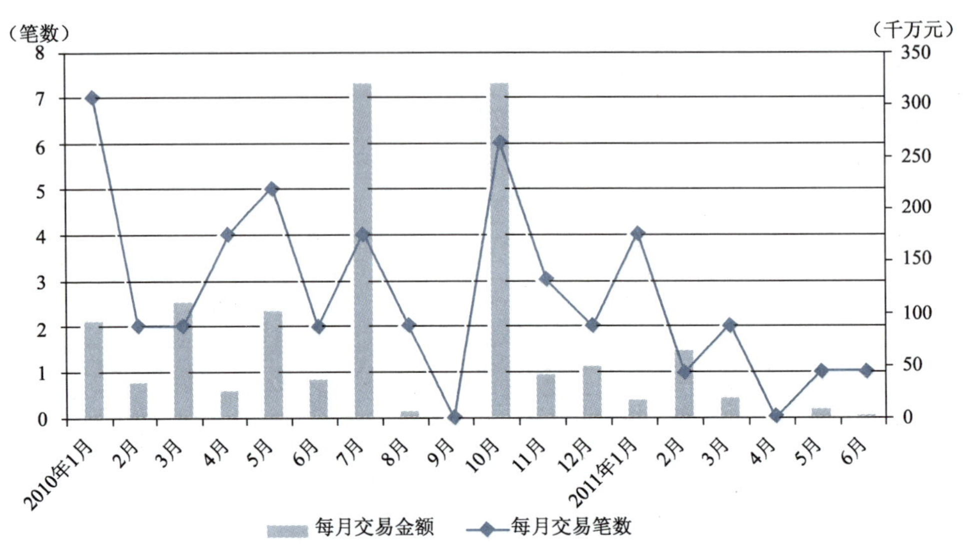

图 3－33 水泥业并购交易金额与数量

说明：材料行业并购分析所涉数据均来自于上市公司发布的公告和报告。

9. 2008～2011 年材料业单月并购交易金额

2008～2011 年材料业单月并购交易金额如图 3－34 所示。

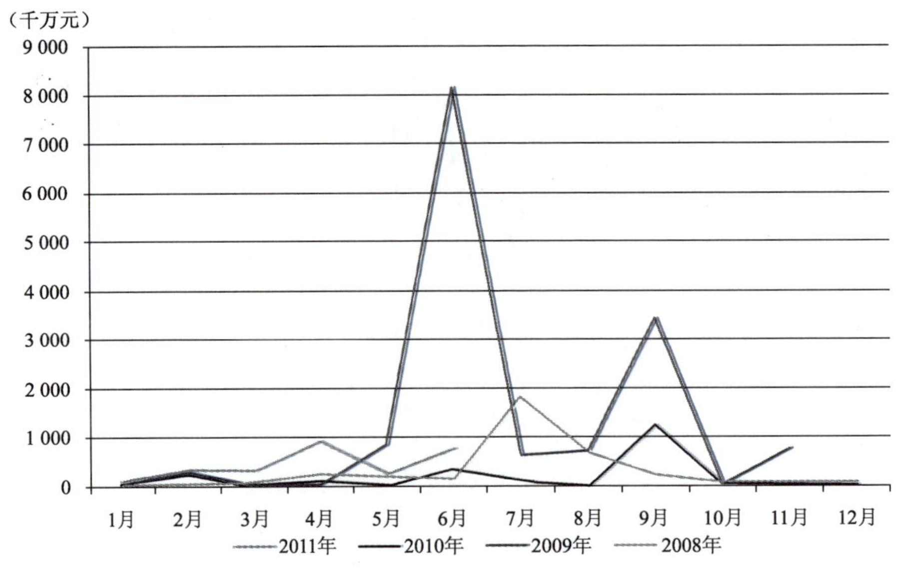

图 3－34 2008～2011 年材料业单月并购交易金额

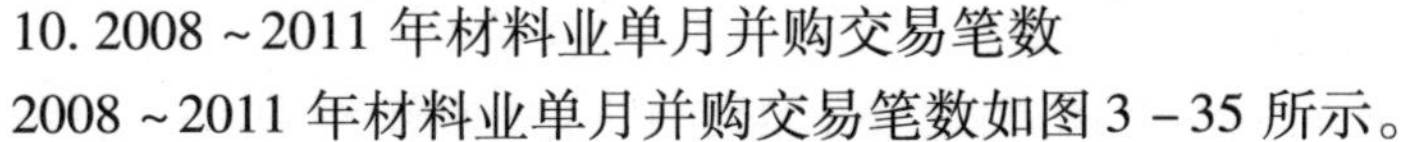

10. 2008 ~ 2011 年材料业单月并购交易笔数

2008 ~ 2011 年材料业单月并购交易笔数如图 3 – 35 所示。

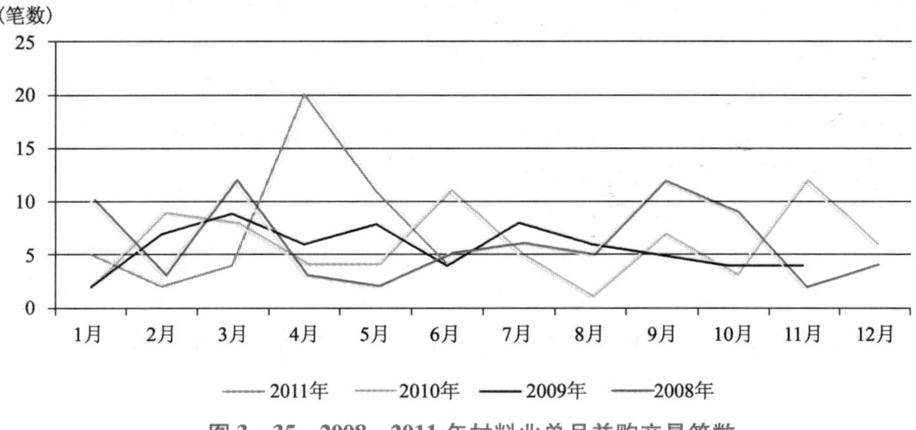

图 3 – 35　2008 ~ 2011 年材料业单月并购交易笔数

(二) 材料业重要并购重组事件 Top 5

1. 中铝增资江钨控股

2010 年 9 月 26 日，中国铝业公司与江西国有资产监督管理委员会签署江西稀有金属钨业控股集团有限公司增资扩股协议，在江西省建设一个稀土和稀有金属资源产业基地。根据协议，中铝公司将在未来 3 年内以增资扩股方式向江西稀有金属钨业控股集团有限公司投资人民币 100 亿元，成为其控股股东，用于建设稀土和稀有金属产业基地。

点评：中铝公司在稀有稀土金属资源储量丰富的江西省与其建立合作平台，将有力推进自身国际化多金属矿业公司战略转型，构建和壮大稀有稀土板块产业平台。

2. 武钢股份 59 亿元购买集团部分资产

2011 年 4 月 21 日，武钢董事会通过关于增加对金属资源公司投资的议案，武钢股份将向武钢集团收购部分主业相关资产。根据收购协议，本次交易最终收购价格为人民币 59. 29 亿元。此前，武钢股份于 2011 年 2 月 15 日发布公告，宣布配股融资方案获证监会批准，武钢将向原股东配售 23. 51 亿新股，计划募资不超过 107 亿元。

点评：本次收购完成后，将使武钢股份钢铁主业的生产规模得以提高，产品线得以扩展，一体化运作能力得以增强，钢铁产业链得以进一步延伸。武钢股份募资扩产也是大股东武汉钢铁（集团）公司打造钢铁王国棋局的重要一步。

3. 云南铜业国有股份转移

2011 年 6 月 30 日，云南铜业发布公告，公司于 6 月 28 日接到控股股东云南铜业（集团）有限公司转发的云南省人民政府关于同意云南铜业（集团）有限公司国有股权转让的批复，批复同意云南省国资委以协议转让方式，将其所持云南铜业集团 7% 的国有股权转让给中国铝业公司，交易价格确定为 124 710. 88 万元。

点评：通过本次增持云南铜业的股票之后，中铝公司持有云南铜业 58% 的股份，成为其实际控制人。此举标志着中铝公司将整合旗下的铜业务，云南铜业的平台功能正式生效。

4. 大元化工收购个人股份

2010年2月3日，大元股份董事会审议通过关于公司与郭文军签订的附生效条件的股权转让框架协议的议案，大元股份拟将本次非公开发行股票募集资金用于购买郭文军持有的阿拉善左旗珠拉黄金开发有限责任公司100%的股权，股权转让金初步确定为16.75亿元。

点评：这次并购是在大元股份2009年主营业务业绩下滑的背景下进行的。大元股份通过本次非公开发行可以将黄金开采加工及黄金尾矿处理等业务纳入上市公司主营业务，从而对其产业布局进行战略调整。

5. 中国纸业斥巨资入主泰格林纸

2010年9月21日，中国诚通控股集团有限公司（中国纸业投资总公司）与湖南省国资委等7家股东在湖南长沙签署合作协议。根据协议，中国诚通旗下的中国纸业投资总公司将出资25亿元现金对泰格林纸集团进行增资扩股，实现控股55.92%，成为最大股东，泰格林纸集团将改制为股份有限公司。

点评：中国纸业的业务主要集中于造纸环节，而在上游的造林、制浆环节则基本上是空白，中国纸业吸收合并泰格林纸后，岳阳纸业旗下的泰格林纸拥有的自营纸材林基地正好可以弥补这一不足。

（三）材料业典型并购案例分析

中国纸业斥巨资入主泰格林纸

1. 交易概述

2010年9月21日，中国诚通控股集团有限公司（中国纸业投资总公司）与湖南省国资委等7家股东签署合作协议，根据协议，中国诚通旗下的中国纸业投资总公司将出资25亿元现金对泰格林纸集团进行增资扩股，实现控股55.92%，成为最大股东，泰格林纸集团将改制为股份有限公司。

2. 并购背景

中国诚通集团是国务院国资委管理的大型企业集团，主营资产经营管理、综合物流、生产资料贸易、林浆纸生产和开发及利用。中国诚通拥有中储股份等4家上市公司。中国纸业则是中国诚通下属国有独资企业，拥有造纸企业5家，彩印企业1家，其中有两家上市公司，产能为100万吨。湖南泰格林纸集团有限责任公司是集制浆造纸、林业开发等于一体的国有大型一类企业，年生产纸及商品浆能力超过180万吨，销售收入近100亿元，拥有自营纸材林基地182万亩。

早在2009年10月，中冶集团即与泰格林纸实际控制人湖南国资委签订重组框架协议，中冶集团以旗下中冶纸业净资产及15亿元左右的现金，湖南国资委以泰格林纸净资产进行重组，成立由中冶集团绝对控股的纸业集团公司。

3. 并购动因

中国纸业意图实现内部资产整合。近年来，中国诚通控股集团一直在思考依托优势企业进行纸业资产内部整合的具体方式，整合是必然的。从经营状况看，岳阳纸业也极有可能成为中国纸业内部纸业资产整合的平台。而中国纸业旗下的纸业资产整合可能的路径就是岳阳纸业先配股收购泰格林纸所有资产，然后通过定向增发，收购中国纸业持有的粤华包B和冠豪高新股权，实现中国诚通旗下纸业板块整体上市。

泰格林纸发挥原有优势，与中国纸业实现产业互补。中国纸业的业务主要集中于造纸环节，其上游的造林、制浆环节则基本上是空白。而泰格林纸正好可以弥补中国纸业的这一不足，其拥有自营纸材林基地182万亩，且70%林木已进入主伐期，年生产纸及商品浆能力达180万吨，年产值近100亿元，其产品线已覆盖造林、制浆、造纸整个产业链的上下端。成功收购之后，中国纸业将加快在湖南省内投资高附加值产品造纸项目，从而优化公司产品结构；而泰格林纸将发挥原有的“林、浆、纸”一体化优势，从而与中国纸业实现产业互补。

4. 并购内容

2010年9月21日，中国诚通控股集团有限公司（中国纸业投资总公司）与湖南省人民政府国有资产监督管理委员会等泰格林纸集团全体股东签署重组协议，以发起设立方式整体改制重组泰格林纸集团成为一家由中国纸业控股的股份有限公司，双方一致同意重组泰格林纸集团成为泰格林纸集团股份有限公司（暂定名）。泰格林纸集团原股东以其拥有的对泰格林纸集团的净资产作为出资，中国纸业以人民币25亿元现金作为出资，重组后，泰格股份注册资本为408 394万元，中国纸业持有泰格股份股权比例为55.92%，省国资委持有泰格股份股权比例为35.87%。

5. 并购评述

在中国纸业收购泰格林纸之后，产业链布局更加完善，并能够以其为平台实现中国纸业内部的资源整合，实现其整体上市或者分拆上市的目的，而泰格林纸可以利用中国纸业的优势资金发挥其原有的“林、浆、纸”一体化优势，从而与中国纸业实现产业互补。中国纸业的控股股东——中国诚通集团，未来很可能将需要上市的资产注入岳阳纸业当中上市，或者注入泰格股份，将泰格股份再单独上市。在收购泰格林纸之后，诚通集团与中冶集团在纸业领域的竞争将会升级，由两家央企引发的纸业重组潮有可能继续高涨。

三、材料业PE投资分析

1. 材料业PE投资规模

材料业PE投资规模如图3－36所示。

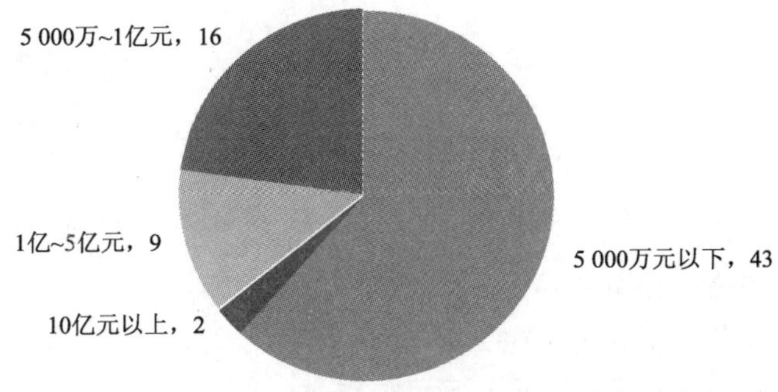

图3－36 材料业PE投资规模（单位：笔数）

2. 材料业 PE 投资地区分布

材料业 PE 投资地区分布如图 3－37 所示。

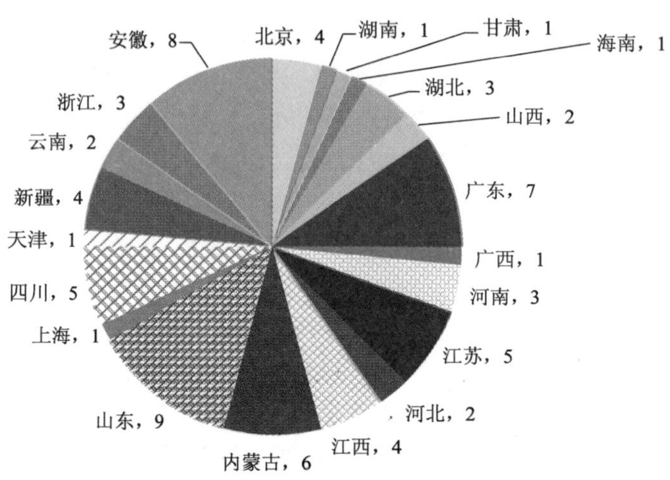

图 3－37　材料业 PE 投资地区分布（单位：笔数）

3. 材料业 PE 投资时间分布

材料业 PE 投资时间分布如图 3－38 所示。

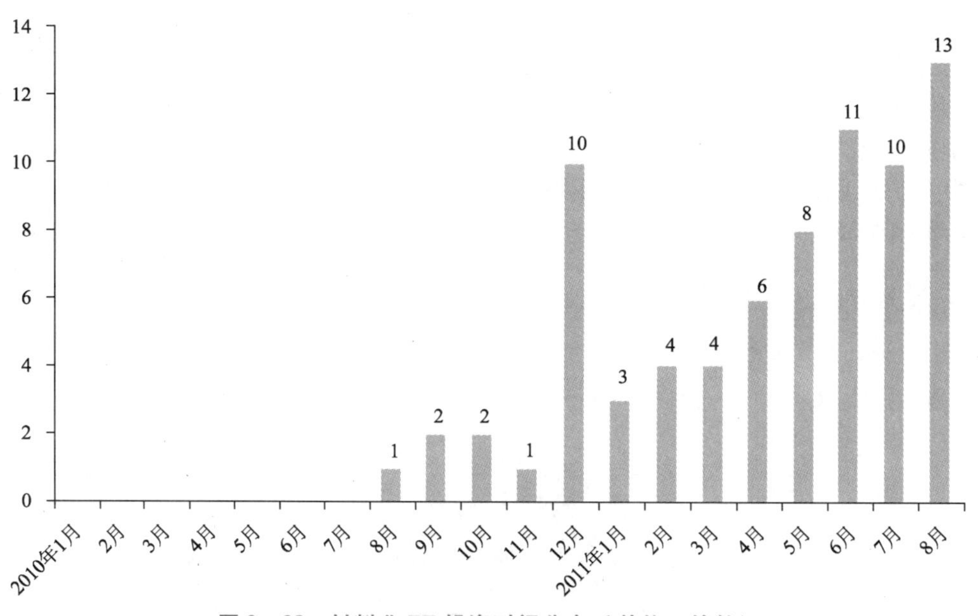

图 3－38　材料业 PE 投资时间分布（单位：笔数）

4. 材料业 PE 投资性质分析

按照私募股权投资性质分析，在 2010 年至 2011 年材料业里，私募股权投资案例全部为人民币投资，投资总额为 604 811 万元左右。

第四节 制造业

一、制造业趋势分析

在制造业里，私募股权投资的案例共有324个，涉及90余种国标行业分类，其中汽车零部件及配件制造、环境污染防治专用设备制造、纺织服装制造、变压器和整流器及电感器制造、电池制造等制造业在整个私募股权投资项目里占主导地位。与之相对应的并购案例有598个，其中，制冷空调设备制造、信息化学品制造、饲料加工、纺织服装制造、变压器和整流器及电感器制造泵以及真空设备制造、纺织服装制造、汽车整车制造、汽车零部件及配件制造业在整个并购项目里占主导地位。两种融资项目相比较，纺织服装制造、变压器和整流器及电感器制造、汽车零部件及配件制造业同时都在私募股权投资和并购项目里占主导地位，说明这样的制造业有融资需求，同时也受到投资者的青睐。在未来几年，随着经济结构的调整与发展方式的转变，中国将由制造业大国向制造业强国转变，这将引发制造业的兼并重组，同时，新的制造业形态的出现，将吸引大批私募股权投资基金。

制造业私募股权投资与并购的杠杆关系如图3－39所示。

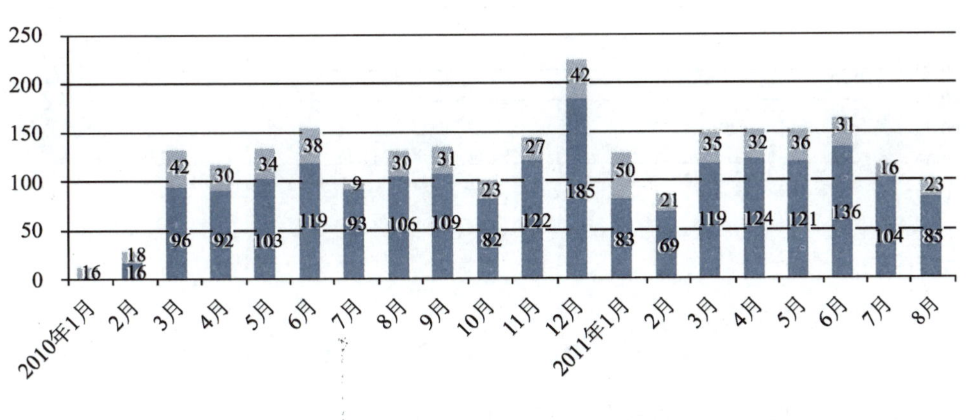

图3－39 制造业私募股权投资与并购的杠杆关系（单位：笔数）

二、制造业并购分析

（一）制造业并购数据

1．制造业并购趋势

制造业并购趋势指数如图3－40所示。

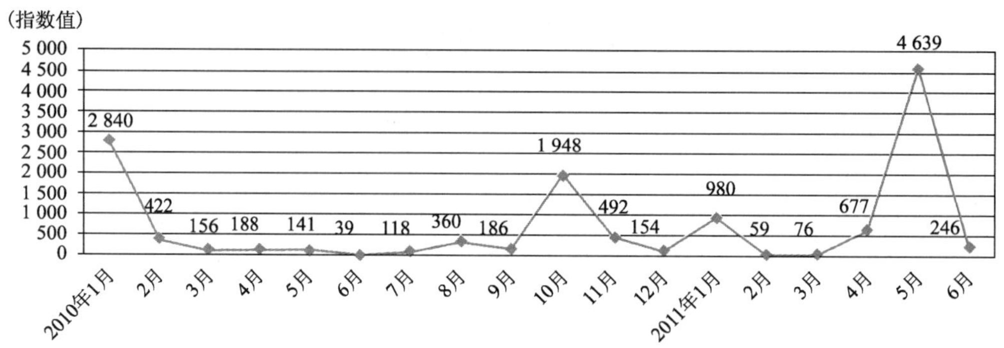

图 3－40　制造业并购趋势指数

2011 年 5 月并购指数出现大升幅，主要原因是上汽收购案金额较大。

2. 制造业上市公司并购交易金额

制造业上市公司并购交易金额如图 3－41 所示。

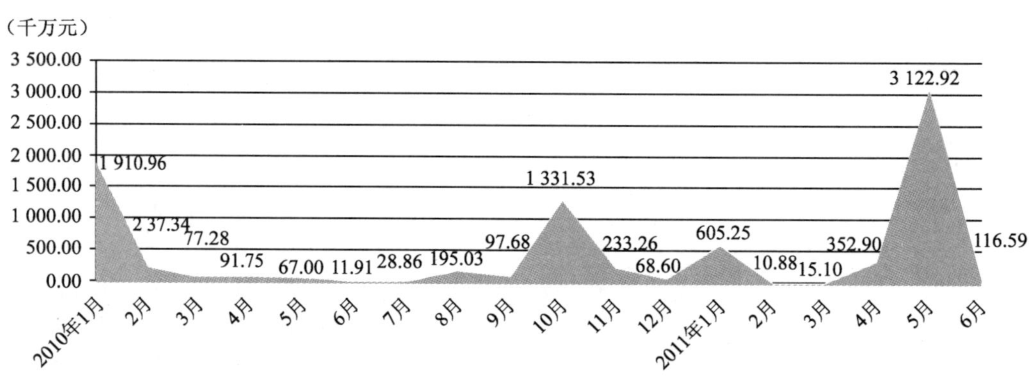

图 3－41　制造业上市公司并购交易金额

制造业总的并购交易金额不大，2008 年至 2009 年并购交易总金额为 241 亿元，占同期上市公司并购交易总金额的 4.30%。2010 年 1 月至 2011 年 6 月，行业并购交易总金额达到 857.5 亿元，较 2008 年至 2009 年大幅上升。

3. 制造业并购交易笔数

制造业并购交易笔数如图 3－42 所示。

2008 年和 2009 年制造业并购交易活跃，两年均在 7 月出现一个高峰，平均每笔交易金额较小。2010 年 1 月至 2011 年 6 月，制造业上市公司并购交易 116 笔，与 2008 年 1 月至 2009 年 6 月的 103 笔交易相比略有上升，金额较小的并购交易频繁。

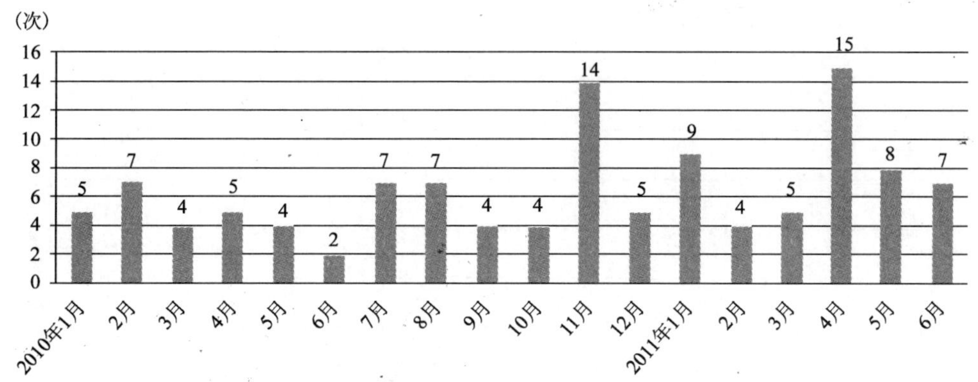

图 3－42　制造业并购交易笔数

4．汽车制造业并购趋势指数

汽车制造业并购趋势指数如图 3－43 所示。

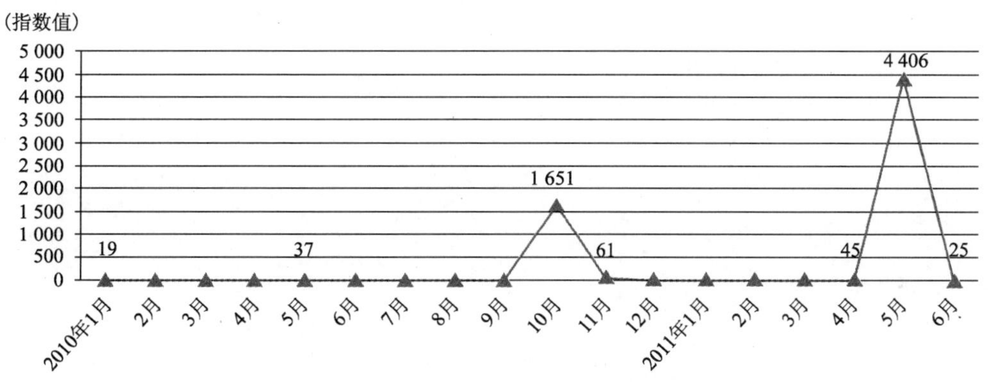

图 3－43　汽车制造业并购趋势指数

5．汽车制造业交易金额

汽车制造业交易金额如图 3－44 所示。

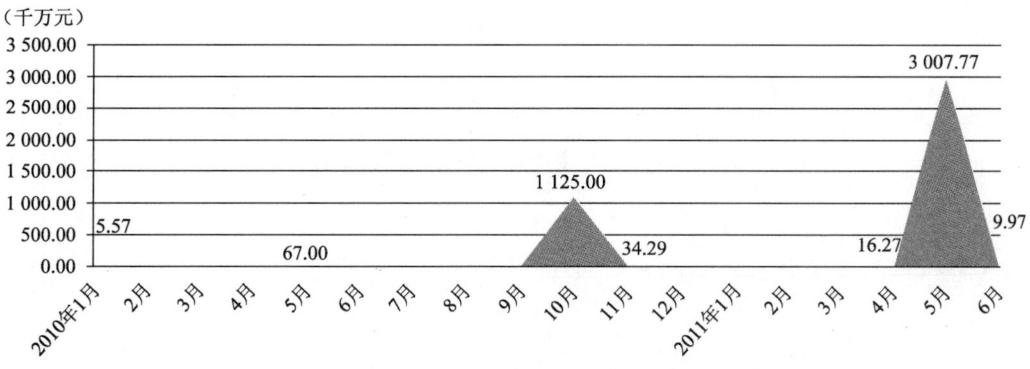

图 3－44　汽车制造业交易金额

6. 汽车制造业交易笔数

汽车制造业交易笔数如图 3－45 所示。

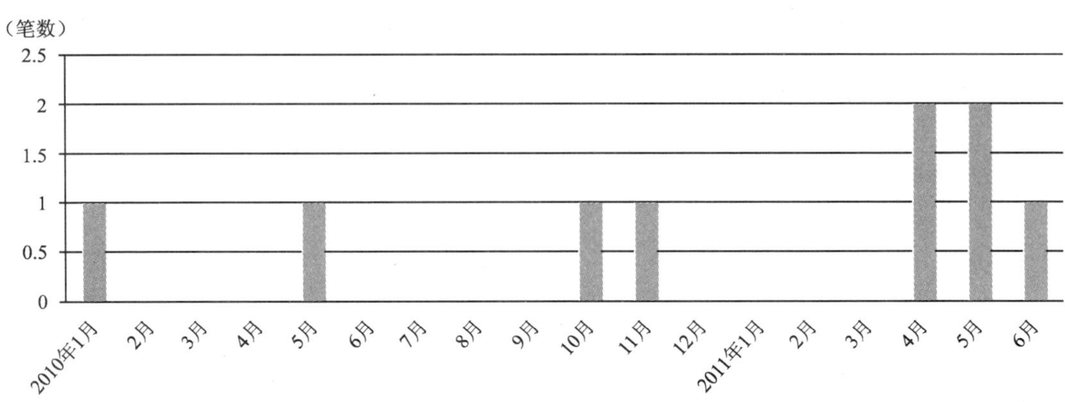

图 3－45 汽车制造业交易笔数

由图 3－45 可见，汽车制造业并购交易 9 笔，时间分布零散。2011 年 5 月有上汽并购案，金额较大，拉动并购交易上升。

7. 工程机械制造业并购趋势指数

工程机械制造业并购趋势指数如图 3－46 所示。

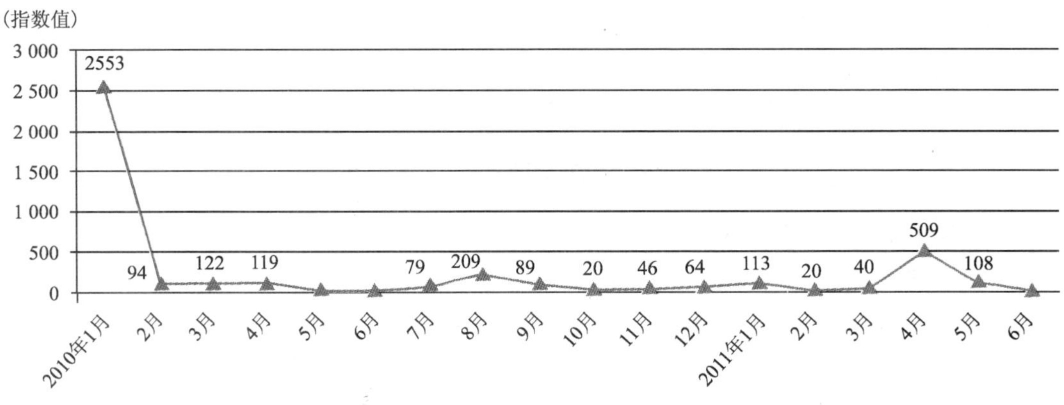

图 3－46 工程机械制造业并购趋势指数

8. 工程机械制造业交易金额

工程机械制造业交易金额如图 3－47 所示。

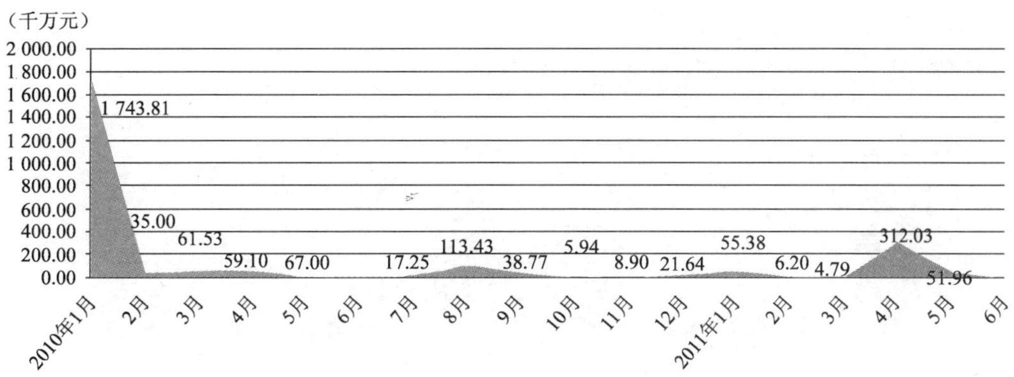

图 3－47　工程机械制造业交易金额

9．工程机械制造业交易笔数

工程机械制造业交易笔数如图 3－48 所示。

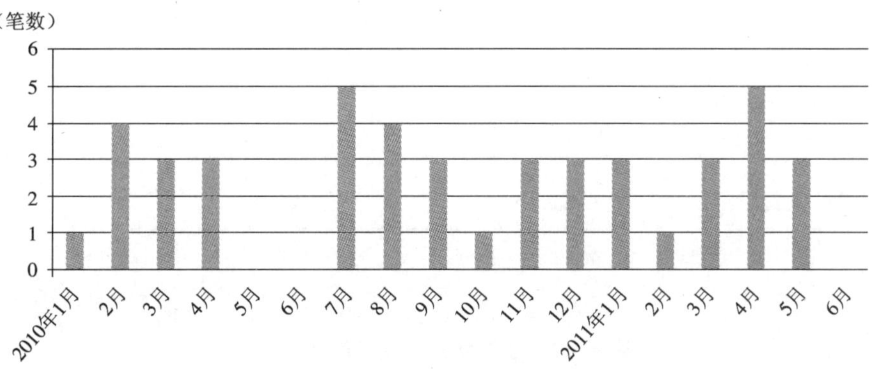

图 3－48　工程机械制造业交易笔数

由图 3－48 可见，工程机械制造业交易达到 45 笔，交易金额较少，体现了该行业多为小金额交易。

10．服装纺织业并购趋势指数

服装纺织业并购趋势指数如图 3－49 所示。

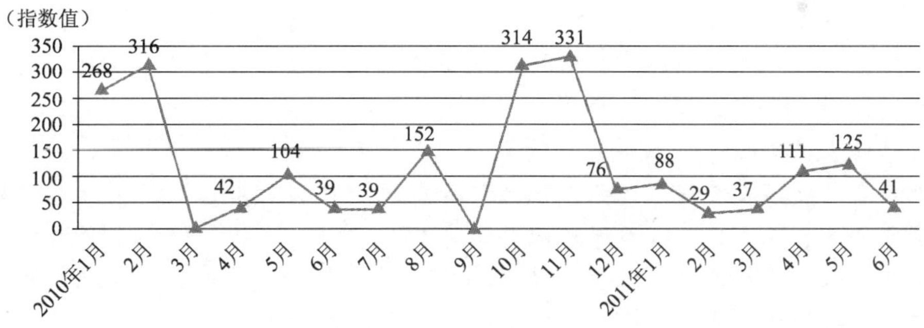

图 3－49　服装纺织业并购趋势指数

11. 服装纺织业交易金额

服装纺织业交易金额如图 3 - 50 所示。

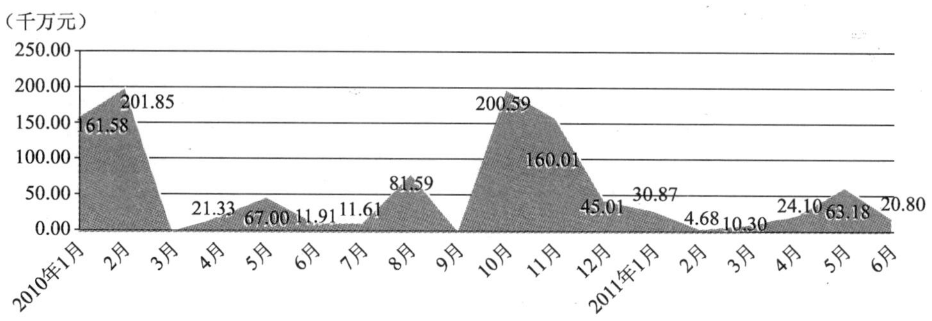

图 3 - 50　服装纺织业交易金额

12. 服装纺织业交易笔数

服装纺织业交易笔数如图 3 - 51 所示。

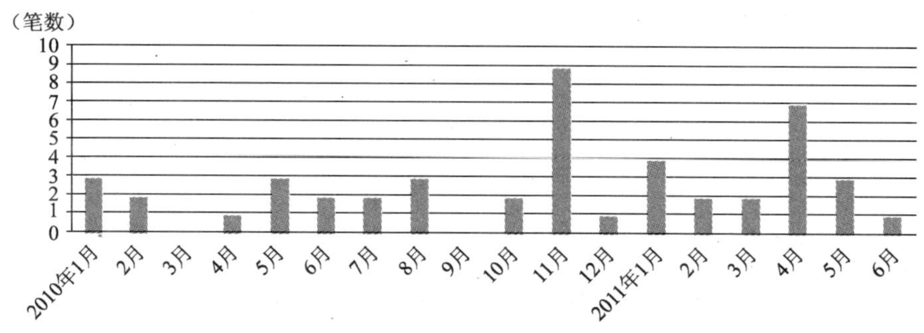

图 3 - 51　服装纺织业交易笔数

由图 3 - 51 可见，服装纺织业并购交易 47 笔，较其他两个细分行业多；交易金额为 109. 8 亿元，较其他两个细分行业低，显示该行业集中于小额交易。

（二）制造业并购事件 Top 5

1. 上汽集团重组整体上市

2011 年 5 月 11 日，上海汽车集团股份有限公司通过关于发行股份购买资产暨关联交易的议案，根据其与控股股东上海汽车工业（集团）总公司及其全资子公司上海汽车工业有限公司共同签署的《发行股份购买资产协议》及补充协议，各方确定的标的资产的交易价格为其评估值 291. 19 亿元。

点评：此次发布的议案显示，上汽集团进入了转型关键期。本次交易注入的是与上汽主业发展紧密相关的资产业务，包括母公司上汽集团和上海汽车工业有限公司持有的独立零部件、服务贸易、新能源汽车三大板块业务。上汽的整体上市有利于其更好地融资和发展，进一步整合汽车产业链业务资源，积极布局价值链高端，充分发挥业务板块之间的协同效应。

2. 中国船舶重工收购母公司资产

2010 年 1 月，中国船舶重工股份有限公司通过非公开发行股份方式，购买中国船舶重工集团公司、大连造船厂集团有限公司、渤海造船厂集团有限公司等持有的大连船舶重工集团有限公司、渤海船舶重工有限责任公司、山海关船舶重工有限责任公司各 100% 股权及青岛北海船舶重工有限责任公司 94.85% 股权，交易涉及净资产评估值为 174.38 亿元。

点评：最近几年，中国船舶制造业得到了空前的发展，船舶制造业的并购重组也成为竞争的必然结果，中国船舶制造业的并购重组步伐正在加快。本次收购为国内最大的船舶企业资本运作案，中国重工企业除军工船舶业务外，其他造修船 80% 左右的业务注入上市公司。同时，中国重工承诺 3 年内将 9 家造修船相关企业在时机成熟后注入上市公司，打造中国最大的船舶企业上市公司，实现船厂资产、船舶技术和资金、船舶人才的全方位整合。

3. 上海电气收购美国高斯

2010 年 6 月，作为美国高斯国际公司第二大股东，上海电气集团股份有限公司以约 100 亿元人民币（15 亿美元）的价格获得了拥有百年历史，作为全球三大印刷设备制造企业之一的美国高斯国际公司所有剩余股权。本次收购是一起立足技术层面的软资产收购，是中国国有企业走出国门，真正开始争霸全球技术性产业的一次尝试。

点评：作为中国最大的机械制造企业集团之一，上海电气旗下的业务涉及电力、重工、交通、新能源等业务。上海电气与美国高斯从合资到收购部分股权，再到全部控股，其逐步渗透的收购策略为中国企业的海外并购提供了一个范例。

4. 江苏熔盛重工收购全柴动力

中国熔盛重工集团 2011 年 4 月 26 日公告宣称，公司持股 96.09% 的附属公司江苏熔盛重工以 21.49 亿元成功中标，购买全柴集团全部股权。此外，本次收购将触发要约收购。江苏熔盛将以 16.62 元启动对非全柴集团所持全柴动力股权的要约收购，收购最高代价将为 26.19 亿元。

点评：熔盛重工的核心业务是中低速柴油发动机，收购全柴动力，有助于提高竞争力，并能令熔盛重工获得稳定可靠的发动机零部件供应，节约外部采购，从而有助于集团工程机械业务持续增长，打造企业多元化重工业优势。

5. 上海二纺与市北集团资产置换

上海二纺机股份有限公司于 2010 年 1 月 18 日通过关于公司实施重大资产置换暨关联交易方案的议案，二纺以扣除现金后的全部资产及负债与市北集团合法拥有的上海开创企业发展有限公司 100% 股权进行置换，根据有关资产评估报告，拟置出置入资产分别为 8.39 亿元、7.62 亿元。

点评：上海二纺受困于近年来纺织机械行业整体下滑的影响，自 2006 年起就持续亏损。在大股东太平洋机电大力支持下，上海二纺踏上资产重组之路。此次重组完成后，二纺主营业务将由纺织机械整体转型为园区产业载体开发、经营园区产业投资业务，并依托市北高新技术服务业园区平台谋求快速发展。市北集团负责园区土地一级开发，双方不存在实质性同业竞争。

（三）制造业典型并购重组案例分析

江苏熔盛重工收购全柴动力

1. 交易概述

中国熔盛重工集团2011年4月对外宣称，公司持股96.09%的附属公司江苏熔盛重工以21.49亿元全面接盘安徽滁州全椒县国资旗下全柴集团100%股权。另筹资26.19亿元，启动对全柴集团下属A股上市公司全柴动力的全面要约收购。本次收购案是强强联姻，将使熔盛重工联手装备制造业巨擘，可说是如虎添翼。

2. 并购背景

中国熔盛重工集团控股有限公司是一家大型重工企业集团，业务涵盖造船、海洋工程、动力工程、工程机械等多个领域。集团分别在香港与上海设立总部，在江苏南通和安徽合肥分别设立大型生产基地。集团合肥生产基地建有现代化的柴油机总装生产线，专营低速柴油机生产，设计年生产低速柴油机500万马力。

安徽全柴集团有限公司始建于1949年，是一家集研发、生产、投资为一体的大型集团企业，拥有全柴动力、天利动力、天和机械等数家全资或控股子公司。公司核心控股企业安徽全柴动力股份有限公司是中国机械工业500强企业、国内最大的中小缸径多缸柴油机生产研发基地之一。2008年产销各类多缸柴油机近21万台，居中小缸径多缸柴油机行业第一位。截至2010年12月31日，全柴集团未经审核的净资产为19.29亿元，税后纯利达1.38亿元。安徽全椒县人民政府持有全柴集团100%国有股权。本次转让中，全椒县政府设定极高的门槛：意向受让方应具有大型集团公司及上市公司管理经验，注册资本不低于人民币35亿元；公司最近3年连续赢利，且近3年累计净利润不少于人民币15亿元；意向受让方或其所属集团公司应拥有柴油机（中速或低速）、工程机械和相关重型装备制造业务；在高速柴油机领域不得与全柴集团或安徽全柴动力股份有限公司构成同业竞争。以上条件，可以说是为熔盛重工度身定做。

3. 并购动因

本次并购动因显而易见。其一，全柴动力主要生产轻卡及农机用高速发动机，熔盛重工具备生产低速柴油发动机的能力，并购将弥补熔盛重工在动力板块上的空白点，完善产品线。并购后将使熔盛重工具备作为多元化重工业综合企业的优势，通过对全柴动力的控制，增强公司在高速柴油发动机的市场竞争力。其二，高速发动机可以为熔盛重工新打造的工程机械板块提供配套，节省外部采购费用。其三，并购将使熔盛重工获得稳定可靠的发动机零部件供应，有助于公司工程机械业务的持续增长。

4. 并购内容

中国熔盛重工集团2011年4月对外宣称，公司持股96.09%的附属公司江苏熔盛重工以21.49亿元购买全柴集团全部股权。此外，本次收购将触发要约收购。江苏熔盛将以16.62元/股价格，启动对非全柴集团所持全柴动力股权的要约收购，收购最高代价将为26.19亿元。

5. 并购评述

从大环境看，依据国家“十二五”发展规划纲要和目标，国家将集中对交通、能源、市政工程基础设施等方面加大投资力度，进行建设和改造。国家提出大力发展基础设施建设等政策，对于熔盛重工而言，是机遇与挑战并存。

被并购方全柴集团的核心业务是高速柴油发动机，收购方熔盛重工的核心业务则是中低速柴油发动机。受惠于造船板块订单的强劲增长，熔盛重工动力工程板块亦高速发展。2010 年，荣盛重工承接船用柴油发动机共 55 台，其中外部订单占 19 台。至 2010 年年底，船用柴油发动机订单合约人民币 19.5 亿元，生产的船用柴油发动机主要提供造船板块。

从市场外部来看，此并购案丰富了熔盛重工的产品线，还为进入高速发动机市场节省了不少成本，而被并购方是该领域的佼佼者，同时，也增强了熔盛重工在该领域的市场竞争力。

从企业内部分析，并购将节省熔盛重工的外部采购费，从而降低生产成本；另一方面，获得可靠的零部件供应，也有助企业的可持续发展。

熔盛重工是现代船企的代表，其迅猛发展历程背后是转型升级。其经济增长方式依据可持续性转变、低碳经济型转变、技术进步型转变等完成，也倡导绿色造船、科技造船，自主设计研发了一系列代表船型。熔盛重工买下全柴集团，实际上是买下了技术。通过并购获得的研发技术时效强、不确定性较小。自主研发由于不确定性大、周期长，可能会使企业错过最佳市场时机。通过并购来获得技术，无论在风险上、时间上都比较容易控制。但是，熔盛重工也面临着并购后的整合问题：如何使并购双方更好地对接，产生协同效应？及时进行技术整合、明确岗位职责、留住关键人才是手段，企业文化融合、文化留人是关键。

三、制造业 PE 投资分析

1. 制造行业 PE 规模

制造行业 PE 规模如图 3 – 52 所示。

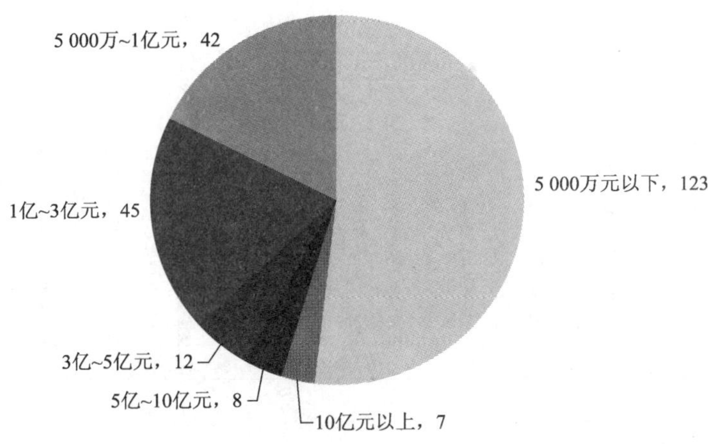

图 3 – 52　制造行业 PE 规模（单位：笔数）

由图 3－52 可见，制造业私募股权投资额度一般都在 5 000 万元以下，占整个制造业的 52%；融资范围在 1 亿～3 亿元和 3 亿～5 亿元的企业分别位居第 2 和第 3 位，分别占比 19% 和 18%；3 亿元以上大的投资案较少。这说明我国的制造业里中小企业的占比较大，中小企业的融资需求较大。

2. 制造行业 PE 投资地区分布

制造行业 PE 投资地区分布如图 3－53 所示。

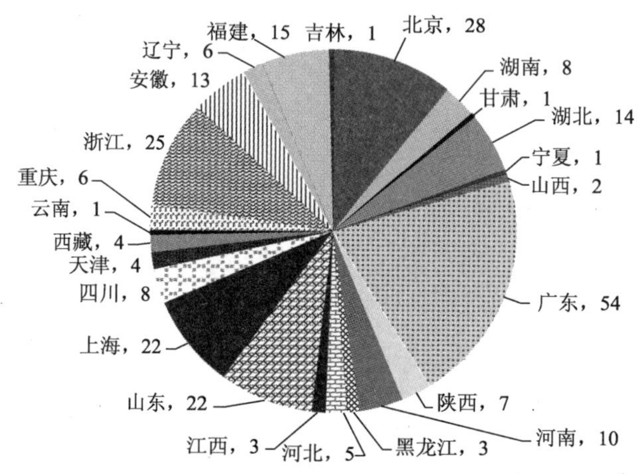

图 3－53　制造行业 PE 投资地区分布

由图 3－53 可见，2010 年至 2011 年 8 月，制造业私募股权投资主要地区仍然集中在大中城市，广东、江苏、北京和浙江等地为私募股权投资最活跃地区，广东投资企业数位居地区投资规模首位，共 54 家企业，江苏有 43 家企业。

3. 制造业 PE 投资时间分布

制造业 PE 投资时间分布如图 3－54 所示。

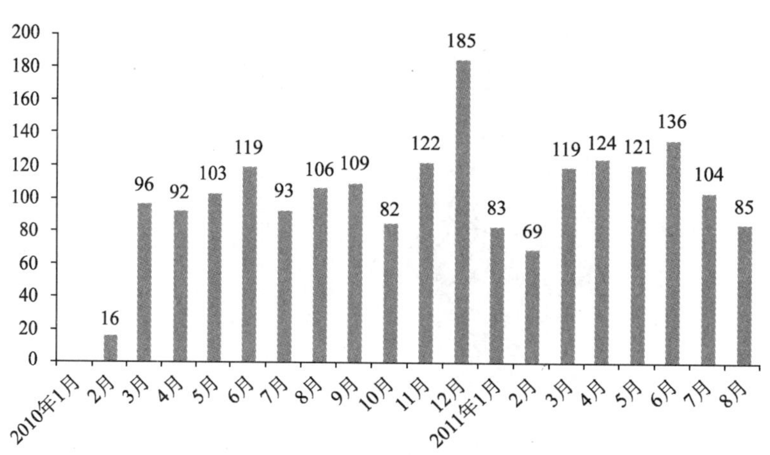

图 3－54　制造业 PE 投资时间分布（单位：笔数）

4．制造业 PE 投资性质分析

制造业 PE 投资性质分析如图 3－55 所示。

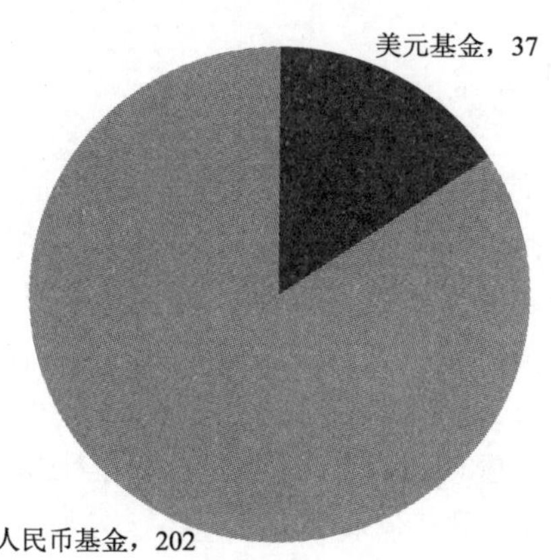

图 3－55　制造业 PE 投资性质分析（单位：笔数）

由图 3－55 可见，制造业投资中，人民币基金投资案例 202 起，美元投资 37 起，分别占整个制造业的 85% 和 15%。

第五节　IT 通信技术业

一、IT 通信技术业趋势分析

2010 年以来，我国电子信息产业总体保持增长态势。计算机行业出口快速回升，带动行业增速提高。软件业持续快速增长，服务化趋势加快。IT 通信制造业生产、出口、效益增速出现起伏，固定资产投资高速增长，内销贡献不断增强。

2010 年以来，IT 通信技术业的私募股权投资活跃，共有 314 家企业获得募投资金。从 2010 年 1 月至 2011 年 9 月 26 日，累计投资额共计人民币 108.4 亿元、港币 8.9 亿元、美金 6.1 亿元。其中，达晨创投积极投资于 IT 通信技术业，单独投资了 9 家企业，联合其他募投公司共同投资了 16 家企业，投资金额超过了 2.5 亿元人民币。此外，IT 通信技术业的并购重组也极为活跃，无论交易金额还是交易笔数，都显示出强劲的上升趋势。

IT 通信技术业并购与私募股权投资间的杠杆关系如图 3－56 所示。

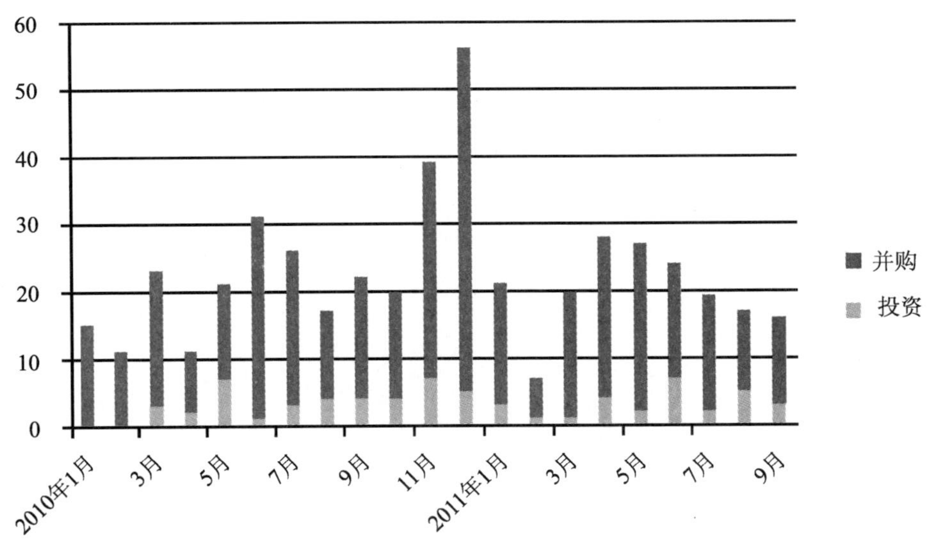

图 3－56　IT 通信技术业并购与私募股权投资间的杠杆关系（单位：笔数）

二、IT 通信技术业并购分析

（一）IT 通信技术业并购数据

1．IT 通信技术业并购趋势指数

IT 通信技术业并购趋势指数如图 3－57 所示。

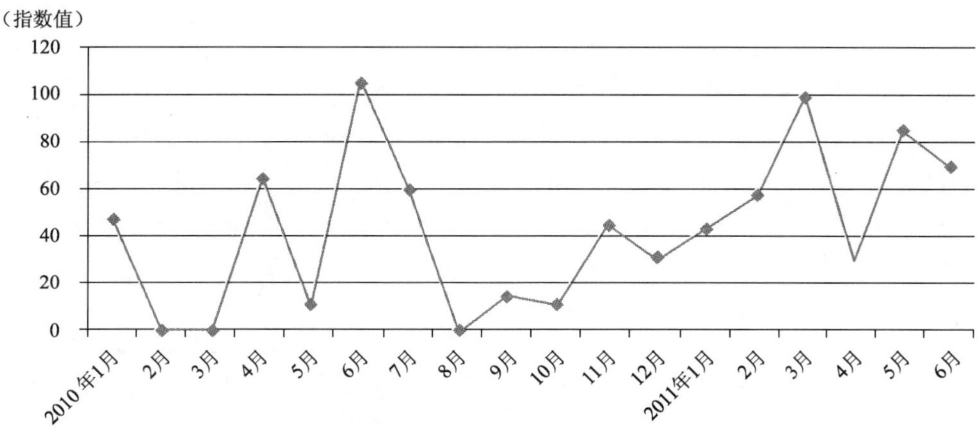

图 3－57　IT 通信技术业并购趋势指数

由图 3－57 可见，IT 通信技术业在 2010 年 6 月达到一个高值，这与 2010 年中国企业在美上市掀起新一波高峰有关。2011 年，通信技术行业的并购整合放缓。

2．IT 通信技术业并购笔数

IT 通信技术业并购笔数如图 3－58 所示。

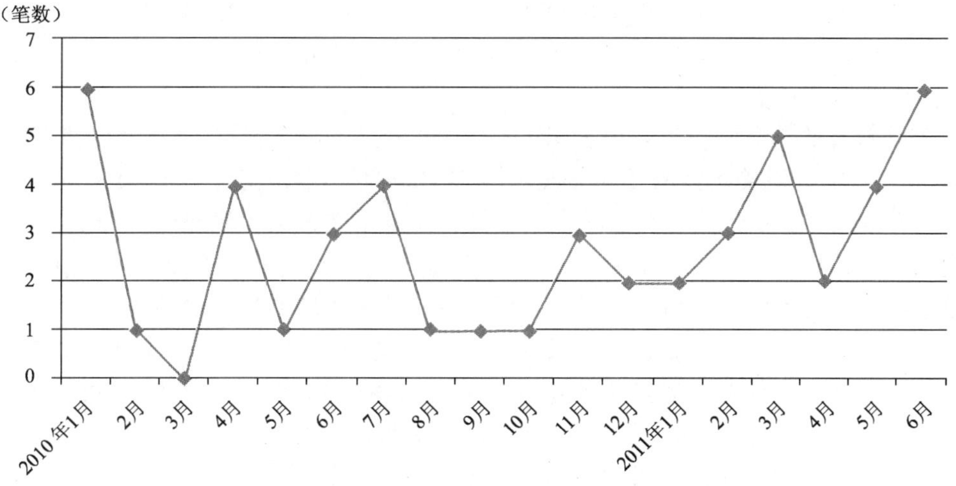

图 3－58　IT 通信技术业并购笔数

3．IT 通信技术业并购交易金额

IT 通信技术业并购交易金额如图 3－59 所示。

（二）IT 通信技术业重大并购事件 Top 5

1．广东移动收购上海浦发银行

2010 年 3 月 10 日，中国移动香港上市公司发布公告，宣布其全资附属公司广东移动以人民币 398 亿元收购上海浦发银行 22 亿股新股。交易完成后，中国移动通过全资附属公司广东移动持有上海浦发银行 20% 股权，并成为上海浦发银行第二大股东。

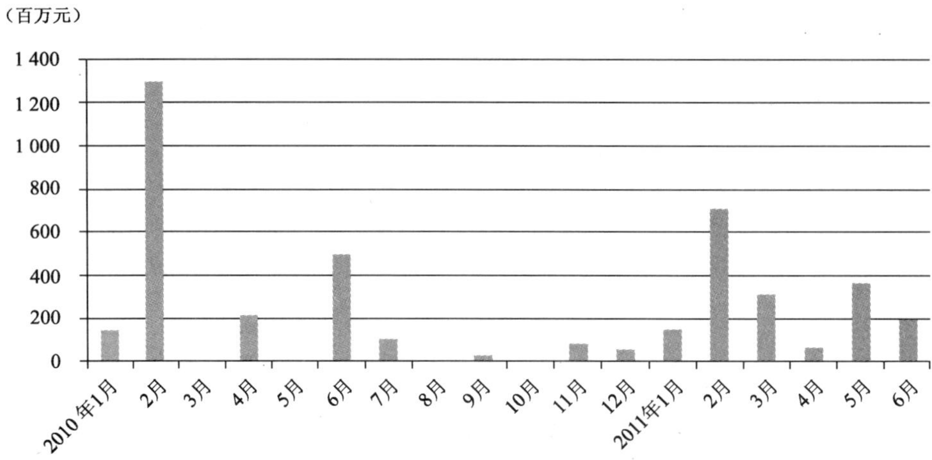

图 3-59　IT 通信技术业并购交易金额

点评：中移动此举能积极扩大增值服务范围，对中国移动的手机支付业务会有促进作用。目前国内银行与移动运营商并未形成统一的分成标准，这制约了手机银行的发展。在移动支付、代理缴费等业务迅速发展的同时，运营商与银行合作，提高了双方的竞争力，增进了双方的彼此信任和业务沟通，以后这会成为一种趋势，对未来双方合作发展手机支付业务起到制度保障作用。中国移动能开拓投资收益，银行能扩大了融资渠道，双赢之事，何乐而不为？

2. 华为放弃收购美国三叶系统公司资产

继 2008 年放弃对美国路由器和交换机厂商 3Com 的收购之后，2011 年 2 月 19 日，华为技术有限公司表示，迫于美国政府的压力，决定接受美国外国投资委员会的建议，撤销收购三叶系统（3Leaf）公司特殊资产的申请，自愿放弃 2010 年 5 月提出的以 200 万美元收购三叶系统公司专利（包括若干件涉及云计算领域的核心专利技术）的交易。

点评：此举是华为在向美扩张的长期努力中遭遇的最新挫折。近年来，美国以国家安全为由，对中国企业在美贸易投资活动进行阻挠和干扰。对于中国企业而言，企业要加强自身的技术实力和知识产权实力，积极探索新的收购途径。

3. 中信国安控股股东股权转让

2011 年 7 月 20 日，中信泰富全资子公司全扬投资有限公司与中信国安集团签订有关协议，约定全扬投资将其持有的中信国安有限公司全部股权以 35.11 亿元的价格转让给中信国安集团。交易完成后，中信国安集团将持有中信国安有限公司 100% 的股权。

点评：买卖双方系出同门，股权转移属于中信系内部产业布局的需要。虽不影响中信国安的控制权，但凸显出中信系内部产业布局的调整思路。

4. “义煤集团”借壳“欣网视讯”上市

2010 年 2 月 3 日，南京欣网视讯科技股份有限公司以 11.66 元/股，向重点煤企河南义马煤业集团发行约 69 708 万股，收购其控制的煤炭资产，包括义煤集团 11 个煤炭生产基地，评估值约为81.28亿元。

点评：这是2010年度资本市场的又一次乾坤大挪移，在新一轮煤炭资源大整合的背景下，实力弱小的煤企通过反向并购IT技术行业上市公司实现上市，对于在激烈的整合大潮中随时有可能被大鱼吃掉的小煤企而言，义煤集团的收购无疑是明智而且及时的。

5. 中软国际收购掌中无限股权

2010年9月27日，中国软件子公司中国计算机软件与技术服务（香港）有限公司之子公司中软国际有限公司，收购掌中无限控股有限公司100%股权，收购总价格不超过9 100万美元（约合人民币6.1亿元）。

点评：收购掌中无限增强了中软国际在移动互联应用方面的技术能力，扩大了其业务范围，改善了业务结构，从而为其成为移动运营商数据业务的核心供应商奠定了基础。掌中无限和中软国际联手，可以共同打造中国软件服务产业的新旗舰。这代表传统软件服务业和移动互联网等新技术、新模式相融合的产业趋势，必将成为该行业的一个里程碑式事件。中国软件和服务市场已进入整合和转型期。

（三）IT通信技术行业经典并购案例分析

广东移动收购上海浦发银行股份

本案例详见本书第二章2010中国十大并购部分案例解读。

三、IT通信技术业PE投资分析

1. IT通信技术业PE投资规模

IT通信技术业PE投资规模如图3-60所示。

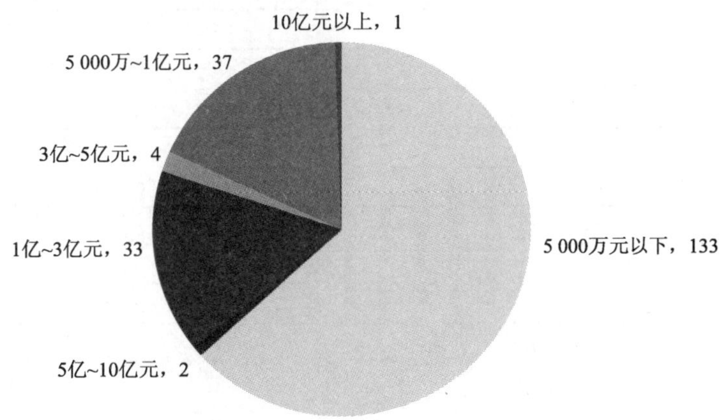

图3-60 IT通信技术业PE投资规模（单位：笔数）

由图3-60可见，从投资规模看，IT通信技术业的投资以5 000万元以下为主，超过了60%；5 000万至1亿元的投资约占15%。超过10亿元以上的投资尚少，显示出投资者的观望态度。投资规模尚有增大的空间。

2. IT 通信技术业 PE 投资地区分布

IT 通信技术业 PE 投资地区分布如图 3 - 61 所示。

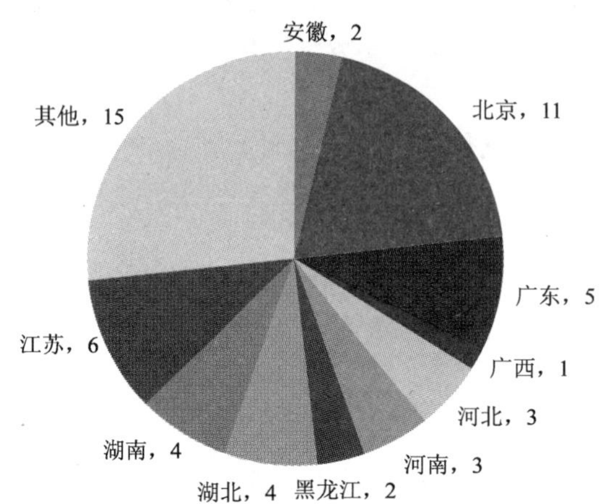

图 3 - 61　IT 通信技术业 PE 投资地区分布（单位：笔数）

由图 3 - 61 可见，IT 通信技术业的投资较分散，没有集中于经济发达地区，显示出向经济欠发达地区移动的趋势。

3. IT 通信技术业 PE 投资时间分布

IT 通信技术业 PE 投资时间分布如图 3 - 62 所示。

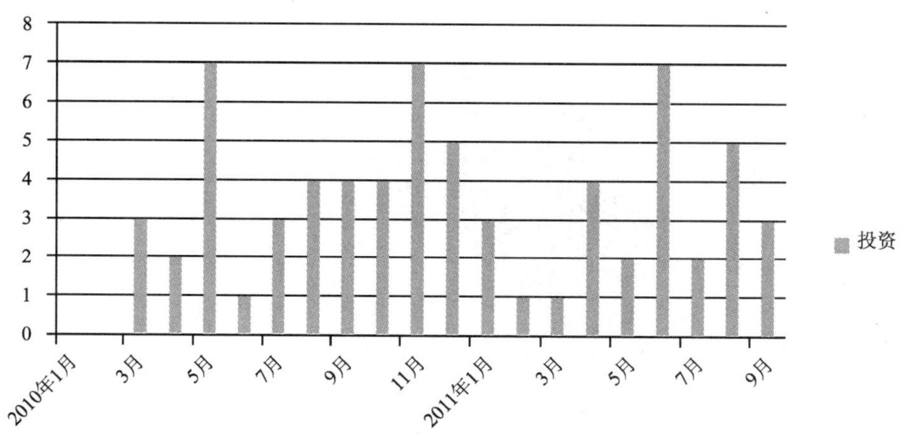

图 3 - 62　IT 通信技术业 PE 投资时间分布（单位：笔数）

4. IT 通信技术业 PE 投资性质分析

IT 通信技术业 PE 投资性质分析如图 3 - 63 所示。

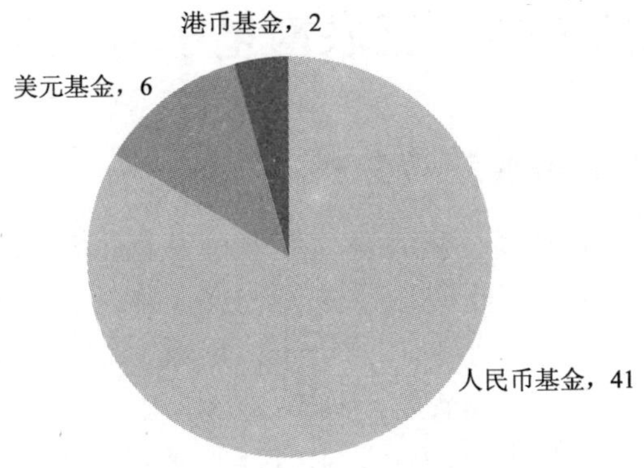

图 3－63　IT 通信技术业 PE 投资性质分析（单位：笔数）

由图 3－63 可见，从投资性质来看，人民币基金占据投资主导地位，美元和港币基金居次。

第六节　互联网电子商务业

一、互联网电子商务业趋势分析

随着新技术、新业务的发展日新月异，互联网开始广泛渗透到社会各个行业、各个领域。特别是在经济领域，互联网加速向传统产业渗透，产业边界日益交融，新型商务模式和服务经济加速兴起。新业态的衍生，形成了新的经济增长点，在促进经济结构调整、转变发展方式中，发挥着越来越重要的作用。

过去的一年里，各大传统企业纷纷试水自建行业网，电子商务市场呈现“井喷”的发展势头。传统制造业如家电领域的创维、海信等，以及传统实体渠道商如苏宁、国美，近年来也纷纷借自建网上商城，想要占据行业电子商务的一席之地。同时，越来越多的中小企业开始使用交易成本低廉、交易渠道广泛的第三方电子商务平台。电子商务渗透率迅速上升，应用范围不断扩大，服务领域不断扩展。电子商务在促进企业创新经营模式、提升核心竞争力等方面作用日益显现。同时，合作建设的行业电子商务平台变得越来越成熟，也逐渐成为互联网一种企业服务模式。以搜索引擎与电子商务等为代表的互联网应用服务继续向传统行业渗透。

受上述因素影响，互联网电子商务业的股权募投活跃（见图 3－64）。从 2010 年 1 月至 2011 年 9 月，累计投资人民币 65.7 亿元，美金 55.3 亿元，港币 1.65 亿元。由于互联网电子商务目前还是一个新兴的高成长的行业，行业的并购交易并不活跃，这也体现了行业高增长的特点。

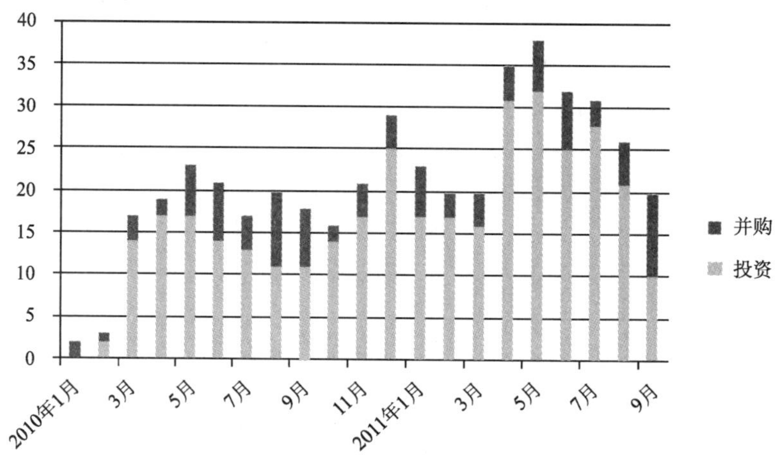

图 3－64　互联网电子商务行业私募股权与并购杠杆关系（单位：笔数）

二、互联网电子商务业并购分析

（一）互联网电子商务业并购数据

1. 互联网电子商务业并购趋势指数

2010 年 1 月到 2011 年 6 月，互联网电子商务业并购趋势指数总体呈上升趋势，2011 年 6 月达到最高，接近 140（见图 3－65）。随着互联网行业的迅猛发展，越来越多的互联网企业在海内外上市或者通过引进风险投资获得资金。相应地，它们也更多地选择以并购方式进行扩张。同时，随着当前中国互联网行业市场规模持续增长，互联网公司之间竞争日趋激烈，创新产品及服务层出不穷。通过并购实现品牌、产品线及用户群的整合扩张，将成为互联网公司获得竞争优势的最优选择。因此，互联网电子商务业并购趋势指数在今后一段时间内总体趋势仍会上升。

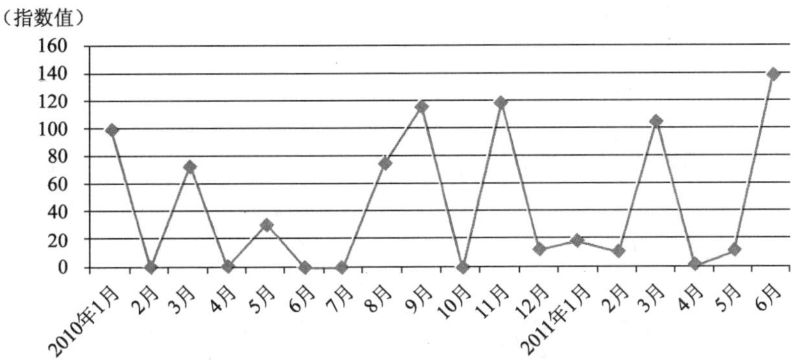

图 3－65　并购趋势指数图

2. 互联网电子商务业并购交易数量与金额

互联网电子商务业并购交易数量与金额如图 3－66 所示。

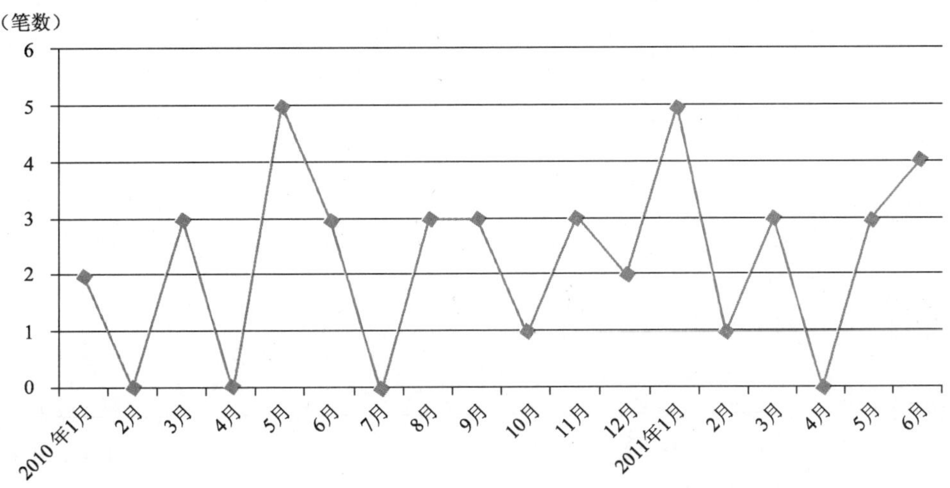

图 3－66（A）　互联网电子商务业并购交易数量

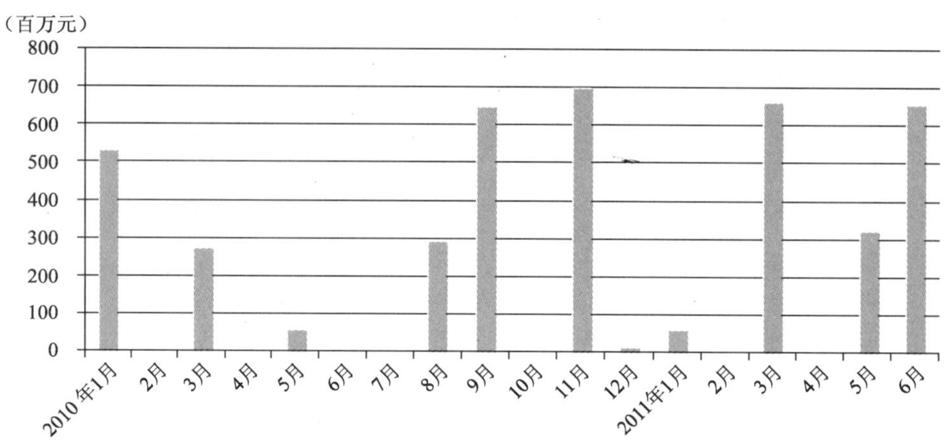

图 3－66（B） 互联网电子商务业并购交易金额

由图 3－66 可见，从交易金额来看，2010 年 1 月至 2011 年 6 月这一年半时间里，互联网行业披露金额的并购交易总金额达 42 亿元，平均每月金额 2 亿元。由于整个行业市场集中度不高，因此交易规模也偏小。从交易金额趋势来看，各月间变化有较大起伏，但总体上呈上升趋势，从 2010 年 9 月起，月度交易规模超过 6 亿元的月份就有 4 个。从交易笔数来看，2010 年 1 月至 2011 年 6 月这一年半时间里，互联网行业总共发生 41 起并购事件，平均每月发生 2 笔，交易笔数发生最多的月份是 2010 年 5 月和 2011 年1 月，达到 5 笔。从交易笔数趋势来看，未见明显规律性变化。

（二）互联网电子商务业重要并购事件 Top 5

1. 新浪联合中国动向战略入股麦考林

2011 年 3 月 2 日，新浪宣布，将和中国动向（集团）有限公司的一个子公司一起战略入股服装饰品网络平台运营商麦考林股份有限公司，两方总计收购红杉资本所持麦考林公司约 29% 的股份（117 505 755 股麦考林普通股，相当于 16 786 535 股美国存托股）。按照三方协议规定，新浪与中国动向的接盘价为每股 0. 857 1 美元，新浪购买 76 986 529 普通股，总计约 6 598 万美元，而中国动向购买 40 519 226 普通股，总计约 3 473 万美元。

点评：今后 10 年内，电子商务将成为中国互联网的增长动力，新浪颇为看重中国电子商务市场，此次通过投资麦考林迈入中国电子商务市场，也是新浪微博产品在电子商务领域的全新尝试。

2. 畅游网收购第七大道

2011 年 4 月 25 日，搜狐旗下网游开发商和运营商畅游有限公司正式宣布，与国内知名的网页游戏开发商——深圳第七大道科技有限公司达成协议，并购深圳第七大道科技有限公司及其关联公司（“第七大道”）68. 258% 的股权。交易对价包括 6 826 万美元固定现金对价及最高不超过 3 276 万美元的浮动额外现金对价。该浮动额外现金对价根据第七大道在截至2012年12月31日的两个年度内达成协议中约定的阶段性业绩目标情况进行支付。

点评：畅游网此次收购第七大道，意味着畅游开始布局网页游戏，不仅提升了畅游在中国网游行业的领先地位，而且丰富了公司游戏产品类型，进一步推动了公司产品多样化的进程。

3. 盛大游戏收购 Eyedentity Games

2010年9月9日，盛大游戏宣布，以9 500万美元（约6.45亿元人民币）的价格收购韩国网络游戏开发商 Eyedentity Games 100%股权。Eyedentity Games 成立于2007年，其核心人员主要出身于网禅和 phantagram 两家公司，《龙之谷》作为该公司的首款作品，在已经商用化运营的韩国和日本都具有较高的人气。

点评：此次盛大游戏收购韩国 Eyedentity Games，是盛大游戏在大型3D网络游戏产品线和海外输出战略上的一次重要布局。Eyedentity Games 的加入，大大增强了盛大游戏在产品开发尤其是3D网络游戏产品开发方面的能力，同时进一步扩大了盛大游戏的重点IP储备，强化了海外输出能力，帮助盛大游戏进一步扩大全球影响力，使盛大游戏在网游产业界的排名再上一个台阶。

4. 阿里巴巴收购深圳一达通

2010年11月15日，阿里巴巴宣布收购深圳市一达通企业服务有限公司。交易完成后，一达通等小企业出口配套服务都整合进“2011版出口通”，构成阿里巴巴“Work at alibaba”外贸平台，发力小企业出口全程服务，打通外贸交易链条。深圳一达通公司成立于2001年，是国内首家结合专业进出口代理和电子商务功能的中小企业进出口环节外包服务提供商，借助互联网为中小企业提供通关、运输、保险、码头、外汇、退税、融资、认证等全程的一站式进出口服务。

点评：阿里巴巴此次通过此次收购一达通，介入进出口交易服务环节，通过为小企业办理通关服务，还将获得小企业进出口实时、真实、全面、庞大的交易数据，此数据对于阿里巴巴分析小企业外贸市场意义重大，也将有助于阿里巴巴实现“分享数据第一平台”公司的愿景。

5. 盛大游戏收购美国麻吉媒体公司

2010年1月12日，盛大游戏宣布收购美国游戏分销和内置广告平台 Mochi Media（麻吉媒体）公司，借此加速进军海外市场的步伐。此次收购的价格约为6 000万美元现金和2 000万美元的盛大游戏股票。

点评：盛达游戏此次收购美国麻吉媒体公司，最为看重的是其全球游戏分销平台和大量合作伙伴，借此推进盛大游戏进军海外的步伐。这也是中国网游公司第一次收购海外的游戏平台。收购该公司帮助盛大游戏将业务范围从针对资深玩家的高端游戏拓展到规模巨大且增长迅速的休闲游戏领域。

（三）互联网电子商务业典型并购案例分析

盛大游戏收购韩国 Eyedentity Games

1. 交易概述

2010 年 9 月 9 日，盛大游戏在 2 季度财报中宣布，以 9 500 万美元（约 6.45 亿元人民币）的价格 100% 收购韩国网络游戏开发商 Eyedentity Games 股权。

2. 并购背景

盛大游戏有限公司（NASDAQ：GAME）是中国领先的网络游戏开发商、运营商和发行商，致力于打造中国乃至全球领先的网络游戏平台。2009 年 9 月，盛大游戏在美国纳斯达克股票市场成功上市。盛大游戏有限公司一直勇于创新和开放，拥有 2 000 多名自主研发人员，并与 20 000 多名游戏开发者展开合作，坚持丰富多样化的产品线，向用户提供包括大型多人在线角色扮演游戏（MMORPG）、高级休闲游戏、网页游戏、社交游戏和移动互联网游戏等在内的 70 多款差异化游戏产品，以及 40 000 余款 Flash 小游戏和手机游戏。

盛大游戏有限公司拥有丰富产品线和众多开发者，基于“ALLSTAR 推新运营机制”、“制作人机制”、“海外发行机制”和“18 基金机制”四大机制，通过集中优势资源，重点推新成功一批精品大作，塑造盛大游戏所出产品必为精品的品牌口碑。通过吸纳和打造金牌制作人，强调细分市场用户需求，带动游戏产品品质整体优化，确保产品周期保持活力、丰富创新。通过海外发行，使得游戏产品能在更广阔的全球市场享受高速增长。

Eyedentity Games 是近来较为火爆的《龙之谷》游戏的开发商，此前，曾有媒体报道称，NHN、NEXON 等韩国多家企业对 Eyedentity Games 有收购意向，最终由中国的盛大游戏将其收入囊中。资料显示，Eyedentity Games 公司成立于 2007 年，其核心人员主要出身于网禅和 phantagram。《龙之谷》为该公司的首款作品，在已经商用化运营的韩国和日本都有很高人气。2010 年 7 月 22 日，盛大游戏开始公测《龙之谷》游戏。公测仅 1 个月，其同时在线人数便突破了 70 万人。

3. 并购动因

Eyedentity Games 开发了较为火爆的龙之谷网游，目前，《龙之谷》已经输出到 6 个国家和地区，包括韩国、日本、中国内地、中国台湾、美国、东南亚等，运营公司皆为当地顶级公司。在日本，《龙之谷》已出品漫画书。收购 Eyedentity Game，可以帮助盛大游戏进一步提升国际影响力。Eyedentity Games 在产品开发方面也有很强的能力，收购 Eyedentity Game，有助于盛大游戏强化游戏研发能力。

4. 并购评述

此次收购将是盛大游戏在大型 3D 网络游戏产品线和海外输出战略上的一次重要布局。Eyedentity Games 的加入，将大大增强盛大游戏在产品开发，尤其是 3D 网络游戏产品开发方面的能力。同时，会进一步扩大盛大游戏的重点 IP 储备，强化了海外输出能力，帮助盛大游戏进一步扩大全球影响力，并使盛大游戏在网游产业界的排名再上一个台阶。

三、互联网电子商务业 PE 投资分析

1. 互联网电子商务业 PE 投资规模

互联网电子商务业 PE 投资规模如图 3－67 所示。

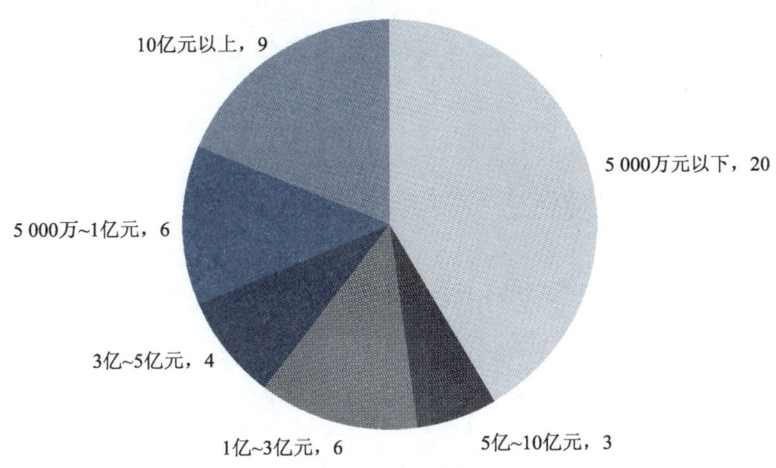

图 3－67 互联网电子商务业 PE 投资规模（单位：笔数）

2. 互联网电子商务业 PE 投资地区分布

互联网电子商务业 PE 投资地区分布如图 3－68 所示。

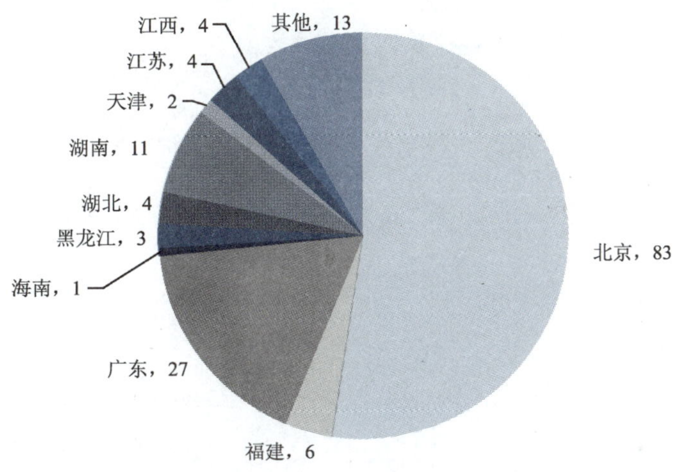

图 3－68 互联网电子商务业 PE 投资地区分布（单位：笔数）

3. 互联网电子商务业 PE 投资时间分布

互联网电子商务业 PE 投资时间分布如图 3－69 所示。

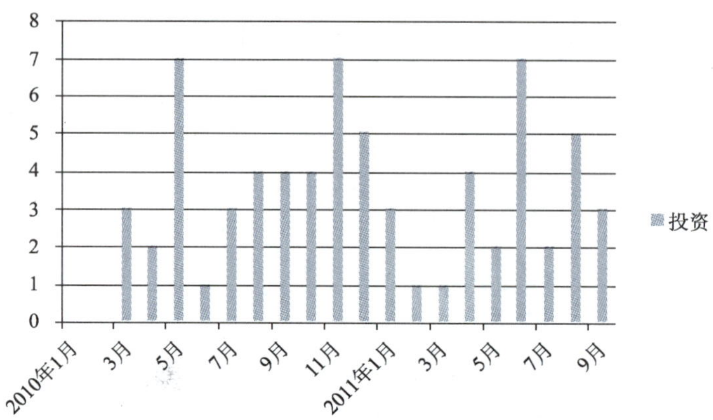

图 3－69　互联网电子商务业 PE 投资时间分布（单位：笔数）

4. 互联网电子商务业 PE 投资性质分析

互联网电子商务业 PE 投资性质分析如图 3－70 所示。

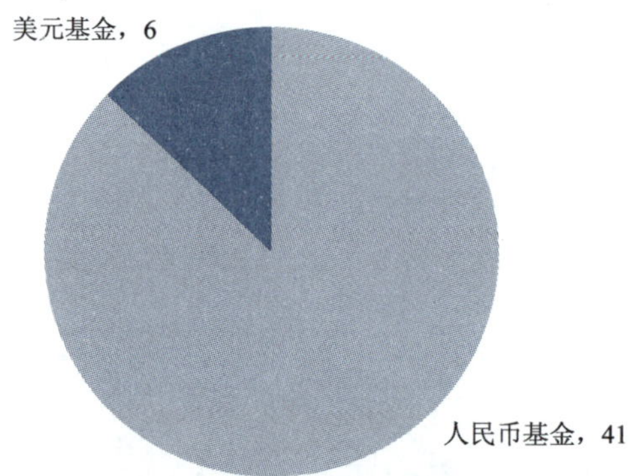

图 3－70　互联网电子商务业 PE 投资性质分析（单位：笔数）

由图 3－70 可见，人民币基金已成为互联网电子商务业投资的主流。

第七节 建筑地产业

一、建筑地产业趋势分析

2010年以来，我国建筑地产业总值再创历史新高，固定资产投资持续保持高位运行，从而提升了建筑行业的景气指数。从投资主体来看，地方政府投资欲望强于中央政府。从长远来看，未来50年，中国城市化率将提高到76%以上，城市对整个国民经济的贡献率将达到95%以上。都市圈、城市群、城市带和中心城市的发展预示了中国城市化进程的高速起飞，也预示了建筑地产业更广阔的市场即将到来。从私募股权投资看，商业地产是私募投资热点，同时，由于地产调控趋紧，小型地产公司以及土地转让等并购重组事件趋于活跃。

建筑地产业私募股权投资与并购的杠杆关系如图3－71所示。

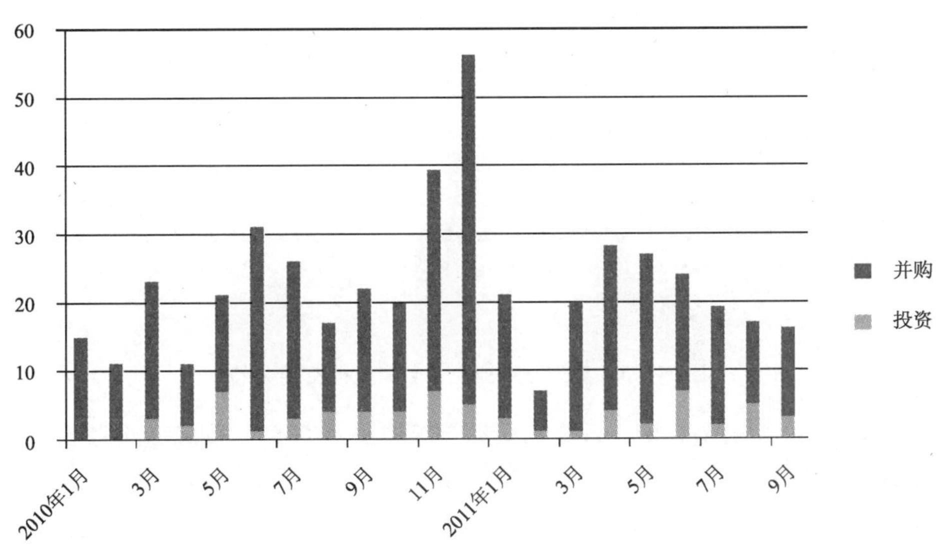

图3－71 建筑地产业私募股权投资与并购的杠杆关系（单位：笔数）

二、建筑地产业并购分析

（一）建筑地产业并购数据

1．建筑地产业并购趋势指数

建筑地产业并购趋势指数如图3－72所示。

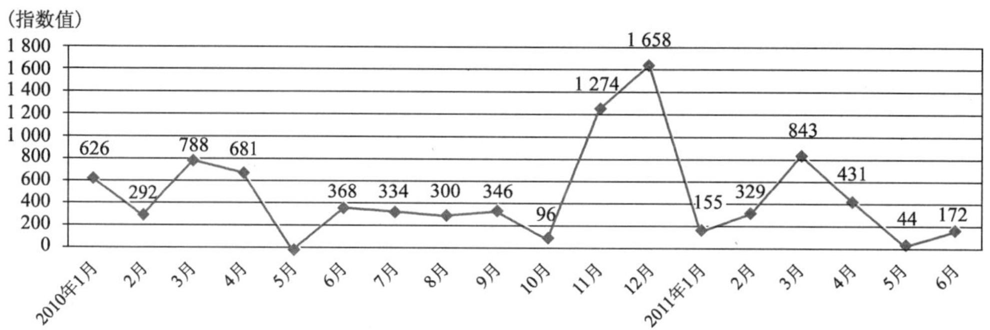

图 3－72　建筑地产业并购趋势指数

由图 3－72 可见，2010 年最后两个月并购趋势指数出现大幅攀升，年终效应显现。

2. 建筑地产业上市公司并购交易金额

建筑地产业上市公司并购交易金额如图 3－73 所示。

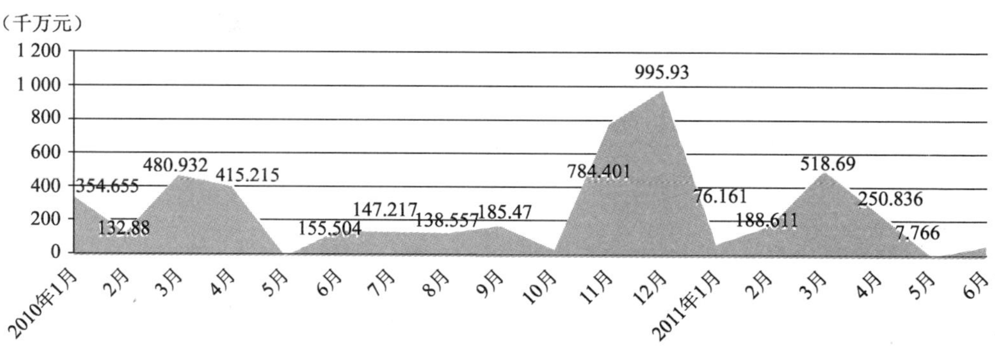

图 3－73　建筑地产业上市公司并购交易金额

建筑地产业并购交易频繁，且并购交易金额较大，2008 年和 2009 年交易总金额在 827.2 亿元，占同期上市公司并购交易总金额的 14.8%；2010 年 1 月至 2011 年 6 月交易总金额高达 494.2 亿元，较此前有回落。

3. 建筑地产业并购交易笔数

建筑地产业并购交易笔数如图 3－74 所示。

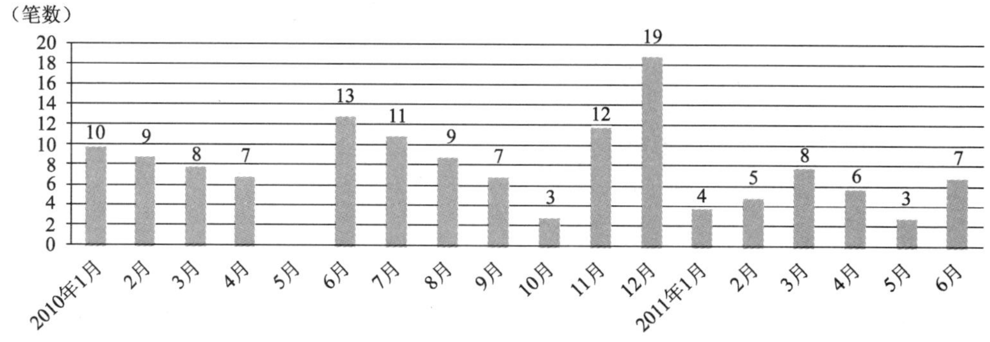

图 3－74　建筑地产业并购交易笔数

由图 3－74 可见，建筑地产业并购交易次数多，2010 年 1 月至 2011 年 6 月交易 141 笔，笔数较 2008 年 1 月至 2009 年 6 月的 124 笔有所回升。结合并购金额考虑，每笔成交金额较往年少。

4．建筑业并购趋势指数

建筑业并购趋势指数如图 3－75 所示。

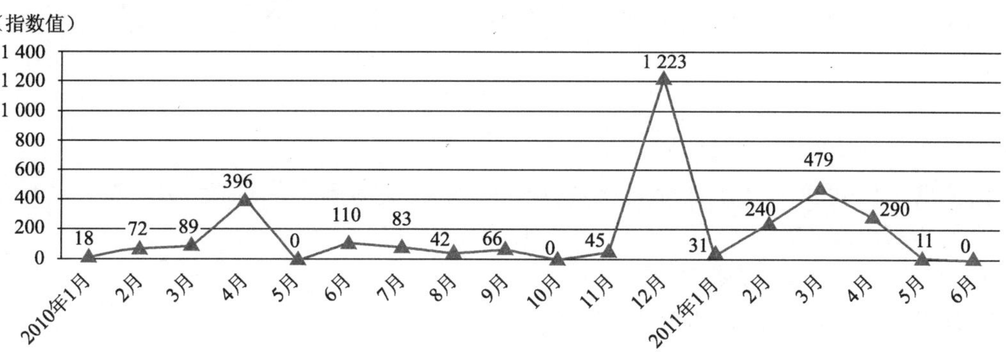

图 3－75　建筑业并购趋势指数

5．建筑业交易金额

建筑业交易金额如图 3－76 所示。

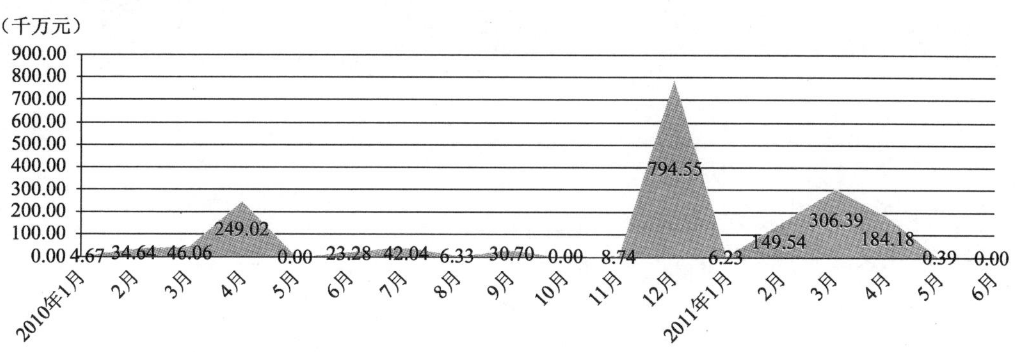

图 3－76　建筑业交易金额

6．建筑业交易笔数

建筑业交易笔数如图 3－77 所示。

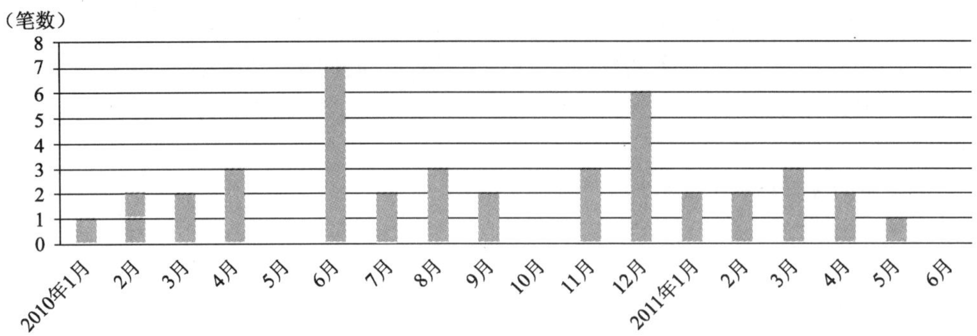

图 3－77　建筑业交易笔数

由图 3－77 可见，建筑业交易笔数达到 41 笔，交易高峰出现在 2010 年年中与年末，交易金额出现年终效应。

7. 房地产业并购趋势指数

房地产业并购趋势指数如图 3－78 所示。

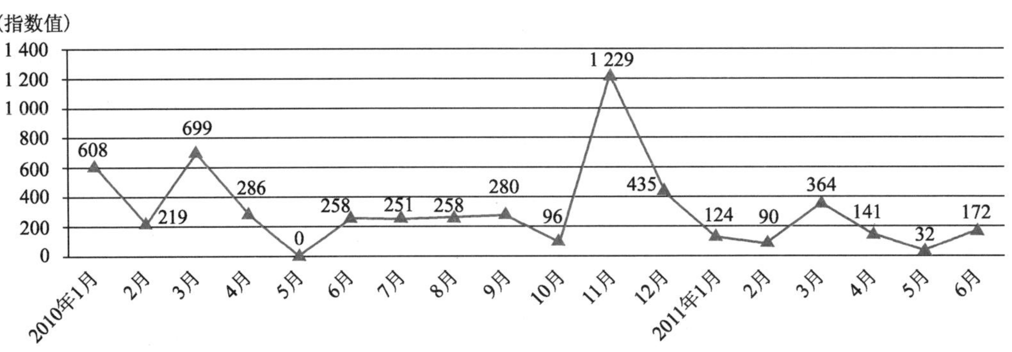

图 3－78　房地产业并购趋势指数

8. 房地产业交易金额

房地产业交易金额如图 3－79 所示。

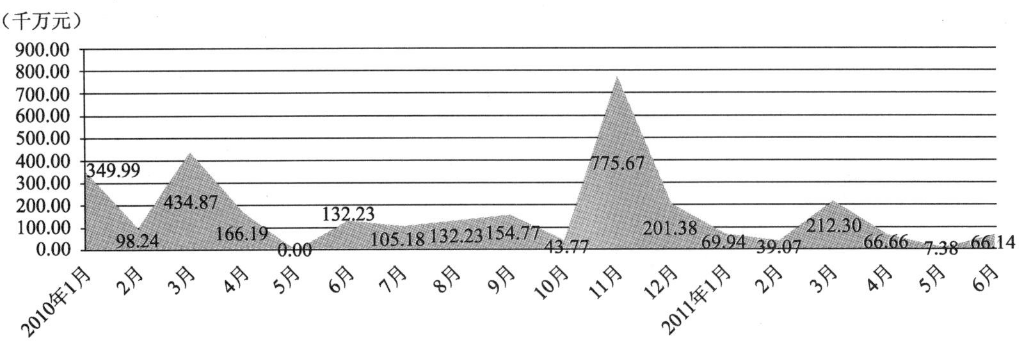

图 3－79　房地产业交易金额

9. 房地产业交易笔数

房地产业交易笔数如图 3 - 80 所示。

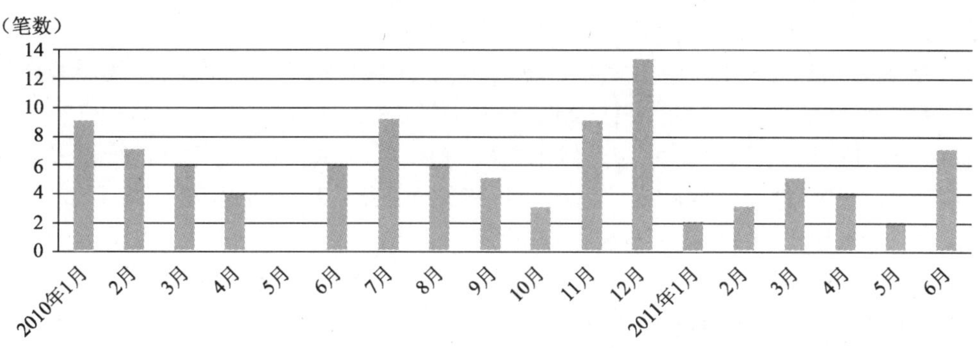

图 3 - 80　房地产业交易笔数

由图 3 - 80 可见，房地产业交易笔数达到 100 笔，交易频繁，并购金额高峰和交易笔数高峰均出现在第四季度，也出现年终效应。

（二）建筑地产业并购事件 Top 5

1. 华润置地收购母公司地产项目

2010 年 9 月 21 日，华润置地宣布，向母公司华润集团收购海南、昆山及武汉地产项目，总建筑面积 120 万平方米，作价 79 亿元，当中 23.7 亿元以现金支付，余额 55.3 亿元，以发行每股 15.882 7 元新股支付。

点评：通过母公司购买土地并进行前期管理，待项目相对成熟再注入上市公司，俨然成为近年来华润集团支持华润置地的一贯方式。而这除了带来华润置地销售业绩的直接提升外，似乎也成为华润系业务进一步整合的标志——在房企整合的大潮中，华润置地作为华润集团房地产业务发展旗舰的方向更趋于明确。

2. 迪马股份收购东银实业地产资产

2010 年 4 月 2 日，迪马股份对外公布了重大资产重组预案，拟向控股股东重庆东银实业集团等非公开发行股份不超过 6.5 亿股，发行价格为 6.73 元每股，用以收购预估值约 42.901 亿元的房地产资产。

点评：这是一个典型的“蛇吞象”收购，也是一场撼动重庆地产界的收购，收购资产的账面值高达 21.297 亿元，其预估值约为 42.901 亿元，增值率约 101.45%，而 2009 年迪马股份的净资产仅为 10.34 亿元，收购资产的规模已经是迪马股份的两倍。

3. 实达集团约收购房产业务

2010 年 2 月 25 日，实达集团公告称，拟向 5 公司和 1 名自然人以 7.34 元每股的价格定向增发不超过 3.81 亿股股份，以收购上述认股对象所合计持有的房地产业务资产，该部分资产的预估值为 27.97 亿元。交易完成后，房地产开发与销售将成为实达集团主营业务的核心。

点评：2010 年 2 月发起的交易，姑且抛开交易结果怎么样，仅从交易时间而言，房地产行业如日中天，实达集团当时的收购无疑是一笔划算的买卖，然而“世事难料”，随着地产宏观调控的出台以及趋紧，这笔收购也成了一个烫手的山芋。

4. SOHO 中国收购上海长宁区写字楼及商业项目

2011 年 5 月 6 日，SOHO 中国宣布，将以 32 亿元代价向上海三联物业发展收购新世界长宁商业中心的 A、B 幢办公楼及地下室，交易完成后将更名为“SOHO 中山广场”。标的物业位于长宁区中山西路，位于虹桥商务区核心地段，距徐家汇商圈及中山公园商圈约 2 公里。物业由两座楼宇组成，总建筑面积 14.22 万平方米，包括 10.02 万平方米的办公面积以及 12 664 平方米商业面积。

点评：近年来，专注于商业地产的 SOHO 中国加速跑马圈地，从 2009 年 8 月进军上海以来，在不到两年的时间里，加上此次收购，SOHO 中国斥资 150 多亿元，拿下了上海 7 个地块，顺利进入上海的南京西路、外滩、虹桥交通枢纽、淮海中路、长寿路、四川北路 6 个上海最繁华、交通最便利的黄金商业区，收购的物业也符合其一贯标榜的“收购北京及上海主要交通网络沿线黄金地段的商业物业项目的核心战略”。

5. 上海建工集团增发收购 17 亿资产

2011 年 4 月 8 日，上海建工集团股份召开董事会，会议通过关于向公司控股股东上海建工（集团）总公司非公开发行人民币普通股（A 股）购买资产的议案。其控股股东上海建工（集团）总公司以所持上海外经集团控股有限公司 100% 股权和上海市政工程设计研究总院（集团）有限公司 100% 股权，认购上海建工非公开发行的 1.14 亿股人民币普通股方案。方案显示，上海建工拟以 15.05 元每股向上海建工集团增发约 1.14 亿股，用以购买后者所持上海外经集团控股有限公司、上海市政工程设计研究总院 100% 股权，上述标的资产的价格为 17.19 亿元。

点评：此次交易完成后，将进一步增强建工集团的工程设计功能，提升其总承包、总集成能力。上海市政工程设计研究总院（市政院前身）是我国市政设计行业中规模最大、实力最强的企业，与上海建工在许多重大市政工程建设中存在设计、施工的分工协作关系。此次交易也将有效解决前次重大资产重组遗留的建工集团和上海建工在海外业务上的同业竞争问题，减少关联交易，实现整体上市。

（三）建筑地产业典型案例分析

华润置地收购母公司地产项目

1. 交易概述

2010 年 9 月 21 日，华润置地宣布，向母公司华润集团收购海南、昆山及武汉地产项目，总建筑面积 120 万平方米，作价 79 亿元，其中 23.7 亿元以现金支付，余额 55.3 亿元，以发行每股 15.882 7 元新股支付。

2. 并购背景

华润集团最早可以追溯到 1938 年“联和行”。1983 年，改组为华润（集团）有限公司，总部位于香港湾仔港湾道26号华润大厦。华润植根香港超过半个世纪，其基业不断壮大，主营业务包括日用消费品制造与分销、地产及相关行业、基础设施及公用事业三大领域。华润置地是华润集团旗下地产公司，近年来，房地产企业整合大幕开启，与其他大型房企相比，华润置地并不占优，通过兼并重组做大做强成为华润置地成长的一个捷径。无疑，华润集团地产业务是华润地产吸引合并的首选。

3. 并购内容

本次收购以现金加股票方式支付。现金支付分两期，首期15亿元2010年12月10日前支付，第二期8.7亿元2011年3月30日前支付。另外，华润地产发行新股予母公司，发行价较2010年9月20日收盘价17.24元折让7.9%；交易完成后，华润集团持股由63%升至65.39%。

本次收购3个项目总建筑面积120万平方米，占地最大的海南石梅湾度假区，可供发展总地盘面积531万平方米，其中254万平方米仍有待审批，华润正协助有关村庄搬迁。

武汉橡树湾项目总建筑面积58.3万平方米，预期分3期发展，第一阶段计划兴建7幢33层住宅，并计划今年第四季开始预售。苏州昆山项目总建筑面积达28.6万平方米，定位为“市中心低密度高档住宅区”，计划开发包括190幢低密度住房及900幢低层大宅。

4. 并购评述

近年来，华润置地持续获得母公司注资，“孵化战略”已然成为华润置地的拿地模式之一。正如其主席王印所言，由2005年开始，母公司华润集团每年均会注资一次，本次交易也在市场预期之内。2006年，华润置地就曾以27.33亿港元向母公司华润集团购入北京和成都两处项目；2008年华润置地对母公司旗下北京、武汉、重庆、沈阳及大连等六大地产项目的收购，更是创下了当时的规模之最，并进入当年中国十大并购提名。显然，这种通过母公司拿地、择机注入上市公司的土地储备模式，不仅突破了港股上市的华润置地在内地拿地的市场和资金局限，且资源成本较其他公司而言也更为便宜，风险大大降低。

华润系业务进一步整合，华润置地作为华润房地产业务发展旗舰的方向更趋于明确。早在2005年，将分散于集团内部的房地产业务进行整合之时，华润集团就将华润置地作为华润房地产业务发展的旗舰，明确了公司的定位和发展方向。而随着华润集团在公司整体业务发展上的部署日渐清晰，其在地产板块上对华润置地的“加法”策略也日趋明显，而落实注资显然成为其策略中的重要一环。

三、建筑地产业 PE 投资分析

1. 建筑地产业 PE 投资规模

建筑地产业 PE 投资规模如图3－81所示。

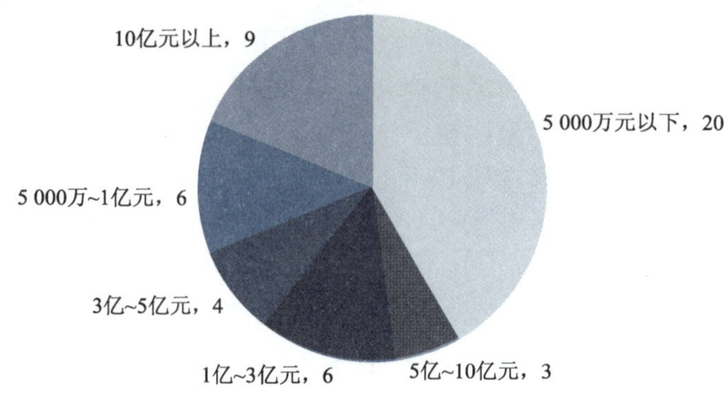

图 3-81　建筑地产业 PE 投资规模（单位：笔数）

2. 建筑地产业 PE 投资地区分布

建筑地产业 PE 投资地区分布如图 3-82 所示。

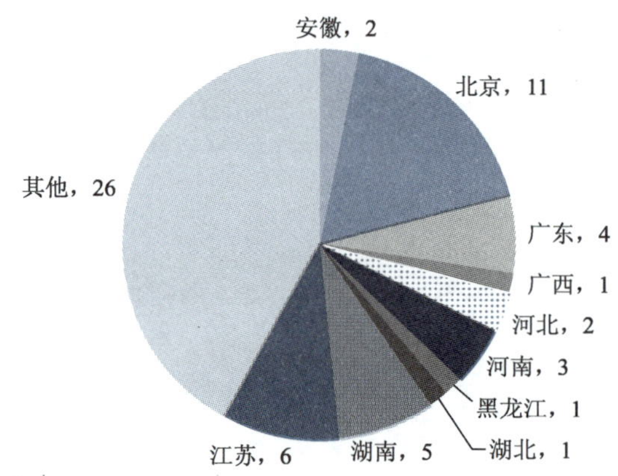

图 3-82　建筑地产业 PE 投资地区分布（单位：笔数）

3. 建筑地产业 PE 投资时间分布

建筑地产业 PE 投资时间分布如图 3-83 所示。

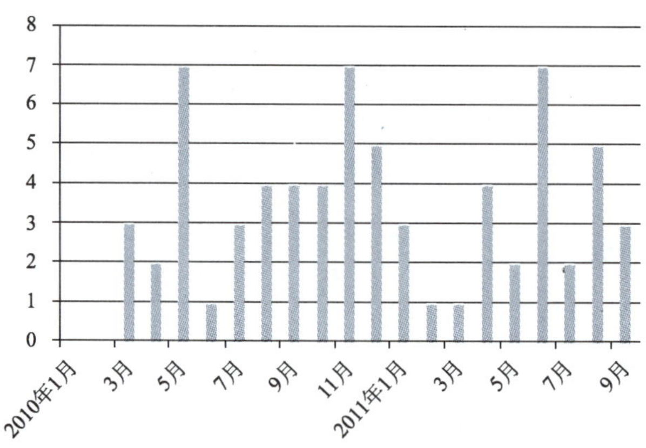

图 3-83　建筑地产业 PE 投资时间分布（单位：笔数）

4. 建筑地产业 PE 投资性质分析

建筑地产业 PE 投资性质分析如图 3－84 所示。

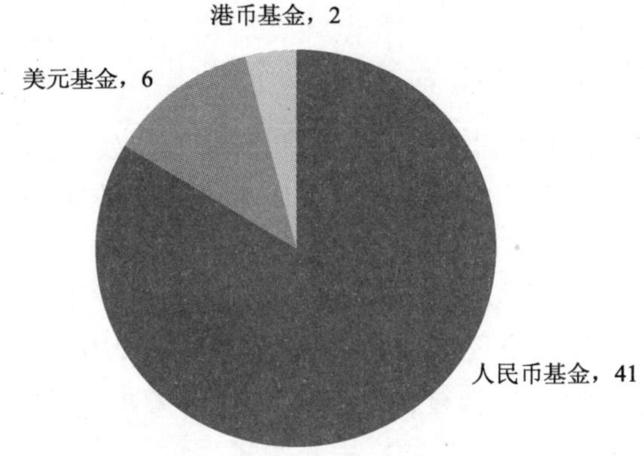

图 3－84 建筑地产业 PE 投资性质分析（单位：笔数）

由图 3－84 可见，建筑地产业私募股权投资依然以人民币基金为主。

第八节　文化传媒创意产业

一、文化传媒创意产业趋势分析

近年来，文化创意产业作为“十一五”期间国家重点发展的产业，在各省市 GDP 的份额不断增大，各地都把发展文化创意产业作为调整产业结构、转变增长方式的重要着力点。尤其是随着国家颁布一系列鼓励金融机构扶持文化创意产业发展，在鼓励文化创意产业资本运作的政策下，文化创意产业内涌现出一批优秀的上市公司，因此文化创意产业引起了私募股权投资基金的极大兴趣。自 2010 年 1 月至 2011 年 9 月期间，私募股权基金共投资 80 多个项目，投资额共计 97 亿元人民币。其中主要的投资商包括：中科招商、浙商创投、云峰基金、华人文化投资、红杉中国、达晨文旅创投以及 IDG 资本等。文化创意产业内企业私募股权投资数量一直低于并购案例的数量，这也从一个侧面反映了文化创意产业内的并购案例有相当一部分是通过私募股权投资的方式进行。这也符合目前国内外并购形式的新变化，越来越多的私募股权基金参与到并购案例中来，增加了企业并购的形式。

2008 年至 2011 年，文化传媒创意产业并购情况整体上看，并购不是特别活跃，从交易总笔数上逐年小幅增加，2009 年在交易金额上较 2010 年大，但总体金额都不是特别大。呈现出交易笔数少，交易金额偏低的态势。2009 年相对而言年终效应比较明显。

文化创意产业私募股权投资与并购的杠杆关系如图 3－85 所示。

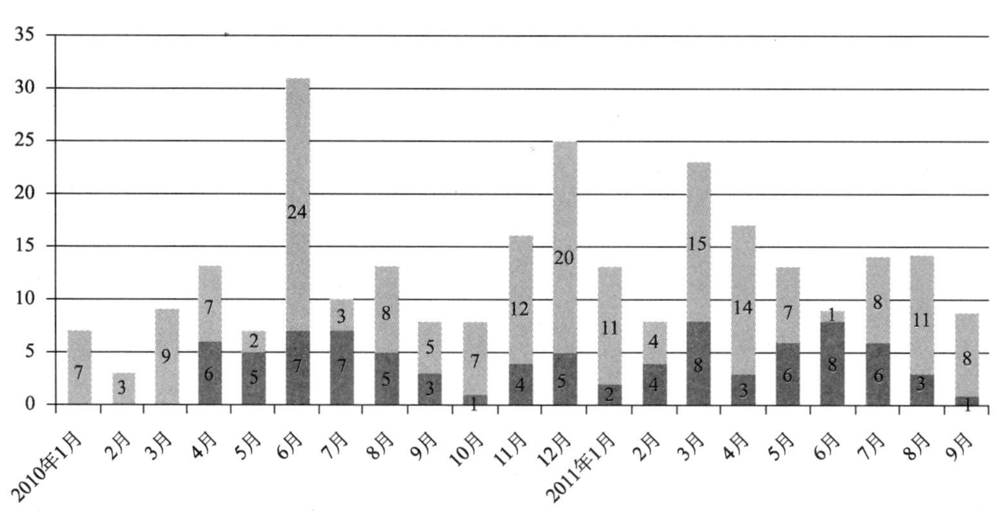

图 3－85　文化创意产业私募股权投资与并购的杠杆关系（单位：笔数）

二、文化传媒创意产业并购分析

（一）文化传媒创意产业并购数据

1．文化传媒创意产业并购趋势指数

文化传媒创意产业并购趋势指数如图 3－86 所示。

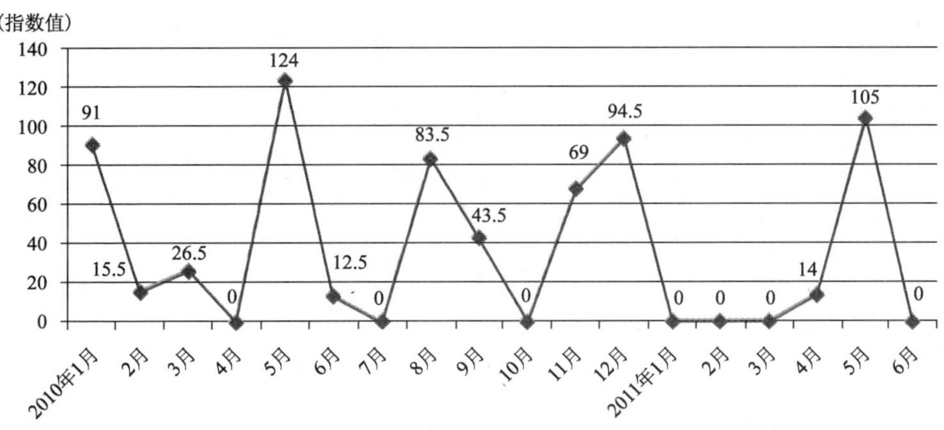

图 3－86　文化传媒创意产业并购趋势指数

由图 3－86 可见，文化传媒创意产业并购指数最高值出现在 2010 年 5 月，2011 年 5 月出现第二最高点，趋势呈 W 形状，并购笔数相对较少，无明显的年终效应。

2．文化传媒创意产业不同性质企业并购情况

文化传媒创意产业不同性质企业并购情况如图 3－87 所示。

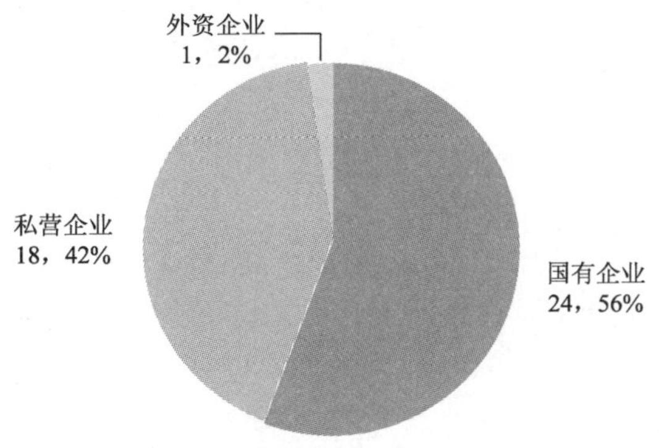

图 3－87　文化传媒创意产业不同性质企业并购情况

3．文化传媒创意产业并购交易情况

文化传媒创意产业并购交易情况如图 3－88 所示。

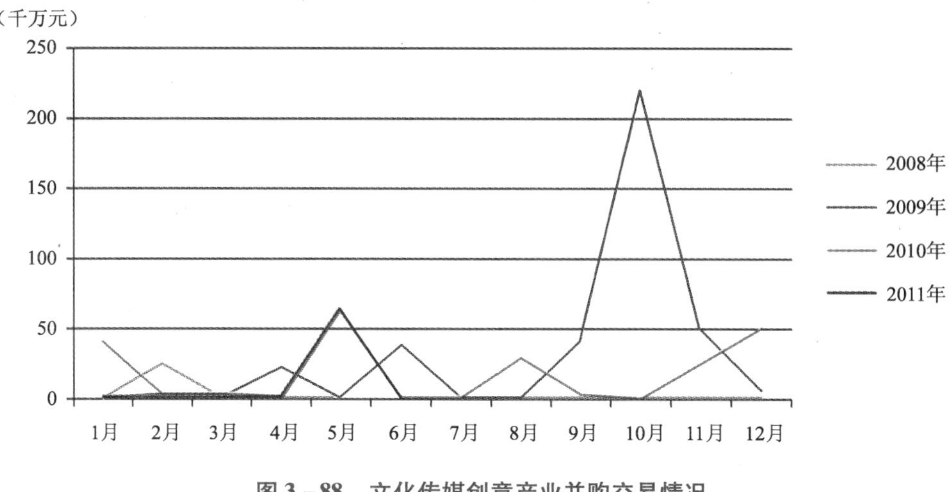

图3-88　文化传媒创意产业并购交易情况

（二）文化传媒创意产业并购事件Top 5

1. 中润解放收购杨航传媒

2011年4月29日，上海新华传媒股份有限公司发布公告，上海新华传媒股份有限公司全资子公司上海中润解放传媒有限公司拟以1 806万元收购上海中润广告有限公司持有的上海杨航文化传媒有限公司30%股权。本次收购完成后，中润解放持有杨航传媒100%股权。

点评：收购杨航传媒股权，对新华传媒而言，将带来强劲的推动力。随着定向增发工作的实施以及之后对沪上多家平面媒体广告代理公司的兼并收购，新华传媒对沪上平媒广告经营的整合工作全面推进，这会改变以往两大报业集团旗下各个媒体广告经营各自为政、相互杀价的过度竞争行为，媒体的市场定位和广告价格体系得以重塑。

2. 意马收购喜洋洋

2011年2月21日，据港媒报道，在中国以及港澳地区备受热捧的动画《喜羊羊与灰太狼》，其版权管理及拥有人动漫火车集团获得意马国际斥资逾8.14亿元收购，其中3.13亿元以现金支付，其余按每股0.35元，发行13.83亿股新股支付。交易完成后，动漫火车的大股东资深编剧卢永强和港商苏永乐将分别有意马1.08%及7.83%股份。

点评：这是香港对内地动漫产业的首笔大额收购，本次交易也是中国动漫整体发展迅速的一个缩影，以此为发端，本次并购可能会引发港资、外资对内地其他动漫企业的关注和好奇，由此引发外资、港资的投资热潮。

3. 江西出版集团重组上市

2010年4月27日，经中国证监会上市公司并购重组委审核，鑫新股份重大资产出售及发行股份购买资产暨关联交易事宜获得有条件通过。7月29日，中国证监会正式下达核准文件，这标志着江西出版集团公司重组上市工作取得成功。10月12日，经核准，股份公司名称由“江西鑫新实业股份有限公司”变更为“中文天地出版传媒股份有限公司”。2011年1月23日上午，中文天地出版传媒股份有限公司正式挂牌成立。

点评：中文天地出版传媒股份有限公司正式挂牌成立，这标志着江西出版集团公司转企改制和重组上市工作取得突破性进展。对于江西出版而言，上市带来了其梦寐以求的资金，为其在出版业改制大潮的竞争中赢得了先机。

4. 地产企业收购五棵松文化体育中心股权

2010年1月18日，北京城建披露，其已与民航房地产开发有限公司签订《产权交易合同》，将所持北京五棵松文化体育中心有限公司25%的股权全部转让给民航房地产开发有限公司，总价款为3.3亿元。

点评：北京城建此举是为促进公司回笼资金，控制投资风险，对于民航房地产开发有限公司来说，此次并购之后，它持有五棵松文化体育中心有限公司80%的股份，进一步巩固了其控股股东的地位。这对于五棵松来说，将来的决策执行效率将有很大的提高，有利于其未来实施发展战略。

5. 粤传媒购买广州日报旗下资产

粤传媒拟向广州传媒控股有限公司非公开发行3.4亿股，购买其控股的广州日报报业经营有限公司、广州大洋传媒有限公司及广州日报新媒体有限公司100%股权，标的资产价格38.32亿元。本次收购完成后，粤传媒的总股本变更为691 090 254股，广传媒直接持有粤传媒340 928 390股股份，占公司总股本的49.33%，成为粤传媒控股股东。

点评：本次重组及收购，广传媒拟注入资产整体经营稳定，有明确的市场定位，赢利能力较强，是广州日报社下属优质的资产。资产注入后，可以改善粤传媒的资产质量，提高其赢利水平。重组成功后，广州日报社下属的报刊印刷、发行、广告等上下游产业链将更好地整合，有利于降低经营成本，提高经济效益，同时，可以显著降低关联交易的比例，提高上市公司的独立性。

（三）文化传媒创意产业典型并购案例分析

中润解放收购杨航传媒

1. 交易概述

2011年4月29日，上海新华传媒股份有限公司发布公告，上海新华传媒股份有限公司全资子公司上海中润解放传媒有限公司拟以1 806万元收购上海中润广告有限公司持有的上海杨航文化传媒有限公司30%股权。本次收购完成后，中润解放持有杨航传媒100%股权。

2. 并购背景

上海中润解放传媒有限公司是上海最大的平面媒体广告代理商之一，其代理的报纸有《申江服务导报》、《新闻晨报》等，代理的杂志有《IFLAIR都市生活》、《旅行者》等，同时，中润解放传媒也是《纪实频道》的广告总代理。

杨航传媒目前是《I时代报》广告总代理，是国内第一家地铁广告代理公司，主要业务内容为经营《I时代报》广告及与之相配套的其他业务。2010 年实现主营业务收入 13 315 万元，净利润 1 242 万元。

3. 并购动因

此次并购的动因是提升竞争实力。中润解放传媒为新华传媒的全资子公司，中润传媒收购杨航传媒，使其成为旗下全资子公司，对新华传媒有着重要的作用。一方面，通过此次并购，对市场定位和广告的价格体系改革起着推动作用；另一方面，通过将并购公司核心业务与相关经营资源的整合，推动企业优化治理结构，规范运营管理，实现企业的升级蜕变，进一步提高新华传媒在平面媒体经营领域的竞争实力，实现在平面媒体经营领域的发展战略。

对于杨航传媒而言，由于其规模不大，经营能力、市场拓展能力和赢利能力有限，独立性存在缺陷，制约了企业的发展空间。并且，在产业恶性竞争愈演愈烈的情况下，公司生存尤为艰难，被收购之后，可使其资产完整、业务独立，避免同业竞争，减少关联交易，并且总公司对其加大投资后，可以使其规模进一步扩大，增强公司竞争力。在持续赢利方面，能够独立面向市场。

4. 并购内容

上海新华传媒股份有限公司（以下简称“新华传媒”）全资子公司上海中润解放传媒有限公司（以下简称“中润解放”）拥有杨航传媒 70% 的股权，中润广告拥有其另外 30% 股权。2011 年 4 月 29 日，新华传媒发布公告，将变更剩余募股资金作为对全资子公司中润解放的增资，用于收购杨航传媒 30% 股权。根据上海东洲资产评估有限公司出具的资产评估报告，杨航传媒的评估价值合计为 6 020 万元人民币，公司收购其 30% 股权的价格拟定为 1 806 万元人民币。经本次收购完成后，中润解放将持有杨航传媒 100% 股权。

5. 并购评述

国际金融危机背景下，我国文化产业在融入资本市场的过程中展现出巨大潜能与活力，随着文化传媒创意产业并购潮的兴起，新华传媒对沪上平媒广告经营的整合工作起到了全面推进作用。中润解放完成对杨航传媒的收购，成为新华传媒的全资子公司，此次并购，一方面使新华公司的产业得以整合，提高了资源配置效率，优化了产业结构，并提升了公司竞争力，进一步完善了公司产业链条；另一方面给杨航传媒注入了新的活力，提高了其经营能力、市场拓展能力和赢利能力，对其不断发展壮大、保持竞争力有着重要的作用。

三、文化传媒创意产业 PE 投资分析

1. 文化传媒创意产业 PE 投资规模

文化传媒创意产业 PE 投资规模如图 3 - 89 所示。

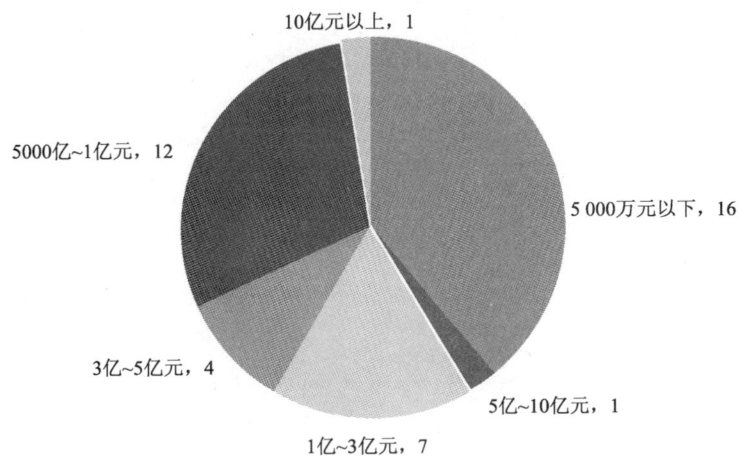

图 3－89　文化传媒创意产业 PE 投资规模（单位：笔数）

由图 3－89 可见，文化传媒创意产业的单笔投资金额主要集中在 1 亿元人民币以内的项目上。这也与文化创业产业内企业“轻固定资产”的现状一致。同时，由于文化创意产业企业的风险相对较高，投资不确定性较大，私募股权投资基金在进行投资决策时，也会相对比较谨慎，因此投资额普遍不大。

2. 文化传媒创意产业 PE 投资地区分布

文化传媒创意产业 PE 投资地区分布如图 3－90 所示。

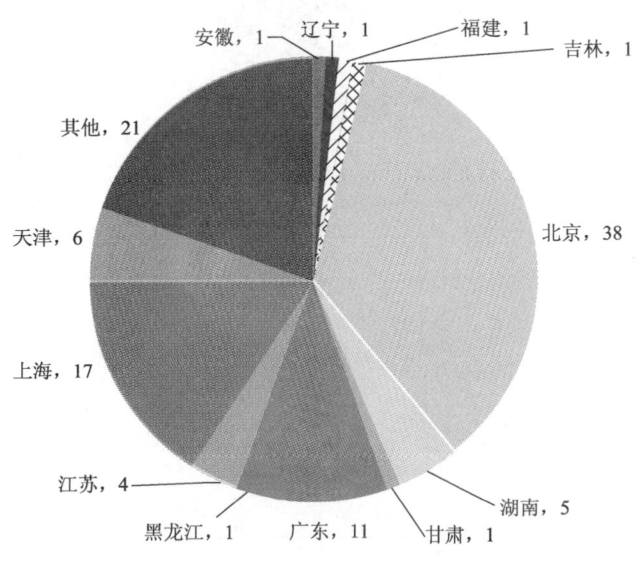

图 3－90　文化传媒创意产业 PE 投资地区分布（单位：笔数）

3. 文化传媒创意产业 PE 投资时间分布

文化传媒创意产业 PE 投资时间分布如图 3－91 所示。

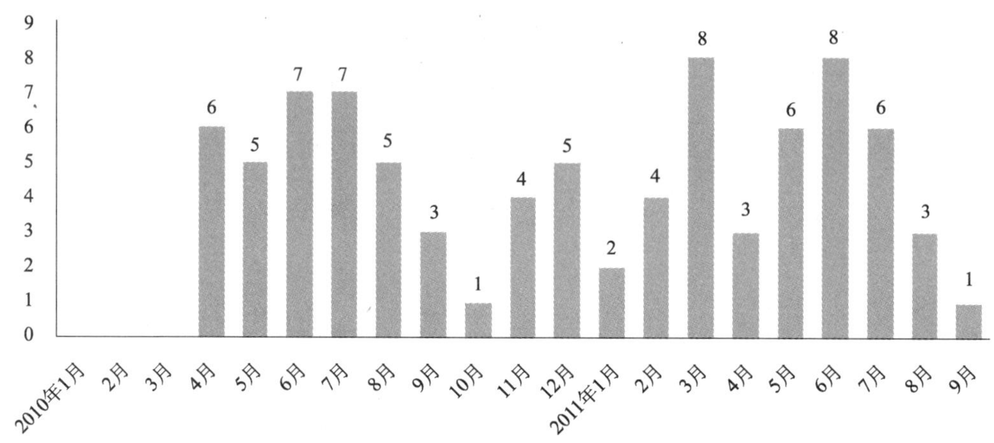

图 3－91 文化传媒创意产业 PE 投资时间分布（单位：笔数）

4. 文化传媒创意产业 PE 投资性质分析（见图 3－92）

文化传媒创意产业 PE 投资性质分析如图 3－92 所示。

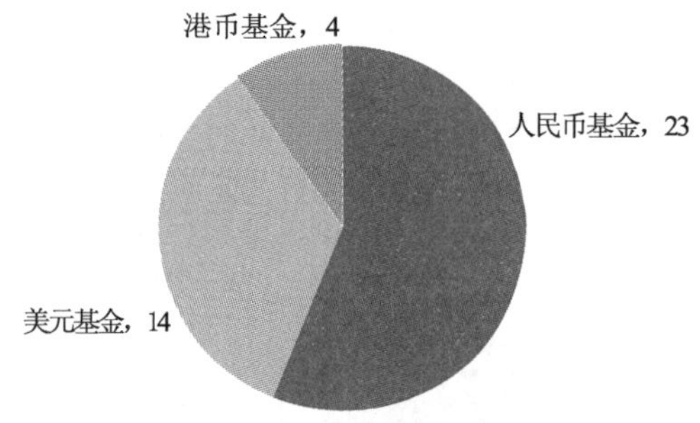

图 3－92 文化传媒创意产业 PE 投资性质分析（单位：笔数）

由图 3－92 可见，在文化传媒创意产业的股权投资中，人民币基金占绝大多数。

第九节　交通运输业

一、交通运输业趋势分析

2011 年是“十二五”开局之年，在通胀预期增强、物价上涨压力较大的背景下，货币政策持续从紧，使银行贷款规模受限。由于交通运输建设融资结构较为单一，银行贷款比重偏高，交通建设贷款合同正常履行受到影响；同时，贷款利率上浮，抬升了融资成本。清理地方政府融资平台和地方性债务，使得一些省份交通部门或下属交通建设投资公司难以获得银行贷款。这些，为并购市场留下了广阔的空间。从 2010 年 1 月到 2011 年 8 月，交通运输业并购案例 98 起，比直接投资案例多 67 起，行业整合痕迹明显。私募股权投资虽然直接投资案例不多，但额度却不小，大多投资为单笔 5 000万元以上金额，交通运输行业的资本密集型特点充分显现。

交通运输业私募股权与并购的杠杆关系如图 3－93 所示。

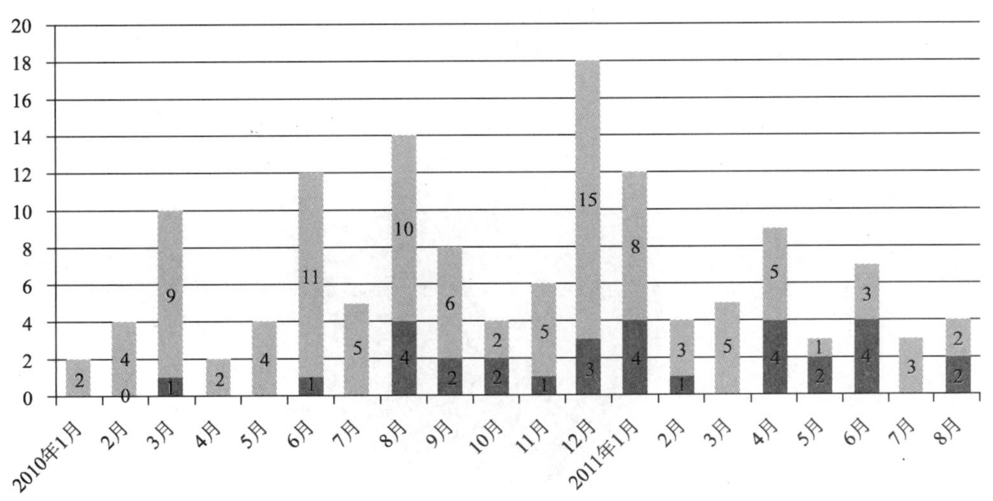

图 3－93　交通运输业私募股权与并购的杠杆关系（单位：笔数）

二、交通运输业并购分析

（一）交通运输业并购数据

1．交通运输业并购趋势指数

交通运输业并购趋势指数如图 3－94 所示。

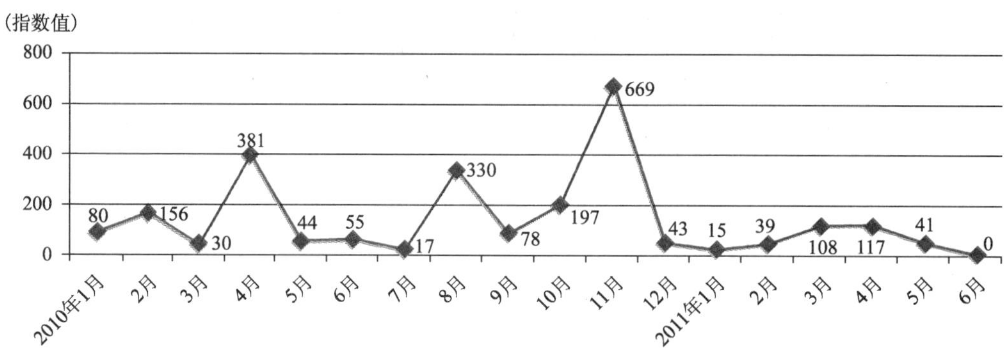

图 3－94　交通运输业并购趋势指数

由图 3－94 可见，交通运输业并购相对比较活跃，在整个并购业中占有很大的比重。并购笔数多，交易金额较大。2010 年 11 月并购指数达到最高点，显示出年终效应，同年 4 月指数达到第二高点。

2．交通运输业不同性质企业并购情况（见图 3－95）

交通运输业不同性质企业并购情况如图 3－95 所示。

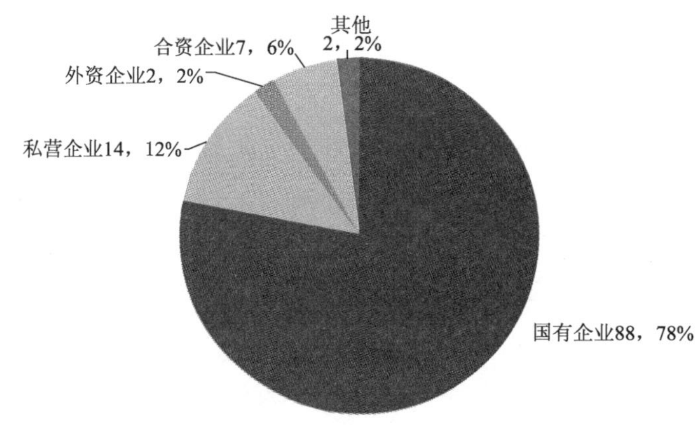

图 3－95　交通运输业不同性质企业并购情况

3．交通运输业并购金额与笔数

交通运输业并购金额与笔数如图 3－96 所示。

由图 3－96 可见，2008 到 2011 年 6 月交通运输业的并购交易情况是：2009 年相对活跃，交易笔数较多；将 2010 年 1 月至 2011 年 6 月并购图与历史成交图相比，可以发现，这一时期与以前的交易笔数相当，但交易金额有所增加。

4．交通运输业各细分行业并购情况

交通运输业各细分行业并购情况如图 3－97 所示。

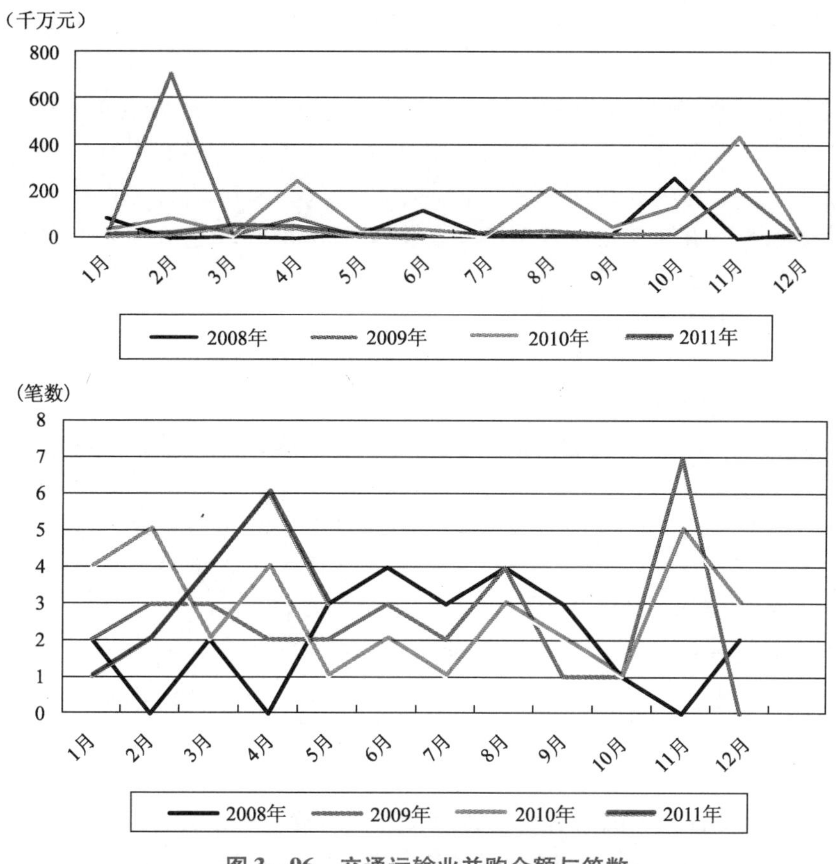

图3－96　交通运输业并购金额与笔数

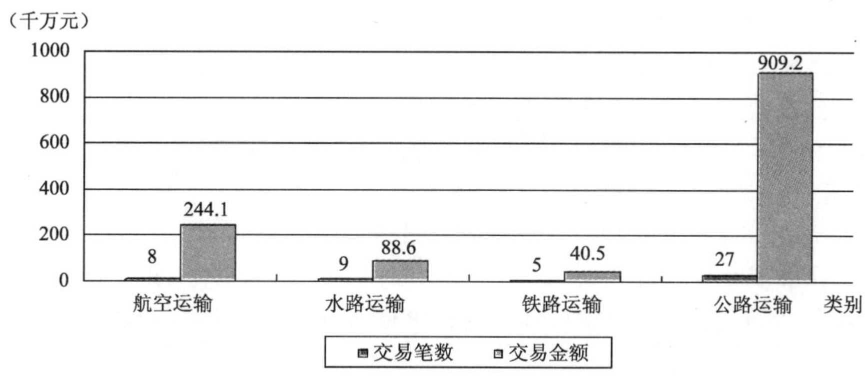

图3－97　交通运输业各细分行业并购情况

（二）交通运输业并购事件Top 5

1. 山东高速收购控股股东优质资产

2010年12月，山东高速公路股份有限公司从控股股东山东高速集团有限公司获悉，公司拟通过发行股份实施重大资产购买暨关联交易（简称重大资产重组）的方案已经获得山东省国资委有关批复文件的正式批复，原则同意公司以 5.29 元/股的价格向高速集团增发 14.20 亿股 A 股，合计 75.118 亿元。高速集团以持有的山东高速公路运营管理有限公司 100% 股权和山东高速潍莱公路有限公司 51% 股权作为支付对价。

点评：此次重大资产重组，山东高速将获得京福高速德齐南至泰安段、威乳高速及潍莱高速等路产。此次收购的资产均为山东高速集团旗下的优质资产，未来具有良好的持续赢利能力，有助于增厚公司业绩。以上路产在山东省内路网中具有非常重要的战略地位，符合未来道路发展趋势。

2. 四川交投集团收购四川成渝

2011 年 3 月 15 日，四川省交通投资集团有限责任公司（简称“交投集团”）因国有资产行政划转而持有四川成渝 9.75 亿股股份，约占该公司总股本的 31.88%。本次国有股完成划转后，四川成渝的总股本仍为 30.58 亿股，而交投集团则成为四川成渝第一大股东。

点评：四川交投集团收购四川成渝，是将四川成渝作为四川省高速公路优质资产的整合平台的一大举措。交易后，四川交投集团通过四川成渝投资建设省内优良的高速公路项目，推进四川省高速公路交通建设规划的实施，并大力支持四川成渝的后续发展，不断扩大上市公司的业务规模，增强上市公司的持续赢利能力。该并购案既可以避免同业竞争，也为今后企业拓展市场，提升国有资产运营效率以及实现国有资产保值打下了基础。

3. 中国东方航空收购上海东方飞行培训及东航大酒店

2010 年 8 月 27 日，中国东方航空股份有限公司召开董事会，同意以现金方式收购中国东方航空集团分别持有的上海东方飞行培训有限公司 5% 股权、东航大酒店有限公司 14.14% 股权，以基准日 2010 年 6 月 30 日的净资产评估值为基础，确定交易价格分别约为人民币 28 269 595.88 元、1 494.15 万元。

点评：本次关联交易股权转让完成后，上海东方飞行培训有限公司和东航大酒店成为东方航空股份有限公司的全资子公司，东方航空可以更加灵活地对飞培公司和东航大酒店进行引导和管理，并在此基础上努力开拓第三方市场。

4. 大新华航空收购海南航空及其控股子公司

海南航空股份有限公司及控股子公司中国新华航空集团有限公司、长安航空有限责任公司、山西航空有限责任公司拟将包括机库、航材、特种车辆等航空维修资产及人员转让给大新华航空技术有限公司，转让价格为标的资产的评估值 127 204.70 万元人民币。

点评：海南航空在经过一系列的整合后，成为中国国内第四大航空集团，因为“新华”更具全国性色彩，它的成立和运营无疑将部分改变地域性品牌的影响，由地域性航空公司走向全国性航空公司。

5. 中国南航完成对南龙控股增股

2010 年 11 月 1 日，中国南方航空股份有限公司宣布，其已完成向南龙控股有限公司定向增发境外上市外资股（H 股）312 500 000 股，每股面值人民币 1 元，全部为普通股，发行价格为每股港币 2.73 元，南龙控股亦已完成相关认购事宜。

点评：南航此举除了获取更多的境外投资外，也增强了其对南龙控股的绝对优势，同样提升了其在国际航空领域的地位与竞争优势。

（三）交通运输业典型并购案例分析

山东高速收购集团资产

1. 交易概述

2010 年 6 月，山东高速向控股股东山东高速集团有限公司定向增发收购山东高速公路运营管理有限公司 100% 股权及山东潍莱高速公路有限公司 51% 股权，股票发行规模约为 14.18 亿股，价格为 5.29 元/股，资产估值约为 75.12 亿元。收购完成后，山东高速运营总里程超 1 091 公里，一跃成为国内高速公路板块第一大上市公司。

2. 并购背景

山东高速集团有限公司是由山东省国资委履行出资人职责的国有独资特大型企业集团，集公路、高速公路、铁路、机场、港口等交通基础设施投资、建设、经营、管护于一体的现代化、国际化、高效化的综合型企业集团。

2002 年成功登陆上交所的山东高速股份，是山东高速集团旗下目前唯一上市平台，近 10 载运作形成“蓝筹股代表”的实力，堪当集团路桥资产整合者的重任。分阶段向高速股份注入优质路桥资产、推进高速公路主业整体上市，山东高速蓄势已久。2009 年，山东高速已将所属京福高速德齐北段、河南许亳高速、潍莱高速 49% 股权成功注入上市公司。此次是向控股股东以定向增发股票的方式，收购集团旗下京福高速德齐南至泰安段、威乳高速 100% 股权和潍莱高速 51% 股权。

3. 并购动因

第一，通过资本运作，成为业内第一。收购完成后，山东高速管辖收费里程达 920 公里，加上委托代管的青银高速济南绕城北线 46 公里和河南许亳高速公路 125 公里，公司运营管理的高速公路总里程高达 1 091 公里，成为国内高速公路板块第一大上市公司。

第二，收购优质资产，提高企业竞争力。公司路产中，京福高速纳入段为全国高速公路网的纵向主干线，是山东高速集团的最优异路产，也是全国赢利能力最强的高速公路之一。财务方面，2010 年 1 月至 5 月，京福纳入段实现通行费收入 4.89 亿元，同比增长 19.49%；威乳高速实现通行费收入 3 471.80 万元，同比增长 18.97%；潍莱公司实现营业收入 9 765 万元，同比增长 21.53%。实现营业收入 5.8 亿元，利润总额 2.8 亿元，净利润 2 亿元。

第三，顺应发展战略，拓展区域影响力。政策方面，山东省于 2010 年拟定“山东半岛蓝色经济区”战略规划，该经济区的未来定位是：黄河流域出海大通道经济引擎，环渤海经济圈南部隆起带，贯通东北老工业基地与长三角经济区的枢纽，中日韩自由贸易先行区。规划提出：形成“一区三带”发展格局，未来胶东半岛将以青岛为龙头。威乳高速连接威海、青岛两大沿海城市，有望成为胶东半岛最为繁忙的交通线路之一。

4. 并购内容

山东高速拟向控股股东山东高速集团有限公司定向增发收购山东高速公路运营管理有限公司100%股权及山东潍莱高速公路有限公司51%股权，资产估值约为75亿元，股票发行规模约为14.18亿股。通过此次收购，公司将获得山东高速集团旗下京福高速德齐南至泰安段、威乳高速及潍莱高速等路产，权益总里程为290公里，资产价值约75亿元。此次收购的资产均为山东高速集团旗下的优质资产，未来具有良好的持续赢利能力，有助于增厚公司业绩。

5. 并购评述

随着我国经济高速发展，沿海逐步形成了大片贸易地带，路通财通，高速公路的发展与经营成为对经济发展一大重要支撑。

从高速公路行业角度考虑，此次并购将有助于带动高速公路业进入整体上市阶段。山东高速摸索出“资产换钱、钱投资产、资产增值”的良性循环模式，与传统的“贷款修路、收费还贷、政府背债”高速公路建设管理模式相比，既减轻了政府压力，也解决了融资难题。可以说，此次重大资产重组在国内高速公路行业资本运作方面具有开创意义。

从企业自身发展角度考虑，山东高速购入大股东所持公路优质资产，将有效推动上市公司资产规模大幅提升，确保上市公司保持快速增长，京福高速德齐南至泰安段是集团旗下最优异的路产；威乳高速连接威海、青岛两大沿海城市，有望成为胶东半岛最为繁忙的交通线路之一；潍莱高速赢利能力稍弱，主要是财务费用较高及近两年大修维护成本大幅上涨，摊薄了净利润水平。在通行费收入持续上升、负债逐步偿还、大修维护期即将结束的情况下，预计未来潍莱高速赢利乐观。

三、交通运输业 PE 投资分析

1. 交通运输业 PE 投资规模

交通运输业 PE 投资规模如图 3－98 所示。

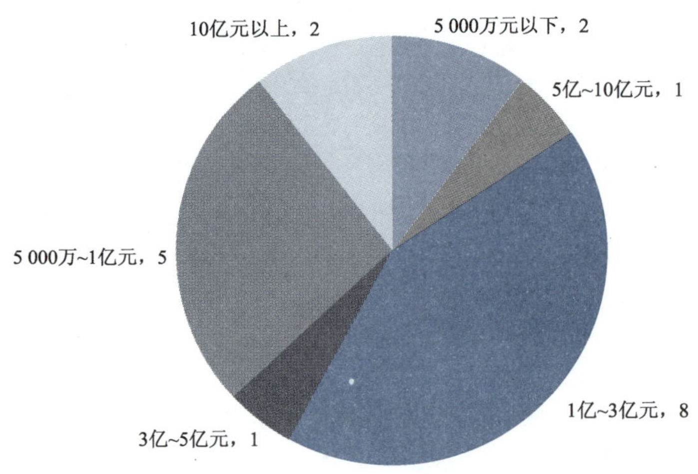

图 3－98 交通运输业 PE 投资规模（单位：笔数）

2. 交通运输业 PE 投资地区分布

交通运输业 PE 投资地区分布如图 3－99 所示。

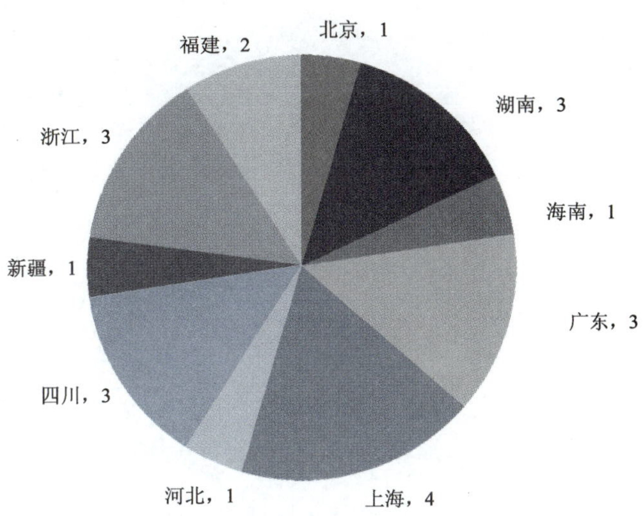

图 3－99 交通运输业 PE 投资地区分布（单位：笔数）

3. 交通运输业投资时间分布

交通运输业投资时间分布如图 3－100 所示。

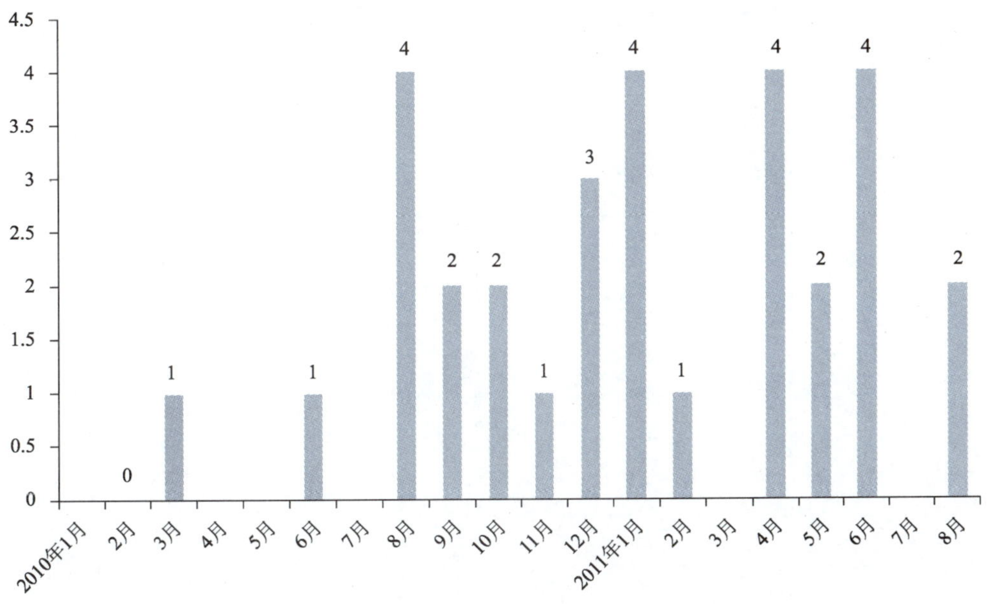

图 3－100 交通运输业投资时间分布（单位：笔数）

4. 交通运输业投资性质分析

交通运输业投资性质分析如图 3－101 所示。

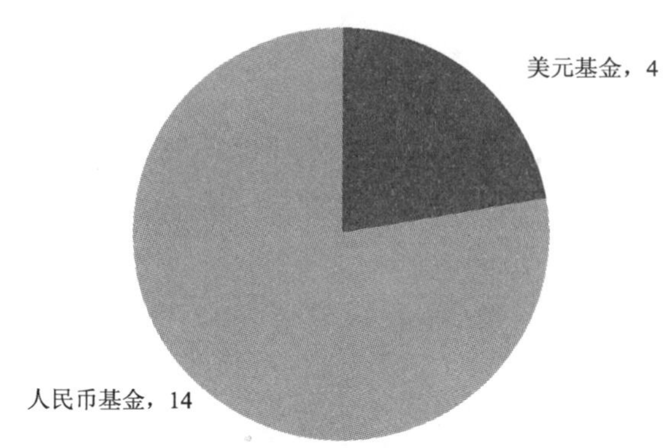

图 3－101　交通运输业投资性质分析（单位：笔数）

由图 3－101 可见，人民币基金是交通运输业投资的主体。

第十节　食品饮料业

一、食品饮料业趋势分析

2010 年以来，中国食品饮料行业规模以上制造企业规模不断扩大，食品饮料行业的快速发展使得资本投资快速扩张。相比其他行业而言，食品饮料行业的特性决定了其对于金融危机与通胀的弹性较大，资本投入的风险相对较小。这是中国食品饮料行业市场并购投资火爆的主要原因。从已经披露的单笔并购投资金额来看，37% 的投资案例集中在 1 000 万美金之下，大笔金额的投资案例数量较多。2011 年第 1 季度，食品饮料行业共完成并购 10 起，仅第 1 季度就达到去年全年并购数的一半，披露金额的 7 起并购案例涉及金额达 2. 54 亿美元。同时，食品饮料行业亦得到了海内外各大私募股权投资基金的青睐，从 2006 年至今的 5 年间，该行业共吸引 PE 基金 27. 12 亿美元的投资。与此同时，食品饮料行业海外并购速度加快，从 2010 年开始，光明食品先后并购澳大利亚最大粗糖生产商 CSR 糖业公司、英国联合饼干公司、美国维生素零售商建安喜（GNC）等，但其海外并购案只成功一例。行业并购规模和速度不断扩大，加大了本土企业向外扩张的速度，也提升了食品饮料行业企业的整体竞争力。

食品饮料业私募股权与并购的杠杆关系如图 3 – 102 所示。

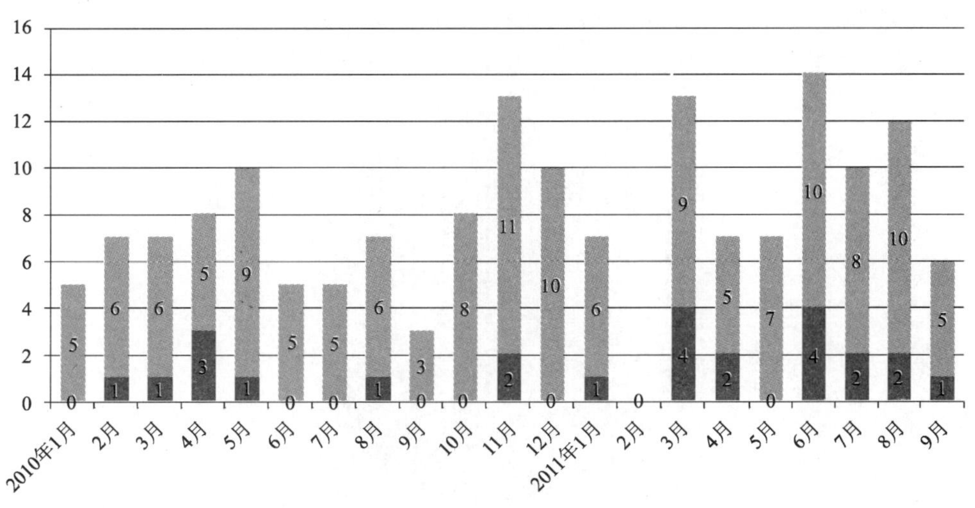

图 3 – 102　食品饮料业私募股权与并购的杠杆关系（单位：笔数）

二、食品饮料业并购分析

（一）食品饮料业并购数据

1. 食品饮料业并购趋势指数

食品饮料业并购趋势指数如图 3－103 所示。

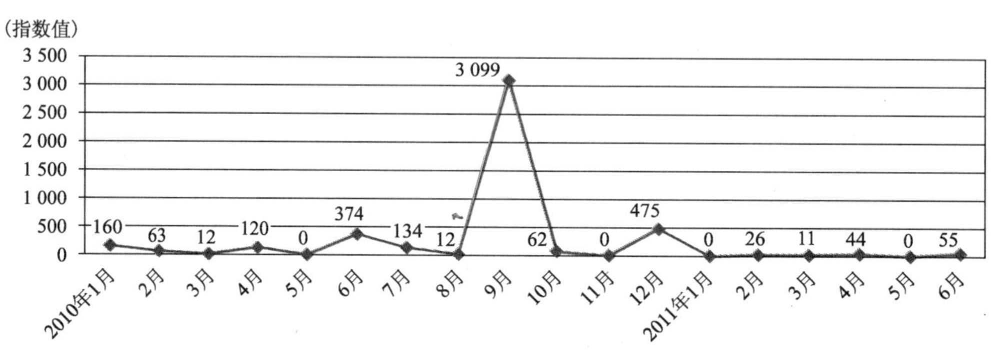

图 3－103 食品饮料业并购趋势指数

由图 3－103 可见，2010 年秋季并购指数出现较大拉升，在最后一个月出现两次拉升，创下年内第二高点，年终效应显现。

2. 食品饮料业不同性质企业并购金额比例

食品饮料业不同性质企业并购金额比例如图 3－104 所示。

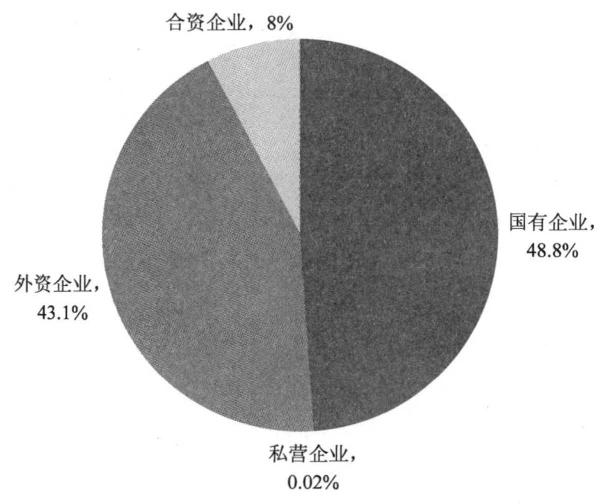

图 3－104 食品饮料业不同性质企业并购金额比例

3. 食品饮料业上市公司并购交易金额

食品饮料业上市公司并购交易金额如图 3－105 所示。

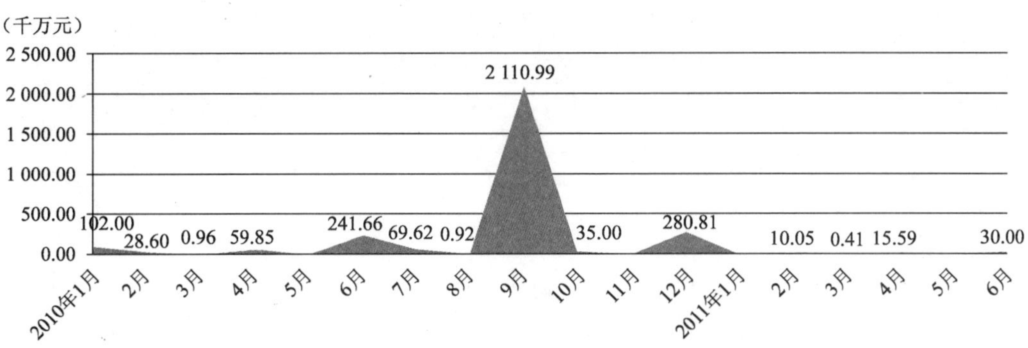

图 3－105　食品饮料业上市公司并购交易金额

食品饮料业并购交易金额不大，2008 年和 2009 年交易总金额 110.6 亿元，占同期上市公司并购交易总金额的 1.97%；交易笔数不活跃，处于相对低迷状态。2009 年 2 月行业并购交易金额达到 50.37 亿元，涉及 2 笔交易，均来自饮料制造业。2010 年 1 月至 2011 年 6 月，食品饮料业并购总金额达到 298.6 亿元，较 2008 年 1 月至 2009 年 6 月的 79.1 亿元大幅提升。

4. 食品饮料业并购交易笔数

食品饮料业并购交易笔数如图 3－106 所示。

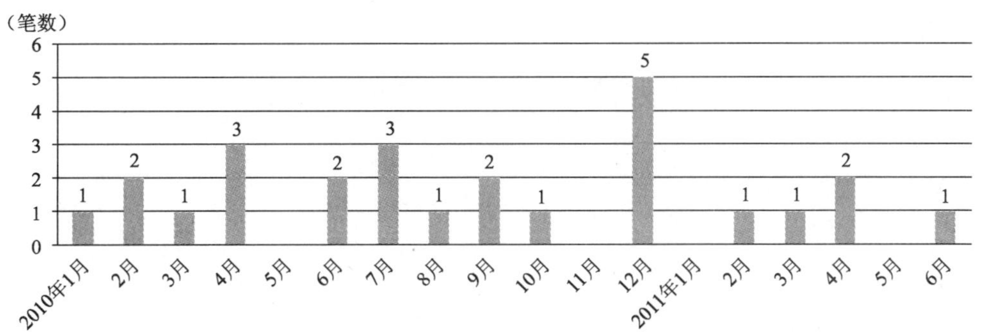

图 3－106　食品饮料业并购交易笔数

由图 3－106 可见，2010 年 1 月至 2011 年 6 月交易 26 笔，与此前对比变化不大，但平均每笔的交易金额较前增加，显示该行业由小型并购往大型并购趋势发展。

5. 食品加工业并购趋势指数

食品加工业并购趋势指数如图 3－107 所示。

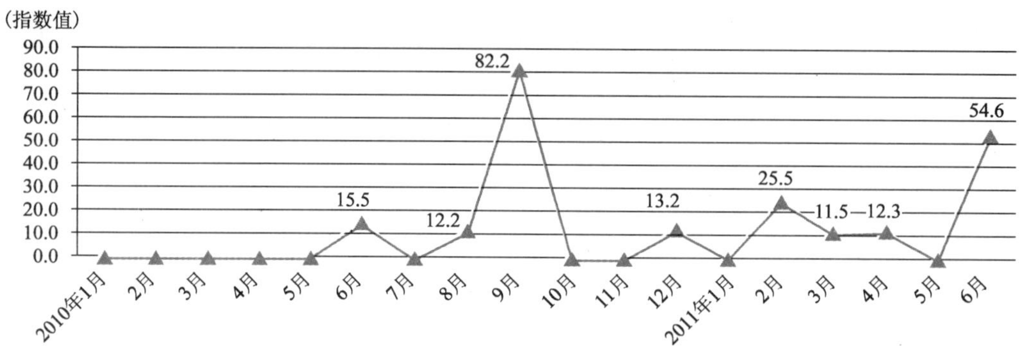

图 3－107　食品加工业并购趋势指数

6. 食品加工业交易金额

食品加工业交易金额如图 3－108 所示。

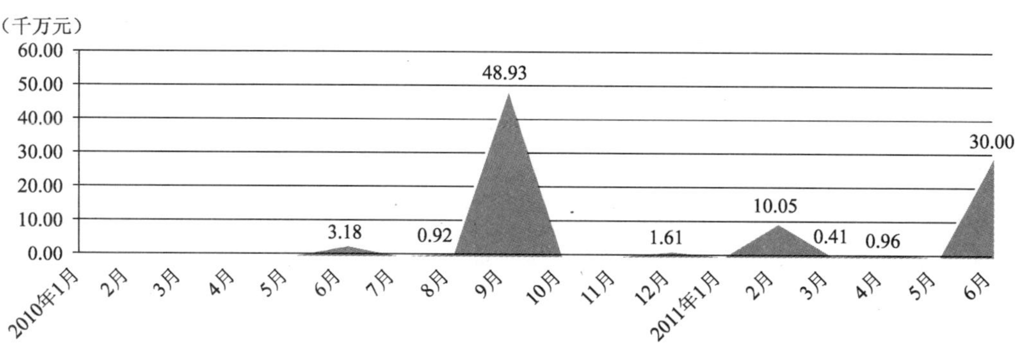

图 3－108　食品加工业交易金额

7. 食品加工业交易笔数

食品加工业交易笔数如图 3－109 所示。

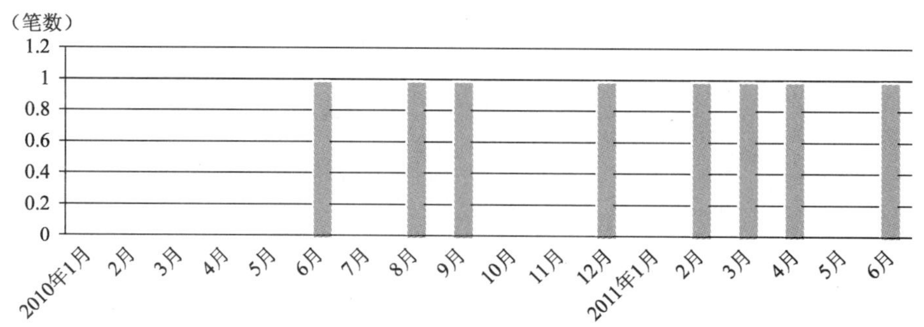

图 3－109　食品加工业交易笔数

由图 3－109 可见，食品加工业并购交易 8 笔，时间分布零散，交易金额较小，并购指数攀升出现在第二、第三季度。

8. 食品制造业并购趋势指数

食品制造业并购趋势指数如图 3－110 所示。

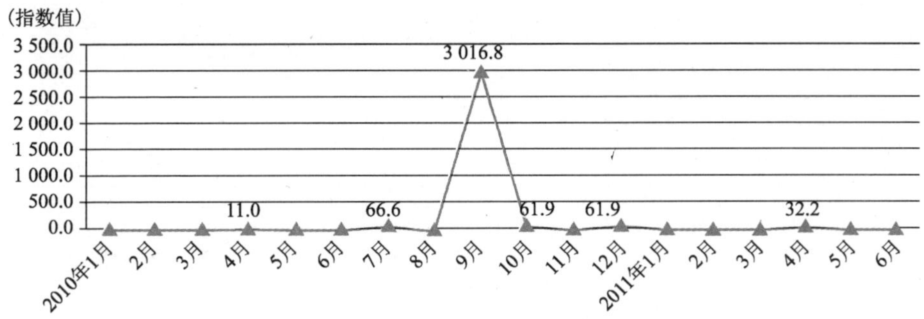

图 3－110 食品制造业并购趋势指数

9. 食品制造业交易金额

食品制造业交易金额如图 3－111 所示。

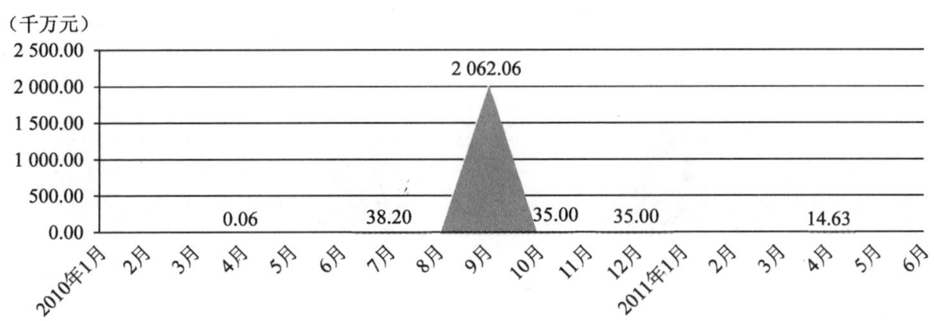

图 3－111 食品制造业交易金额

10. 食品制造业交易笔数

食品制造业交易笔数如图 3－112 所示。

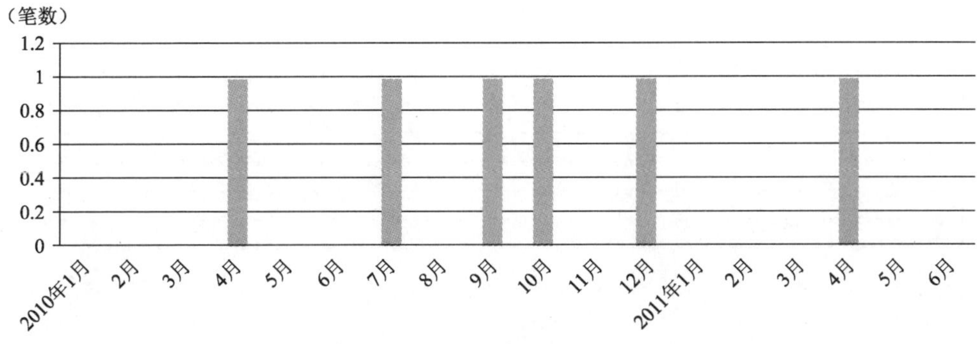

图 3－112 食品制造业交易笔数

由图3－112可见，食品制造业并购交易6笔，交易金额在2010年9月出现大幅攀升，带动食品饮料业并购指数攀升。

11. 饮料制造业并购趋势指数

饮料制造业并购趋势指数如图3－113所示。

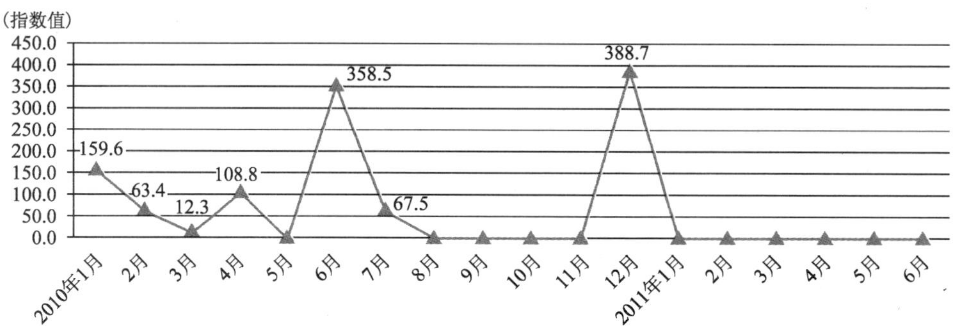

图3－113 饮料制造业并购趋势指数

12. 饮料制造业交易金额

饮料制造业交易金额如图3－114所示。

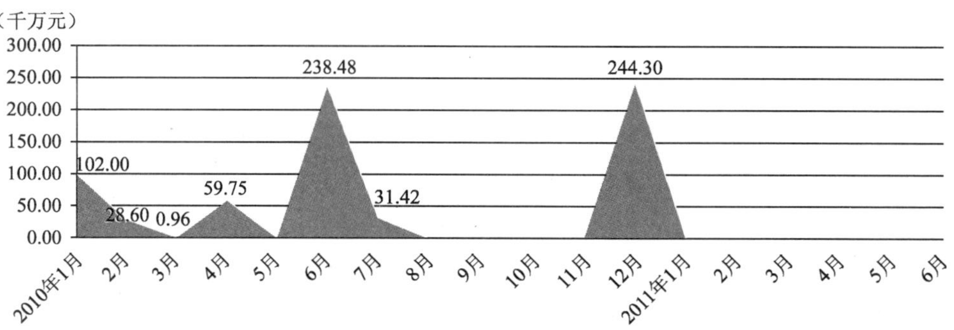

图3－114 饮料制造业交易金额

13. 饮料制造业交易笔数

饮料制造业交易笔数如图3－115所示。

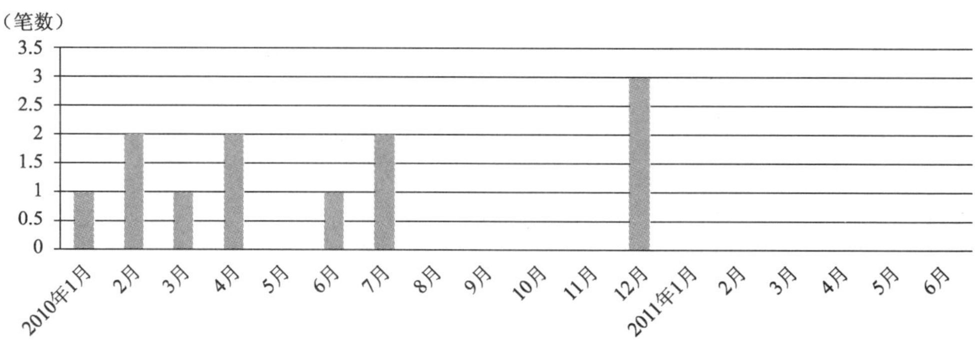

图3－115 饮料制造业交易笔数

由图3－115可见，饮料制造业并购交易12笔，较其他两个细分行业多，其中白酒类6笔，啤酒类2笔。并购指数在年中和年底均出现两个高峰，但在2011年上半年还没出现交易，交易活跃度较2010年同期回落。

（二）食品饮料业重大并购事件Top 5

1. 光明集团收购英国联合饼干

2010年9月，光明集团就收购英国联合饼干公司（United Biscuits）进行排他性谈判，拟以31.6亿美元（超过20亿英镑）并购英国联合饼干公司。罗斯柴尔德（Rothschild）担任光明食品本次谈判的顾问。

点评：光明集团将收购联合饼干视为开发中国本土新兴且增长迅速的零食市场的良好机遇，而非企图削减成本、将在英国销售的零食转移到海外生产。光明食品计划大举投资，在新兴市场（尤其是中国）扩张联合饼干的饼干业务。此举有望通过收购拥有市场领先地位、技术以及本国市场经营诀窍的西方企业，在地理上实现业务的多元化。此次交易虽然以失败告终，但加深了光明集团别对国外投资环境的了解，从而为今后进行成功收购奠定了基础。

2. 嘉士伯收购重庆啤酒

重庆啤酒股份有限公司第一大股东重庆啤酒（集团）有限责任公司（以下称重啤集团）与嘉士伯啤酒厂香港有限公司（以下称嘉士伯香港）于2010年6月9日签订了附生效条件的股权转让协议。重啤集团拟将其持有的公司12.25%的股权，计59 294 582股，以人民币40.22元/股的价格转让给嘉士伯香港，总价计23.8亿元。

点评：为了赢得西南市场，嘉士伯在此次收购案中颇富“心计”，通过运作，绕过了重庆国资委设定的“外资持股不得超过25%”的政策红线。嘉士伯在国内的市场主要集中在西部地区，是西部地区最大的外资啤酒企业。而反观西南两大重镇成都和重庆，前者被华润雪花牢牢占领，后者则是重啤的天下，嘉士伯自有品牌在成渝两地销售额没有大突破。此案是嘉士伯西南市场布局的重要一步。

3. 青岛啤酒股权收购山东新银麦啤酒

2010年12月，青岛啤酒股份有限公司第6届董事会临时会议批准，公司及全资子公司青岛啤酒香港贸易有限公司（以下称香港公司）与新银麦啤酒（香港）有限公司及华祺有限公司（以下合称：出让方）签订股权转让合同，香港公司受让出让方分别持有的山东新银麦啤酒有限公司75%，25%的股权。考虑到新银麦的经营状况，根据对未来经营状况的估计，建立估值模型，协商确定上述股权交易合计人民币为18.7亿元。

点评：青岛啤酒希望通过本次收购案扩充公司产能，扩大、巩固山东核心市场，完善市场格局，拉动产销量的外延式增长。这同时表明，青岛啤酒开始进入品牌升级和销售扩张双轮驱动发展阶段。此次交易迎合了打造基地市场地位这一战略需要，预期并购双方将产生战略协同效应，对青岛啤酒未来发展有积极影响。

4. 张裕认购恒丰银行增发股份

烟台张裕葡萄酒股份有限公司于2010年1月以自有资金出资10.2亿元，以每股

3 元的价格，认购恒丰银行股份有限公司（下称“恒丰银行”）增发股份 3.40 亿股，占恒丰银行增资扩股后总股本的 5%。

点评：张裕本次认购恒丰银行增发股份，源于近几年账面货币资金充裕，出现大量闲置资金，基本用于投资 3 个月至 1 年的银行定期存款，资金使用效率偏低。另一方面，恒丰银行近年来资产规模快速发展，经营业绩持续增长，分红率较高。张裕有望通过本次交易，将闲置资金从定期存款投资转为对恒丰银行的股权投资，提高闲置资金的投资收益。

5. 易控股接管易食股份

海航易控股有限公司于 2010 年 9 月 27 日签订《股权转让协议》，海航商业将其持有的易食股份（原宝商集团）4 284 万股（占公司总股本的 17.38%）股权以协议方式转让给海航易控股，转让价格约为 4.89 亿元（每股 11.42 元），此价格参照 2008 年 4 月海航集团有限公司以其持有的宝商集团 4 284 万股股权（占宝商集团总股份的 17.38%）对海航商业控股有限公司增资的价格。

点评：易食股份原名宝商集团。宝商集团是以百货零售、连锁超市为主体等多个领域的大型企业集团。早在此并购案前，宝商集团就与海航集团签订了《资产置换协议书》，变身为海航餐饮板块的融资平台。此外，海航集团于 2008 年组建第八大板块“易集团”，将相关航食公司共计 11 家划给易集团进行整合。目前海航占国内航空配餐市场份额并不大。易集团计划从航空食品延伸到地面，开拓更大的市场。此番将易食股份转让给海航易控股有限公司，将有利于推进海航集团产业化发展战略。

（三）食品饮料业典型案例分析

嘉士伯收购重庆啤酒

1. 交易概述

2010 年 6 月 9 日，重庆啤酒（集团）有限责任公司与嘉士伯啤酒厂香港有限公司签订了附生效条件的股权转让协议，重啤集团将其持有的本公司 12.25% 的股权以人民币 40.22 元/股的价格，合计 23.85 亿元，转让给嘉士伯香港。股权转让完成后，嘉士伯香港与其关联公司嘉士伯重庆有限公司将共同持有本公司 29.71% 的股权，为本公司第一大股东。重啤集团持有本公司 20% 的股权，为本公司第二大股东。

2. 并购背景

嘉士伯创立于 1847 年，是总部位于丹麦哥本哈根的世界第五大酿酒集团。其业务范围包含啤酒和软饮料的生产与销售。嘉士伯集团公司在 43 个国家和地区有 67 个酿酒厂，产品销往 100 多个国家及地区。

重庆啤酒（集团）有限责任公司以啤酒为主业，致力于啤酒、饮料以及相关产品的生产和研发。经过近 50 年的发展，重啤拥有资产近 43 亿元，成为集啤酒、饮料、生物制药于一体的大型企业集团。重啤有 28 家啤酒分、子公司，分布于重庆、四川、贵州、江苏、湖南、浙江、安徽和广西等地，啤酒年生产能力突破 280 万吨。重庆啤酒拥有“山城”、“重庆”、“麦克王”等品牌啤酒系列产品，在国内有很高的知名度。在我国啤酒行业中，重啤集团跻身“中国十大啤酒集团”前列。1998 年，重啤与科研机构联手，研制开发乙肝治疗性多肽疫苗，开啤酒企业进入高科技生物制药领域之先河。

市场方面，近年西南啤酒市场几乎被嘉士伯和华润雪花瓜分。嘉士伯进入中国市场后，立即布局西南，通过一系列并购，占领了西南将近一半市场，重庆市场无疑是其最后的壁垒。华润雪花也占据了西南啤酒市场相当大的市场份额。只有重庆市场一直被本土品牌“重庆啤酒”和“山城啤酒”占据。自 2010 年 4 月 13 日重啤发出股权转让公告以来，两个月内，华润、百威英博和嘉士伯三大世界级啤酒大腕都开始角力争夺这一块肥肉。能否占领重庆，对三啤酒巨头能否称霸西南地区起着至关重要的作用。

3. 并购动因

其一，占据西南市场，开拓中国市场。本次收购符合嘉士伯在中国西南部地区市场布局的策略。嘉士伯在国内的市场主要集中在西部地区，其啤酒品牌有云南大理啤酒、昆明华狮啤酒、西藏拉萨啤酒、新疆乌苏啤酒和宁夏啤酒等，是西部地区最大的外资啤酒企业。而反观西南两大重镇成都和重庆，前者被华润雪花牢牢占领，后者则是重啤的天下，而且两大品牌各不相让。虽然嘉士伯此前已经获得重啤部分股权，但一直没有取得最大话语权，其自有啤酒品牌在成渝两地销售额并无大突破。如果股权转让成功，不仅会使嘉士伯成为重啤最大股东，而且还能使其接手重啤旗下的山城啤酒。

其二，对乙肝疫苗业务持乐观态度。公开信息显示，重啤旗下的佳辰生物的治疗用乙肝疫苗 II 期临床试验进展顺利。从目前少数临床中心受试者自主检测的结果来看，观察期 5 个月的受试者已有数例病人 E 抗原转阴，没有发生一例严重副反应的病例。嘉士伯亚洲区高级副总裁白荣恩 6 月曾高调表示：“这次的收购价格，已经包含了我们对药的浓厚兴趣。虽然我们不是乙肝方面的专家，也不是做生物制药的，这一块将来发展成怎么样，大家都不知道。但我们必须继续支持并投资，我们也希望它有好的命运。”

4. 并购内容

2010 年 6 月 9 日，重庆啤酒（集团）有限责任公司与嘉士伯啤酒厂香港有限公司签订了附生效条件的股权转让协议，重啤集团拟将其持有的本公司 12.25% 的股权，共 5 929.46 万股股份，以人民币 40.22 元/股的价格（高于市价 8.6%），合计 23.85 亿元，转让给嘉士伯啤酒厂香港有限公司。嘉士伯啤酒厂香港有限公司与其关联公司嘉士伯重庆有限公司合计持有重庆啤酒 29.71% 的股权，略低于 30%，没有触发要约收购的条款，计 1.44 亿股，其控股股东嘉士伯啤酒厂有限公司将为公司的实际控制人。同年 11 月 1 日，重庆啤酒发布公告称，收到国资委的批复，同意公司股东重庆啤酒（集团）有限责任公司将其所持公司 12.25% 股权转让给嘉士伯啤酒厂香港有限公司。

5. 并购评述

嘉士伯收购重庆啤酒股权与百威啤酒收购哈尔滨啤酒战略相同，符合国际啤酒巨头进入我国市场之做法：借收购本土啤酒品牌，利用其销售渠道，抢占大众低端啤酒市场，从而实现自身品牌的推广。嘉士伯曾公开表示：中国已成为世界第一大啤酒市场，以每年6%的速度增长，巨大的市场潜力对任何企业都极富吸引力。同时，中国西部地区有很大的市场潜力，竞争不如一线市场激烈，嘉士伯早已在西部形成强大的市场战线。收购重庆啤酒后，嘉士伯在二线市场的地位会更加稳固，并会利用高端啤酒优势布局重庆市场。

另一方面，此次收购对重庆啤酒同样意义重大，有利于公司资产的完整性，解决商标使用权和所有权分离带来的经营风险；有利于公司业务的独立性，减少或避免关联交易；有利于增强公司的市场竞争力。

针对此次交易，考虑到嘉士伯的横向并购，如果嘉士伯投资重庆啤酒的乙肝疫苗业务，将面临高风险，最终能否成功，存在高度不确定性。

在收购期间，有学者指出，外资渗透中国啤酒市场，民族品牌到了危亡的时刻。此外，收购公布后的同月17日，重庆啤酒厂区共有500多名员工罢工，使这一厂区啤酒生产停顿。罢工职工表示，他们担心企业改为外资企业后，自己将被迫面对各种不确定因素。针对罢工事件，重庆啤酒于18日发布公告解释称，原因是分公司部分职工对公司控制权变更涉及的职工安置方案存在疑虑。嘉士伯高管随后表示，并购当地啤酒企业会保持原有队伍。但是，在嘉士伯入主两月后，重庆啤酒出现高管批量辞职，包含3名董事、2名监事。因此，并购案中，既要注意关键员工保留，也需处理好并购双方文化匹配度、品牌持续性、文化差异、人员结构等问题，让企业更好、更快地达成收购目的。

三、食品饮料业 PE 投资分析

1. 食品饮料业 PE 投资规模

食品饮料业 PE 投资规模如图 3－116 所示。

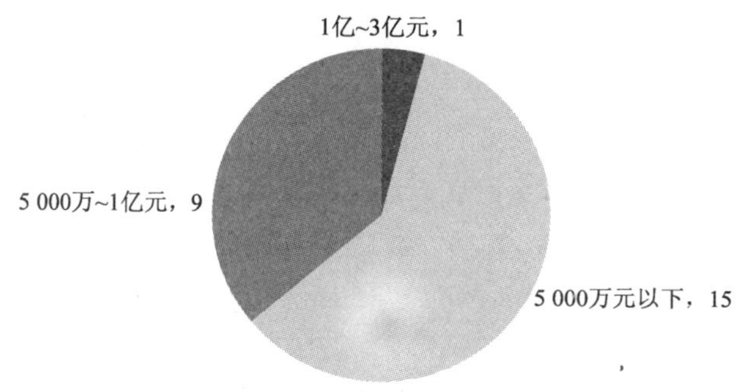

图 3－116 食品饮料业 PE 投资规模（单位：笔数）

由图 3－116 可见，食品饮料行业 PE 投资额度一般都在 5 000 万元以下，3 亿元以上大的投资案较少，这主要与食品饮料行业的特点有关。食品饮料行业复制性较强，主要投资在产品的宣传投资上，资金周转速度较快，一般企业资本金充足。因此，风投在进入时，资金量一般不会太大；而且，食品饮料行业是传统制造业，与一些高新技术行业相比较，其获得大额度投资的几率较小。

2. 食品饮料业 PE 投资地区分布

食品饮料业 PE 投资地区分布如图 3－117 所示。

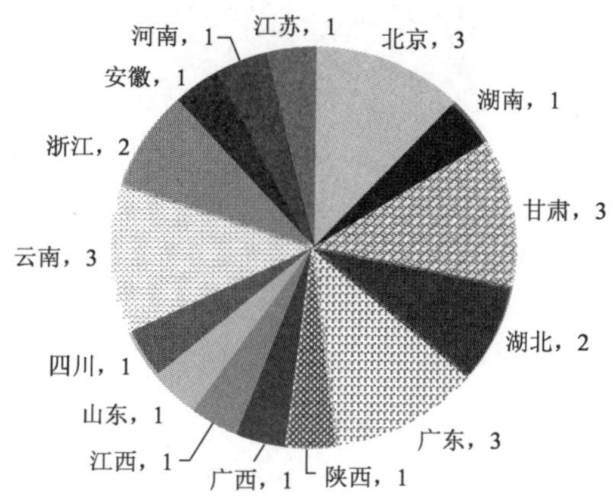

图 3－117　食品饮料业 PE 投资地区分布（单位：笔数）

由图 3－117 可见，食品饮料行业 PE 投资主要地区为北京、甘肃、湖北、浙江等地，区域较为分散。我国食品饮料行业由于跟农产品种植区域关联度较大，一般企业都是依托于全国粮食大省或者农牧畜业较为集中的区域。湖北、甘肃等地是食品原材料主要生产基地；浙江由于经济发展较为迅速，民营企业较早发展，是食品加工制造地，许多企业都将总部设置在浙江地区，如康师傅、娃哈哈等食品饮料行业龙头企业。

3. 食品饮料业 PE 投资时间分布

食品饮料业 PE 投资时间分布如图 3－118 所示。

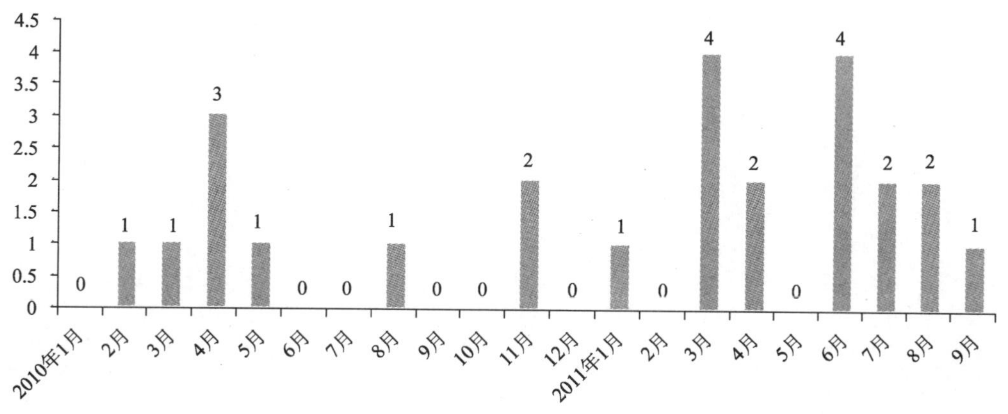

图 3－118　食品饮料业 PE 投资时间分布

4. 食品饮料业 PE 投资性质分析

食品饮料业 PE 投资性质分析如图 3－119 所示。

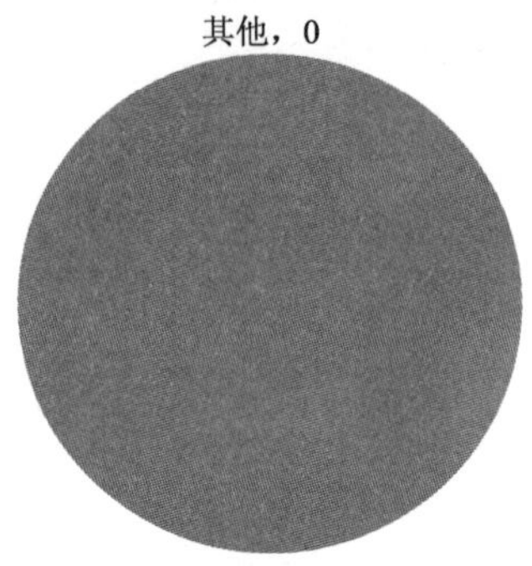

图 3－119 食品饮料业 PE 投资性质分析（单位：笔数）

在食品饮料业投资中，目前外国投资机构并未过多介入，由图 3－119 可见，食品饮料业 25 笔 PE 投资中，投资者均为人民币基金及机构。

第十一节　医药保健业

一、医药保健业趋势分析

医药保健业私募股权与并购的杠杆关系如图 3－120 所示。

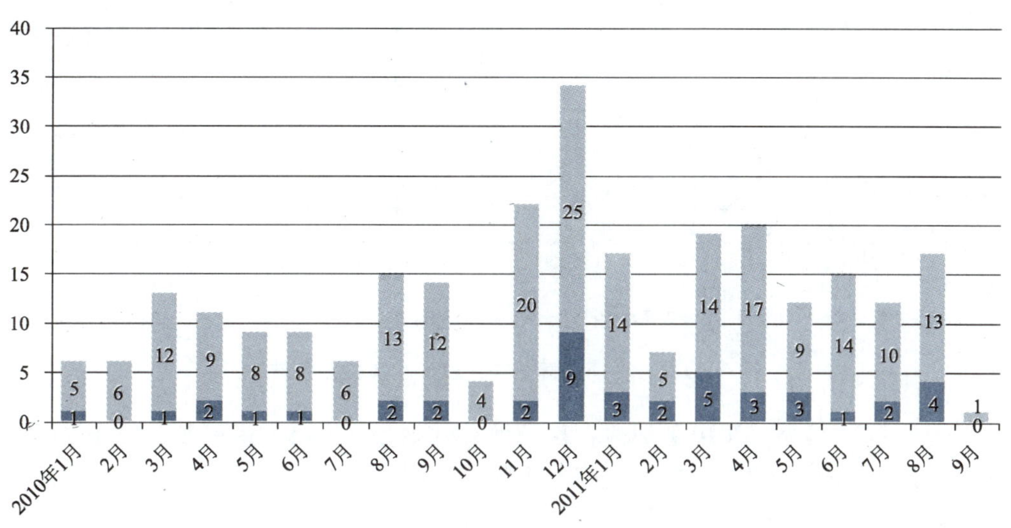

图 3－120　医药保健业私募股权与并购的杠杆关系（单位：笔数）

制药业按照制药的方法和原料划分，可分为化学制药行业、生物制药行业和中成药制药行业三个子行业，其中，生物医药产业是一种知识密集、技术含量高、多学科高度综合和相互渗透的新兴产业。由于资本投入要求高，有一定的进入壁垒，生物制药一般具有相对较高的利润率，因而受到 PE 追捧。而化学制药行业在我国相对成熟，重复建设较为严重，导致行业内竞争激烈，重组并购较多。对于医药流通企业而言，医药流通业的并购将成为未来行业的主要趋势。根据《全国药品流通行业发展规划纲要（2011～2015 年）》，“到 2015 年，要通过鼓励支持企业兼并重组和充分市场竞争，培育 1～2 家年销售额过千亿的跨地区全国性的大型医药商业集团，20 家年销售过百亿的区域性大型医药企业；药品批发‘百强’企业年销售占全行业年销售总额 80% 以上。”而目前我国销售过百亿的企业只有 8 家。因此，按照“十二五”规划，医药流通行业还将面临更多的重组机会。未来医药流通行业的主要投资机会将集中在区域龙头性质的医药批发企业、大型连锁药店以及专业的第三方医药物流服务商三方面。

二、医药保健业并购分析

（一）医药保健业并购数据

1. 医药保健业并购趋势

医药保健业并购趋势如图 3－121 所示。

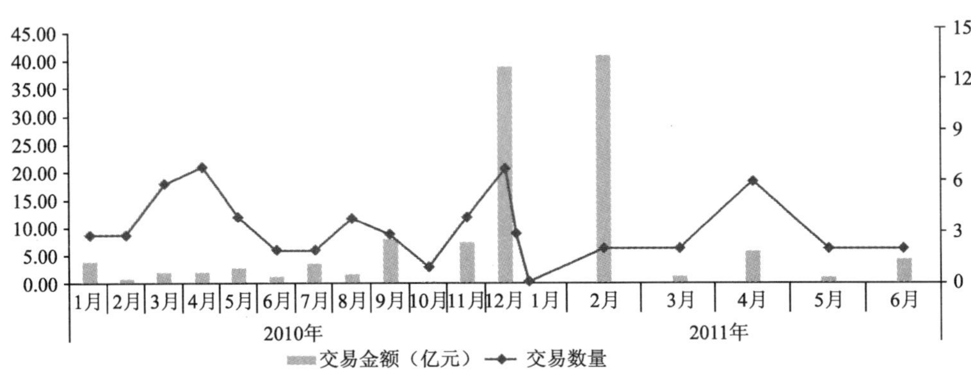

图 3－121　医药保健业并购趋势（单位：笔数）

由图 3－121 可见，2010 年以来，医药保健行业上市公司（仅包含上海证券交易所和深圳证券交易所）发生的并购交易为 46 起；2011 年上半年为 14 起。2010 年发生的医药保健行业上市公司并购情况，从交易数量来看，在 4 月份达到高峰（7 起）；下半年受整个行情影响有所下降，但在 12 月则又由于“年底效应”，交易数量重新达到高峰。2011 年年初以来，上半年的并购交易数量为去年同期的 56%，但是并购交易金额达到了去年同期的 3.86 倍，其主要原因为 2011 年 2 月哈药集团 100% 收购其持有的哈药集团生物工程和三精制药全部股份，交易对价达到 38.97 亿元。

2. 医药保健业并购交易笔数与金额

医药保健业并购交易笔数与金额如图 3－122 所示。

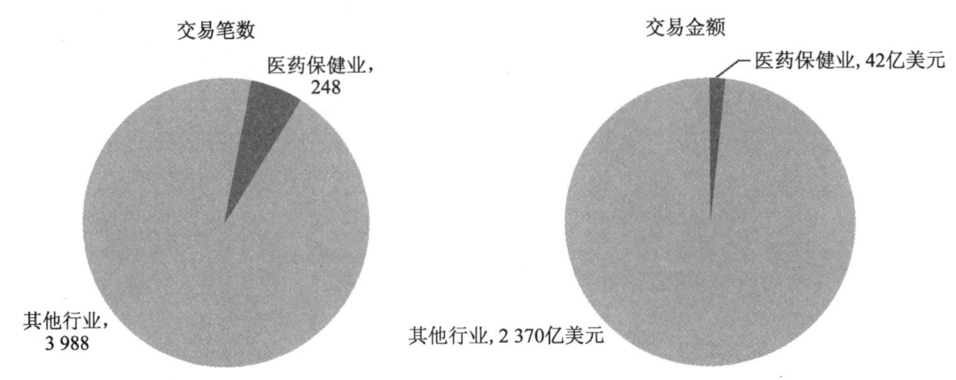

图 3－122　医药保健业并购交易笔数与金额

数据来源：Dealogic

2010年全年，中国共发生并购交易为4 236起，总金额达到2 414亿美元，分别占全球交易笔数和交易金额的10.4%和8.5%；其中，医药保健行业248起，金额42亿美元，分别占中国行业并购交易笔数和金额的6.2%和1.8%，份额相对较小。中国行业平均并购交易额和医药保健行业并购交易的平均每笔交易金额分别为0.57亿美元和0.17亿美元，与全球行业平均并购交易和医药保健行业并购交易的每笔交易金额（分别为0.69亿美元和0.87亿美元）差距巨大。

3. 医药保健业并购交易占比

医药保健业并购交易占比如图3－123所示。

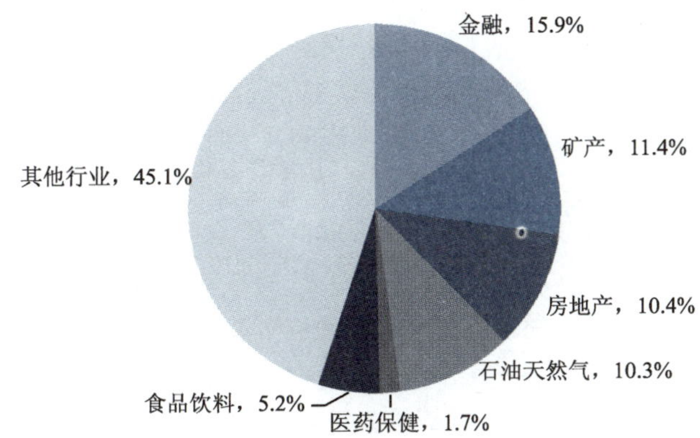

图3－123 医药保健业并购交易占比（单位：金额）

数据来源：Dealogic

由图3－123可见，按照交易金额占比的行业排名，医药保健行业与排在前三位的金融行业（15.9%）、矿产行业（11.4%）和房地产行业（10.4%）差距巨大，占比仅为1.7%。医药保健行业近几年的行业增长率则早已超过所有行业的平均增速；与较低的并购交易金额占比相比，中国医药保健行业整体来看还非常分散，集中度很低，未来整合机会将远远大于其他行业。

4. 医药保健业上市公司与非上市公司并购笔数

医药保健业上市公司与非上市公司并购笔数如图3－124所示。

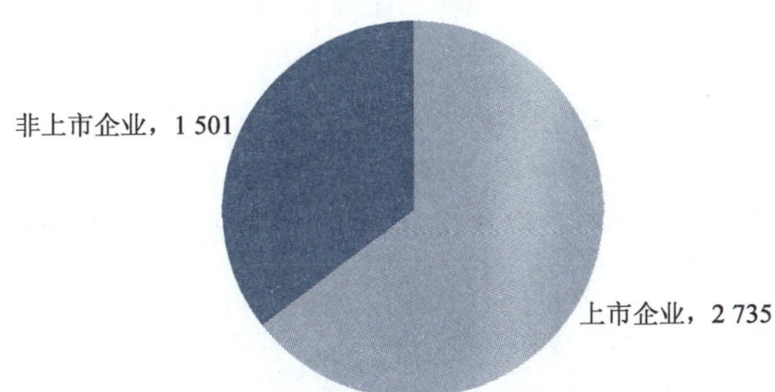

图－124 医药保健业上市公司与非上市公司并购交易笔数

数据来源：Dealogic

（二）医药保健业重大并购事件 TOP 5

1. 哈药股份收购哈药生物和三精制药

2011 年 2 月，哈药集团股份有限公司通过向哈药集团非公开发行境内上市的人民币普通股，收购集团持有的哈药集团生物工程有限公司 100% 股权和哈药集团三精制药股份有限公司全部股份，最终交易价格 38.97 亿元，加上增发，哈药股份总斥资为55 亿元。

点评：本次并购完成后，哈药股份将形成完整的医药产业链，未来可以凭借良好的内部资源整合能力和全医药产业链的利润吸纳力，进一步提高公司与上下游企业的谈判能力，提高公司竞争力。

2. 上海医药收购新亚药业等资产

2010 年 12 月，上海医药集团股份有限公司通过全资子公司上海实业医药科技（集团）有限公司收购 China Health SystemLtd.，收购总价为 22.34 亿元。同月，上海医药集团股份有限公司以现金向控股股东上海医药（集团）有限公司购买其持有的抗生素业务资产，包括上海新亚药业有限公司、上海新先锋药业有限公司，总对价为人民币 14.88 亿元。

点评：长久以来，上药集团一直以上海为中心，在南方地区稳居龙头地位，但其在北方市场发展的基础比较薄弱，本次收购 CHS 的股权，将成为上药集团拓展北方市场的突破口。此次收购将为上药集团向华北地区拓展，从一个地区医药分销商转型为一家全国医药分销商，为建立全国性的网络布局提供支撑。同时，对新药药业和新先锋药业的收购表明，上海医药完成了抗生素业务的注入，实现了上药集团医药资产的整体上市布局，上述两项并购交易的完成，标志着上海医药向大型综合性医药产业集团的发展目标又迈出了一步。

3. 海翔药业股权转让

2010 年 9 月，海翔药业控股股东罗邦鹏与其子罗煜竑签署《股权转让协议》，将其所持的 3 480 万股（占总股本的 21.68%）海翔药业股份转让给罗煜竑，以协议签署日收盘价的 50% 作为转让价格，转让总价款为人民币 4.64 亿元。转让后罗煜竑成为公司第一大股东，持有公司 3 960 万股，即持有公司 24.67% 的股份；罗邦鹏仅余海翔药业 2.84% 的股份。

点评：此次股权转让有利于稳定海翔股权结构，更有利于公司确立长期的战略发展规划，完善公司法人治理结构，保证公司持续稳定和健康发展。

4. 通化东宝转让甘李药业股份

2011 年 4 月，通化东宝药业股份有限公司将持有的甘李药业全部 24.93% 股份，作价人民币 4.56 亿元转让给受让方。甘李药业其他股东放弃优先受让权。

点评：本次交易完成后，通化东宝将获得三代胰岛素类似物专利生产技术授权，取得双赢结果：一方面，通化东宝获得胰岛素类似物专利授权，可在 42 个月后上市胰岛素类似物，同时获得 4 亿元以上资金用于国内市场投入，加快制剂出口认证进程；而对于甘李药业来说，则获得了上市融资机会，可以加大胰岛素类似物市场开拓力度。

5. 赛诺菲—安万特收购美华太阳石药业

2010 年 11 月，法国医药巨头赛诺菲以 5.206 亿美元收购了美华太阳石集团公司，同时又联手民生药业成立了合资公司。

点评：赛诺菲—安万特是首批在中国开设办事处的跨国制药集团之一，2010年之前其业务主要布局处方药和疫苗。美华太阳石的前身是北京美华医药有限公司，主要引进西药在中国销售，2007年收购了OTC药品生产商中国太阳石公司，2008年登陆纳斯达克，共有约80个品种的药物进入了国家医保目录。杭州赛诺菲民生健康药业有限公司的成立，标志着赛诺菲—安万特正式进军中国非处方药市场，而收购美华太阳石之后，其将在维生素矿物质补充品和感冒咳嗽这两个最大的细分市场中占据强势地位。

（三）医药保健业典型并购案例分析

上海医药打造巨型航母

1. 交易概述

2010年以来，上海医药大手笔不断，先后收购了广州中山医药、青岛国风药业、山东商联生化、北京中心医药、北京爱心伟业、上海新亚药业、上海新先锋药业、新先锋医药股份等从医药分销到医药工业板块的公司，迈开了其全产业链研发生产和布局全国性销售网络的步伐。

2011年5月底，上药获准在香港联交所主板挂牌上市，成为首家在A+H股上市的医药企业，并最终募资近150亿元，其中大部分将进一步用于收购，包括对海外资产的收购和引进。

2. 并购背景

上海医药（集团）有限公司为一家集科、工、贸为一体的大型企业集团，是中国规模最大、产业链最完整、营销网络最健全的医药企业之一。公司业务涵盖医药产业的主要环节，包括制药、医药分销及供应链解决方案、药品零售三个方面。上药集团拥有遍及世界众多国家和地区的合作伙伴，其在香港上市创造了近五年来全球最大制药类企业IPO，也是亚洲史上规模最大的医疗保健类企业IPO。集团公司2010年公司实现销售收入373.8亿元，净利润13.7亿元。

China Health System Ltd.（CHS）实质性资产为中信医药实业有限公司（中信医药），隶属于中信投资控股有限公司，成立于1993年。2001年该公司作为全国首批37家药品批发经营企业之一，通过了GSP认证。中信医药下属13家子公司，并间接持有17家公司的股权。中信医药以医院分销为主业，业务主要集中在北京市场，其中医院纯销占比70%，调拨业务占比30%，2010年销售收入60亿元左右，净利润超过1亿元,全国排名18，北京地区排名第3。

上海新亚药业有限公司创建于1926年，为全国首批50家现代化的、符合GMP生产要求的综合型制药基地。公司产品分为医药原料、制剂、营养保健品、药品包装、片膏剂、兽药等6大类，生产经营数百个品种（从医药原料到种类齐全的制剂产品）。公司是国内抗生素品种最多、规格最齐全、最具有特色的抗生素专业制造企业群，尤其是在头孢类产品方面，持续处于全国领先地位。除抗生素系列产品之外，还拥有心血管类、抗肿瘤类、中枢神经类等多个系列的药品以及十几个国内独家产品。

上海新先锋药业有限公司是中国最早的民族制药企业，是中国抗生素的摇篮，该企业诞生了中国第一支青霉素和中国第一个 ANDA。公司拥有抗生素专业平台，是国内最大的抗生素制药企业之一。公司旗下有三大品牌："亚宇"牌，"三花"牌和"四星"牌。产品涵盖抗感染药的所有门类，是目前国内品种最齐全、最丰富、最有特色的抗生素生产企业。公司的拳头产品头孢曲松、头孢噻肟、头孢哌酮、头孢替安、头孢唑林在国内市场排名均位居前三位；另外，公司还重点发展心血管类、抗肿瘤类、消化道类和外用药类等多个系列的药品。

3. 并购动因

第一，流通行业大整合。鉴于中国医药行业的集中度远远低于世界平均水平，包括华润北药在内的医药商业领域三大巨头，都提出"十二五"期间完成整体上市、打造千亿元药企集团的大目标。2011 年 5 月 6 日商务部发布的《全国药品流通行业发展规划纲要》中强调，在 2015 年前，全国要形成 1 ~ 3 家年销售额过千亿元的全国性大型医药商业集团，20 家年销售额过百亿元的区域性药品流通企业；药品批发百强企业年销售额占药品批发总额 85% 以上，药品零售连锁百强企业年销售额占药品零售企业销售总额 60% 以上；连锁药店占全部零售门店的比重提高到 2/3 以上。

第二，业务重组，完善布局。长久以来，上药集团一直以上海为中心，稳居南方地区龙头地位，但其在北方市场发展的基础比较薄弱。收购中信医药，将成为上药集团开辟北方市场的突破口。北京一直是中国最重要的卫生资源集聚中心，也是中国北方最大的医疗中心，承担着全国各地尤其是华北、中西部、东北地区的高端医疗服务。收购中信医药，将为上药集团向华北地区拓展，使其从一个地区医药分销商转型为一家全国医药分销商，建立其全国性的网络布局提供支撑。同时，对新药药业和新先锋药业的收购，表明上海医药完成了抗生素业务的注入，实现了上药集团医药资产的整体上市布局。上述两项并购交易的完成，标志着上海医药向大型综合性医药产业集团这一发展目标又迈出了新的一步。

4. 并购内容

2010 年 3 月，上海医药与福建省华侨实业集团签署全面战略合作框架协议书，双方共同建立药品研发平台，共同推进海峡西岸医药物流项目建设等。2010 年 4 月，上海医药发布公告称，出资 1. 4 亿元收购控股广州中山医药有限公司 51% 股权。同月，上海医药再发公告，以 1. 5 亿元收购青岛国风药业股份有限公司法人所持有的 26. 39% 股份。2010 年 5 月，上海医药下属上海市医药分销控股有限公司与山东商联生化药业有限公司共同组建的山东上药商联药业有限公司正式揭牌。2010 年 9 月，上海医药启动赴港上市。12 月，上海医药通过全资子公司上海实业医药科技（集团）有限公司收购 China Health System Ltd. ，收购总价为 22. 34 亿元。

同样是在 12 月，上海医药集团股份有限公司以现金向控股股东上海医药（集团）有限公司购买其持有的抗生素业务资产，包括上海新亚药业有限公司、上海新先锋药业有限公司，总对价为人民币 14. 88 亿元。

随着 2011 年 1 月上海医药宣布出资 12. 41 亿元继续收购 CHS 约 34. 76% 股权，从而完成100%的股权收购，该交易总对价达到了35.69亿元，成为中国医药分销市场改革以来交易金额最大的并购交易案。一系列对外积极并购，加上内部整合协同，使得上药集团在研发、生产、流通、诊断和服务等各产业环节都得到扩张。特别是在流通领域，上海医药原本就是华东地区的龙头企业，而通过收购CHS（中信医药）等诸多地方性流通企业，目前已成为仅次于国药控股的全国性医药流通巨头。

5. 并购评述

首先，上海医药通过收购进行战略布局。

中信医药是北京第三大分销商，上药集团的优势品种注入后，有望进一步提升中信医药的赢利水平。本次收购，新上药将实现在华北地区尤其是北京市场的历史性战略突破。未来新上药将重点打造以北京地区为核心的华北医药分销网络，进一步向天津、河北等其他华北地区拓展。同时，新上药布局全国的战略亦逐步清晰：2010年以来，新上药已经在华南、华东、华北等重点区域分别部署了分销网络，而该三大市场容量占全国医药消费市场的比例超过70%，后续收购仍值得期待。收购中信医药先后经过3次收购，历时仅3个月，进度和手笔都超出市场预期，显示了新上药管理层的果敢执行力和全面提升公司全国市场地位的坚定决心。

收购以新亚药业为核心的上药集团抗生素业务和资产，标志着上海医药向大型综合性医药产业集团的发展目标又迈出了坚实的一步。

其次，上海医药是在整合重组的内部需求和外部竞争。

2009年以来，上海医药开启重组整合事宜，整合吸收合并上实医药、中西药业两家上市公司，以及上药集团大部分医药资产和上实控股所有医药资产，一个全新的“上海医药”进入人们的视线。作为上海国资旗下医药产业的唯一上市平台，上海医药的规模位居全国第二，仅次于国药集团。虽然位居华东和上海地区第一位，但是随着华润拿下北京医药以及九州通、广药集团等医药商业企业的崛起，上海医药未来发展挑战颇多。国药集团在全国范围内跑马圈地，基本上每个月都有一起较大的兼并重组事件发生，国药集团对市县级医药企业“情有独钟”，甚至不惜代价与当地政府签订协议，通过承诺投资当地药厂来换取当地医药企业的收购权。虽然这一模式广遭诟病，但是也不失为国药集团开辟市场的全新战略。同期，华润医药以北京医药为核心迈开的对外兼并重组步伐同样迅猛。自从华润将北京医药收入囊中之后，仅11月至12月，华润先后重组了山东医药流通老大济南中信医药有限公司、苏南地区医药商业龙头苏州礼安医药有限公司、河南省第二大医药商业企业爱生医药物流有限公司。

最后，上海医药欲在香港上市，这意味着航母启动，三强争霸之格局将形成。

自2010年9月公告拟发行H股后，短短半年多的时间，上海医药就完成了从向证监会申报到增发获批的过程。公司预计将60%～70%的募集资金用于整合并购，实现跨越式发展。三大分销平台的后期融合以及对高端市场深化布局仍是重点。而医药工业方面，长期而言，从研发到生产，布局工商业一体化，未来上海医药在产业链拓展上同样具有想象空间。上药集团这一巨型航母已然启动，在中国医药市场格局中，与国药集团、华润北药集团形成了三强争霸的局面。

三、医药保健业 PE 投资分析

1. 医药保健业 PE 投资规模

医药保健业 PE 投资规模如图 3 - 125 所示。

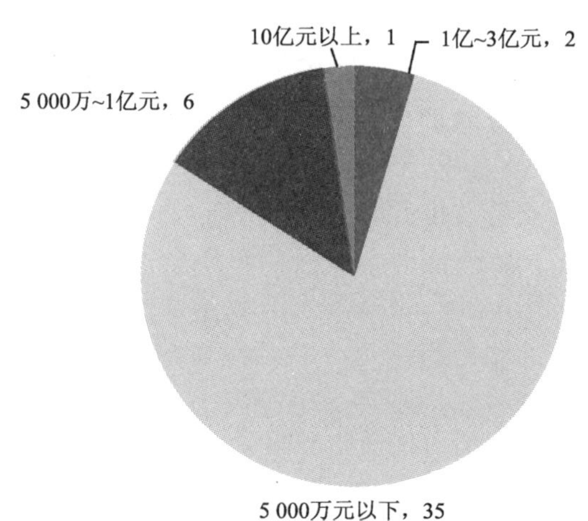

图 3 - 125 医药保健业 PE 投资规模（单位：笔数）

2. 医药保健业 PE 投资地区分布

医药保健业 PE 投资地区分布如图 3 - 126 所示。

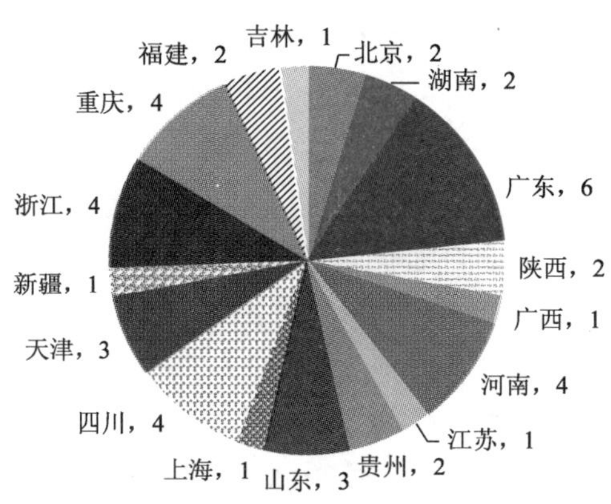

图 3 - 126 医药保健业 PE 投资地区分布（单位：笔数）

由图 3 - 126 可见，PE 投资案例主要发生在广东、重庆、浙江、河南等省份。这几个省份也是我国医药行业大型集团主要所在区域，表明 PE 投资越来越理性化，在医药行业，大型集团公司获得资本投资的几率较一般企业要大。

3. 医药保健业 PE 投资时间分布

医药保健业 PE 投资时间分布如图 3－127 所示。

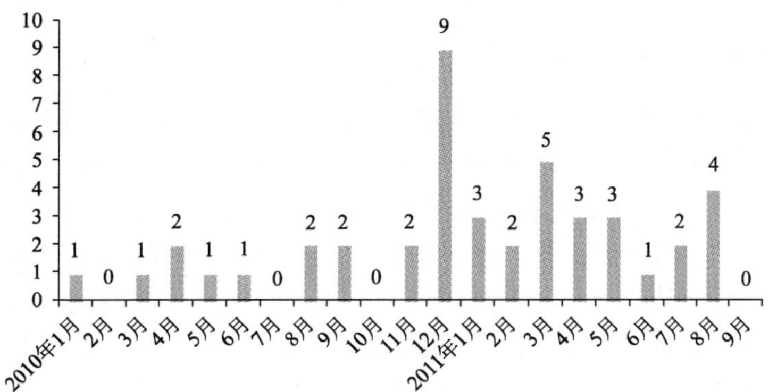

图 3－127 医药保健业 PE 投资时间分布（单位：笔数）

第十二节　商贸物流业

一、商贸物流业趋势分析

从2010到2011年间，中国内地市场商贸物流业约发生198起并购案例，远远超过直接投资案例31起这一数目，行业整合动向明显。从历史数据来看，参与商贸物流行业投资的机构仍以PE为主，其投资目标也较多集中于航运、仓储等传统领域的大型企业。一方面，由于中国物流行业正处转型阶段，传统企业同样具有较大整合空间，且具有较好上市前景；另一方面，物流属资本密集型行业，在贸易物流及仓储、物流园区等领域，新兴企业难以介入，而快递领域则由于利润率低、竞争激烈等不利因素，并未迎来其最佳投资时机。从细分领域来看，航运及港口相关企业占据IPO主流，从2010年数据来看，唐山港、宁波港、大连港相继登陆上海证券交易所，三家企业IPO融资总额约130亿元，占全年物流行业IPO融资总额的七成多。

商贸物流业私募股权与并购的杠杆关系如图3－128所示。

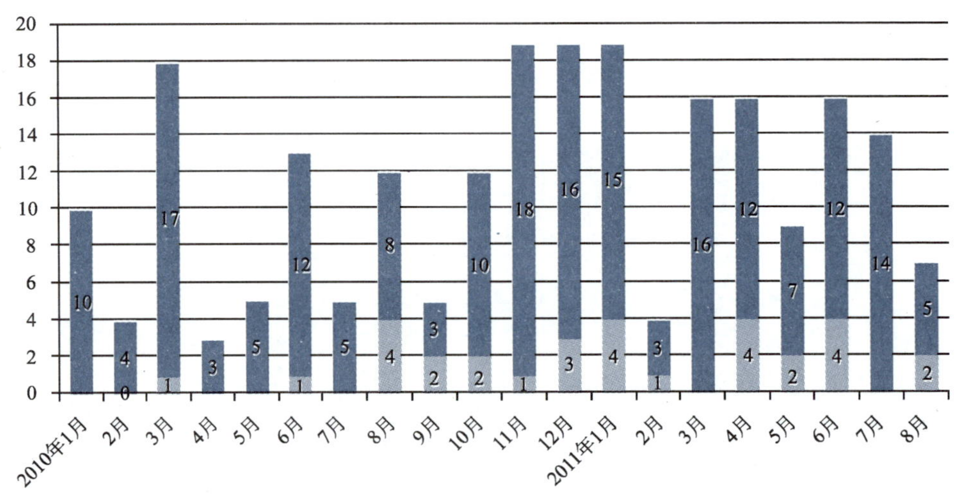

图3－128　商贸物流业私募股权与并购的杠杆关系（单位：笔数）

二、商贸物流业并购分析

（一）商贸物流业并购数据

1．商贸物流业并购趋势指数

商贸物流业并购趋势指数如图3－129所示。

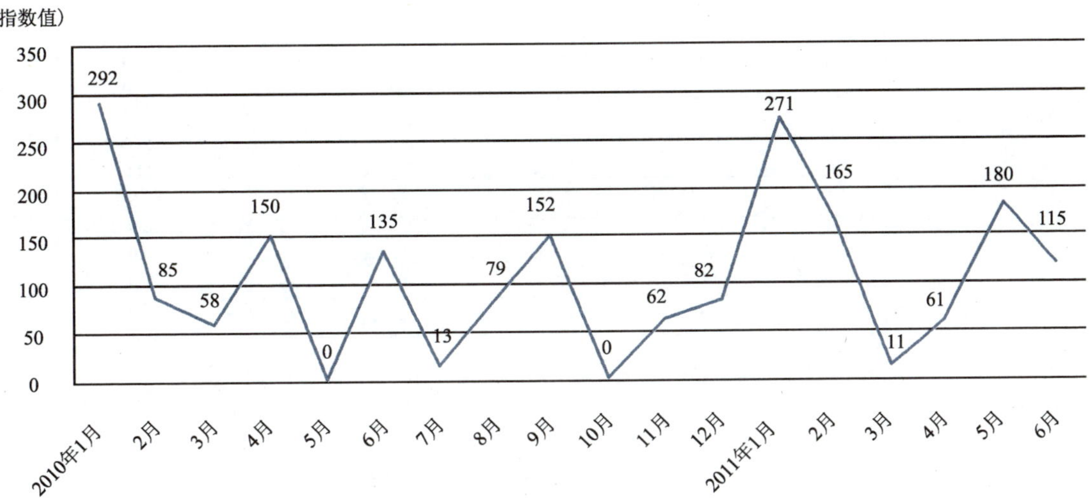

图 3－129　商贸物流业并购趋势指数

由图 3－129 可见，商贸物流业的并购趋势在这一年半中起伏较大，而且没有固定的规律。无论 2010 还是 2011 年，整体趋势都是从年初的高点向后逐步走低。整个 2010 年呈现波浪状起伏，最后在 2010 年年终出现拉升，将 2011 年 1 月的指数推向高点。

2. 商贸物流业不同性质企业并购情况

商贸物流业不同性质企业并购情况如图 3－130 所示。

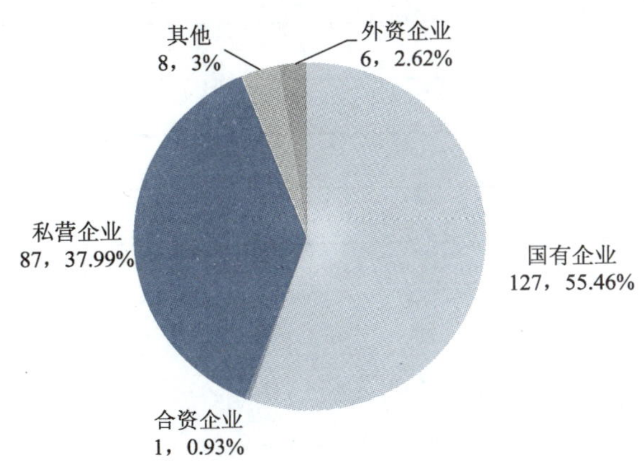

图 3－130　商贸物流业不同性质企业并购情况（单位：笔数，%）

3. 商贸物流业并购交易情况

商贸物流业并购交易情况如图 3－131 所示。

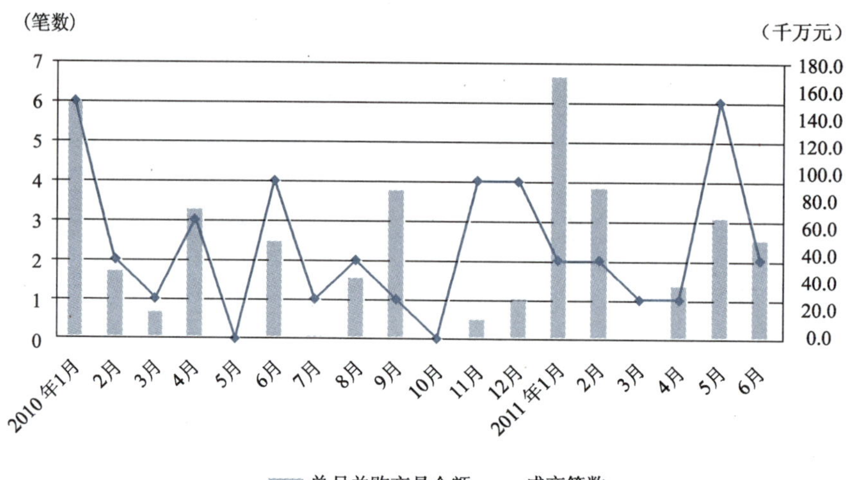

图 3－131　商贸物流业并购交易情况

从图 3－131 可见，2010 年以来，商贸物流业的企业并购数目起伏不定，但是总体数目略有上升。数额较大的并购交易均出现在年初。

4. 商超百货业并购金额与数量

商超百货业并购金额与数量如图 3－132 所示。

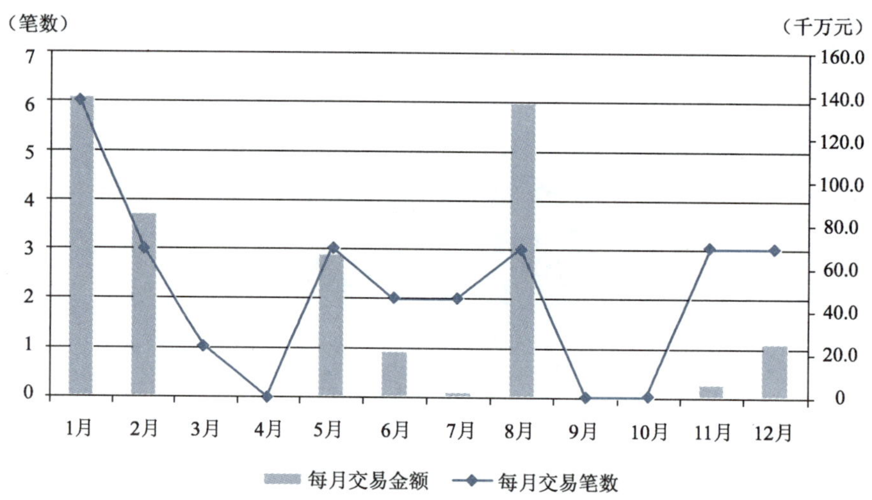

图 3－132　商超百货业并购金额与数量

5. 商贸物流业并购交易历史成交情况

商贸物流业并购交易历史成交情况如图 3－133 所示。

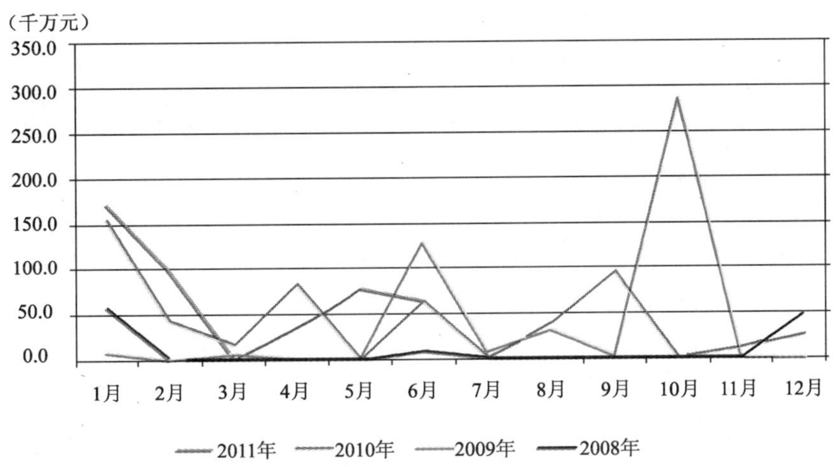

图3-133 商贸物流业并购交易历史成交情况（单位：千万元）

（二）商贸物流业并购事件 Top 5

1. 友谊股份吞并百联股份

2010年11月4日，百联集团有限公司旗下两家上市公司百联股份和友谊股份同时公告重大资产重组方案。根据11月2日的董事会决议，友谊股份拟吸收合并百联股份，同时以定向增发方式向百联集团发行A股股份，购买上海第一八佰伴36%股权与上海百联集团投资有限公司100%股权。收购完成之后，友谊股份存续，百联股份终止上市，友谊股份更名为百联集团股份有限公司，以新姿态重新登陆A股市场。

点评：此次重组后，新的友谊股份将成为百联集团旗下经营百货和超商业务的唯一上市平台，集聚百联集团优质百货类和超商类资产，成为国内综合实力最强的零售业上市公司之一。重组完成后，新的友谊股份资产规模将达329亿元，比重组前增长74.45%。但是“大而全”的经营模式最终能否有效转化为“大而强”的核心竞争力，内部控制制度的优化、管理协作、效率提升将是最具挑战性的关键因素。

2. 华联综超出售资产给控股股东

2010年6月3日，北京华联综合超市股份有限公司董事会审议通过决议，公司及联合创新将位于北京市大兴区的固定资产及在建工程等资产出售给华联集团，以有关评估报告列示的公司、联合创新出售资产的评估值人民币13 787.95万元、6 850.33万元分别作为交易价格。

点评：此次资产出售，主要是为了给华联超市筹集资金。由于北京华联过于频繁的地域扩张，致使公司资金链状况一直不好，2011年以来已有很多资深供应商撤出华联超市的柜台。这笔资金拟用于流动资金的补充和旧店的升级改造，可以在一定程度上缓解公司的资金链紧张状况。

3. 苏宁电器9亿收购北京一商业金融用地

2010年9月2日，北京市土地整理储备中心公布了北京朝阳区八里庄京棉新城危改项目二期A1区商业金融用地的竞标结果，北京苏宁电器以9.65亿元的价格斩获该地块。该地块于8月19日招标出让，招标底价为7.18亿元，北京苏宁电器拿地的楼面价为1.57万元/平方米。该地块位于东四环外，建设用地面积13 052.13平方米，规划建筑面积61 200平方米。

点评：对于此次在北京拿地，北京苏宁电器宣布将利用该地块拓展自建店，但或者自建店只是苏宁电器扩张商业地产版图的一个“幌子”。

4. 南宁百货收购标特步商业地产

2011年2月21日，南宁百货宣布，拟通过非公开发行募集资金，建设南宁百货世贸西城购物中心项目，该项目涉及收购由标特步建设并持有的位于南宁市西乡塘区大学路98号的世贸西城广场的商业性房产，总建筑面积49 932.45平方米，收购价格为639 684 093.00元人民币。

点评：本次南宁百货购买的资产位于南宁市西乡塘区大学路98号的“世贸西城广场”，收购完成后，南宁百货将新增经营场所，有利于扩大主营业务，提升其市场份额，优化营业网点布局，为经营带来新的利润增长点。

5. 长百集团收购江西风尚

2010年11月30日，长百集团公告称，长百购物以现金出资收购江西风尚家庭购物有限公司股权的议案已通过，交易标的为上海潮流实业有限公司持有的江西风尚全部49%股权，购买资产价格为支付给潮流实业股权转让款5 000万元人民币，并由长百购物完成缴足江西风尚后续注册资本人民币2 000万元。

点评：长百集团以近两倍溢价收购亏损的风尚购物股权，大力发展电视网络购物事业，在交易后招来市场的一片质疑。此次引入的两家战略投资者北京厚德和合涌源企管咨询都与长百集团的大股东上海合涌源企业发展有限公司和上海合涌源投资有限公司息息相关，而这也不免会引起市场对大股东的怀疑。2010年前三个季度长百集团一直在亏损，以电视购物为主业的长百购物也没有贡献半点利润，这次收购也许就是大股东套现脱身的一个契机。

（三）商贸物流业典型并购案例分析

友谊股份吞并百联股份

本案例详见本书第二章2010中国十大并购部分的案例解读。

三、商贸物流业PE投资分析

1. 商贸物流业PE投资规模

商贸物流业PE投资规模如图3－134所示。

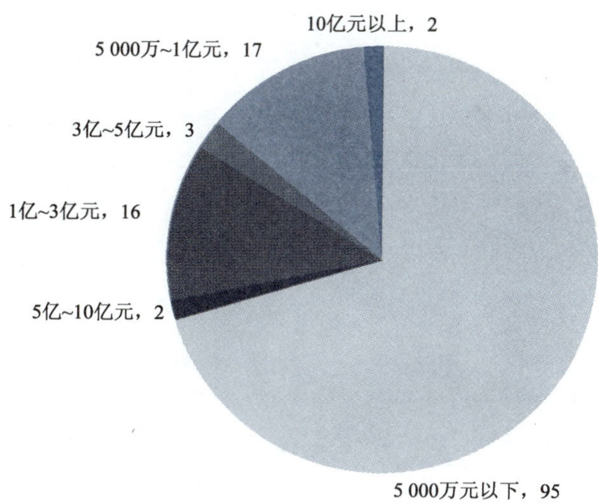

图 3-134　商贸物流业 PE 投资规模（单位：笔数）

2. 商贸物流业 PE 投资地区分布

商贸物流业 PE 投资地区分布如图 3-135 所示。

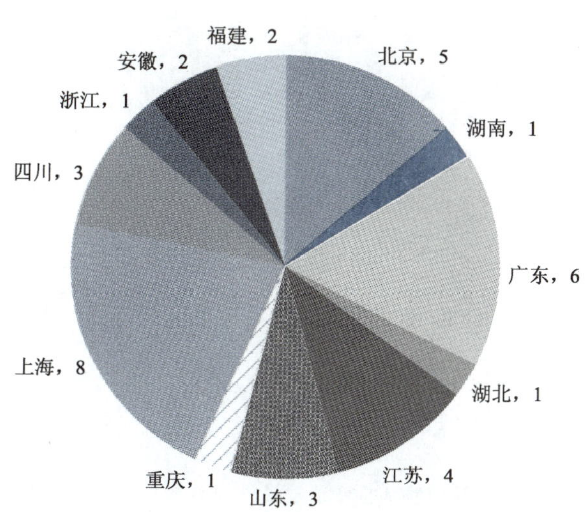

图 3-135　商贸物流业 PE 投资地区分布（单位：笔数）

3. 商贸物流业 PE 投资时间分布

商贸物流业 PE 投资时间分布如图 3-136 所示。

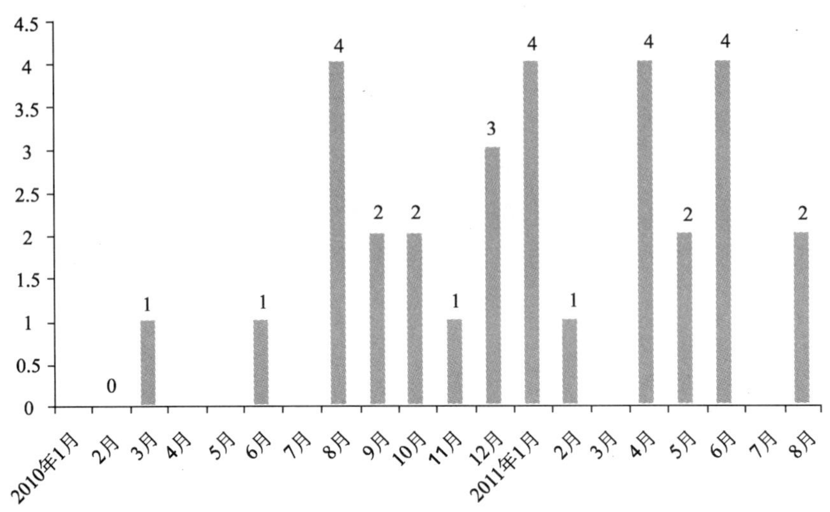

图 3－136　商贸物流业 PE 投资时间分布（单位：笔数）

4. 商贸物流业 PE 投资性质分析

商贸物流业 PE 投资性质分析如图 3－137 所示。

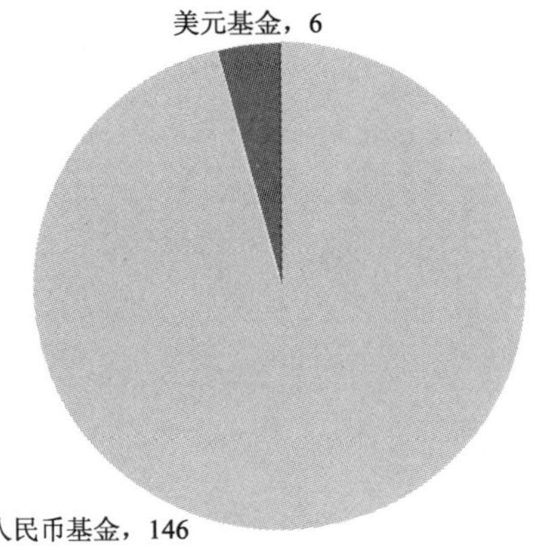

图 3－137　商贸物流业 PE 投资性质分析（单位：笔数）

目前 PE 投资的诸多案例中，大都是以人民币计价的，说明目前外国投资机构并未过多介入商贸物流行业中，主要以国内的投资机构为主。

第十三节　旅游服务业

一、旅游服务业趋势分析

当前，我国经济快速发展，国民收入不断提升，尤其是北京奥运会和上海世博会的相继举办，使得我国旅游业在国际上的重要性日渐突出。2015～2020年，中国有望成为世界第一大旅游强国。在这一波全球化浪潮中，一批世界级的中国旅行服务公司必然会崛起。国内旅游服务业的快速发展，吸引了越来越多的私募股权投资基金进入这一领域。2010年1月至2011年9月，私募股权基金在国内旅游服务业共投资了30多个项目，投资额共计32亿元人民币。其中主要的投资商包括深创投、中科招商、红杉中国以及复兴集团等。旅游服务业内企业私募股权投资数量基本上低于并购案例的数量，从一个侧面反映了旅游服务业内的并购案例有相当一部分是通过私募股权投资方式进行的。这也符合目前国内外并购形式的新变化，越来越多的私募股权基金参与到并购案例中来。但与其他行业相比，旅游服务业内的并购数量与股权投资案例数量的差距并不明显。

旅游服务业私募股权投资与并购的杠杆关系如图3－138所示。

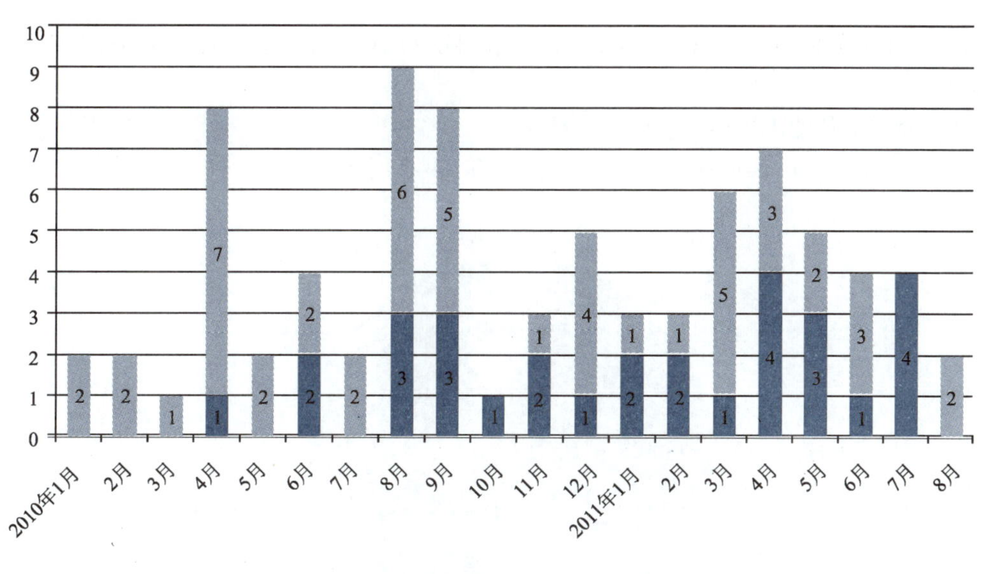

图3－138　旅游服务业私募股权投资与并购的杠杆关系（单位：笔数）

二、旅游服务业并购分析

(一) 旅游服务业并购数据

1. 旅游服务业并购趋势指数

旅游服务业并购趋势指数如图 3－139 所示。

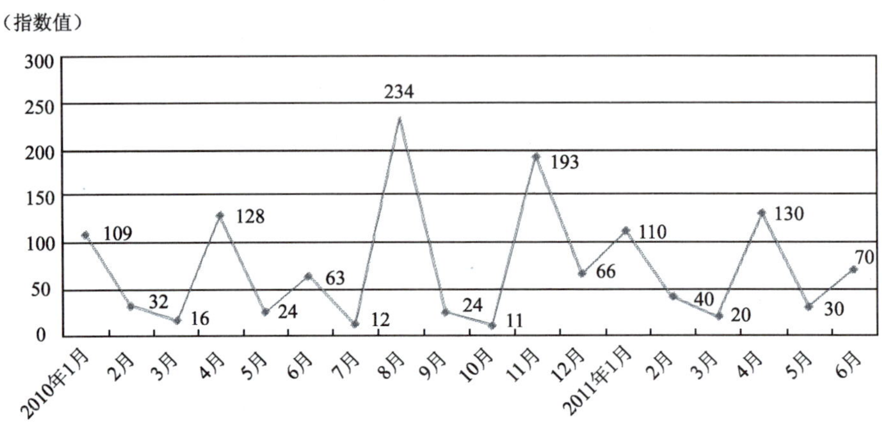

图 3－139　旅游服务业并购趋势指数

2010 年的旅游旺季刚过，并购趋势指数再次拉升，创下最高点，旅游的季节性再次显现。

2. 旅游服务业不同性质企业并购情况

旅游服务业不同性质企业并购情况如图 3－140 所示。

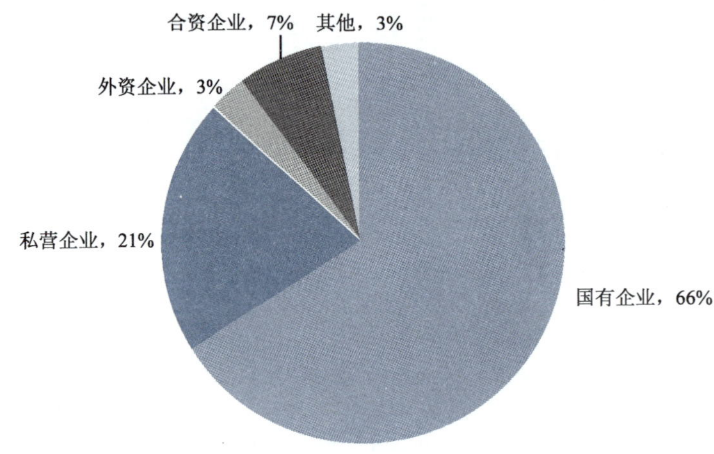

图 3－140　旅游服务业不同性质企业并购情况（单位：金额）

3．旅游服务业并购交易笔数与金额

旅游服务业并购交易笔数与金额如图 3－141 所示。

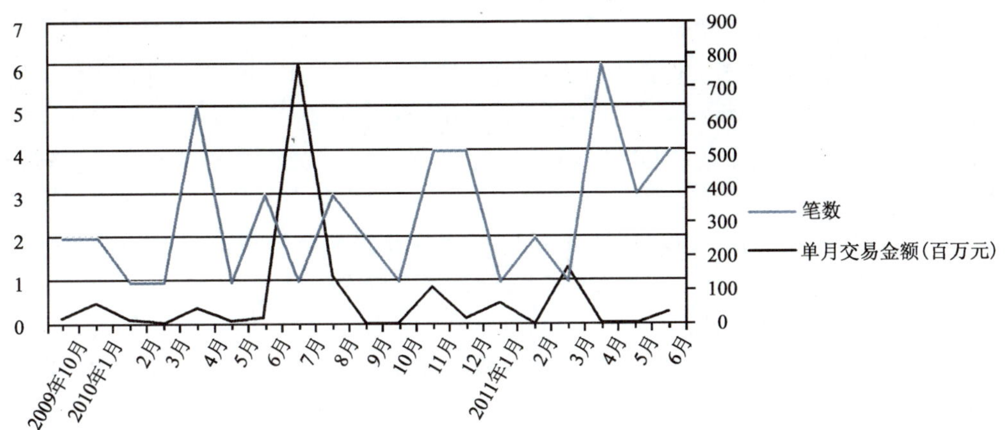

图 3－141　旅游服务业并购交易笔数与金额

图 3－140 反映旅游服务业不同性质的企业并购交易金额所占比例；图 3－141 表示不同月份发生的并购笔数与金额。

4．酒店业并购交易数量

酒店业并购交易数量如图 3－142 所示。

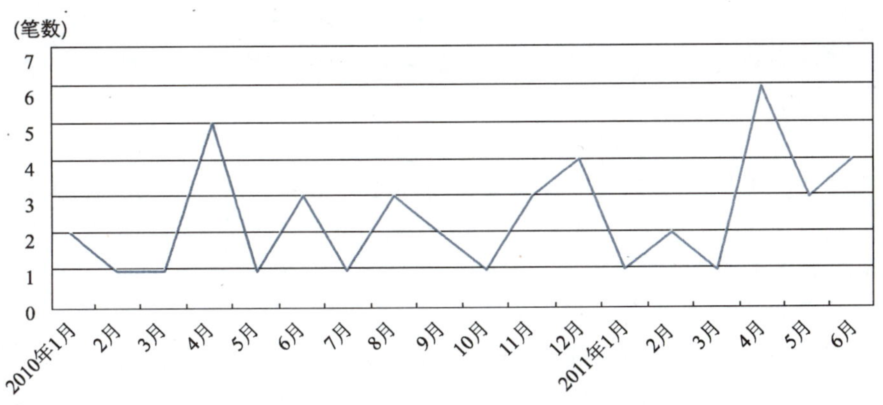

图 3－142　酒店业并购交易数量

（二）旅游业并购事件 Top 5

1．小肥羊收购内蒙古小肥羊股权

2010 年 11 月 19 日，小肥羊全资附属公司内蒙古小肥羊餐饮连锁有限公司与内蒙古当地国有企业内蒙古日信担保投资集团订立股权转让协议，小肥羊向日信集团收购小肥羊肉业 12.556%股权，交易价格为人民币 1 363 万元。

点评：此次收购成功后，小肥羊肉业将成为小肥羊的间接全资附属公司。这将进一步提高小肥羊肉业的效率，形成规模经济效应。

2. 锦江酒店入股锦江实业

2010 年 8 月 13 日，锦江国际与上海锦江国际酒店（集团）股份有限公司签署《股份转让协议》，锦江国际将所持锦江投资 212 586 460 股股份及锦江旅游 66 556 270 股股份转让至锦江酒店，共同构成本次股份转让的组成部分。双方同意，本次股份转让的转让款金额共计为人民币 2 694 019 996 元。

点评：本次收购有助于锦江酒店发挥协同效应和拓展新的商业模式，同时有助于其扩大规模，增强整体竞争力，改善财务指标，提升股东价值。

3. 上海锦江收购锦江之星

2010 年 6 月 21 日，上海锦江国际酒店发展股份有限公司与徐祖荣、杨卫民、陈灏等 37 人签署《股权转让协议》，上海锦江酒店受让上述 37 人所持有的锦江之星旅馆有限公司（注册资本为人民币 17 971.22 万元）合计 8.775 0% 的股权，交易价格为 132 380 527.50 元。

点评：上海锦江收购锦江之星，将有利于上海锦江的进一步扩张。作为主要从事以"锦江之星"品牌运营的经济型酒店管理与特许经营商，此次交易将有助于上海锦江进一步拓展经济型酒店管理与特许经营业务，对于交易双方都有利。

4. 如家收购莫泰

2011 年 5 月 27 日，如家酒店集团召开发布会，正式宣布已签署 4.7 亿美金收购莫泰 168 国际控股公司 100% 股权的协议。莫泰在中国经济型酒店中排名第五，是一家从上海起家的经济型酒店，该品牌以时尚海派风格在商务和休闲客人中知名度较高，尤其在上海和东部沿海地区。

点评：从收购莫泰对长三角地区的战略作用来看，如家本次收购性价比很高，但如何整合风格差异明显的莫泰，将成为如家交易之后面临的一场大考。莫泰 168 和如家并非完全重合的品牌，两个品牌在客户群上存在着显著的差异。同时，在管理模式上，两家也存在着差异。

5. 浙江龙禧收购汇金酒店

2010 年 11 月 2 日，浙江中国轻纺城集团股份有限公司将其全资子公司浙江中轻房地产开发有限公司和绍兴汇金酒店有限公司各 100% 股权转让给浙江龙禧投资集团有限公司，交易价格为 360 000 000 元。

点评：备受投资者和社会各界关注的轻纺城剥离其旗下房产项目一事，在经历一波三折后，最近终于完美落幕。轻纺城想要剥离副业，获得更多发展资金；浙江龙禧看中柯桥这方热土，找到一个很好的发展平台。此转让应该算是双赢。

（三）旅游服务业典型案例分析

浙江龙禧3.6亿收购中轻房产、汇金酒店

1．交易概述

2010年11月2日，浙江中国轻纺城集团股份有限公司将其全资子公司浙江中轻房地产开发有限公司和绍兴汇金酒店有限公司各100%股权转让给浙江龙禧投资集团有限公司，交易价格为360 000 000元。

2．并购背景

浙江龙禧投资集团有限公司位于杭州高新技术开发园区，毗邻“八月十八潮，壮观天下无”的钱塘江，是一家以房地产开发和酒店经营为主，同时兼营旅游业、高新技术产业、通信、物业管理、商品贸易等多项业务的民营企业。目前旗下拥有杭州福朋喜来登酒店、连云港福朋喜来登、杭州龙禧大酒店、杭州龙禧商务大酒店、杭州龙禧智能化设备有限公司、杭州龙禧物业管理有限公司、杭州龙禧生物医药科技有限公司等多家全资子公司。

浙江中国轻纺城集团股份有限公司是一家以大型纺织品专业市场为主体，集市场、织造、印染、酿酒、建材、外贸、房产、软件、网络、数码纺织技术开发等行业于一体的综合性股份制企业。

汇金国际广场开发项目总建筑面积18万平方米，是一家集五星级酒店、国际会所和国际休闲中心等多种业态的商务中心。此次出让，意味着轻纺城将剥离在建的汇金国际广场开发项目和房地产业务。

3．并购动因

其一，轻纺城为剥离副业，获得资金发展主业。过去轻纺城的主营业务不够清晰，在市场租赁的主业外，还经营过纺织、黄酒、物流、建材等业务，没有比较明确的战略定位。为了快速发展主营业务，消肿并逐步剥离非核心业务，也为了使得轻纺城主营业务更加突出，增强实力和竞争力，轻纺城果断剥离副业，进一步加强主业 。

其二，浙江龙禧看中柯桥，建立发展平台。柯桥的区位、产业和专业市场优势日益凸显，毗邻沪杭的同城效应、辐射效应，逐步带动柯桥发展驶上快车道，柯桥的房地产业也进入一个品质全面提升的时代。一位本地房产商认为，“浙江龙禧”做酒店很有一套，估计他们会在汇金广场上做好文章，柯桥的酒店业和房地产业都还有很大的发展空间，以后会有更多外地房产公司用这种便利的方式进入绍兴市场。

4．并购内容

2010年12月10日，轻纺城与浙江龙禧投资集团有限公司就上述股权转让事宜签订了关于浙江中轻房地产开发有限公司和绍兴汇金酒店有限公司股权转让的《国有股权转让合同》，浙江中国轻纺城集团股份有限公司将其全资子公司浙江中轻房地产开发有限公司100%股权和绍兴汇金酒店有限公司各100%股权转让给浙江龙禧投资集团有限公司，交易价格为360 000 000元。

5. 并购评述

轻纺城剥离中轻房产和汇金酒店，3.6 亿入腰包，“消肿”成功轻松上阵，过程一波三折，浙江龙禧投资接盘。轻纺城想要剥离副业，获得更多发展资金，浙江龙禧看中柯桥这方热土，找到一个很好的发展平台，此转让应该算是双赢。过去轻纺城的主营业务不够清晰，而近年来通过自我“消肿”、逐步剥离非核心业务，使得公司主营业务更加突出，从投资的角度看，今后做强主业的轻纺城会比四处开花、多元化经营的轻纺城更有吸引力。

三、旅游服务业 PE 投资分析

1. 旅游服务业 PE 投资规模

旅游服务业 PE 投资规模如图 3－143 所示。

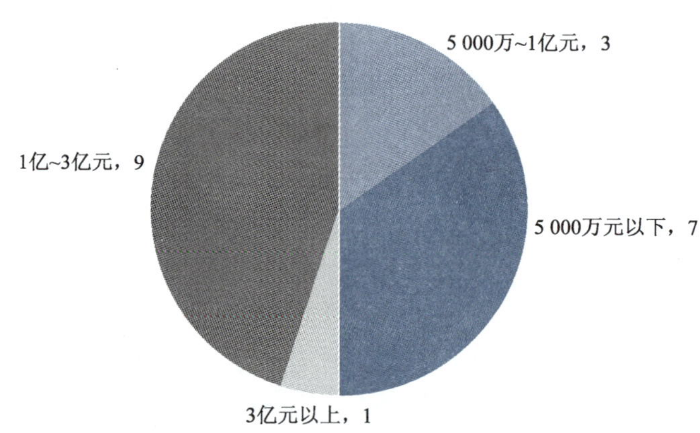

图 3－143　旅游服务业 PE 投资规模（单位：笔数）

2. 旅游服务业 PE 投资地区分布

旅游服务业 PE 投资地区分布如图 3－144 所示。

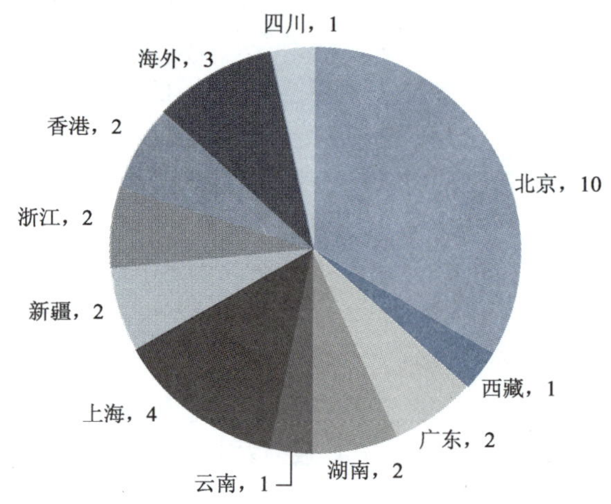

图 3－144　旅游服务业 PE 投资地区分布（单位：笔数）

由图 3－144 可见，旅游服务业私募股权投资主要集中在北京、上海、香港、浙江、湖南、广东等经济发达或旅游资源丰富地区。旅游服务业很大程度上依赖于旅游业的发展，北京、上海作为国内的政治文化中心以及经济中心，吸引了大量国内外游客，因此，其旅游服务业在旅游业的带动下得到迅猛发展。

3．旅游服务业 PE 投资时间分布

旅游服务业 PE 投资时间分布如图 3－145 所示。

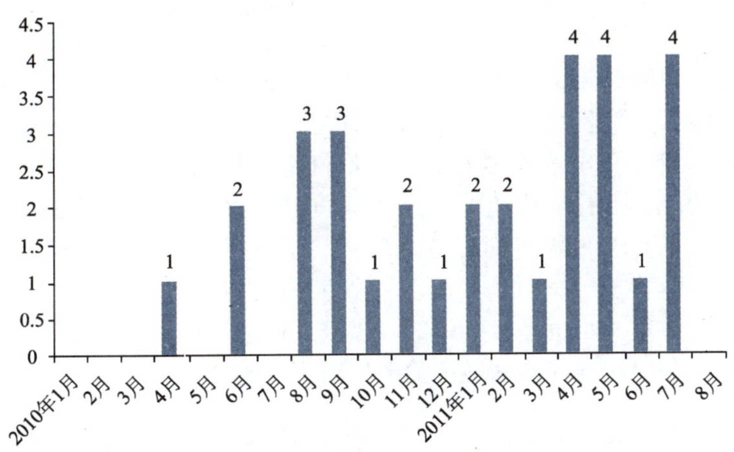

图 3－145　旅游服务业 PE 投资时间分布（单位：笔数）

4．旅游服务业投资性质分析

旅游服务业投资性质分析如图 3－146 所示。

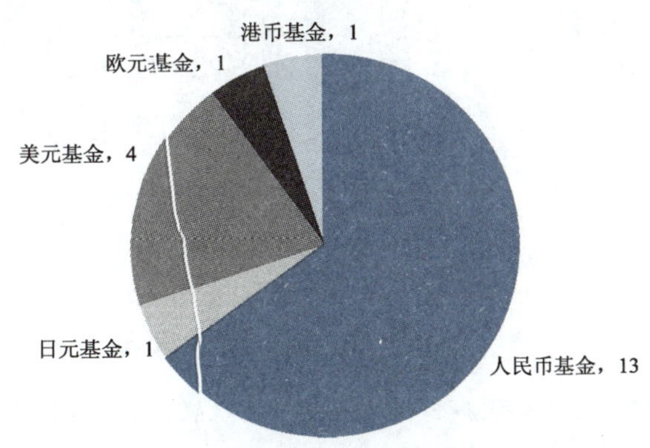

图 3－146　旅游服务业投资性质分析（单位：笔数）

从 2010 年至今，旅游服务业的投资一半以上仍是人民币基金，其次是美元基金。这一方面反映了我国人民币基金在旅游服务业的主导地位，另一方面也表明外资基金开始进入我国的旅游投资产业。外资基金的进入，不仅为国内旅游服务企业带来发展所需的流动性资金，也会带来企业迫切需要的更先进的管理理念，使企业在日益激烈的竞争中找到自身合适的位置。

第十四节　公共服务业

一、公共服务业趋势分析

长期以来，公共服务业更多的是指在政府的主导下，通过国家权力介入或公共资源投入的基础性服务业。随着国有企业及事业单位改制工作的开展，越来越多的民营企业参与到公共服务业中来。公共服务业以其稳定的收益、政府的大力支持等诸多因素，吸引了一部分风险投资机构进入这一领域。自 2010 年 1 月至 2011 年 9 月，公共服务业的私募股权投资共计 85 个项目，总投资额达 70 亿元人民币。其中，主要的投资机构包括智基创投、挚信资本、天图创投、松禾资本、深创投、联想投资、鼎晖资本以及达晨资本等。公共服务行业内企业的并购案例并不多，与其他行业相比，行业中私募股权投资案例数目高于并购案例数量。在公共服务行业，私募股权投资基金开始大规模进入，这一方面源于国家对公共服务业的大力支持，另一方面，公共服务业现金流收入稳定、风险相对较小也是吸引一部分投资机构的主要原因。

公共服务业私募股权与并购的杠杆关系如图 3－147 所示。

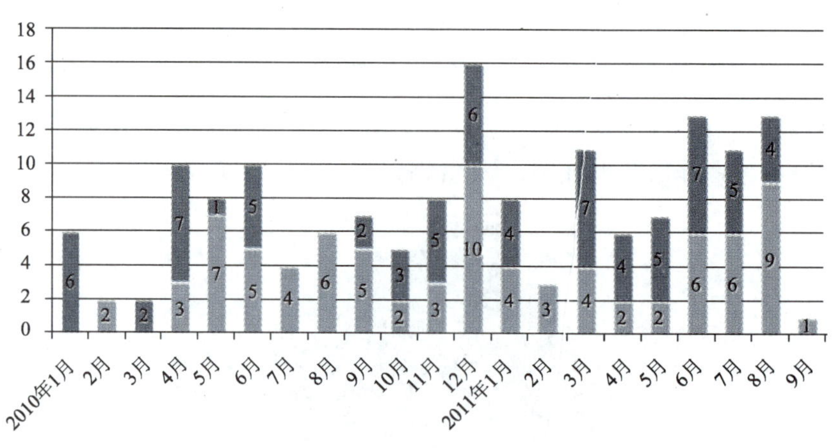

图 3－147　公共服务业私募股权与并购的杠杆关系（单位：笔数）

二、公共服务业并购分析

（一）公共服务业并购数据

1．公共服务业并购趋势指数

公共服务业并购趋势指数如图 3－148 所示。

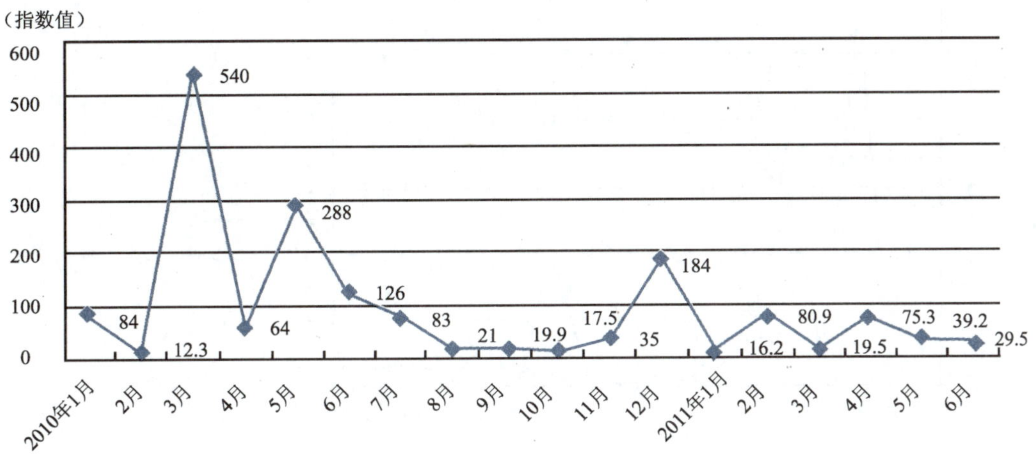

图 3－148　公共服务业并购趋势指数

由图 3－148 可见，2010 年的新年刚过，并购区指数再次拉升，创下最高点，节后效应明显。

2. 公共服务业不同性质企业并购情况

公共服务业不同性质企业并购情况如图 3－149 所示。

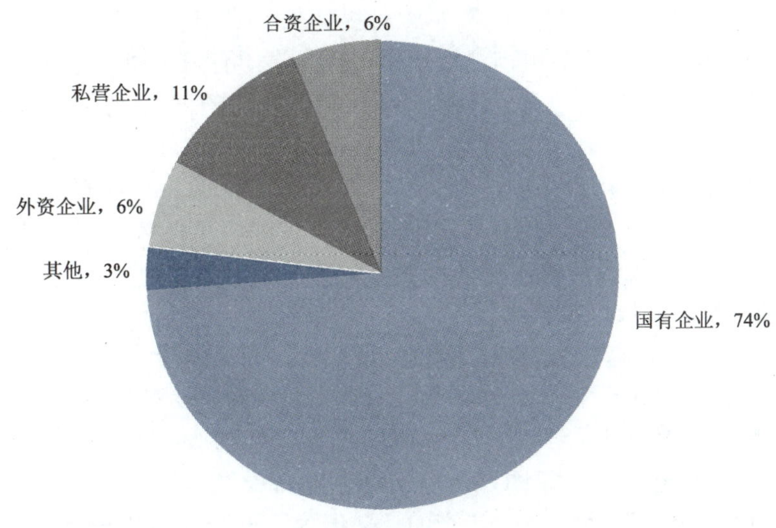

图 3－149　公共服务业不同性质企业并购情况（单位：金额）

3. 公共服务业并购交易笔数与金额（见图 3－150）

公共服务业并购交易笔数与金额如图 3－150 所示。

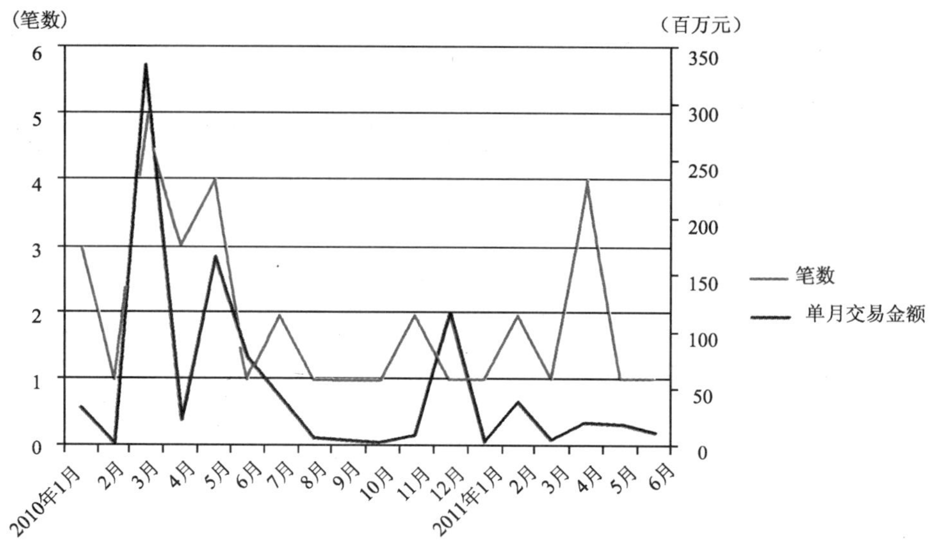

图3－150　公共服务业并购交易笔数与金额

图3－149 反映不同性质行业并购交易金额所占比例；图3－150 表示不同月份发生的并购笔数与金额。

（二）公共服务业并购事件 Top 5

1. 惠天热电出售沈阳新北热电 18.24% 股权

2010 年 4 月 19 日，惠天热电与汕头市联美投资集团有限公司双方就沈阳新北热电 18.24% 的股权转让，签署了《股票转让合同书》，并办理了交割手续，转让底价为 5 605 万元。

点评：惠天热电投资新北热电以来，从未取得投资利益，市场形势及实际情况不容乐观，出售其参股公司沈阳热电 18.24% 的股权，收回了其对于新北热电的初始投资，调整了惠天热电的资产结构，有利于主业发展。

2. 富龙热电资产置换兴业集团股权

2010 年 5 月 25 日，富龙热电与内蒙古兴业集团进行重大资产置换，置入兴业集团所持有的融冠矿业、巨源矿业、富生矿业、双源有色 100% 股权及锡林矿业部分股权，置出上市公司除包商银行 0.75% 股权及中诚信托 3.33% 的股权外的全部资产负债，置换差额部分由富龙热电向兴业集团发行股份购买，每股发行价 14.50 元，置出资产的评估值为 1 145 466 585.72 元，置入资产的评估值为 1 398 540 362.98 元。交易完成后，兴业集团将持有本公司 33.02% 的股份，为第一大股东。

点评：富龙热电资产置换兴业集团有色金属采选及冶炼类资产，既有机遇又有风险。资产置换后，公司主营业务将从单一的城市公用事业生产经营转变为城市集中供热、发电、高等级公路运营、房地产、化工、非金属新材料开发等多元化经营。但另一方面，热电产业原料煤市场采购价格继续上涨，供热供电价格未作调整，加剧了公司热电产业的经营压力。

3. 华电国际零对价收购6家供热公司

2010年12月25日，华电国际与能投中心签署股票转让协议和债权转移协议，收购石家庄华电供热集团有限公司49%股权、石家庄华电裕华供热有限公司49%股权、石家庄裕西供热有限公司100%股权、石家庄时光供热有限公司51%股权、石家庄西郊供热有限公司48.8%股权、石家庄北城供热有限公司77%股权。公司以零对价收购这6家供热公司，收购完成后，成为华电国际控股子公司。

点评：华电国际是石家庄的主要热力供应商，该项收购将进一步巩固和提升其在石家庄供热市场的份额，拓宽公司供热产业一体化布局，有利于对电公司和供热企业进行统一调度管理，实现协同和规模效益。

4. 六合房开置换长春经开热力资产

2010年11月9日，长春经开与长春经开国资控股集团有限公司进行资产置换的预案：拟以所持有的会展整体资产、长春国际会展中心有限公司95%股权、长春经济技术开发区热力有限责任公司99.99%股权、长春经开集团兴隆热力有限责任公司100%股权与国资集团持有的吉林省六合房地产开发有限公司100%股权进行置换，置出资产与置入资产的预估值分别为99 000万元、99 688万元。

点评：六合房开与长春经开置换资产，热力资产的置入将丰富其业务结构；对长春经开而言，获得了43万平方米商住地产开发土地，提高了公司资产质量，优化了公司主营业务资产结构，有利于提升公司的竞争力和持续赢利能力。

5. 郴电国际收购南方水务

2010年4月1日，湖南郴电国际发展股份有限公司与南方水务有限公司就南方水务有限公司所持郴州市自来水有限责任公司（注册资本16 676万元）签署收购协议，收购南方水务100%股权，最终交易价格于2010年4月30日确定为116 355.58万元。

点评：郴电国际具备公用事业经营管理能力，通过本次收购整合供水生产附随的发电资产以及供电供水营销业务资源，整体来说，可以有效降低生产、营销等管理成本，有利于提高公司业绩。本次收购事项实施后，郴电国际进入了城市供水特许经营行业，可提升其在城市公用事业领域的市场地位和竞争力，符合公司的经营发展方向。

（三）公共服务业典型并购案例分析

华电国际零对价收购六家供热公司

1. 交易概述

2010年12月25日，华电国际与能投中心签署股票转让协议和债权转移协议，以零对价收购石家庄6家供热公司。收购完成后，华电国际将全资持有裕华、裕西及北城3家公司，并持有石家庄华电供热集团98%股权以及时光、西郊两家公司59%及51.2%股权。

2. 并购背景

华电国际电力股份有限公司及其附属公司是中国最大型的上市发电公司之一。自上市以来，公司通过新建和收购，装机容量不断扩大，年均增长率超过20%。截至2010年6月30日，公司的控股装机容量为26 812.0兆瓦，权益装机容量为23 225.5兆瓦。

能投中心成立于1997年12月，注册资本15 000万元，隶属于石家庄市发改委，主要负责筹措管理能源建设发展基金及其他相关项目的开发建设，具体组织、参与热电及其他能源项目建设、改造及经营管理等。6家供热公司的售热量中，向居民售热约占50%，居民售热受季节因素影响明显，每年11月至下一年3月为集中供热季，因而使效益受季节影响明显。

3. 并购动因

其一，华电国际收购6家热电是为了快速发展。华电国际在石家庄拥有3家热电公司，是石家庄的主要热力供应商，该项收购将进一步巩固和提升公司在石家庄供热市场的份额，拓宽公司供热产业一体化布局，在这次股权收购后，华电在石家庄供热市场将处于绝对垄断地位，该项交易将增加华电国际利润总额约6亿元。

其二，能投中心出售是为了转移债权。由于近年来原材料及人工成本持续走高，不少地区的供热企业都处于全面亏损状态，对于老化的供热系统改造更是有心无力。6家供热公司的售热量中，向居民售热约占50%，居民售热受季节因素影响明显，每年11月至下一年3月为集中供热季，因而使效益受季节影响明显。6家供热公司全部负债中，能投中心将持有的6家供热公司的总计约11.90亿元的债权转移给华电国际。

4. 并购内容

2011年1月25日华电国际发布公告称，将以零对价收购石家庄华电供热集团有限公司49%股权、石家庄华电裕华供热有限公司49%股权、石家庄裕西供热有限公司100%股权、石家庄时光供热有限公司51%股权、石家庄西郊供热有限公司48.8%股权、石家庄北城供热有限公司77%股权；收购完成后，华电国际将全资持有裕华、裕西及北城三家公司，并持有石家庄华电供热集团98%股权以及时光、西郊两家公司59%及51.2%股权。

5. 并购评述

此次收购，一方面有利于现有3家热电公司和供热企业的统一调度管理，实现协同和规模效益；另一方面也有助于充分利用公司在供热企业运营管理方面的优势，提升6家供热公司的安全经济运行水平，有助于石家庄供热市场的稳定与发展。目前石家庄存在一些规模小且分散的供热企业，未来将通过“上大压小”的模式，逐步予以取代，在这个过程中，地方与华电可以实现双赢的格局。

三、公共服务业 PE 投资分析

1. 公共服务业 PE 投资规模

公共服务业 PE 投资规模如图 3－151 所示。

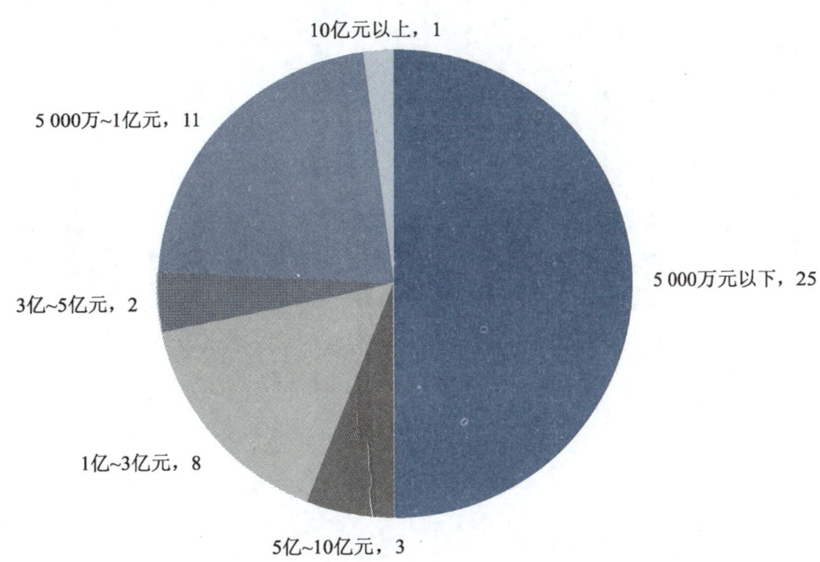

图 3－151　公共服务业 PE 投资规模（单位：笔数）

2. 公共服务业 PE 投资地区分布

公共服务业 PE 投资地区分布如图 3－152 所示。

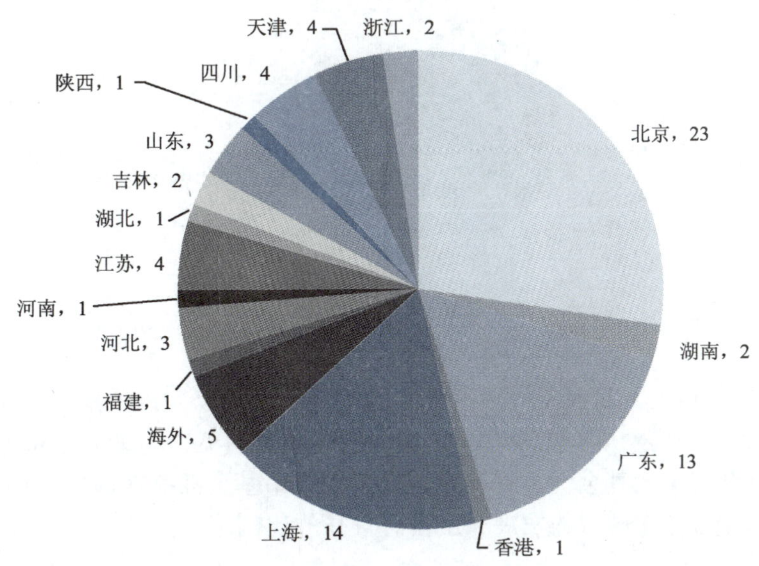

图 3－152　公共服务业 PE 投资地区分布（单位：笔数）

3．公共服务业 PE 投资时间分布

公共服务业 PE 投资时间分布如图 3－153 所示。

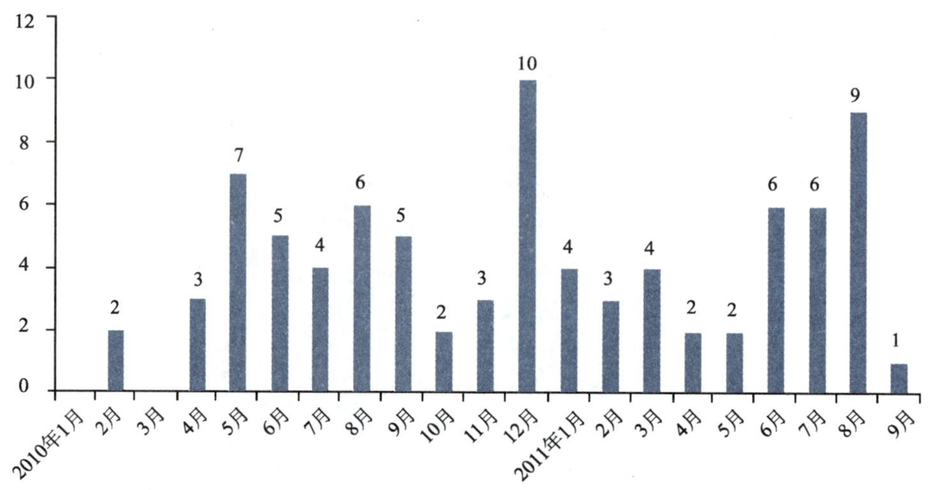

图 3－153　公共服务业 PE 投资时间分布（单位：笔数）

4．公共服务业投资性质分析

公共服务业投资性质分析如图 3－154 所示。

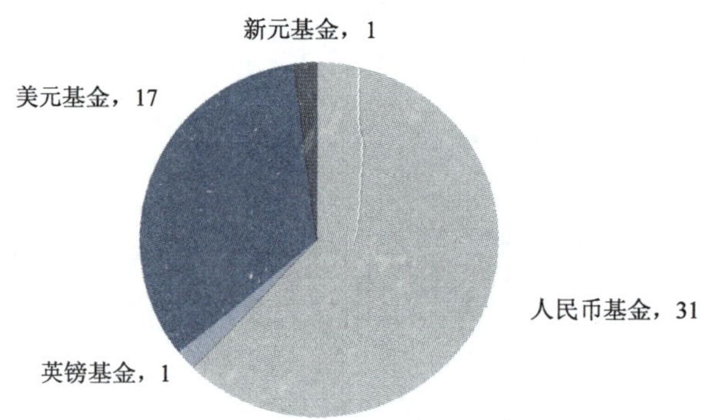

图 3－154　公共服务业投资性质分析（单位：笔数）

由图 3－154 可见，目前投资国内公共服务业的基金以人民币基金为主，大约占到 60%；其次为美元基金，约占 34%；此外，还有极少的英镑与新元基金。在公共服务业，人民币基金与美元基金仍占据主导力量。人民币基金拥有在国内市场的先天优势，而美元基金由于多年在国内的发展，也占有较高的比例。

第四章

中国并购与股权投资基金法规与文献

第一节　中国并购与股权投资基金文献[⑤]

一、中国企业并购重要观点与文献选编

◆2010 中国并购年会发言摘选

“十二五”时期的并购机遇

当前，中国进入了“十二五”建设时期，国际上的产业并购和新兴产业的兴起，再加上我国经济发展方式的转变和结构的调整，必将给并购市场带来巨大的变化和商机。所以，今天大家齐聚一堂，共同探讨并购市场的发展，共同探讨大家所关心的并购问题，我认为必将取得很好的效果。

目前，中国的经济正处于进入“十二五”的前期，我们遇到了通货膨胀的问题。现在国家的货币政策正在逐步从适度宽松向稳健过渡，逐步收紧。为了解决我们现在的通货膨胀问题，如果进入到适度从紧的货币政策，可能会对经济的发展带来一定的影响，但对通货膨胀可能起不到根本的作用。我们国家目前的通货膨胀不是由供求关系所引起的，我们的通货膨胀主要是因为能源、农产品价格引起的。因此，我们现在的通货膨胀主要是成本型再加上一些投机性的通胀预期，比如说能源的价格上涨、农产品的价格上涨，实际上这是经济结构调整的必然产物。所以，适度可控的通货膨胀对中国经济结构的调整和转型是有利的，我认为4%左右的通货膨胀也可能是经济发展的阶段所必须经历的。因此，现在我们所采取的措施必须要针对通货膨胀的具体原因对症下药。

第一，对并购市场来讲，适度活跃的资本市场，对并购市场来说还是非常重要的。所以在“十二五”时期，希望我们的货币政策能够保持在这样一种稳健的货币政策上，不要走向适度从紧的货币政策，这会给整个产业调整带来很多困难。

第二，并购对我们国家的企业而言，尤其是发展到目前阶段的具有一定实力和资本能力的企业而言，通过并购来实现做强、做大，这是一个机遇。在市场经济条件下，竞争力强的吃掉竞争力弱的，发展速度快的吃掉发展速度慢的，是大势所趋。我们的结构调整就是要鼓励这样一种良性的并购，良性的并购比市场的优胜劣汰还要好。并购可能会产生一加一大于二的效果，在当前的国际国内形势下，努力并购、支持并购，有利于结构调整。

第三，民营企业和民间资本在并购市场上将发挥越来越大的作用。中国的民营经济已经占到中国 GDP 的 50% 以上，中国的民间投资也占到中国投资的 50% 以上，活跃

⑤ 本部分内容由柴建刚、曹光远编选。

的民间投资对经济发展至关重要。在危机期间，国有企业的投入是必要的，但是危机过后，可持续的民间投资必然要取代国有企业的投资和国家的投入，作为经济复苏的主力。我们的投资并购市场异常活跃，但是我们也不能不看到在我国这样一种体制下，民间的并购，尤其是民营企业的并购还有很多困难和问题。比如说吉利并购沃尔沃，据我了解，中国企业对并购中国自己的企业并不积极，反而是对并购国外的企业相对比较积极，我们要鼓励并购国内的企业。目前国有企业并购民营企业的现象时有发生，我认为这不是并购市场上应有的表现。所以从长远来看，要支持有潜力、有竞争力的民营企业通过并购发展壮大，如果我们国家能够有一大批民营企业通过并购国内外的有效资产来获得加速发展，我国经济持续增长的发展动力也将会不断增强。

（黄孟复　全国政协副主席、全国工商联主席）

并购市场发展不能漏掉上海

并购市场的发展不能漏掉上海。我想围绕“为什么不能漏掉上海”谈一点意见，分三个方面。

第一，并购市场的发展对上海有什么意义？一是并购市场的发展将进一步深化上海建设国际金融中心这一进程。并购市场的发展，必定会对金融市场功能的完善、金融市场的结构和金融市场体系的进一步健全产生极大的促进作用。二是对上海经济结构的调整有重大意义。上海正在确定新一轮的发展规划，上海最迫切的任务就是经济结构调整和经济增长方式转变，在这个过程中，上海主要是聚焦于怎样促进现代服务业和先进制造业的发展。并购市场的发展，对于完善上海的产业结构，推动既包括金融服务业还包括各种专业服务业上海服务业的发展。三是并购市场的发展会极大地推动上海企业结构进一步改进和完善。

第二，上海在推动并购市场的发展方面有哪些优势？主要也有三个方面：一是上海国际金融中心的建设，上海金融体系的不断完善和健全，这就是所谓多层次的资本市场体系、多元化的金融市场结构以及多样化的金融市场工具，我想都会极大地为并购市场提供基本的支持。二是上海资产管理行业发展迅速。上海这两年也致力于股权投资基金的发展，现在上海已经形成了一批股权投资基金。股权投资基金在发展的过程当中，作为并购基金，也会随着金融市场和并购市场的发展不断扩大规模。所以，资产管理业务也会对并购市场的发展产生积极的重要作用。三是上海服务业的发展。并购市场不是一个单纯的并购行为，它可能涉及一系列围绕金融、包括其他的专业服务。上海在中介和专业服务方面，包括会计、资产评估、法律等各个方面都产生了一批高端的服务业企业，这也会为并购市场的发展产生积极作用。另外，上海在金融市场发展的过程中，逐步聚集了一批各方面的高端人才，我想这也是并购市场发展很重要的资源。

上海的开放化程度比较高，所以立足于上海，更好地面向境外和境内两个市场，利用好两种资源，来促进上海并购市场的发展，我想这也会发挥好上海的优势。所以，这是在上海促进并购市场的有利条件以及难得的优势。

第三，上海怎么来推动并购市场的发展？我想我们主要是做好三件事：一是按照中央的部署，在国家主管部门的指导和支持下，加快上海金融市场体系的建设。我们现在正在制定“十二五”规划，也和国家的“十二五”规划对接。怎样更好地加快上海金融市场体系的建设，促进上海国际金融中心建设进程的加快，满足国家的经济建设和社会发展对上海国际金融中心建设的需要？我们会积极按照国家的部署来推动上海的金融市场建设，这对并购市场在金融资源的利用方面，在为并购市场提供服务方面都会形成良性互动。二是上海需要在并购市场的发展中，着力于并购市场所需的服务业发展，尤其是并购市场所需要的中介机构的发展，从而为并购市场的发展提供这方面的资源。三是对上海地方政府来讲，就是怎样创造更有利于并购市场发展的环境。在机构聚集的环境、人才聚集的环境、法制环境方面，为并购市场创造一个良好的环境。我们正在做一些具体的努力，我们和并购公会一起探讨，能不能在上海建立中国并购公会。不光是我们要有这样的诉求，更重要的是上海要创造这样一些条件，使中国并购公会落户上海，同时更好地推动并购企业的发展，发挥行业协会的作用。比如说，我们也正在积极准备，在上海建立面向全球的并购博物馆，通过博物馆这个方式，把上海的并购市场和文化环境结合起来，通过并购博物馆形成并购文化，这将极大地为并购市场创造良好的环境。

并购市场要发展，除了要有这几个方面的努力之外，上海要在自身的产业结构当中，致力于通过并购市场，在全国起到一个表率和带动作用，这本身也是对并购市场发展的重要贡献。

（屠光绍　上海市委常委、副市长）

改革促进并购和股权投资发展

今天我讲一个观点，只有加快改革，才能够促进并购和股权投资发展。

企业并购和股权融资都是产权调整的重要方式，虽然侧重点不同，但目标都是促进企业财产结构的优化，改善治理结构，为企业的发展奠定制度基础。企业并购活动和股权投资的广泛应用依赖于改革，可以说改革兴，并购兴；改革越深入，股权投资越活跃。遗憾的是，近年来改革进展不大，特别是国有企业改革停滞不前，某些方面甚至出现倒退。由此产生一系列的问题。对此，有人质疑市场经济的改革方向，甚至主张回到计划经济时代。我认为，这些问题的产生不是市场化改革出了问题，恰恰是改革不彻底和停滞不前造成的。当年邓小平同志“不改革，只能死路一条”的告诫，在今天仍然有现实意义。

当前推进改革的难度远非当年改革所遇到的问题所能相比。中国社会是一个超稳定的结构，社会矛盾不到一触即发的情况，很难自我寻求变革。因而，中国的改革动力从来都产生于倒逼机制。而当前，尽管我们遇到了诸多的社会矛盾，但是从总体上来看，我个人认为，中国改革的原动力仍显不足。现在的改革绝不仅仅是依靠金融体制改革就可以的，必须配套推进社会、文化、政治体制改革。对此，刚刚闭幕的十七届五中全会提出的“十二五”规划当中已经有明确的论述，就是要进入到配套推进的全方位改革。就经济体制改革而言，我认为现在有必要重申党的十四大以来历次代表大会对经济体制改革一系列的指导思想和原则。

第一，必须坚持市场化改革的方向不动摇，坚持和完善基本经济制度不动摇，要明确在基本经济制度中规定，以公有经济为主体，但是坚持公有制为主体不等于单一的国有制为主，现阶段股份制、股份合作制、合伙制等多种混合所有制都属于公有制的范畴。公有经济的主体地位主要体现在对国民经济命脉的控制力和影响力方面。

第二，非公企业是社会主义的重要力量，是社会主义市场经济的重要组成部分，是现阶段承担就业的主要力量。因此，必须支持其不断发展和壮大，帮助它不断地完善和提高。不能动辄以各种问题为由，用行政手段强行对其进行并购或关停。

第三，必须以更大的决心和勇气打破垄断。要明确，以行政手段赋予的垄断权，与市场经济原则和基本经济制度背道而驰，必须打破。垄断所得的利润，属于国家、属于全民，而非属于企业。

第四，要改革国有资产管理体制，通过国有资本的运营实现国有经济的影响力，促进社会资本的优化配置。

第五，行政改革的目标绝不是机构的简单合并，而是要彻底转变政府职能，减少并最终放弃行政分配生产要素和资源的权力，让市场在资源配置中起基础性作用。

“十二五”规划为改革做出了整体规划，现在关键是要有可操作的具体目标和实施方案，并真心实意地向前推进。中国的改革从来都是渐进的，但是渐进不等于不改革，看准了就要坚决地行动。不推进改革，社会矛盾只能是越积累越多，最后积重难返。不停止地稳定向前推进改革，才能缓解各种社会矛盾，为建立和完善社会主义市场经济体制赢得时间，为构建社会的和谐和公正奠定体制的基础。伴随着中国经济的持续发展，我国的经济正面临着结构调整和经济增长方式的转变，“十二五”规划又提出了加快改革的总体设想，只要这些设想能够落实，就会为企业的并购和股权投资提供良好的发展前景。

（邵秉仁　中国股权投资基金协会会长）

光大样本：从并购到做百年老店

“并购”一词是舶来品，中文意思是兼并和收购，更准确地说，也就是通过产权交易获得企业控制权的行为。并购这个话题，对光大而言充满着苦涩与兴奋。“兴奋”无疑是指光大银行的“上市”，外界称为“闪电上市”。2010 年上半年，我们对资本市场的判断是：前有农行上市的大局要保，后有其他国有银行再融资的大局要顾，为光大银行留下的就只有 8 月中旬那么一点点的“时间夹缝”。在这个夹缝中，资本市场存在着相当大的不确定性。光大集团要保持完整，光大银行的审计报表即将到期，不上市就可能错失良机，一步错，步步错。作家柳青说过，人生的道路虽然漫长，但紧要处就那么几步。"上市"对光大而言，就是"那么紧要的几步"。"兴奋"之前的"苦涩"则一言难尽。

20多年来，光大的许多企业一直处于"被并购"状态，光大旅游、光大科技、光大木材、光大地产、光大石油、光大信托等企业先后被并购或撤销。其中比较典型的是光大信托，曾经是香港市场上最活跃的并购者。但到2002年，却因资不抵债被监管部门宣布撤销。11年前，光大银行收购中国投资银行，为国家承担了金融稳定的责任。但就这件事本身而言，表面是光大对投行的一次风光并购，在增加137家网点的同时，却带来150多亿元不良资产。这些不良资产造成光大银行资本金严重不足。如果不上市及争取到保持光大集团完整性的政策，也势必将由并购他人转化为被他人并购。因此，上市对光大而言是势在必行。

光大银行"闪电上市"，光大为上市所做的各项准备其实就是一个"电荷生成"的过程，包括一是先后发行160亿元次级债保持资本达标，二是处置了142亿元不良资产，弥补了139亿的历史亏损，三是化解了多年形成的关联交易，四是完成了115亿元私募增资工作，五是彻底理顺了4家股东信托代持的关系，六是完成了236家企业的国有股确权和131家企业的国有股转持，七是开展了资产评估及财务审计，八是修订了银行发展战略，九是完善了公司治理结构，十是完善了招股说明书等上市申请文件的准备。这是一个漫长而艰难的历程，每一件事情背后都有大量的故事。

"十年寒窗"成就了光大银行的上市，也使光大开始从"被并购"向"在并购"转变。今天，光大集团已经成为包括银行、证券、保险、资产管理、基金、期货、租赁、投行等金融业务为主并辅之以实业的全国性金融集团。下一步，光大正酝酿收购信托公司，信托对于光大是"成也萧何，败也萧何"，我们要在跌倒的地方爬起来。光大的"在并购"正迈出坚实步伐。

如果说从"被并购"到"在并购"从而形成金融控股集团是光大的第一次"凤凰涅槃"的话，那么立志做"百年老店"则是光大的第二次"凤凰涅槃"。第一次"涅槃"我们靠的是急不得等不得的中药药理，第二次"涅槃"靠什么？我曾讲过两句话，一是"金融企业，业务是叶，管理是枝，体制是干，文化是根，而经济社会环境则是它的土壤"，再就是我对中国金融文化"利、法、信、义、道"的概括。上市后，光大银行正在向"更有内涵的发展"转型，正在推进金融文化建设。我提出九个方面，即"更有效益的发展，更有安全保障的发展，更有后劲的发展，更有创新能力的发展，更有前瞻性的发展，更有凝聚力的发展，更协调的发展、更有品位的发展，更有社会责任的发展"。其实，"更有内涵的发展"远非这九个方面。"更有内涵的发展"谁心里都明白，又很难用语言表述。正是"道可道，非常道"，而正因为难于用语言表述，也就耐人寻味。

（唐双宁　中国光大集团董事长）

后危机时代是企业境外并购好机会

现在大家都认为全球已经进入了后危机时代，大家原来担心的所谓二次探底已经过去了，像中国以及其他一些新兴国家进入了“V”型状态，即复苏阶段。发生危机的发达国家，美国及欧洲一些国家可能还处在“L”型的发展当中，还在挣扎，也就是说，现在进入了一个后危机时代，这给并购提供了一个很好的机会。此外，人民币现在升值，正好是到国外并购的好时机。同时，与前几年相比，目前政治上的限制也比较少了，所以现在是海外并购的最佳时机。

这几年中国企业的海外并购业绩也表现得非常不错。今年上半年业绩也非常好，上半年并购交易活动大幅上升，交易总量高达99件，同比增长90%，资料显示是历史最好水平。在这种情况下，中国海外并购也表现出一些新的特点。第一，前几年进行海外并购的更多是国有企业，现在民营企业在海外的并购逐渐增加，大家都知道吉利集团并购沃尔沃十分成功，这是一个特点。第二，中国企业的海外并购向欧美转移，过去主要在亚洲地区。第三，从资源型向高科技领域延伸。第四，单笔交易额在上升。

总体上看，我们国家并购界利用了后危机时代的机会正在推进海外并购，但是我们的海外并购的量还是比较小，还需要大发展。下一步如何推进中国企业的海外并购，前面有些专家也谈到了。我个人认为应该在战略上有一些新的调整。

第一，下一步应该继续推进国内的民营企业走出去，民营企业到国外去进行并购。近几年民营企业海外并购的趋势在增加，但是还不够，导致我们买什么什么贵，卖什么什么便宜，我国的国有企业和民营企业结合起来可能就更容易成功了。

第二，有些产业和行业比较敏感，民营企业牵头、国有企业也参加，可能更容易成功，比如说最近天津有一个钾肥的项目，具体国家我就不说了，钾肥的项目是民营企业牵头，有些国有企业参加，结果就很有可能成功，如果只是国有企业牵头的话很有可能不成功，这里是否要作一个调整。

第三，是否要多利用并购基金。天津在大家的支持下，这几年基金方面有了很大的突破性发展。大概现在有800只基金，VC/PE，其中PE是主流，700多只PE里面有100多只是并购基金。下一步，我认为在推出海外并购当中，应该多发展并购基金，我们在建立人民币基金和美元基金时，在制度上要有突破，国家有关部门应该进一步研究，可以在一些区域来尝试国外的企业在中国建立人民币美元基金。

第四，应该更关注文化、宗教、工会等方面的特点。这些方面，我觉得要在文化上有所突破，更重要的是要跟国外的企业结合起来。

第五，目前的并购主要还是侧重于硬件，并购国外的企业等，是否今后也可以调整，并购向软件方面调整，是不是可以并购那些有专利的企业，最近我有国外的朋友回来，就建议我们向这些方面突破，向专利公司方面延伸，这更容易获得国外的高新技术。

（陈宗胜　天津市人民政府副秘书长）

推动并购发展需要多方合作

从行业角度来看并购，并购市场其实是一个新兴资本的概念。在历史上，每一次产业升级都伴随着一次产业整合，而整合不一定是企业层面，更重要的是在资本层面。从并购的角度来看，很多大公司的发展基本上都是在全球并购的基础上发展起来的，辉瑞制药是靠并购发展起来的，Google也是靠并购发展起来的。最近，我国并购市场有一些变化。大家知道“十二五”规划，《国务院关于促进企业兼并重组的意见》提出了合理引导企业兼并重组，提高产业集中度，发展拥有国际知名品牌和核心竞争力的企业。《国务院关于促进企业兼并重组的意见》当中也提出鼓励股权投资基金参与企业兼并重组，这些都是政策层面鼓励股权类投资进入并购重组。

并购重组更多地表现为一种股权类的投资。在天津的一次会上，国家发改委的一位副主任说PE不能只注重赚钱，要结合国家的产业政策，下一步并购重组是方向，希望PE推动中国薄弱环节的发展。中国现在的股权类投资的80%都是中小企业的直接投资，还有人说是90%，股权类投资超过一半是用于产业整合的。但在中国为什么发展不起来？刚才邵会长讲得很好，没有改革，就没有并购与股权投资。从技术层面分析，我们现在的投资基金规模都太小，北京大学做过这方面的一个统计。再就是我们的结构、并购方式都太单调，组织方式、投资方式、出口方面都很单调，国外在这方面多元化程度都很高，基金套公司、公司套基金，有很多的方式，而且不仅做投资，也做并购重组财务顾问，现在美国的PE还做上市承销，所以很灵活，法规上也尽量给这类股权类投资以方便。

最近美国的金融改革法对股权投资还是网开一面的。在美国，各方面都认为PE类股权投资，是一个直接服务于实体经济的金融产品，应该尽可能减少限制。我们国内股权投资基金形式的单调还表现在我们现在还无法进行大规模的并购重组，特别是比较复杂的技术交易和现在国际上比较流行的俱乐部交易，这个交易行为在国际上是占主流的，比如说在日本发生的三洋电器的交易，包括高盛等多家投行和三洋电器的重组整合。

中国人民银行已经允许商业银行发放并购贷款，我觉得这个事实际上操作起来很难做。我们目前所有的交易当中，银行的贷款是零，曾经有银监会的领导说：“为什么不用银行贷款?”但这个确实很难用。银行并购贷款实际上在中国用不上，问题有很多，我觉得全国人大财经委员会副主任吴晓灵有一个很好的建议：中国应该适度鼓励推出并购类高息债券，这是企业主导完成的，投资者比较灵活，包括企业、银行，所以我觉得应该鼓励这种金融性工具的出现。

中国人民银行还规定贷款不能跟任何股权类的资本有任何的结合，这些都是有很大的问题。我们的上市公司收购办法当中也规定，不能把被收购公司资产用作抵押。现在好的机构不需要银行的贷款，整个金融市场不活跃，所以推动并购进一步发展需要多方面的通力合作。

（方风雷　厚朴投资公司董事长）

◆重要观点选萃

应鼓励外商参与国企重组改造

中国应鼓励外商通过兼并、购买等方式参与国有企业的重组改造，引导符合条件的外商投资企业境内上市，引导创业投资、私募股权投资在促进企业升级、完成企业融资方面发挥积极作用。

（商务部部长陈德铭谈外资与国企重组）

国企并购要多元化

国企并购应该多元化、市场化，对于什么样的企业上市，还要看企业情况，需要调控。央企重组是一个很复杂的过程，产业要能够对接、互补，班子要能够融合，最后还要能够形成协同效应，总得是一加一大于二，所以是多因素的，非常复杂。

（国务院国资委副主任邵宁谈国企并购）

法律风险防范机制要在企业整合中更好地发挥作用

近几年来，中央企业并购重组活动明显增多。但一些企业的并购重组活动并不成功，特别是在并购后的企业整合方面存在的问题很多，蕴含的法律风险也很大。因此，企业法律部门不仅要在并购重组的前期和中期提供法律服务，更要重视在并购重组的整合阶段提供法律服务，使法律风险防范机制贯穿于企业并购重组的全过程。

（国务院国资委副主任黄淑和谈并购法律风险）

民企海外并购将是跨国并购新亮点

面对新形势，中国企业应抓住世界产业调整的新机遇，在国际产业链分工中逐步从产业链低端向高端延伸，培育自主品牌，增强产品设计、研发、营销和跨国管理能力。中国对外投资在方式上，并购将成为中国对外投资的重要形式。尤为重要的是，民营企业的海外并购将成为中国海外并购的新亮点。

（商务部副部长王超谈民企海外并购）

上市公司并购重组申请审核将实行分道制

今后上市公司股价异常波动、涉嫌内幕交易的，证监会将不受理或暂停受理其兼并重组申请。上市公司并购重组将实行分道制，评级良好的并购重组申请将简化审批程序，而评级较差的申请将被审慎考核。证监会现在正在研究分通道进行审核，评级良好的并购重组申请将简化审批程序，而评级较差的申请将被审慎考核。

（中国证监会副主席庄心一谈上市公司并购重组审核）

大力推进西部上市公司并购重组

未来将大力推进西部地区企业的IPO和再融资，积极推进西部地区上市公司的并购重组，为西部地区企业利用资本市场规范发展开辟空间。同时进一步加强与西部地区各级政府的沟通与协调，积极培育优质上市资源，共同促进市场主体规范运作，营造资本市场与区域经济良性互动、共同发展的良好局面。

（证监会副主席刘新华在第一届中国西部金融论坛上谈推进西部上市公司并购）

上市公司并购重组是内幕交易易发区

我国证券市场这些年内幕交易增多，内幕交易破坏了公平、公正、公开的市场秩序，对证券市场的危害极大。证券执法部门应当适应市场改革与发展的新形势，针对执法工作面临的新情况，发挥我国证券执法的体制优势，加强监管，依法打击证券市场违法行为。

（证监会副主席姚刚谈并购重组内幕交易）

并购不能因噎废食

我不太同意大部分并购都失败的论调。中国现在是一个大发展时代，我们必须要走这条路，因此你必须要下水，不能因噎废食。并购失败的案例肯定会有，问题永远会有，但是不去应对，不去解决问题，将对国家造成更大的问题。

（全国工商联并购公会会长、中国股权投资基金协会秘书长王巍谈企业并购）

全面布局推进完善并购重组工作

证监会要加快全面布局推进完善资本市场并购重组工作，通过减少环节，提高效率，增强透明度，加大中介机构责任和作用等，推进并购重组市场化进程，进一步发挥资本市场服务于国民经济发展全局的作用。

（中国证监会上市监管部主任杨桦接受媒体采访谈推进上市公司并购重组）

解决并购重组重复征税问题，严厉打击借壳上市中的内幕交易

目前资本市场的并购重组存在几个问题，证监会将通过推行内幕信息知情人登记制度等四方面手段，严厉打击包括借壳上市在内的并购重组活动内幕交易问题。首先，

在现有监管经验基础上，完善现有监管制度安排。其次，在纪检委、监察部的支持配合下，在上市公司推行上市公司内幕信息知情人登记制度，有序扩大登记范围，使内幕信息从形成、传递到扩散的每个节点都能明确责任。第三，利用现有的上市公司规范平台，通过和国资委等部门组织的监管平台一道，共同防范内幕交易。第四，利用现有交易所、监管局监管机制，对内幕交易早发现、早制止、早处理，形成内幕交易威慑力。

（证监会上市部副主任欧阳泽华谈反向并购监管）

证监会加强上市公司并购重组协同监管

今后应加强上市公司并购重组协同监管，由侧重对每一个上市公司项目的审核，逐步转向对资产评估等专业中介服务机构的审核，形成机构归位尽责、行业自律监管、证监会事后查处的格局。

（证监会上市部副主任赵立新谈并购重组协同监管）

国有企业海外并购优势不如民企

虽然国企具有资金、资源等方面的优势，但由于体制的原因，政府部门对国企的限制更多，并且只许成功，不许失败。政府的审批令国企的海外并购显得艰难。相较之下，民营企业更有优势。

（全国政协委员、国务院发展研究中心对外经济研究部部长张小济谈海外并购）

◆并购文献选编

2010：国民共进 启动本土产业的全球整合⑦

全球金融危机、政府救助、甲子大庆等诸多国内的大事从各个角度推动中国投资的强劲发力，直至透支我们的储蓄能力。过去一年里，政府高调刺激增长，要为全球经济复苏作出大国应有的贡献，国有企业高歌猛进全面开拓，金融机构义无反顾保驾护航。如此景气复苏之中，所谓中小企业的“挤出效应”渐渐变成了小圈子的呢喃私语，无碍大观。对于商业而言，资本就是资本，并没有体制的属性，几万亿银子一拍，前途必定是一片光明。投资曾经是，现在是，也会长期是中国经济应付危机的最有效手段。值得庆幸的是，并购和产业整合已经更多地替代投资，更为时尚，也更有内涵。

回顾2009年的并购圈子，除了并购贷款规则弄得几个有资格的大银行花拳绣腿了一番外，并无多少金融创新成分，都是金融家和企业家们联手信心满满的大笔收购或

⑦ 本文摘编自《资本交易》杂志2010年第1期。

者整体重组，面向本土的、全球的市场，直指一切资源、能源和拥有市场地位相关的企业或资产。从规模到品质，从边缘到核心，从历史到新潮，凡有价码有意向有可能的资产，都在中国经济高速发展这个基本坐标体系中衡量一番翻检一遍把玩一遭，不问来龙去脉，只求我之可用，“先踞要路津”。这个态度的背后便是我们史无前例的自信和阔绰，也引发了境外资本市场的惊恐和敌意。

多年以来，我们卖什么，什么价格就大跌；我们买什么，什么价格就大涨，这成了全球商品市场心照不宣的“中国定价权”。而在资产市场上，我们买什么，似乎都是人家的淘汰资产和落伍公司；我们卖什么，却总是“民族品牌”和产业龙头，动辄就有“国家经济安全”的问题。这不仅是让网络愤青们拍板砖、流鼻血的话题，也是让企业家们郁闷、无奈、屡试不爽的法门，更是让永远有理的官府衙门说不清道不明的软肋。当中国的本土市场已经打通到全球市场的今天，我们的金融家和企业家们还是在摸着石头过洋，只是有些昂首挺胸雄视天下的味道。

去年的并购风波不断，有汇源和力拓等案的被否，有悍马和沃尔沃等案的争夺，有五矿的完胜，也有建龙的惨败。在网络时空的当下，街谈巷议已经不再是小民百姓的声音了，完全可以轻易扳倒个把辜负了民意的大员，也可绑架涉及几百亿上千亿跨国并购的审批大权。如此，所谓企业并购的运作已经大白于天下，多非少数专家运筹帷幄的财技，也非些许企业领袖英明决断的战略，更是垄断特权和廉价资本主导的收购角力，在本土吃得开，在国外也似乎行得通。

2009 年的一年，相对西方各国的挣扎，我们看到了中国作为大国的崛起，更看到一个大政府的崛起。请看我们刚刚公布的 2009 年中国十大并购事件，政府的并购力量之强大，昭然若揭。当然，国有企业的并购不等同于政府的并购，个中差别颇多，但一个基本点，市场价值要服从于政治价值，毋庸置疑。回顾一年，即便强调和谐发展，绿色低碳，但危机救亡毕竟是主旋律，容不得各界人士发言，不知不觉中，几万亿投出去也。所谓的公共舆论不过是“流到溪前无半语，在山做得许多声”。

往昔不可追，来日尤可为。政府在危机时替我们做了许多大事，展望 2010 年，也许并购业界能不负使命，发挥些许专业特长，自下而上地积聚市场的动力，填平补齐，有所贡献。思来想去，大体有几个领域还是可以关注的。

第一，推动国民共进的局面

这一代人亲历 30 年的改革历程，排除体制改革的思维确非易事，改革的弦绷得太紧，风吹草动都能发现阶级斗争动向，都要站稳立场。全球都是政府牵头救灾主导大银行大企业重组，偏偏在中国就要掀起一场“国进民退”的广泛质疑，民间企业担惊受怕尚可理解，国有企业巨头居然纷纷表白，声称没有实施垄断、没有廉价融资、没有欺行霸市，急于立牌坊，弄得民间企业没事找事罪加一等。

其实，经济全球化的今天，成败能力比体制颜色更在市场上有影响力，想想这么多年来，西方资本到我们这里来，基本不屑与他们在中国的阶级兄弟民营企业联手，还是愿意与拥有垄断利益的国有企业和政府来分享利益。从大处着眼，因势利导地发展本土大企业的产业整合能力，于国于民皆大利也，何耻之有？

再者，30 年的博弈结果，国有企业控制上游高端，中小企业分布中下游低端的基本格局已经成熟，各有所好，各显其能，也颇融洽和谐。四万亿从高端分下来，还是需要中下游接下去，无论从统计显示还是从笔者观察看，中小企业复苏也是相对强劲，并没有渲染得那样集体退出了多少产业。钢铁、煤矿等产业中民营企业的退出与多种商业因素相关，并非是简单政策使然。

最后，当体制因素被搁置后，大企业和中小企业在产业价值链上重新定位，将是新一年的一个关注焦点。大企业控制资源分布与产业格局，中小企业提升增值服务与创造变化，扬长避短，在竞争与博弈中提升整体产业能力和价值空间。如何创造一个国民共进的局面，也是给监管者提供了一个智慧空间。

第二，启动本土产业的全球整合

中国金融制度的严重滞后，导致中国庞大的储蓄能力无法在本土产业里消化，不得不被绑架在国际资本市场特别是美国经济上。在金融阴谋论一时盛行之下，国人多指责监管机构，哀其不幸怒其不争，似乎匆匆搭起了充满精英人物的主权投资公司，将管理机关的本土经验翻译到全球市场，便大可随心所欲调拨全球利益资源。辛苦两年的结果，却是“堤外损失堤内补”，还是本土的钱最好赚。事已至此，建议国家监管机构，索性就放开手脚，多元开放储备管理，立足于本土的产业整合市场。次贷危机后，人民币升值，本土市场空间扩大，全球产业纷纷掉头向中国接轨，八方来朝，万事俱备：

其一，以本土产业整合为优先国策。当下世界，中国的事情便是全球的事情，本土整合便是全球整合。不在正值青春期的本土市场上大显神通，跑到徐娘半老的美欧更年期市场上乱抛媚眼，南辕北辙矣。

其二，金融资本以扶植本土有市场能力的企业领袖为己任。都说中国企业家不成熟，怎么就把大量资本憋在储备上，流到国外，外国人转手再将大把银子都送到我们企业家的府上，而且可能威胁我们的“国家经济安全”，为什么不自己直接就办了呢。

其三，企业领袖之有市场能力，显然不能单靠国家批文和历史吨位，这在国外市场是负面，对产业未来更是疑问。领袖的产生，必须有竞争环境和鼓励失败的宽松舆论，否则枪打出头鸟，逆向选择的机制只能将一个个永远正确的不倒翁人物放到产业整合的关键点上。还请国有投资机构避免近亲繁殖，邀请具有丰富江湖经验的市场人士入围，打造符合产业价值链方向的市场节点。

第三，促进股权基金与并购合流

股权基金（PE）市场热闹了几年，又低迷了两年，现在可以有新的契机了。记得前两年，看着基金圈的海归们兴高采烈地检点投资的项目和产业，指点江山攻城略地，而另一圈老谋深算的本土企业家们则不动声色地彼此交流“套住那帮孙子们”的经验。在创业投资和网络传媒等新兴产业里，投资家可以用全球视野来安排资本。但投资到了资源、能源和传统产业里时，管理企业的功夫则成了成功的要害。

今天的股权基金已经不再炫耀身后有几十亿美金的支持了，而是更强调拥有多少老练的企业家担任合伙人，能够为企业带来多少客户资源、市场网络、技术能力和激励机制。显然，当下的本土企业家需要的是有附加服务的资本，甚至能提供并购发展的操作。股权基金从融资延伸到管理，并购从操作延伸到融资，两个高度依赖人才资源和市场服务的新金融圈子的合流已经成为大势所趋。

实际上，全国工商联并购公会参与主导的“融洽会”已经从天津的主场延伸到沈阳、深圳、西安等一系列二线城市，这本身就是股权基金和并购界合作创造的民间金融市场和山寨版股权交易所，也是对主流市场和交易所的补充。并购创造价值，基金管理增值，双方彼此合作与渗透将是未来的趋势。

第四，提出并购的社会责任约束

2009 年一个具有全球意义的话题便是哥本哈根论坛，低碳生存和绿色经济观念迅速扩散成为企业界的共识。并购交易也会改变人类的生产方式和消费方式，接受社会责任的约束，就是要在企业重组、并购和产业整合中加入绿色经济和环境成本指标的考量。这不仅仅是企业宣传的新噱头和软广告，而是共同生存在同一产业价值链上企业群体的商业行为约束。不参与导致环境成本提高，降低企业社会责任，威胁消费者权益的企业重组、并购和产业整合行为与过程，这是第一步要求。提升客户群体的社会责任意识，改善产业价值链系统的环境指标，参与其他公益组织的整体行动，这也许是并购界人士可以推动改变社会的生产方式、消费方式乃至生活态度的起点。

最近，笔者参与起草了一份两会提案，希望用本土资本帮助本土企业，进行全球产业整合，得到全国工商联并购公会诸多同仁机构的响应。对我而言，本土的就是全球的，不代表民族主义色彩，而且也没有体制的差别。无论国有企业、民营企业，还是在中国经营的外资企业，都是本土企业。把握中国市场的历史机遇，本土企业应该为老百姓的富足、国力提升和全球经济的发展作出更大贡献。中国的金融机构应当有能力把握本土市场和全球市场，将更多的资本投向最有希望成为全球产业领袖的中国本土企业，我以为，这也是中国金融界的社会责任。

（王巍　全国工商联并购公会会长，中国股权投资基金协会秘书长）

2011：中国买家的雄起与不安⑧

“2002：中国并购的元年”，这是 10 年前我写的一篇年终并购专稿的题目。10 年里，花开花落，并购从旁门左道变成了资本市场的主流工具，商业界的时尚话语。并购不再是一种观念、一种技巧、一种强取豪夺的特权，并购已经成为资本市场的基础设施，产业整合的基本手段，甚至成为大国崛起的突击队。中国正在成为全球市场上无可置疑的重要买家，大大超越了许多国家啼声初试时的海外收购目标如商品、服务、技术、品牌等，风起云涌一路喧嚣地直奔主题：资产，资源和公司。

收购资产时，你需要有跨国管理资产的能力；收购资源时，你需要应对当地国家安全的审查；收购公司时，你收购的不再是可以为所欲为、左右腾挪的有形资产和商

⑧ 本文摘编自《资本交易》2011 年第 1 ~2 期合刊。

品，而是一个独立的公司生命，有战略、有治理、有历史、有风格、有客户网络、有市场份额、有公司文化，岂是一笔精打细算的生意那么简单，更不会是一场巧取豪夺的资本游戏。10 年之内，中国从并购的观念建立到成为全球的企业买家，这样快的雄起，令人鼓舞，令人期待，更令人不安。

检点刚刚出榜的2010 年中国十大并购人物与十大事件，回顾10 年来这些并购里程碑的变迁，我们看到中国买家们经营和资本观念的变化，更真切地感受到观念背后商业力量的演进。并购，首先是市场的博弈，包括战略设计、定价模式、操作手段以及整合方式。但是，中国的并购，自始至终仍然是市场面具下的政府与市场的博弈，政府不同权力之间的竞争，政府功能蜕变与复苏的磨合。同样，突如其来的海外并购热潮中，中国买家的出场方式、出价规则和验货角度等多是让人起疑的生猛和粗鲁，以至于全球各国正在酝酿一个警惕中国买家的防线。还记得当年美国盛行的恶意收购么？殷鉴不远，鲜克有终。

中国作为经济大国崛起了，当然对全球经济有重大激励作用。中国作为最有潜力的买家，理应受到各国卖方的青睐和追捧。这样一个明显的逻辑却不能转化成现实，让我们不得不反思。除了卖方振振有词的所谓国家经济安全、市场保护、低碳经济和企业社会责任等诸多似是而非的理由外，除了我们更愿意发掘的围观者的羡慕嫉妒恨以外，我认为，中国作为全球买家遇到的挫折还是要从我们的本土市场谈起，从并购操作的基本商业底线谈起。

启动并购的动力机制。近年来，中铝、中钢、中石化、中海油、中化等国有垄断企业在全球市场大举收购之时，不断昭示着为中国经济发展而收购和控制资产资源的使命感，情之切切却着实令各国不安。跟随着充裕但不透明的融资结构，自我定位的资产收购及处置方案，对跨国收购成败的情绪型评价方式等，这种以中国需求为主导的海外收购，忽视对方公司自身的生命活力和成长路径，追求急用先买、立竿见影的效果，动辄把别人的公司大卸八块、整体搬迁的中国模式，已经形成了非常负面的影响，尽管在很多低端产业或者并购初期还是行之有效的。

中国的市场正在与全球市场同体运营，没有全球发展战略和经营模式，特别是商业责任伦理的一致规则，中国买家的收购行为便是急功近利的，非市场化的，也就是政治化的收购。并购不是一夜情，是可持续的价值创造过程，应当是双方理解共同承担的联姻，海外收购更是如此。如何秉承“进取而不掠夺”的精神，吸取其他国家海外并购的成败经验，是我们下一个 10 年全球化经济融合的重要挑战。

关注并购的价值链基础。西方的并购价值链基础是市场化形成的，经过百年时光的构造过程。横向并购浪潮推动了现代产业的形成，纵向并购浪潮构造了寡头垄断的环境，多元并购浪潮培育了几代职业经理人群体，金融并购浪潮则促进了投资银行家群体的独立，正在进行的战略并购浪潮正在全球范围内重新构筑产业集群和价值服务链。从宏观到微观，产业的重组并购与整合都贯穿着市场力量的博弈和淘汰，而且形成了一套普世运用的语言和规则。参与这个市场和过程，就要理解和学习这套规则理念，改变自己在特殊环境下野蛮成长所形成的所谓特色。

我们这十几年来初步形成的并购格局全然不同于国际环境，国有、民营与外资三股并购力量的表层博弈严重依赖于准入制度界定和政策管理。国有企业主导资源配置和产业准入与升级，社会的公共与民间资金只能通过国有金融渠道导向国有资本，我们的产业形成和大型企业的建立仍然是基于60年前的政治剥夺和权益归属。尽管在过去30年里，产权改造和制度建设有所突破和改善，但不断的宏观调控和侧重经济高速发展将构造市场竞争基础的日程一再推迟。值得关注的是，被广为称赞的“重庆模式”又在市场主导的方向退后一步，政府抛开代理人直接操盘，控制资源的需求和供给。当许多学者津津乐道用政府的组织成本来取代市场的交易成本的中国效率时，我们的并购市场和评价体系将导致产业整合的方向变幻莫测。

中国并购的战略与形象。看到4万亿投资激励导向资源和基础设施的过度开发，看到更多倍于此数的各地诸侯开发土地和固化传统投资格局的热潮，看到煤炭、原油、钢铁、通信等领域国有资产对民间投资的反复剥夺和排挤，我们能否信任这样的并购和产业整合力量能够在市场交易的平台上真正走出国门，到海外脱胎换骨地成为有担当、负责任的全球企业呢？我们如何期待全球的投资者和消费者能将中国的并购力量看成是友善、和谐的合作伙伴呢？

众所周知，我们去年一次收购全球著名汽车品牌的失利，一次收购全球著名媒体的尝试，刚一出手就被全球业界沦为笑谈。前者声称与中国军方的密切合作，后者居然理直气壮地报出自己是中国共产党宣传部门的附属机构。问题是，这种常识性的忌讳竟然无所顾忌地在全球舞台上亮相时，这就不再是笑谈了，而是傲慢和粗暴的表现。记得当年中海油收购受挫时，我们的权威机构和主流媒体不是简单地将失败归结为国际社会对中国崛起的政治化敌意行为么？在普世价值的基础上建立海外并购战略，运用大家都能听得懂的语言，以与人共舞的心态，中国的买家形象才能有所正本。

鉴于全球经济在次贷危机之后正在稳步复苏，中国资本展示的并购力量得到全球的审视，我们是有机会利用经济结构转型的国家战略来重新调整并购格局的。政府主导重组的重庆模式得到一个宝贵的尝试和推广机会，同样，我们也希望民间资本也能有一次尝试在地域和产业领域的主导重组的机会。不久前，河南一个得到地方政府和国家工信部大力支持的产权交易所在开业一周就被扼杀，这个号称中原的纳斯达克实验还是给我们一些信心。在被高度管制了10多年的本土资本市场上，地方诸侯和部委终于联手突破封锁，迎合新一代创业者和投资者的强烈市场需求，虽败犹荣，值得关注。对笔者而言，有几个可能的突破正在酝酿之中，需要因势利导，使之水到渠成。

第一，以浙江民间资本为主体的市场金融急剧成长。浙江一带历来国有企业很少，浙江成为中小企业发展最好最快的区域，民间融资居功至伟。尽管主流金融始终不予认可而且长期打压，但是民间资本越压越多，以至有上万亿人民币的规模。如果不肯定民间融资体系的正面地位，势必要承认政府金融监管体系的失败。好在当下的监管部门终于从善如流，给予民间融资以正面评价。如何将这股力量规范出土，合理转换为正规金融服务渠道，这是挑战，也是希望，更是未来。股权投资基金和并购交易等显然是优先的选择。

第二，建立在服务产业基础上的新金融体系的形成。建立在传统制造业基础上的金融体系包括商业银行、证券公司和保险公司等已经有300年的历史，正在伴随服务业的崛起而进入蜕变过程。最近30多年来，全球创新企业的第一金融推动都是源于股权投资基金、并购交易和衍生产品等的新型金融业态。新金融不再是基于资本和规模，而是基于人才和交易，关注现金流和市场份额。这种新的业态正在为新一代创业家和投资家所拥护，也得到主流监管部门的关注和推动。近年来创立的中国股权投资基金协会和中国并购公会去年在上海举办的第八届中国并购年会上结成战略联盟，预示着基金与并购两大资本力量的合流，值得期待。

第三，中国海外上市公司的迅猛增长。2010年中国在美国上市公司达到40家，占上市总数的1/4强。总融资额不到40亿美金，真是中小企业齐上阵了。如此之多的中小企业不能得到国内投资者和监管者的垂青，应该引起思考。尽管许多公司的财务状况在上市后出现投资者问题，甚至有造假的嫌疑，但是，市场的筛选终于取代了国内监管部门的钦定，这对国内的创业者和投资者都是更有意义的进步。如同去年的国美股权之争导致国内企业圈高度关注和反思一样，直接面对国际资本市场是对中国企业的一次重要洗礼和成人仪式。单凭垄断权力和中国概念就可以登陆市场的时代一去不复返了。笔者坚信，中国海外上市公司的质量和道德水准将会日益提升，这将为本土的资本市场和监管体制带来更多积极的影响。

一直以来，笔者强调，中国经济的崛起事实上更是全球经济在中国这个地方的崛起。无论在贸易结构、投资构成、技术与管理、市场与品牌等诸多全球化指标上，中国都是跟随全球公司的步伐，接受全球公司的市场标准。中国经济崛起是中国加入世界贸易组织和全球资本市场的成果。将中国经济视为全球经济的拯救者，不切实际地主张中国的大国责任和担当，低估全球经济对中国经济和社会政治制度带来的巨大影响和改变，是本末倒置的傲慢。

过去几年来，中国买家在全球市场上初试啼声，有不凡表现，但也凸显了更多隐患。在这个领域，美国和日本的海外并购经验都非常丰富，我们应当准确地评价他们的历史，不是一味妖魔化的理解。日本在过去十几年的所谓低潮阶段，已经将众多品牌企业转型成为全球公司，日本从海外企业获得的收益已经超过本国国内的企业收益。我们应当学习历史，理解普世价值的演化，在把握全球经济格局的立场上客观审视中国经济的进步，建立与全球经济和谐发展的战略观。中国的企业家和创业家仍然是任重道远。“沉舟侧畔千帆过，病树前头万木春”，我们期待中国买家的成长，成为全球经济中值得尊重的新兴力量。

（王巍　全国工商联并购公会会长，中国股权投资基金协会秘书长）

我们关注的是国美之争么?

我们是在谈论国美之争么？很多围观的人往往不了解国美之争的技术常识便摇旗呐喊般地进场助威，很多参与讨论的人也无视辩论对方的观点，只是自说自话的立场表态。更多的评论家在捕捉一点表面现象后便武断地对其中一方兴师问罪，以观念对抗观念形成意识形态的辩论。我认为，大家讨论的不只是国美之争，而是中国企业转型到现代公司的基本架构和核心要素，更是中国工商企业文明的进化过程的阵痛。

有五种力量制约着国美之争的观察框架：大股东，管理层，基金股东，市场规则，传媒与公众。这也是现代公众公司的运行结构框架。黄陈之争不仅是老板与经理人之争，也是大股东与小股东之争。同样，贝恩资本与黄之争是也股东之争。这次国美之争之所以如此被关注，恰恰是在中国的价值信仰体系早已坍塌的格局下，我们无所适从，无所顾忌，因此也无所寄托，只能各自建立自己的道德制高点，而道德的混战在市场上却是无解的。因而，我们要有所提升视野，才能更好地梳理我们的思路。

其一，是非判断与利害分析。合理合情合法是所有不同利益不同立场的当事人和旁观者都希望同时实现的结局，因此也是不可能存在的幻境，在这个基础上讨论任何商业行为多是机锋百变，虚无缥缈。在市场经济下，真正的问题是商业利害的比较和选择，是非判断并不重要，妥协才是发展的动力。只有将是非判断调整为利害分析，现代公司的生存价值体系才能形成。

其二，公司治理的理解。这次国美之争中，陈晓给管理层分股权，办了黄光裕该办的事情，黄光裕否决基金董事，董事会再否定股东会决议，这个连环交易都是以公司治理的名义大张挞伐，同时也的确限定了对方的动作范围，客观上提升了公司治理的地位，给所有围观者上了惊心动魄的公司治理实战课。

其三，创业者与管理者的双重心态。中国这一代企业家都是同时具有两种心态。作为创业者，他们需要不断地打破规则网络，顶着进监狱和法院的风险前行。同时，作为管理者，他们又要不断在自己把控的空间内建立各种纪律和规则。这就是最重要的中国国情，不断地破坏规则，还要不断地建立壁垒。在这样的环境下，如果姑息那些明目张胆地窃取中小股东利益、背叛公众信托责任、巧取豪夺公众资产的行为，那么，所有的创业者和管理者都是不安全的，这是政府的基本责任，也是对法制社会的侮辱。

其四，市场制度的考验。市场制度是在参与各方利益的不断冲突中建立起来的，不是在精英官员的设计里实现，更不是在知识分子（或者说知道分子）的道德说教中实现。这次国美之争的大批围观者都通过评论表达自己的立场，大抵有海外留学背景和在国际经营环境下成长起来的企业家，多支持陈晓和管理层；而在国内江湖闯荡经年的企业家和创业者，多支持黄光裕。这种两军壁垒的阵势的确激励传媒和社会公众的进一步自我认知定位，反过来又将原本模糊的阵线截然划出来了。

其五，契约精神的考验。这次讨论中最常见的一个词汇就是“背叛”，这是指违约，而且是不道德的违约。在整个事件发展的链条上，不同人在不同时段都可以根据自己的立场选择切片来分析。从制度经济学角度看，一个契约维系的商业社会便是一个稳定的商业社会，只要这个契约不是在暴力和特权下制造出来的。遗憾的是，我们有太多的契约不是平等商业谈判和市场博弈构成的，而是人为勾兑、特权压迫、资源控制等复杂因素下形成的，甚至国际资本也会利用自己的独特优势获得更有利于自己的契约。

其六，传媒和公众的关注。相对于当年的德隆集团、格林柯尔集团、华源集团乃至南德集团等这些曾高调出没于资本市场，最后突然销声匿迹的公司，国美集团应当是非常幸运的，它一直被置于社会公众和传媒舆论的聚光灯下。即便黄光裕身在囹圄中，黄光裕作为股东和创业者的基本职能仍然能够得到正常发挥。在传媒和公众的关注监督下，争论双方不得不勉为其难地寻找自己利益的依托，寻求法律的支持。也正是在传媒和公众的持续关注下，市场制度和商业规则得以成为比政府介入更为公正有效的平台。

国美之争是中国企业文明进化的重要里程碑，值得关注和研究。

（王巍　全国工商联并购公会会长，中国股权投资基金协会秘书长）

企业海外并购　“一慢二看三通过”

第一，中国企业从大规模出口到大规模海外并购可能需要经历一段较长的时间，提高整合成功率至关重要。

目前，全球经济发展格局正在发生重大变化，中国企业正面临几十年难得的战略机遇，我们应该充分利用这个机遇，大力促进中国企业的升级转型，使中国企业的全球竞争力在未来几年里有一个明显的提高。

从国际经验来看，企业海外并购的成功率非常低。对于政府而言，应该放宽政策；而对于企业而言，应该强化能力。企业在并购前，应该认真分析目标企业是否符合自己的战略需要，是否有可能产生战略协同，同时，应该认真思考自己是否真的具备对目标企业的调整能力。

第二，我们需要对并购后整合的经验和教训进行深入分析。海外并购交易的完成只是第一步，而交易完成后的整合则非常漫长而且非常艰苦。衡量海外并购是否成功，并不是看并购交易是否能够完成，而是看完成交易之后的数年内是否能够实现有效整合、平稳运行并实现赢利、提升价值，同时，要看是否能够实现预期目标，譬如说获得协同效应。

中国企业从大规模出口到大规模海外并购可能也需要经历一段较长时间，而目前中国企业对并购后海外企业的整合效果并不乐观，我们需要对并购后整合的经验和教训进行深入分析，从而趋利避害，提高整合成功率。

第三，并购中小企业比并购巨大企业更容易成功。

从过去几年已经完成的海外并购的效果来看，效果不佳和效果良好的情况都有。

总体而言，对中小企业并购和进口替代性并购，整合成功的可能性要大得多；而对巨大企业并购和出口导向型并购，整合成功的可能性就要小得多。中国企业的海外并购，面临很大的整合困难，各种因素都有可能直接导致销售下滑和成本失控。但到底是国有企业还是民营企业的海外并购更容易成功，并不能一概而论。对于政府而言，应该放宽政策，而对于企业而言，应该强化能力。这些能力并不是指购买能力，而是指并购前的分析能力和并购后的调整能力。企业在并购前，应该认真分析目标企业是否符合自己的战略需要，是否有可能产生战略协同，同时应该认真思考自己是否真的具备对目标企业的调整能力，包括对管理层的调整、雇员的调整、产品线的调整、研发计划的调整、市场区域的调整、成本结构的调整，等等；在并购后，企业应该稳妥而又坚决地推行上面所说的这些调整，实现平稳过渡并获得协同效应。

（张文魁　国务院发展研究中心企业研究所副所长　来源：国研网）

打造并购与融资工具集成商

过去的一段时间里，国际市场风云变幻，中国并购市场可谓高歌猛进，目前中国已经成为仅次于美国的全球第二大并购市场。可以说，中国加快产业整合的内在需求、活跃的资本市场、政府经济刺激政策带动下的银行贷款增加等各种因素的叠加，推动了中国企业战略性并购的活跃程度。

近两年来，在金融资本的推动下，通过并购，中国的产业集中度正在加强，逐渐出现了一批具备行业整合能力的龙头企业。

在新形势下，海外并购的主要形式正从原来的参股走向控股，正在实现从控制资源到控制品牌和知识产权的过渡。这说明中国企业的海外并购又向前迈进了一步。中国企业不仅仅是获得产品，还要参与企业的管理和决策。如果说由参股到控股的转变让中国企业实现了从获得产品到获得管理经验的转变，那么，吉利收购沃尔沃则标志着中国企业开始了从买资源到买品牌再到买知识产权的转变。

根据统计，在 2010 年总体的并购市场中，外资并购中国企业仅占到了总额的 15%。这一方面是外资企业近年来受到次贷危机影响导致扩张的需求减弱，另一方面也反映了中国企业实力得到提升后，不再像以前那样轻易成为外资产业整合的对象。

总体来看，中国的并购市场成绩喜人。但是我们的并购市场是不是已经完美了呢？我认为还远远不够。

首先，企业成功并购需要金融的有力支持，当前中国金融业的发展与现代经济和企业的要求相比，仍然存在很大差距。并购融资工具有限，资本市场发展相对滞后。金融服务业对企业并购的运作能力和经验不足，大量融资瓶颈还存在，特别是中小企业并购、融资渠道还不够通畅。

其次，我们应该认识到，并购是一把双刃剑，我们虽然看到中国企业的并购实力在增加，以至于在一定程度上改变了国际并购市场的格局，但也要看到事情的另一面，就是我们对于并购市场脉搏的把握是否足够精准？目前甚至出现了两家国企在海外为了争夺一个项目而互相抬价的情况，这明显是有一种过于冲动的、急功近利的情绪在里面。根据统计，国际上大型企业并购案例中失败的有近 2/3，重组 10 年后公司仍成功运营的比例只有 25%。所以企业在做出并购决策的时候一定要慎之又慎。不过我们相信这是一个不断试错的过程，中国企业势必会经过一个实践、失败，再实践、再失败，逐步走向成功的过程。这就需要我们在国际并购市场具备政治家的智慧、企业家的胆识和投资家的经验。

（熊焰　北京产权交易所董事长，全国工商联并购公会第三任轮值主席　来源：熊焰博客）

中国对外资并购进行安全审查意味什么?

2011 年 2 月 14 日媒体公布了国务院办公厅 2 月 3 日出台的有关外资并购中国企业安全审查管理的通知。为什么要出这个通知？是中国不允许、不欢迎外资并购中国企业？很多外国公司、中国地方政府负责外资招商的官员、与进行并购的外商有交易的中国企业，甚至连关心中国对外开放的中国国民都关心这个问题。

对外资并购进行安全审查和管理，是为了更好地解决存在的问题，推进、完善对外开放。对外开放，包括允许、鼓励外国公司到中国投资，是中国经济发展和改革的基本战略，亦是 30 多年来中国经济成功发展的重要原因。任何事都有两面性，要使并购有更积极的效果，一是要有更长期的安排，初期并购若能带来长期的投入和技术支持，并购的贡献不会比绿地投资差；二是东道国可以通过法律、政策安排引导、控制外资的并购，发挥其长处，减少其副作用。中国对外资并购进行安全管理，不仅是因为并购比绿地投资可能带来更多的问题，更主要的是中国经济日益开放，但一直没有明确的法制化安全管理的政策法规，因此中国加入世界贸易组织后某些外资并购带来了中国重要行业的优秀企业因为一时困难被外资并购的问题。随着中国经济的发展和日益开放，相信外商并购投资将成为日益重要的外商投资方式。

对外资并购进行安全管理是发达国家，特别是美日欧大国都有的政策和做法。总的来看，主要发达国家对外投资并购的安全管理包括几个方面：基于反垄断政策的管理，基于国家安全的管理，基于行业规制和发展政策的管理。对并购进行有关国家安全的管理，主要发达国家的有关政策和管理比较全面，其特点是：重视安全管理与市场规则的平衡和协调；有较完备的法律和管理体系；安全管理的对象范围基本清楚，又有一定弹性，以利于处理不太确定的问题；控制手段灵活，对外资的并购如果认为有问题，不一定禁止，有时是要求调整并购的对象范围和有关的协议条款；政府的外资并购管理，与民间机构、行业团体、媒体的活动相互配合。总体上看，美日欧的安全管理政策及有关体系，与国家战略是配合的，有关方面的运作比较协调，能够在开放的条件下保护本国的安全利益。

中国政府在 2006 年以后已通过有关法规明确，对外资并购的安全影响问题要进行审查管理。但具体的管理办法一直没有出台。这次公布通知，补了管理办法的缺口。将公布的办法与国外的，如美国、澳大利亚的有关法规进行比较，可以认为，从安全管理范围、对象、管理机构和程序等方面看，中国设计的管理办法借鉴了国外的经验，管理办法透明、可操作性较强，有利于中国依法进行外资并购的安全管理，又有利于外资了解有关办法，更好地进行有关在中国并购投资的决策。

明确对并购进行安全管理，可能有利于战略联盟型并购的推进。通知出台后对外商在华投资和并购会有什么样的影响？这大概需要实践的回答。但个人认为，在多数场合，这不会限制外商在华投资和并购。因为进行安全审查，不是限制外资投资和并购。

（陈小洪　国务院发展研究中心企业研究所所长、研究员　来源：国研网）

◆并购学术论文索引

博士论文

1.《中国转型经济背景下企业战略并购的整合机理研究》，2010 年，王成，华南理工大学企业管理博士。

2.《并购对公司价值的溢出效应》，2010 年，席鑫，吉林大学数理经济学博士。

3.《支付方式与并购绩效关系的研究》，2010 年，宋希亮，北京交通大学企业管理博士。

4.《中国资本市场的并购套利策略研究》，2010 年，段嘉尚，北京交通大学企业管理博士。

5.《公司并购中的关联交易监管制度研究》，2010 年，黄挽澜，华东政法大学经济法学博士。

6.《资本结构对上市公司并购中代理问题的影响研究》，2010 年，周军，天津大学会计学博士。

7.《企业并购中人力资本价值评估方法研究》，2010 年，李宜，大连理工大学管理科学与工程博士。

8.《金融危机背景下企业并购投资决策体系研究》，2011 年，王书红，吉林大学技术经济及管理博士。

9.《中国企业海外矿产资源并购研究》，2011 年，刘晓岚，中国地质大学资源产业经济学博士。

硕士论文

1.《企业并购融资方式的优化及选择》，2010 年，高莹，西南财经大学金融学硕士。

2.《中国企业跨国并购特征及其与绩效的关系研究》，2010 年，陈贝娜，复旦大学国际贸易硕士。

3.《我国上市公司并购融资问题研究》，2010 年，于大勇，新疆财经大学金融学硕士。

4.《企业并购中的交易成本研究》，2010 年，王颖，兰州大学会计学硕士。

5.《中国企业海外并购法律问题研究》，2010 年，李政家，哈尔滨工程大学经济法学硕士。

6.《企业并购中非有形资产的价值研究》，2010 年，戴萍，首都经济贸易大学会计学硕士。

7.《企业并购重组过程中价值评估及涉税会计问题的思考》，2010 年，王志如，首都经济贸易大学会计学硕士。

8.《外资并购反垄断审查制度研究》，2010 年，蒋嘉欣，华东政法大学国际法硕士。

9.《基于不同并购方式的上市公司并购绩效分析》，2011 年，邵霞，河南大学金融学硕士。

10.《我国投行参与并购业务的策略研究》，2011 年，邴守英，北京交通大学工商管理硕士。

11.《我国投资银行并购业务发展研究》，2011 年，梅界苹，华东理工大学工商管理硕士。

12.《基于 EVA 视角的企业并购价值评估研究》，2011 年，刘歌，河南大学管理科学与工程硕士。

13.《中国上市公司纵向并购与资产剥离经济绩效研究》，2011 年，杨学楠，西北大学产业经济学硕士。

14.《外资并购中我国驰名商标保护问题研究》，2011 年，沈威卫，中国政法大学国际法硕士。

15.《企业并购能力动态分析研究》，2011 年，魏娜，北京交通大学会计学硕士。

16.《并购的产业绩效研究》，2011 年，张敬敏，北京交通大学会计学硕士。

17.《企业并购对目标公司价值的影响》，2011 年，刘伟，吉林大学会计学硕士。

学术期刊文章

1.《基于不完全溢价信息的并购时机期权博弈研究》，扈文秀、边璐、张江朋；西安理工大学工商管理学院、西安建筑科技大学管理学院；《运筹与管理》，2010 年第 6 期。

2.《我国企业跨国并购现状、动因和对策研究》，方华刚、朱德忠；安徽财经大学金融学院；《金融发展研究》，2010 年第 3 期。

3.《管理者过度自信与企业并购行为的实证研究》，史永东、朱广印；东北财经大学、浙江财经学院、东北财经大学应用金融研究中心和金融学院；《金融评论》，2010 年第 2 期。

4.《企业并购财务问题研究》，宋爱仙，武夷学院商务系，《企业科技与发展》，2010 年第 12 期。

5.《企业并购中进行文化整合的基本思路与对策》，李威，齐齐哈尔大学经济管理学院，《商业经济》，2010 年第 3 期。

6.《并购后企业组织整合新模式研究——基于模块化理论的分析》，朱莺，复旦大学应用经济学博士后流动站，华东政法大学商学院；《华东理工大学学报（社会科学版）》，2010 年第 5 期。

7.《企业并购产品质量责任风险预防》，何悦，天津大学文法学院，《中国发展》，2010 年第 4 期。

8.《关联并购重组：根源与后果》，邓建平、曾勇、何佳，厦门国家会计学院，电子科技大学经济与管理学院，香港中文大学工商管理学院，《管理学报》，2011年第8期。

9.《论公司并购中目标企业价值评估的原则与方法》，张研，大庆职业学院，《价值工程》，2011年第3期。

10.《资本市场的资源整合功能——基于上市公司并购重组的视角》，沈萍，兰州商学院会计学院，《科学经济社会》，2011年第1期。

11.《上市公司并购重组需多措并举——访全国人大代表、证监会上市公司监管部副主任欧阳泽华》，何小可，《中国金融家》，2011年第3期。

12.《解读并购套利策略——并购套利的盈利性分析及其启示》，黄涛、黄玲玲，《国际金融》，2011年第2期。

13.《跨境并购成败关键》，康睿哲，凯睿安达国际传播咨询公司，《英才》，2011年第7期。

14.《上市公司并购溢价影响因素分类研究》，袁立、邹琳玲，北京化工大学经济管理学院，《商业时代》，2011年第18期。

二、中国股权投资重要观点与文献选编

◆2010 全球 PE 北京论坛发言摘选

北京将从三方面提升对股权投资基金支持

2010年是“十一五”计划的收官之年，在党中央领导下，北京市全面实施“人文北京、科技北京、绿色北京”发展战略，保持了经济平稳较快发展，在成功地举办了奥运会，圆满完成国庆60周年庆典之后，北京提出要把建设中国特色世界城市常常也作为下一步发展的长远目标。从全球发展的规律来看，世界城市常常也都是国际金融中心，北京要建设具有国际影响力的金融中心，金融市场体系的建设是极为重要的。

作为金融市场体系的重要组成部分，股权投资基金业直接服务于实体经济，在国民经济发展进程中的地位和作用越来越突出，越来越受到人们的关注和各方的重视。从宏观上看，股权投资基金通过资本配置引导产业结构调整，加快战略新兴产业发展，是扩大直接投资的有效手段，是储蓄向投资转化的有益工具，也是扩内需、保增长、调结构、促民生非常有力的抓手。

从微观上看，股权投资基金既给企业带来了发展急需的资金，又通过引入专业化的管理团队，提升了企业的治理水平，还能为企业提供高级人才、优秀项目、国际化发展等增值服务。北京市委市政府非常重视股权投资基金业的发展，先后发布了一系列的政策，比如说《关于促进股权投资基金业发展的意见》，按照1+3+N的模式，设

立北京股权投资发展基金，引导、培育和投资在本市设立的优秀股权投资机构；成立了北京股权投资基金协会，连续3年举办了全球PE北京论坛等高端国际活动，巩固了首都股权投资中心市场地位，提升了北京在全球范围内的影响力。

2011年是“十二五”规划的第一年，也将成为首都股权投资基金业发展迈上新台阶的关键一年。我们将从三个方面提升对股权投资基金业的支持：

一是提升政策。我们要全面落实现有各项政策措施，根据行业发展的新特点，及时做好政策的完善和提升。积极研究并推动在金融外资股权投资基金的试点工作，全力支持股权投资机构的发展。

二是提升服务。我们要把政府的服务贯穿到股权投资基金行业发展的融、投、管、退的全过程；要充分利用首都资源，打造优质投资人队伍，为业界提供高效的资金来源；要进一步完善拟上市公司的数据库，继续做好拟上市公司的培训，为业界提供优质的投资渠道，实现股权投资发展与上市促进的一体化服务；要充分研究股权投资基金业专业人才的特点和需求，为股权投资基金业人才量身打造专门的一些支持的政策。

三是提升手段。我们要积极引导股权投资基金深入地参与首都经济社会的发展进程，支持和引导股权投资基金投向节能环保、信息技术、生物、高端制造、高端装备制造、新能源、新材料等战略性新兴产业，利用股权投资机构的管理经验，让股权投资基金成为促进首都经济结构调整和发展方式转变的重要力量，也让业界能够合理分享首都经济社会发展的成果。

我们坚信随着股权投资基金业发展环境的持续优化，在各位有识之士的共同努力下，首都股权投资基金业必将持续、健康、快速地发展，为首都经济的平稳发展，中国经济的繁荣稳定作出更大的贡献。

（吉林　北京市常务副市长）

发展高收益债券　促进并购市场发展

在全球经济从危机走向复苏之际，发展股权投资基金，对于全球、对于中国，都有着不可估量的意义。因为PE是一个培育企业成长，发展实体经济的有效工具。我们这次金融危机，最大的教训就是金融业偏离了为实体经济服务的方向，自我服务，吹起了很多泡泡，给全球经济带来了巨大创伤，现在需要我们培育更多的有市场竞争力，对老百姓的生活能有实际贡献的企业。

“十二五”规划的主旋律就是调整经济结构，促进经济增长方式的转变，更加注重民生，促进中国和谐社会的建立。在这个任务过程中，我想PE将会发挥重要的作用。因为中国要成为一个创新型国家，需要风险投资把科技转化成生产力。中国要进行结构调整，需要PE在成熟企业当中来进行并购。因而，我想谈一谈如何发展高收益债券，促进并购市场的发展。

第一，并购将在中国经济结构调整，转变经济增长方式中发挥重要的作用。2010年8月28日，国务院发布了《关于促进企业兼并重组的意见》，中国正面临着传统产业产能过剩的局面，需要并购重组，进行要素组合，合理配置资源，提升企业效率。中国的并购市场保持了高速增长的势头。大家可以看到，我们的金额和总数都有了很大的发展。在2009年，我们PE发展的金额，并购交易的金额已经达到了2 103亿美元。2009年上市公司并购交易的规模达到了1 078亿美元，再次创下了历史新高。

在并购市场当中，是需要有杠杆收购的。杠杆收购，虽然存在着风险，但是它仍然是并购重组中的重要方式。100%地运用股金进行并购重组是不可能的，关键的是要控制好杠杆率和选择好债务融资的方式。一般来说，常见的杠杆收购大约有60%左右的高等级的贷款或者是债券，大约有25%～30%的次级债券或者是债务，有10%～15%的股权。当然，这样一个杠杆率在中国目前的环境下，可能是不能接受的，但是中国现在的问题不是杠杆率过高，而是我们的收购兼并活动当中要获得外部的债务融资是非常困难的。

第二，中国需要发展高收益债券。为了进一步促进中国并购市场的发展，我个人认为需要发展高收益债券，发行柜台交易的高收益债券，或者是私募发行的高收益债券，有利于解决并购基金的融资问题。中国经过了30多年的改革开放，积累了巨大的财富，民间也积蓄了巨大的财富，高额储蓄资金需要寻求投资的渠道。我们国家现在有很多私募证券投资基金，如果这些证券投资基金都投资于证券的二级市场，将会加剧中国证券市场的供需不平衡。

我们知道证券投资基金，不管是公募的，还是私募的，它们都是在二级证券市场上活动，它们都是金融市场当中的需求方。但是中国现在最缺少的不是资金，而是这些资金应该投向那些有效益的、成熟的企业，有效益、成熟的企业在中国来说是比较稀缺的资源。因而在中国的资本市场上，过多的资金在追逐着过少的优质的上市资源，因而就难免市盈率过高。

为了克服这样的现象，我们必须要更多地来培育企业的成长。引导私募证券投资基金投资于柜台交易的高收益证券，有利于企业并购重组，培育资本市场更多的上市资源。我们的私募股权基金，主要是从股本这个角度，为企业的成长提供资金的来源。但是，如果仅仅是股本融资，一个企业是难以发展壮大的，还是需要有债务融资。但是当一个企业还并不是特别成熟，在收购兼并的过程当中，是有很大的风险的，当这些个债务融资，如果我们能够通过私募债券的发行，让私募证券投资基金能够投资于这些债券的话，我想能够丰富中国的私募证券投资基金的投资人（的选择）。当然私募证券的发行还正在酝酿过程中。

第三，发行高收益债券需要注意的问题。监管部门应该制定高收益债券的发行规则，特别是明确信息披露的内容和界定合格的投资者。高收益债券的规则，我想应该是简单明了的。高收益债券的产品设计也要秉承简单、透明的原则。我们这次金融危机之所以发生，一个重大的教训，就是我们金融界设计的很多产品是不够透明的，是过于复杂的，是让投资者无法辨认风险，因而它就不能很好地控制风险。中国要想培育私募债券市场的发展，这个债券的设计一定应该是最基础的、最简单的，而且应该是透明的，让投资者能够很好地对它进行分析。

私募债券发行，它可以简化程序，可以不向社会公众公布那么多信息，可以满足收购兼并信息需要保密的要求。但是也应该提供最起码的信息，让这些合格的投资人能够对它进行分析。在中国债券市场监管分工的范围内，鼓励顺应实体经济需求的金融创新，我们要想发展高收益债券市场，我想私募债券发行是很重要的。但是大家都说中国的债券市场，三足鼎立，发改委管着企业债的发行审批，当然企业债一旦获准了发行，既可以在银行间市场去交易，也可以到交易所去交易。这种三分天下的监管格局，无力改变，但是我也看到了三家监管，它也带来一个好处，有监管的竞争性。当然中国人民银行在银行间市场推出了备案发行的票据和中期票据之后，那么就促使着发改委和证监会在企业债和公司债的发行方面更加趋于市场化。因而，监管的分割既有监管的竞争，又有套利的空间，也有监管套利的空间，这既是坏事，也是好事。我希望能够更好地来发挥它的长处，来克服监管原则不一致这样的一个弊病，来为我们的私募证券、高收益证券的发行创造条件。当然高收益证券和私募证券不完全是同一个概念。在中国目前来说，比较现实的是看三个监管当局是否能够在各自的权限范围之内推出私募证券的发行，来为我们的并购基金发展和为未来的并购活动的发展提供一个好的条件。

（吴晓灵　全国人大财经委副主任委员）

坚持资本监管与流动性监管相结合

中国有句老话叫做“水能载舟，亦能覆舟”。这次国际金融危机看来就把金融的两面性已经说得比较清楚了。对我们来讲，金融怎么跟实体经济更好地结合，并且能够作为现代服务业更好地发挥它应有的作用，现在确实是我们一个需要更加深刻认识和思考的一个问题。特别是针对我们中国特色社会主义市场经济，我们的金融到底应该怎么发展？特别在未来的“十二五”来转变经济发展方式，而且是加快转变经济发展方式。银监会从2003年成立，到现在已经8年了，在这个过程当中，我们当时成立的时候，树立了一个比较高的监管理念或者是监管目标。尽管在当时这种监管目标要和现实的状况有很大的差距，但是经过了这几年的努力，现在看来有一个比较高的要求，对于推进改革和加强监管，应该还是有意义的。当然这里面，最直接的感受还是我们实体经济发展这几年所取得的成效。银监会在8年当中，主要有“四个结合”：

第一，坚持改革创新和对外开放相结合。这8年来，始终是以改革的方法和发展的视角来解决和处理银行业存在的矛盾和问题，着力推动国有商业银行股份制改革和农村信用社改革深化，并以此带动其他银行业机构的改革，从根本上破除科学发展的体制机制的障碍。经过不懈的努力，我国银行业已经摆脱了长期高风险——国外有人讲，已经是技术上濒临破产了，现在我们银行业在国际市场的名声是很大的。

第二，坚持加强外部监管与完善内部治理相结合。我们始终认为有效的外部监管是银行业安全稳定运行的重要外部推力，但是关键在于银行业自身公司治理的科学性和风险管控的有效性。长期以来，我们按照“管法人、管内控，提高透明度”的监管理念，不断强化完善监管机构和市场对银行业金融机构的外部监督。

第三，坚持微观审慎与宏观审慎相结合。危机的发生更强化了我们已有的认识，保证单家机构的稳定运行，并不足以防范系统性风险。如果从微观层面上来看，现在我们怎么能够保证系统的危险，这更是未来防范风险的一个很重要的方面。这里面怎么更好地使我们的银行发展更有它自己的特性？各家银行在未来的调整当中，不能说个性化，也应该是特性服务，改变一些现在这种趋同和同质同类的状况。

第四，坚持资本监管与流动性监管相结合。刚刚结束的二十国集团峰会，批准了巴塞尔Ⅲ的国际新的金融改革框架。我们强调的监管重点是一致的，对于资本监管，不仅仅是传统8%的最低要求，更涉及资本构成、质量以及非风险敏感性的总体杠杆水平，避免银行表外业务过度扩张带来的风险。与此同时，我们也要充分认识到银行流动性在市场繁荣时期容易被忽视，而在市场危机时期却很容易导致银行的系统性风险的发生。因此，将新的反映压力情景的流动性风险标准纳入监管框架。

（蔡锷生　中国银行业监督管理委员会副主席）

全球 PE 联盟发起委员会在中国诞生

中国股权投资基金协会经过两年多的筹备，已于2010年9月9日在杭州召开了第一次发起人会议。北京、上海、天津、重庆和深圳五个城市的政府和基金代表参加了发起会议。中国股权投资基金协会在筹备期间得到国家发改委、中国人民银行、中国证监会，特别是北京市政府有力的支持和全国基金同行的支持。对此，协会的全体同仁表示衷心的感谢。

9月13日，协会举办了第一次全球基金风险管理的学术恳谈会，并酝酿成立中国股权投资基金研究中心。同时，经过长期的酝酿和沟通，成立了全球PE联盟发起委员会。澳大利亚环球基金会创始秘书长Steve Howrad先生、全球新兴市场股权投资基金协会总裁Sarah Alexander女士，印度创投协会主席Mahendra Swarup先生、日本创投协会总经理杉田庄司（音）先生参加了会议，并一致达成了全球PE联盟发起委员会的联合声明。全球PE联盟发起委员会在中国诞生，标志着中国基金界与全球基金界的接轨，标志着中国股权投资环境和基金市场发展得到全球业界的高度认可，标志着中国的可持续发展经济战略和全球市场责任的担当。同时，这也是中国基金业界全体同仁共同努力结果，请大家对此给予掌声表示祝贺。

现在我宣布，2010年全球PE北京论坛正式开始。全球PE论坛是一个为了促进股权投资基金健康快速发展，加强国内外业界沟通所搭建的交流平台。自2008年起，已经成功举办了两届，得到全球业界的广泛关注和一致好评。论坛同时还得到中国人民银行、证监会、银监会、保监会、国家发改委、社保基金、商务部等有关部委的大力支持，起到了政府与业界沟通桥梁作用。今天，大家再次相聚在2010年第三届全球PE北京论坛，围绕“PE聚焦中国”的主题展开探讨，在新的世界经济形势下，希望大家对PE发展的热点问题广泛交流，增进了解，达成共识，促进合作。

（邵秉仁　中国股权投资基金协会会长）

资产配置中的 PE 趋势

全球金融机构、投资机构的资产配置，在 PE 方面的比重呈现逐步提高的趋势。这主要是因为全球金融危机以后，在全球以美元为主的量化宽松政策推动下，货币向西方实体经济流动的趋势，远没有向金融投资领域流动的趋势强，另外也造成了向本国实体经济流动的趋势远没有向新兴市场经济体流动的趋势强。所以在全球资产配置中造成两方面的现状：一是向新兴市场、二级市场流动，造成二级市场波动；二是通过私募股权投资，向新兴市场的直接投资领域流动，造成新兴市场直接投资的配置比重逐步增大。这是大的金融资产管理机构的一种基本趋向。

中国 PE 投资将在资产管理领域中发挥更多的作用，逐步地表现出“不差钱”的倾向。这表现在几个层面：一个层面是国有企业近几年把自己的利润更多地用于投资。过去都是自己投自己的钱，但是现在市场可能会发生一些变化：第一个变化是国有资本经营预算，在中断了一个时期以后，现在必须按照一定的百分比上交，不投出去的话上交的压力更大。第二个变化是国有资本直接投资的责任性要求比过去更加强大。如果通过 PE 投出去，相对减少了风险，责任相对会比直接投资责任轻。另一方面是大型国企面临主要领导的退休问题。主要领导在大型国企一把手的位置退下来，最好的去处是什么呢？赶快成立一个 PE 平台。这个平台既可以投资，也可以为社会作贡献，有更多的事情干。当然，这样一个倾向的实现，有可能是做有限合伙人（limited partner，以下简称 LP）直接投资到其他管理公司当中去，也有可能是争当 LP，自己成立一个具有管理公司性质的基金来投入一部分资金推动这方面的发展。

大型金融机构要获得足够的市场配置率，必须在权益类资产当中有根本的动作，权益类资产投资当中，如果二级市场过去谁还可以获得较多的超过市场基准收益的话，近几年二级市场的大幅波动和节奏难测，难以实现超额收益，应该说所有大型金融资产管理者都在向 PE 领域寻求新的突破口，谁的突破早一点，谁就获得先发优势。谁如果落后了一步，这方面的收益率将会大大降低。

在金融机构当中，还有一些变相的方法，最典型的表现为信托。再看中国民营企业，面临第二代的兴起。是直接交第二代？还是把自己的资金通过多元方式投资到市场当中？他们曾经在市场当中通过直接投资获得较高收益，现在拿固定收益回报，估计难以接受。能够获得市场当中较好的权益回报，私募股权投资是他们投资选择的一个主要方向。如果作为一代企业家退出市场，最好是把公司上市，把自己的股权减少，从而交由职业经理人管理；如果还没有上市的话，引入私募股权投资，将是他淡出或者是逐步淡出的很好的选择。如果有二代可接班，我相信中国一代民营企业家，也很难把 100% 的资产交给二代管理，如果有两个二代、三个二代，还有一个平均的问题，有一个家族内部关系问题。因此由 PE 渠道来解决这样的问题，正是市场的有效选择。

如果三个趋势合在一起，将会在中国 PE 市场兴起强大的推动力。当然还有一个潜在的推动力，只是现在的社会制度体系还没有给它留足够的空间，那就是捐赠资金。如果长期收益，直接通过 PE 投资获得长期有效的回报，那将会形成新的一股力量。全国社保基金在这个领域当中起步比较早，到现在为止，全国社保基金已经投资了 7 家管理公司、8 只基金，承诺投资 117 亿，实际投资 65 亿。如果看动态空间，社保基金每年平均以 1 000 亿的规模在增长，如果按照 10% 算，每年大概有近百亿资金可以投资于 PE 市场当中。

（王忠民　全国社保基金理事会副理事长）

改进监管　规范保险资金投资股权行为

我就保险资金参与股权投资的问题谈几点看法。

第一，2010 年以来保险市场的运行情况。2010 年前三季度，面对复杂的国内国际经济金融形势，全行业保持了一个良好发展势头。经营理念和发展方式发生了积极的变化，总体上呈现快中趋稳、稳中向好的特点。从发展的速度来看，我国保费收入在世界上居于前列，近 3 年来由于受国际金融危机影响，全球保险业增速趋缓，欧美等主要经济体保费收入增速下滑，而我国保险业逆势而上，继续保持平稳较快的增长。

第二，关于保险资金参与股权投资的几点思考。随着我国保险市场快速发展，保险机构已经成为金融市场的重要机构投资者，客观上要求在确保安全性、流动性前提下，不断拓宽资金运用渠道。2010 年，保监会发布了《保险资金投资股权暂行办法》，允许保险资金投资未上市企业股权，扩大了保险资金自主配置的空间和弹性，进一步拓宽了保险资金投资领域，有利于优化我国保险资产配置，缓解投资压力，分散投资风险，保障资产安全。同时，我们立足于保险业处于发展初级阶段的实际，着眼促进保险资金运用长期、持续、健康发展，对保险机构参与股权投资的能力、风险控制和管理责任提出了明确的要求。

我国《保险资金投资股权暂行办法》，在以下方面作了明确的要求：一是明确投资主体的资质，保险公司作为投资主体，应当在公司治理、内部控制、风险管理、资产托管、专业队伍、财务指标等方面达到监管的标准，体现从严管理和能力优先的原则，明确规定投资管理机构和中介服务机构的资质。二是界定投资标的，明确保险资金只能投资于处于成长期或者成熟期的企业股权，不能投资创业风险投资基金，不能投资高污染、高耗能等不符合国家政策和技术含量较低、现金回报较差的企业股权。不能投资商业住宅，不能直接参与房地产开发，不能投资涉猎房地产企业。三是规定投资方式，在一定条件下允许保险公司直接投资企业股权和不动产，但对投资团队、偿付能力、财务指标、净资产规模等提出了较高的资质要求。支持保险公司借助投资管理机构的特长和优势，通过间接投资方式，实现股权和不动产投资目标，防止道德风险和操作风险。

第三，不断加强改进监管，规范保险资金投资股权行为。此次国际金融危机爆发之后，欧美各国针对 PE 投资基金出现异化危及公众利益等问题，普遍加强了对 PE 投资基金的监管。下一步保监会将坚持积极稳妥推进试点，着力加强监管，促进保险资金股权投资的健康发展。

对于 PE 这样一个新生事物，保险业希望积极参与，也希望通过这种方式，改善保险业的收益水平和资产负债管理的能力。但是另外一方面，我们对于新生事物也是要加强监管，防范风险，以避免一个好的事情最后做砸了，反而影响到这个行业发展。

（陈文辉　保监会主席助理）

2010 年中国 PE 发展回顾与未来展望

第一部分，我们首先回顾一下 2010 年中国私募股权投资的发展。从投资角度来看，2010 年前三季度，整个 PE 一共公布的是 146 笔交易，整个的金额是达到 40 亿美元，和去年全年持平。PE 基本上投资在工业制造、TMT（Technology，Media 和 Telecom）、消费、医疗和金融，应该说重合度比较高。

另外从国内这些高净值的投资人群来看，在 2010 年底具有 1 000 万以上资产的投资人士，应该说可以达到 32 万人。其中他们持有的资产规模将达到 9 万亿，配置在私募股权基金里面，如果按照 5%，也可以达到 4 500 亿。另外，有 30 万亿的企业存款和 30 万亿的居民储蓄存款，这些也会为整个行业发展提供源源不断的资金来源。还有一个特点，是 2010 年各地政府新增了几十支引导基金，带动了政府相关的上百亿的资金参与到我们私募股权基金行业中来。

从投资机会来看，我们预计 2010 年对于私募股权融资的需求，大概有 1 000 亿人民币的规模，其中国有企业大概是 200 亿～300 亿，民营企业大概有七八百亿的规模，这是从我们的行业的一个渗透率来估计的。

从政策角度来看，应该说在 2010 年政府也出台了相关对于募资方面、向保险资金放开股权投资的这样一些政策，包括各地政府为了吸引股权投资机构落户，在注册、税收等一系列方面，给予了非常大的一些优惠政策。

从投资角度，我们非常关注的关于合伙制企业证券登记的结算办法，也已经出台了。另外国务院也在今年出台了鼓励和引导民间投资的新的三十六条，还有利用外资工作的若干意见。这一系列政策的发布，对于我们投资人来说都是一些好的消息。从退出角度来看，我们认为创业板的成功，应该说为我们整个行业提供了一个非常好的一个退出渠道，丰富了退出的模式。

第二部分，谈一谈中国私募股权投资行业的一些特点。第一个特点，发展态势成为全球的亮点，速度和规模都是位居亚洲的首位。第二个特点，政府的引导基金，成为了推动我们这个行业发展的一个重要的力量。这不但体现在资金上面的支持，同时也体现了政府的一个态度，积极的、支持的态度。所以也带动了各方的资金都积极参与到这个行业中来。第三个特点，本土基金管理公司队伍规模迅速壮大。今年是一个全民 PE 热。同时，我们也看到本土机构的实力应该说在不断增强。在最新的行业排名上，无论是风险投资（Venture Capital，VC）也好，PE 也好，中国市场前十强的 PE 机构和前二十强的 VC 机构，前些年与国际机构的数量是我们的 5～10 倍，现在基本上是平分秋色了。

另外，创业板的推出确实丰富了我们投资退出渠道。为什么这么说？今年 VC 和 PE 投资的企业，在 IPO 数量上面的分布也可以看得出，在创业板上市的数量，占到了 50%；还有一个特点，估值水平比较高，吸引更多企业选择在创业板登陆。最后，目前大家已经认识到整个行业从简单地为企业提供资金需求，应该说主要已经过渡到了为企业提供全方位的增值服务。所以我们业内多家领先的机构，比如说像联想投资也好、弘毅也好，都成立了专业的咨询团队，为企业提供战略管理、技术等多方面的服务，支持企业价值的提升，实现长期的共赢。我们认为 2010 年是这个行业出现飞跃式发展的标志性年份，为进入新一轮快速发展，奠定了一个非常好的基础。

第三部分，我们的风险和挑战，主要集中在这几个方面。第一，从我们整个行业来看，运作的规范程度有待于提高；第二，随着竞争者越来越多，整个行业近千家机构在市场上面的投资和项目争夺，导致了近期整个投资估值水平是比较高的，许多项目都是在 20 多倍的估值水平，长期来看难以为继；第三点，投资者需要成熟。

第四部分，我们对于这个行业未来的一些展望。第一点，应该说我们整个行业渗透率仍然非常低，未来的发展空间很大。渗透率这块，主要是从我们股权投资的交易金额占 GDP 的比例来看。目前来看，我们大概只是占到 GDP 的 0.2%，美国有 0.8%，英国可能更高一些，大概有 2%。未来渗透率将逐渐提升，包括我们 GDP 的增长，会给整个行业带来巨大的发展空间。第二点，我们整个行业的发展基础，是得益于我们整个中国经济稳定持续健康的发展。所以未来 5 年，预计 GDP 大概 8% ~10% 的增长，从资本资金提供角度来看，包括投资机会角度来看，都是一个强劲的动力。

从国际市场来看，海外机构投资者也看好中国市场，新兴市场股权投资基金协会做了一个调查问卷，未来两年全球的机构投资者 LP，在股权投资配置上的预期，我们看到预期最高的还是中国，超过 50%，大概有 50% 的投资者都希望能够在中国适度参与一些股权投资。

从国内资本的角度来看，我们预计未来 5 年将会有超过 1 万亿的资本进入 PE 这个行业。无论是商业银行、社保，还是保险、券商，这个数额应该说都是一个非常巨大的比例。

从投资机会上，我们也可以看得出来，未来 5 年的投资，我们预计到 2015 年，在国有企业交易规模，大概会达到 400 亿到 800 亿元人民币，民营企业到 2015 年规模达到 1 600 亿到 1 900 亿元的人民币交易规模，这是全球最大咨询机构麦肯锡作的预测。我们预计未来的渗透率，到 2015 年的时候是 4‰ ~5‰这样一个比例。我们到 2015 年，这个行业的投资机会，至少应该在 2 000 多亿元人民币。

从政策角度来看，国务院近期颁布了支持企业兼并重组的若干意见，我想未来通过并购方式退出是我们又一个重要渠道。从国际经验来看也是一样的，成熟市场主要的 PE 机构退出的方式不是 IPO，而是通过并购。我们预计中国未来市场也一样，并购也会成为一个主要的退出渠道。

（刘乐飞　中国股权投资基金协会副会长）

◆重要观点选萃

推进风险投资是实现自主创新途径之一

中国实现自主创新有五条路径：第一，提高国民素质，培育创新型人才；第二，推进风险投资，实现金融资本与知识资本的结合；第三，营造有利于创新的法律和政策环境；第四，培养鼓励创新的文化；第五，建立创新的支持系统。

（全国人大前副委员长、民建中央前主席成思危谈风险投资）

社保基金将启动境外私募股权投资

政策部门已经同意社保基金启动对海外未上市公司股权投资和 PE 投资，社保基金会也在选择合作伙伴，挑选管理人，很快就会启动境外私募股权投资，且规模会逐步提高，投资对象将会以中小型企业为主。

（中国社会保障基金理事会理事长戴相龙谈境外私募股权基金的投资）

私募基金应纳入基金法监管

在立法方面应给予私募基金以合法的地位，对私募基金的监管应采取备案制。给予管理私募基金的管理公司及其募集的私募基金合法的法律地位是当务之急。研究私募基金的监管重要的是要控制其融资范围和杠杆率，私募基金行业须自律，同时必不可少的是立法明确社会认可的行为规则和界限。

（全国人大财经委副主任委员吴晓灵谈 PE 立法）

股权基金最好不纳入基金法修改范围

对于股权要不要纳入法律调整，朱少平认为，法律最好不要规定。不规定不等于不进入，基金是一种投资方式，就像信托制度一样，信托制度并没有规定必须投哪个。资金信托就是一个信托计划，拿着信托计划募集的资金，既可以做房地产项目，也可做二级市场证券投资项目，还可以做医疗项目及其他方面。

（全国人大财经委法案室主任朱少平谈股权基金的立法调整）

私募基金的发展有广阔的空间

私募基金发展理财在我们国家有广阔的空间，发展它意义重大。私募基金支持 PE/VC 发展过程中显示出它的能力，做出了良好的业绩，与公募基金相比，投资于私募，尤其是 PE 获得了高额的回报，这是大家能感受到的。

（全国人大财经委办公室原副主任王连洲谈私募基金的发展前景）

PE 发展可以考虑更高层次的制度变革

最近我在思考是不是 PE 的发展可以提到制度变革的更高层次的意义上来讲，我们国家的这种改革也经历了 20 多年了，产业基金发展，各类私募基金的发展，也在逐渐地推进。我们过去无论是从古典经济学，还是从现代经济学的产学机构理论讲，实际上现在随着经济的演变、随着人口老龄化、随着金融机构的增多，还出现了一个资本管理权的问题，所以 PE 的发展是不是应该提到制度变革的更深层次意义上来讲？

（国家发改委国际合作中心主任曹文炼谈 PE 发展变革）

及时推动企业的 PE 化改造

国有企业产权改革的下一个目标，是要实现平衡发展，学会利用资本市场和产权“两条腿”走路。要大力推进有限合伙企业制度建设，积极发展 PE，及时推动国有企业、家族企业和公司制企业的 PE 化改造，使企业制度从纯粹注重资本走向注重资本与人本结合。

（国务院国有资产管理委员会产权管理局局长邓志熊谈及时推动企业 PE 化改造）

◆股权投资文献选编

PE 应促进实业发展

一、行业现状——回顾 2010 年、2011 年第一季度 PE 发展

回顾 2010 年，可谓是全民 PE 的繁荣抑或疯狂：人民币基金募集风光占尽；各地政府频出新政，股权投资环境优化；创业板一周年 134 家企业登陆；各地加速建立健全场外交易市场。2010 年可以说是中国股权投资基金行业名副其实的退出和收获之年。

进入 2011 年，全球经济喜忧参半，发达国家整体经济进入恢复阶段，但国际金融市场也受到诸多不确定因素影响，其中包括日本遭受地震，经济受到冲击；美国持续推行量化宽松的货币政策；欧元区外国家主权债务问题悬而未决；中东、北非政局紧张，等等。

在此宏观环境下，中国第一季度经济保持平稳较快增长，GDP 同比增长 9.7%。与此同时，中国的私募股权投资基金行业保持火热势态。在今年两会上，政府工作报告明确提出要“提高直接融资比重，发挥好股票、债券、产业基金等融资工具的作用，更好地满足多样化投融资需求”。随后，上交所和深交所分别提出扩容规划，上交所计划未来 5 年每年新增上市公司 50 家，深交所则拟每年扩容 350 家。这些都可谓是私募股权投资基金行业重大利好消息！

二、行业现存问题

最新统计数据显示，现在在中国大陆境内活跃的私募股权投资基金和机构已经多达2 600家。在私募股权投资行业欣欣向荣发展之际，我们也要清醒地认识到当前股权投资基金行业中显现的一些问题：

（一）追求“短期造富”，过度关注拟上市公司项目

目前在中国，一方面是480万户中小企业绝大多数都面临着不同程度的资金短缺，融资举步维艰；另一方面股权投资基金大都只关注年实现利润在3 000万元人民币以上且有上市意图的企业，围抢拟上市公司的项目。虽然拟上市阶段的投资项目以其风险低、投资回报期短等特点受到追捧，但这种企业资源毕竟有限，股权投资基金挤在一起抢单子，势必会推高被投企业所有者和管理者的心理期望值。这种短线投资大都是单纯的财务投资，“选谁都一样，谁出价高选谁，谁关系硬选谁”。基金盲目扎堆儿拟上市项目，不可避免地推高了项目的估值和价格，造成了泡沫的集聚和蔓延，无序竞争大大增加了股权投资基金行业的风险，也严重影响了基金行业的健康发展。

国际上，规范的股权投资基金通常会为被投企业提供增值服务，其中包括改进企业的治理结构，帮助企业制定发展战略，推动企业技术创新，帮助企业遴选合适的管理团队。这样才能为企业的长期成长提供扶持和帮助，从而为股东、员工和社会创造真正的价值。

我们呼吁国内的股权投资基金应有“放长线、钓大鱼”的眼光，更多地为有发展前途的创新型中小企业提供融资，为中国中小企业提供现代经营理念，推动中小企业的机制创新和产业升级。我们欣喜地看到市场上已经出现了中小企业融资的一些创新模式，例如“投贷联动”模式：即一些商业银行和股权投资基金联手，通过股权投资机构进行专业的企业调查评估和行业分析，在股权投资的基础上，以债权形式为中小企业提供融资支持，形成了股权投资和银行信贷之间的联动融资模式。这种创新式的发展应该鼓励。

（二）短线投机，漠视规则

股权投资机构为了追求“短期回报”，被投企业高管期待短期套现，投资银行为了获取高额的承销佣金。因此很多被投企业在本身运营能力和财务状况并未达到在公开市场进行募资的能力，就被包装成“概念”在境内外上市，这些问题都反映了行业高速发展阶段从业者心态的浮躁。

最近中国概念股在美国大规模破发引发的热议，以及多家上市公司财务信息披露真实性问题的频现，大大损害了中国实业界在国际资本市场的形象和长期融资能力。而A股同样“跌跌”不休，今年上市的企业有七成遭遇破发，这都是证券市场投资者对上市公司“过度粉饰性包装”以及“信息造假”的“用脚投票”。我们呼吁股权投资基金行业要重视被投企业的“诚信形象”和“社会责任”，被投企业特别是上市公司一定要遵循现代公司治理原则和运营原则，执行企业内部控制标准，确保财务报告和披露信息的真实准确性。

（三）募资环节无视契约精神，从业人员执业水平良莠不齐，大浪淘沙势在必行

募资热情高涨的背后，隐忧显著。健康的LP和GP（General Partner，一般合伙人）的合作关系是对资金进行有效管理的根本基础，但目前国内合格机构LP数量较少，LP

的构成相对分散和复杂，一些 LP 和 GP 对契约精神的理解和遵从极不规范，往往是简单地资金承诺就可以推出一支股权投资基金，导致股权投资基金遍地开花以及伴生的浑水摸鱼者非法集资、全民皆 PE 等怪现状。

随着国内政策环境的优化，各级政府部门和国民的认知增加，各路新兴投资机构不断涌现，从券商直投到保险机构开闸，银行系也暗流涌动，企业家和民间资本投身私募，竞争格局势必加剧，投资压力随之而来。自 2010 年以来，中国私募股权投资行业队伍迅速壮大，目前行业从业人员水平参差不齐，缺少行业道德自律和社会责任感。加之外部的监管并不完善，相关的规范制度建设仍旧滞后，有些急于分一杯羹的新设机构，并未建立规范化的管理机制，也没有形成完善的业务流程，表现为尽职调查和投资决策草率，风险控制不足等。

综上所述，看似风光无限的私募股权投资基金行业，今明两年势必将发生大浪淘沙的行业洗牌，将有一批品牌机构脱颖而出，也将有很大一部分机构由于经营不善被淘汰出局。

三、股权投资基金行业应发挥的作用

（一）拓宽直接融资渠道，解决中小企业融资难

金融危机后，尽管中央政府投入大量资金，并引导银行投入大量贷款，加上地方政府大量举债，但主要投向了基础设施和城市改造，对实业投资比例并不大，因而对改善产业结构的拉动作用并不大，反而变相推动了物价的上涨。虽然 2010 年新三十六条和兼并重组意见等政策均鼓励民营资本进入垄断行业，但实际操作困难，很多领域民营资本仍只是隔着“玻璃”望洋兴叹。国有企业垄断地位反倒是愈发强化，中小企业生存空间缩小和融资难问题恶化。这对促进就业和改善经济结构都极为不利。对此，一要加快改革，打破垄断，真正落实多种经济成分平等的市场地位；二要促进股权投资更多投向实业、投向中小企业。在这两方面，都期待私募股权投资能发挥更大的作用。

（二）促进资金投向实业，改善经济质量

金融危机前，各地刚刚统一对科学发展的认识，但危机后地方发展经济异常地冲动，几乎到了不计任何后果的疯狂地步，大规模圈地、拆迁，以央企为主要目标招商，以牺牲农民利益为代价廉价出让资源；各地形象工程层出不穷，几乎每个城市都在造新城，没有任何产业支撑，实际上是空城。中央提出的科学发展观已经成为一句空洞的口号，只要 GDP 上去，不管是否科学，高指标压力下甚至弄虚作假，在税收和财政上制造虚假繁荣。凡此种种，有着深刻的政治、经济体制方面的原因，不是靠改变投资结构就能完全解决的。但如果股权投资能把投资方向更多地投向实业，至少可以不推波助澜，火上浇油去制造泡沫和虚假繁荣。

（三）应更多投向国家提倡并鼓励发展的战略性新兴产业，促进产业结构更加合理

要充分发挥股权投资在风险投资和创新投资领域中的引领作用，选好、选准项目并长期关注，投资重点应放在关键技术的研发应用上，切忌急功近利，盲目炒作概念

和滥铺摊子。

以新能源领域为例，前段时间内蒙古和甘肃河西走廊出现的因风电设备质量问题导致大范围脱网，对电网的安全运行造成严重危害，需要引起我们的高度注意。而太阳能硅晶板高能耗、高污染以及储能技术等问题都没有实质性突破，也不应鼓励其盲目扩张和发展，对此股权投资要十分慎重。

由于私募股权投资基金的自我约束远大于国有企业，所以推进中国产业升级和产业结构改善都寄希望于股权投资基金行业能发挥更大的作用。

（邵秉仁　中国股权投资基金协会会长　来源：北京股权投资基金协会网站）

PE 发展应多元化

海外的 LP 如何进入中国，要不然只是社保一家，如果他们进来，在直接股权投资方面，我觉得外汇管理应该对快速、最简单的，人民币国际化，包括将来人民币可兑换，这都是最基本的。

PE 本身也需要不断地金融创新，我们去年讨论的一个话题就是 PE 的多元化发展问题。比如说上市公司可不可以做，其实都是本来不应该作这些行政性限制，这是 LP 与 GP 的契约，投证券市场的基金也可以做 PE 的。

“十七大”报告讲，多渠道提高直接融资比重，其中既包括股票类融资，也能够保证股权类的投资。为什么重视不够？还是贷款方便。我跟银监会也说过，现在搞小额贷款公司，现在又搞中小企业的担保公司，说那么半天，都是在债的方面，中小企业根本问题是股本金不足。PE 进来有好处，第一是增加股本金，第二改善公司治理结构，第三帮助它熟悉和进入资本市场。应该鼓励这块发展，金融支持实体经济最好的产品之一就是股权投资。“十二五”规划讲了很重要的两个平衡，一个是利用外资和走出去要平衡；二是进口出口平衡。这两块都关系到中国对 PE 发展的国际化问题。随着人民币国际化，随着中国经济走出去，PE 应该在这个方面国际化。这里面又牵扯到一个国家政策调整问题，在中国走出去，现在基本上采用这种国家外汇储备的各种形式的投资，包括财政性的支持，央企的支持以外，能不能也采取一些市场化的方法，通过委托投资的方式，利用 PE 这种形式做海外投资，实际上有很多很好的案例，我觉得应该引起决策部门的重视。

（方风雷　厚朴投资董事长　来源：投资界）

PE 与产权市场

PE 市场最近几年在中国欣欣向荣，PE 除了可以给企业带来壮大发展所必需的资金、管理、市场资源之外，还对企业的公司治理有潜在的优化作用，因此可以说 PE 是现代企业制度基础矛盾的一个重要解决方案。

相比传统企业组织模式，现代企业制度一个核心变化就是所有权与经营权的分离。

职业经理人制度给企业带来了更专业化、更有效率的管理理念，也为公众公司的兴起提供了最基本的制度保障。但是所有权与经营权的分离也导致了一个不可避免的矛盾——管理层在获得企业控制权后，可能并不以股东价值最大化作为首要目标，而是想办法利用对企业的支配权来为自己牟利，这是困扰现代企业的一个公认难题。因此在股东与管理层信息严重不对称的情况下，矛盾恶化而导致经营出现重大问题的概率非常大，类似案例可谓数不胜数，21世纪初的安然事件、世通事件、帕玛拉特事件等，一定程度上都根源于这一矛盾。

为什么说PE有可能成为解决这个矛盾的重要解决方案呢？这可以从PE扮演的角色加以分析：

在PE公司这个层面，基金经理人既是基金的管理者，又在一定程度上享有基金收益的分红权（通常是20%左右），这样的制度安排保证了出资人和管理者利益的一致性。

其次，PE对于被投资的企业来说，既是重要的股东，又有主动参与企业管理的能力和动力。所有权和管理权在PE身上得到了一定程度的统一。这样就弱化了内部人控制的概率，适度减少了股东与内部管理者的信息不对称。PE还可以通过制度安排来加强对受资企业管理层的股权激励，从而绑定管理层与股东的利益，做到效益最大化。

因此说PE的出现，一定程度上优化了股东在现代企业公司治理中的地位，部分缓解了由于“委托—代理”关系而产生的矛盾。

PE除了在股票市场IPO之外的另一个重要退出渠道，就是在场外市场通过并购来实现退出。包括北交所在内的产权市场一直在规划和思考如何建设PE退出的场外市场。

从某种意义上讲，中国的产权市场与股票市场是两个不同类型的平行的资本市场。这两个市场既有许多相同的地方，也有一些根本的不同。比如说股票市场具有融资功能、股权流转功能、服务功能、监管功能，产权市场实际也是如此。不同之处在于，股票市场的融资是面向公众公开募集，产权市场是面向专业投资人私募融资；股票市场的流转是拆细、连续的交易，产权市场则相反。

在整个市场体系中，能够上市的企业毕竟是少数，不超过总数的5‰。因此我们希望产权市场能够为未上市的中小企业提供较低成本的投融资服务，打造一个非标准化的股权交易市场，这是产权市场今后发展的一个方向。

（熊焰　北京产权交易所、北京金融资产交易所董事长）

投资中国新兴市场须法规支持

下面我谈一谈对现在PE行业发展的一些看法。

第一，增长。我们也觉得有增长空间，大多数发达国家是没有的，今天中国还有一个很好的增长。

第二，规模。中国这个规模，净增GDP增长跟美国一样，那就是创造了新的机会。

这个量就会出现世界级企业。我们今天工业的集中度还是很低的，所以大企业收购兼并，增加集中度的机会非常多。从一个十年的观点来看，因为我们是做长线的，这个机会从全球来看是最好的，我们也不能身在福中不知福。

第三，风险。经济周期，我自己是从 1995 年开始做这行，2002 年到鼎晖，三个周期：亚洲金融危机，然后网络股泡沫破灭，还有国际金融危机。所以怎么能够自律、审慎把握机会？2008 年危机的时候，某种程度上，由于策略是投了最好的企业，所以金融危机来的时候，才有很好的整合机会。没有金融危机，你就没有行业整合了。反过来，我们一定会成熟，经过各种各样的事情，作为一个 PE 机构会更加成熟，从自己投资理念来细分，细分不是说做一件事，作为一个机构可以作为一个平台。但是不一定每个人都这样，我们会发挥自己的特长，更加长期地、可持续地给投资人赚钱。这是从我们自身来讲。

第四，人民的财富。今天不是没有钱，有钱，但是为什么过不来？我觉得其实很重要的是我们需要一个法规。法要清晰，税务要清楚，监管最好能宽松和支持。其实基金对基金很重要，基金对基金是把财富通过一个合理的生态，形成新的机构投资人，叫母基金也好，或者是海母基金也好，希望他们结合起来，通过法律的鉴定，变成一个投资人。今天的基础就是立法，没有这个，我觉得很难很难，没有这个就形不成一个合理的生态，没有合理的生态就没有新的投资人，没有新的机构投资人就形不成规模。

这个行业，从人员，从理念，比我们很多传统行业要国际化，要更容易国际化，只要政策开了，我相信这个行业，中国人可能取得国际竞争优势，是可以变成一个中国有国际竞争优势的行业。只要政策能够支持，钱有，就是口子怎么开，要市场化地开，给全中国人民赚钱，成为一个合理的渠道，我认为中国这个行业，不但在国内能够取得竞争优势，甚至在一段时间后成为全球性的有竞争力的行业。对于我们这些人来讲，适当有点前瞻性还是很有好处的。

（吴尚志　鼎晖投资董事长兼创始合伙人　来源：投资界）

中国 PE 市场发展空间大

中国的 PE 市场有几个特性：第一，起步晚；第二，发展速度快；第三，空间大。空间大这个事，实际上不管近期波动怎么样，它来源于中国企业两个重要的特性：第一，中国的企业处于中国经济高速发展的早期。所以随着经济的成长，企业会成长。它唯一的区别是说这个企业成长还是那个企业成长，或者一个企业是不是一直成长，还是成长到一段就夭折了。这里面有很多好的 PE 可以帮助企业一路成长。还有一个，不管咱们国家的企业现在是国企还是民企，都有一个通病或者一个共同的弱项，就是他们的资本结构里面，本金不足，借贷过高。这个结构实际上会逐渐优化的，优化到本金和债务相对平衡。这里面有很大的空间。所谓本金无非就是金融补充的方式，上市之前由这些私募的股权基金来补充，一直培养到可以取信于公众，在公众市场上融资。

说这个空间很大，我看到以后中国的PE大概有几个重要的趋势，我们在研究。

第一，比较现实。中国的PE市场经过过去几年热闹之后，逐渐开始回归理性，标志很多。比如说热闹的创业板，平均PE从100多倍到60多倍，再眨几次眼睛就到了30多倍，这是一个健康的趋势，因为一个发烧、发热的身体持续不下去，也不是一个健壮的身体，而一个理性的身体是可以持续的。当然过去还有人说全民PE，PE实际上还是一个由专业团队来管理，需要很长时间，甚至很多技能帮助企业长期发展的这么一个行业，所以它大部分活儿不是所有人都能做的。当然大家有一个认识过程，我觉得现在大家也开始了这个认识过程，随着公众市场的烧往下退，很多去年专门为公司IPO做的基金可能会吃亏，亏到再重新回来做PE。你遇到这件事很痛苦，但是对于行业来讲，又是一个健康的事情。所以我觉得回归理性是一个很重要的健康的趋势。回归理性，实际上对我们长久地健康地活下去是很重要的。否则的话，它的行业本身动荡不定，实际上会影响我们的发展。

第二，中国的PE行业也是最近越来越像行业了，它的起步比较晚。最近从立法的角度，到我们自身完成我们产业链的角度，行业整个要素在快速地得到补充。就在3年前,我和吴尚志和方会长还在说，PE热闹起来了，但是乱哄哄的，我们是不是应该搞一个自治的协会，现在协会都有几百家了。

第三，中国前几年是资本的净输入，过去几年中国在输入资本的同时，很快变成了一个资本富余国，但是现在我们谈不上一个资本输出国，主要是没有输出的能力和渠道。这几个趋势，实际上对在座的PE同行来讲，都是特别利好的消息。

第四，我们这个链从法律到监管，到上下游不断地完整，会让我们的效率变得比较高。早上大家说了一个现象，历史比较长的一些在中国做的PE管理公司、VC管理公司，现在遇到一个现象，因为他们历史比较长，所以融外资特别容易，因为历史长，外资的LP都盯了他们十几年，都想进中国。反而投外资现在有点问题，因为现在有人民币的基金，但是融人民币又很困难，因为整个规范、制度都不健全。

所以这些现象，随着我们整个产业链的完善，实际上会增加我们的效率，也使这个行业会发展得比较好。人民币国际化是一个重大的机会。特别是咱们现在有这么多外汇储备，有这么多人民币。现在在国内没有足够的地方去配置。而国际上有很多，大家都知道可以配置的地方，我们现在也有正确的渠道和团队，这个对在座的从业同仁应该是一个认真思考的重大战略机会。因为这个速度会发展得很快，人民币会逐渐国际化。我相信加上这几条，我们这个行业今后的空间大，还是有很多新的事情可以去做的。

（赵令欢　弘毅投资总裁　来源：投资界）

◆股权投资学术论文索引

一、博士论文

1.《我国私募股权投资基金法律制度研究》，2010年，赵玉，吉林大学民商法学博士。

2.《中国私募基金规制研究》，2010 年，朱琳，西南财经大学金融学博士。

3.《外资私募股权投资法律问题研究》，2010 年，朱健飞，华东政法大学国际法博士。

二、硕士论文

1.《私募股权投资基金的价值创造及其上市意义分析》，2010 年，许望伟，复旦大学金融学硕士。

2.《公司治理机制对上市公司私募股权退出影响的实证研究》，2010 年，边思敏，清华大学应用经济学硕士。

3.《我国私募股权基金法律监管体制研究》，2010 年，王岩，华东政法大学法律硕士。

4.《中国私募股权投资退出方式研究》，2010 年，马海静，上海师范大学国民经济学硕士。

5.《我国私募股权基金对产业结构优化的研究》，2010 年，李文卓，上海师范大学产业经济学硕士。

6.《私募股权基金监管法律制度研究》，2010 年，沈晗，华东政法大学经济法学硕士。

7.《基于自由现金流量的私募股权投资基金定价研究》，2010 年，曾莉，武汉理工大学会计学硕士。

8.《论中国私募股权投资市场的运行利弊与发展对策》，2010 年，谷南南，北京第二外国语学院国际贸易学硕士。

9.《私募股权基金组织形式研究》，2010 年，周昌凌，中国政法大学民商法学硕士。

10.《论海外私募股权投资基金的境内法律机制》，2010 年，薛莲，中国政法大学国际法学硕士。

11.《私募股权基金促进我国中小企业发展的实证研究》，2010 年，何帆，西南财经大学金融学硕士。

12.《国际视角下的信托型私募股权基金退出机制的法律研究》，2010 年，胡晓，西南财经大学国际法硕士。

13.《私募股权投资者权利研究》，2010 年，钟文海，西南大学民商法学硕士。

14.《我国私募股权基金退出渠道的模式选择分析》，2010 年，唐俊，西南财经大学金融学硕士。

15.《中国私募股权投资基金投资对策研究》，2011 年，张亮，吉林大学金融学硕士。

16.《私募股权投资争议之调解制度研究》，2011 年，刘斌，中国政法大学诉讼法学硕士。

17.《私募股权投资解决河北中小企业融资问题研究》，2011 年，杜彦洁，中国政法大学政治经济学硕士。

18.《我国私募股权基金的发展问题研究》，2011 年，牛慧峰，中共中央党校政治经济学硕士。

三、学术期刊文章

1.《私募股权二级市场相关问题探讨》，赵光明，中国华融资产管理公司博士后科研工作站、北京大学博士后流动站，《商业时代》，2010 年第 27 期。

2.《私募股权及其在科技型中小企业融资中的应用》，杨棉之，安徽大学工商管理学院；姬福松，中国人民大学，《现代管理科学》，2010 年第 27 期。

3.《私募股权投资在银行业务中的法律风险防范》，王羿，中国建设银行股份有限公司天津市分行，《金融理论与实践》，2010 年第 12 期。

4.《我国本土私募股权"基金的基金"的制度价值与发展建议》，石育斌，上海社会科学院法学研究所，《现代经济探讨》，2010 年第 7 期。

5.《浅谈保险资金投资私募股权及项目筛选》，李凌童，对外经济贸易大学，《经济研究导刊》，2010 年第 15 期。

6.《OTC 市场私募股权基金运作模式探析》，孙志京，天津中医药大学社科部，刘行星，天津社会科学院法学所，《特区经济》，2010 年第 5 期。

7.《贝恩调研：私募股权基金对中国经济的影响》，唐麦，贝恩公司大中华区。韩微文，贝恩公司驻上海办事处。王瑄，贝恩公司上海办事处，《商学院》，2010 年第 Z1 期。

8.《我国私募股权投资基金的监管主体研究》，魏玉波，中央财经大学金融学院，杨柳，中央财经大学法学院，《东方企业文化》，2010 年第 2 期。

9.《合伙制私募股权投资基金税收问题探讨》，张晓楠，普华永道会计师事务所，《人口与经济》，2011 年第 S1 期。

10.《优化私募股权基金的增值环节》，苏京春，财政部财政科学研究所，《中国金融》，2011 年第 1 期。

11.《私募股权基金投资管理的研究》，葛常伟，青岛国合海纳投资顾问有限公司，《现代商业》，2011 年第 14 期。

12.《我国私募股权基金发展战略与路径》，张杰，天津财经大学经济学院，《经济纵横》，2011 年第 5 期。

13.《私募股权投资基金收益分配的研究》，李佳音，中国建设银行投资银行部，《中国市场》，2011 年第 18 期。

14.《私募股权投资退出方式及程度选择》，李文瑞，西南财经大学会计学院，《商业会计》，2011 年第 13 期。

15.《中国私募股权退出方式研究》，宋亮，南京交通产业有限责任公司，《改革与开放》，2011 年第 7 期。

16.《中国私募股权投资的特点及问题》，张静、任彩银、王晔，新联合产业研究院，《金融发展研究》，2011 年第 5 期。

17. 《促进金融创新 治理流动性过剩——对我国私募股权投资监管的思考》，李昌，中央财经大学商学院，《宏观经济管理》，2011 年第 4 期。

18. 《国际私募股权投资基金的发展态势及我国的路径选择》，安国俊、李飞，中国社科院金融研究所，《国际金融》，2011 年第 3 期。

19. 《我国私募股权投资的定价方法研究》，蒋悦炜，上海交通大学安泰经济与管理学院，《价格理论与实践》，2011 年第 4 期。

20. 《我国私募股权基金投资风险成因及其管理对策》，李琼，中国人民银行湘潭市中心支行，周再清，湖南大学金融与统计学院，《金融经济》，2011 年第 6 期。

21. 《私募股权并购基金的后期运作》，裴力，《金融博览》，2011 年第 6 期。

第二节 中国并购与股权投资基金法律法规⑨

一、并购与股权投资法律、行政法规

文件名称	文号	发文单位	颁布时间	实施时间
中华人民共和国公司法	主席令2005年第42号	人大常委会	2005年10月27日	2006年1月1日
中华人民共和国合伙企业法	中华人民共和国主席令第五十五号	人大常委会	2006年8月27日	2007年6月1日
中华人民共和国合同法	主席令第15号	人大常委会	1999年3月15日	1999年10月1日
中华人民共和国中小企业促进法	主席令第69号	人大常委会	2002年6月29日	2003年1月1日
中华人民共和国信托法	主席令第50号	人大常委会	2001年4月28日	2001年10月1日
中华人民共和国企业所得税法	中华人民共和国主席令第63号	人大	2007年3月16日	2008年1月1日
中华人民共和国个人所得税法	主席令第48号	人大常委会	2011年6月30日	2011年6月30日
中华人民共和国证券法	中华人民共和国主席令第四十三号	人大常委会	2005年10月27日	2006年1月1日
中华人民共和国外资企业法	中华人民共和国主席令第四十一号	人大常委会	2000年10月31日	2000年10月31日
中华人民共和国企业所得税法实施条例	国务院令第512号	国务院	2007年12月6日	2008年1月1日
中华人民共和国个人所得税法实施条例	国务院令第600号	国务院	2011年7月19日	2011年9月1日
中华人民共和公司登记管理条例	国务院令〔2005〕第451号	国务院	2005年12月18日	2006年1月1日
中华人民共和国公司法	主席令2005年第42号	人大常委会	2005年10月27日	2006年1月1日
中华人民共和国合伙企业登记管理办法	国务院令第497号	国务院	2007年5月9日	2007年6月1日
中华人民共和国外汇管理条例	国务院令第532号	国务院	2008年8月5日	2008年8月5日
国务院批转发改委等部门《关于创业投资引导基金规范设立于运作指导意见》的通知	国办发〔2008〕116号	国务院	2008年10月18日	2008年10月18日

⑨ 本部分内容由王君政、王本思编辑整理。

续表

文件名称	文　号	发文单位	颁布时间	实施时间
国务院关于进一步促进中小企业发展的若干意见	国发〔2009〕36 号	国务院	2009 年 9 月 19 日	2009 年 9 月 19 日
外国企业或个人在中国境内设立合伙企业管理办法	国务院令第 567 号	国务院	2009 年 11 月 25 日	2010 年 3 月 1 日
国务院关于进一步做好利用外资工作的若干意见	国发〔2010〕9 号	国务院	2010 年 4 月 6 日	2010 年 4 月 6 日
国务院关于鼓励和引导民间投资健康发展的若干意见	国发〔2010〕13 号	国务院	2010 年 5 月 7 日	2010 年 5 月 7 日
国务院批转发改委关于 2010 年深化经济体制改革重点工作意见的通知	国发〔2010〕15 号	国务院	2010 年 5 月 27 日	2010 年 5 月 27 日
国务院办公厅关于鼓励和引导民间投资健康发展重点工作分工的通知	国办函〔2010〕120 号	国务院办公厅	2010 年 7 月 22 日	2010 年 7 月 22 日
贯彻落实国务院关于进一步做好利用外资若干意见部门分工方案	国办函〔2010〕128 号	国务院办公厅	2010 年 8 月 18 日	2010 年 8 月 18 日
国务院办公厅转发发改委等部门关于促进自主创新成果产业化若干政策的通知	国办发〔2008〕128 号	国务院办公厅	2008 年 12 月 15 日	2008 年 12 月 15 日
国务院关于加快培育和发展战略性新兴产业的决定	国发〔2010〕32 号	国务院	2010 年 10 月 10 日	2010 年 10 月 10 日
国务院办公厅关于建立外国投资者并购境内企业安全审查制度的通知	国办发〔2011〕6 号	国务院办公厅	2011 年 2 月 3 日	2011 年 3 月 3 日
中华人民共和国公司法	主席令 2005 年第 42 号	人大常委会	2005 年 10 月 27 日	2006 年 1 月 1 日
国务院关于促进企业兼并重组的意见	国发〔2010〕27 号	国务院	2010 年 8 月 28 日	2010 年 8 月 28 日
国务院关于股份有限公司境外募集股份及上市的特别规定	国务院令第 160 号	国务院	1994 年 8 月 4 日	1994 年 8 月 4 日
国务院关于个人独资企业和合伙企业征收所得税问题的通知	国发〔2000〕16 号	国务院	2000 年 6 月 20 日	2000 年 6 月 20 日

二、并购与股权投资部门规章

发文单位	文件名称	文号	颁布时间	实施时间
国家发展与改革委员会	关于印发鼓励和引导民营企业发展战略性新兴产业的实施意见的通知	发改高技〔2011〕1592号	2011年7月23日	2011年7月23日
	关于做好境外投资项目下放核准权限工作的通知	发改外资〔2011〕235号	2011年2月14日	2011年2月14日
	关于进一步规范试点地区股权投资企业发展和备案管理工作的通知	发改办财金〔2011〕253号	2011年1月31日	2011年1月31日
	关于支持循环经济发展的投融资政策措施意见的通知	发改环资〔2010〕801号	2010年4月19日	2010年4月19日
	关于实施新兴产业创投计划、开展产业技术研究与开发资金参股设立创业投资基金试点工作的通知	发改高技〔2009〕2743号	2009年10月29日	2009年10月29日
	关于加强创业投资企业备案管理严格规范创业投资企业募资行为的通知	发改财金〔2009〕1827号	2009年7月10日	2009年7月10日
	创业投资企业管理暂行办法	发改委等十部委令2005年第39号	2005年11月15日	2006年3月1日
	关于印发共同推动我国生物产业融资工作意见的通知	特急 发改高技〔2007〕1258号	2007年6月11日	2007年6月11日
	利用外资改组国有企业暂行规定	国家经济贸易委员会、财政部、国家工商行政管理总局、国家外汇管理局令第42号	2002年11月8日	2003年1月1日
商务部	关于外商投资企业境内投资的暂行规定		2000年7月25日	2000年9月1日
	商务部实施外国投资者并购境内企业安全审查制度有关事项的暂行规定	商务部公告2011年第8号	2011年3月4日	2011年3月5日
	商务部实施外国投资者并购境内企业安全审查制度的规定	商务部公告2011年第53号	2011年8月15日	2011年9月1日

续表

发文单位	文 件 名 称	文号	颁布时间	实施时间
商务部	关于外国投资者并购境内企业的规定	商务部令 2009 年第 6 号	2009 年 6 月 22 日	2009 年 6 月 22 日
	关于印发《企业境外并购事项前期报告制度》的通知	商合发〔2005〕131 号	2005 年 3 月 31 日	2005 年 5 月 1 日
	外商投资企业投资者股权变更的若干规定	外经贸法发第 267 号	1997 年 5 月 28 日	1997 年 5 月 28 日
	商务部关于下放外商投资举办投资性公司审批权限的通知	商资函〔2009〕8 号	2009 年 3 月 6 日	2009 年 3 月 6 日
	关于外商投资举办投资性公司的补充规定	商务部令 2006 年第 3 号	2006 年 5 月 26 日	2006 年 7 月 1 日
	关于外商投资管理工作有关问题的通知	商资函〔2011〕72 号	2011 年 2 月 25 日	2011 年 2 月 25 日
	商务部关于省级商务主管部门和国家级经济技术开发区负责审核管理部分服务业外商投资企业审批事项的通知	商资函〔2008〕64 号	2008 年 10 月 30 日	2008 年 10 月 30 日
	外商投资产业指导目录（2007 年修订）	发改委和商务部令第 57 号	2007 年 10 月 31 日	2007 年 12 月 1 日
	商务部办公厅对《关于〈中华人民共和国企业所得税法〉公布后企业适用税收法律问题的通知》的意见	商办法函〔2007〕59 号	2007 年 4 月 23 日	2007 年 4 月 23 日
	关于外商投资创业投资企业、创业投资管理企业审批事项的通知	商资函〔2009〕9 号	2009 年 3 月 5 日	2009 年 3 月 5 日
	外国投资者并购境内企业反垄断申报指南		2007 年 3 月 8 日	2007 年 3 月 8 日
	中国高新技术产品目录 2006	国科发计字〔2006〕370 号	2006 年 9 月 8 日	2006 年 9 月 8 日
	财政部、国资委、证监会、社保基金会关于印发《境内证券市场转持部分国有股充实全国社会保障基金实施办法》的通知	财企〔2009〕94 号	2009 年 6 月 19 日	2009 年 6 月 19 日

续表

发文单位	文件名称	文号	颁布时间	实施时间
财政部 国家税务总局	关于合伙企业合伙人所得税问题的通知	财税〔2008〕159号	2008年12月23日	2008年1月1日
	关于进一步明确企业所得税过渡期优惠政策执行口径问题的通知	国税函〔2010〕157号	2010年4月21日	2010年4月21日
	关于加强非居民企业股权转让所得企业所得税管理的通知	国税函〔2009〕698号	2009年12月10日	2008年1月1日
	关于股权激励有关个人所得税问题的通知	国税函〔2009〕461号	2009年8月14日	2009年8月14日
	关于加强股权转让所得征收个人所得税管理的通知	国税函〔2009〕285号	2009年6月12日	2009年6月12日
	关于实施创业投资企业所得税优惠问题的通知	国税发〔2009〕87号	2009年4月30日	2008年1月1日
	关于企业重组业务企业所得税处理若干问题的通知	财税〔2009〕59号	2009年4月30日	2008年1月1日
	关于促进创业投资企业发展有关税收政策的通知	财税〔2007〕31号	2007年2月7日	2006年1月1日
	关于外国投资者并购境内企业股权有关税收问题的通知	国税发〔2003〕60号	2003年5月28日	2003年3月1日
	财政部、科技部关于印发《科技型中小企业创业投资引导基金管理暂行办法》的通知	财企〔2007〕128号	2007年7月6日	2007年7月6日
	关于执行企业所得税优惠政策若干问题的通知	财税〔2009〕69号	2009年4月24日	2008年1月1日
	中关村国家自主创新示范区企业股权和分红激励实施办法	财企〔2010〕8号	2010年2月1日	2010年2月1日
	财政部、科学技术部关于《中关村国家自主创新示范区企业股权和分红激励实施办法》的补充通知	财企〔2011〕1号	2011年1月10日	2011年1月10日

续表

发文单位	文件名称	文号	颁布时间	实施时间
财政部 国家税务 总局	关于豁免国有创投机构和国有创投引导基金国有股转持义务有关问题的通知	财企〔2010〕278号	2010年10月13日	2010年10月13日
	关于印发《科技型中小企业创业投资引导基金股权投资收入收缴暂行办法》的通知	财企〔2010〕361号	2010年12月9日	2010年12月9日
	关于豁免国有创业投资机构和国有创业投资引导基金国有股转持义务有关审核问题的通知	财企〔2011〕14号	2011年2月22日	2011年2月22日
	关于印发《国家科技成果转化引导基金管理暂行办法》的通知	财教〔2011〕289号	2011年7月4日	2011年7月4日
	关于调整个体工商户业主、个人独资企业和合伙企业自然人投资者个人所得税费扣除标准的通知	财税〔2011〕62号	2011年7月29日	2011年9月1日
	国家税务总局关于贯彻执行修改后的个人所得税法有关问题的公告	国家税务总局公告2011年第46号	2011年7月29日	2011年9月1日
	国家税务总局关于贯彻落实企业所得税法若干税收问题的通知	国税函〔2010〕79号	2010年2月22日	2010年2月22日
	国家税务总局关于印发《新企业所得税法精神宣传提纲》的通知	国税函〔2008〕159号	2008年2月5日	2008年2月5日
	关于企业股权投资损失所得税处理问题的公告	国家税务总局公告2010年第6号	2010年7月28日	2010年1月1日
	关于企业股权投资差额所得税处理问题的批复的通知	国税函〔1999〕第554号	1999年8月1日	1999年8月1日
	关于企业兼并的暂行办法	〔89〕体改经38号	1989年2月19日	1989年2月19日
国有资产 监督管理 委员会	企业国有产权无偿划转工作指引	国资发产权〔2009〕25号	2009年2月16日	2009年2月16日

续表

发文单位	文 件 名 称	文号	颁布时间	实施时间
中国银行业监督管理委员会	信托公司管理办法	中国银行业监督管理委员会令 2007 年第 2 号	2007 年 1 月 23 日	2007 年 3 月 1 日
	信托公司集合资金信托计划管理办法	国银行业监督管理委员会令 2009 年第 1 号	2009 年 2 月 4 日	2007 年 3 月 1 日
	信托公司私人股权投资信托业务操作指引	银监发〔2008〕45 号	2008 年 6 月 25 日	2008 年 6 月 25 日
	关于信托投资公司开展集合资金信托业务创新试点有关问题的通知	银监发〔2006〕65 号	2006 年 8 月 15 日	2006 年 8 月 15 日
	商业银行并购贷款风险管理指引	银监发〔2008〕84 号	2008 年 12 月 6 日	2008 年 12 月 6 日
	关于金融支持文化产业振兴和发展繁荣的指导意见	银发〔2010〕94 号	2010 年 3 月 19 日	2010 年 3 月 19 日
	关于进一步做好中小企业金融服务工作的若干意见	银发〔2010〕193 号	2010 年 6 月 21 日	2010 年 6 月 21 日
	关于高风险农村信用社并购重组的指导意见	银监发〔2010〕71 号	2010 年 8 月 6 日	2010 年 8 月 6 日
中国保险业监督管理委员会	保险公司股权管理办法	中国保险监督管理委员会令 2010 年 第 6 号	2010 年 5 月 4 日	2010 年 6 月 10 日
	保险资金境外投资管理暂行办法	中国保险监督管理委员会、中国人民银行、国家外汇管理局令 2007 年第 2 号	2007 年 6 月 28 日	2007 年 6 月 28 日
	保险资金运用管理暂行办法	中国保险监督管理委员会令 2010 年第 9 号	2010 年 7 月 30 日	2010 年 8 月 31 日
	保险资金投资股权暂行办法	保监发〔2010〕79 号	2010 年 7 月 31 日	2010 年 7 月 31 日
	保险资金投资不动产暂行办法	保监发〔2010〕80 号	2010 年 7 月 31 日	2010 年 7 月 31 日
	关于调整保险资金投资政策有关问题的通知	保监发〔2010〕66 号	2010 年 7 月 31 日	2010 年 7 月 31 日

续表

发文单位	文件名称	文号	颁布时间	实施时间
中国证券业监督管理委员会	关于深化新股发行体制改革的指导意见	证监会公告〔2010〕26号	2010年10月11日	2010年11月1日
	关于加强上市公司非流通股协议转让活动规范管理的通知	证监发〔2001〕119号	2001年9月30日	2001年9月30日
	关于进一步改革和完善新股发发行体制的指导意见	证监会公告〔2009〕13号	2009年6月10日	2009年6月11日
	关于在发行审核委员会中设立上市公司并购重组审核委员会的决定	证监发〔2007〕93号	2007年7月17日	2007年7月17日
	上市公司并购重组审核委员会工作规程	证监发〔2007〕94号	2007年7月17日	2007年7月17日
	上市公司并购重组财务顾问业务管理办法	中国证券监督管理委员会令第54号	2008年6月3日	2008年8月4日
	关于上市公司股权分置改革的指导意见	证监发〔2005〕80号	2005年8月23日	2005年8月23日
	上市公司重大资产重组管理办法(2011修订)	中国证券监督管理委员会令第73号	2011年8月1日	2008年5月18日
国家工商行政管理总局	外商投资合伙企业登记管理规定	国家工商行政管理总局令第47号	2010年1月29日	2010年3月1日
	关于做好《外国企业或者个人在中国境内设立合伙企业管理办法》贯彻实施工作的通知	工商外企字〔2010〕31号	2010年2月10日	2010年2月10日
	股权出质登记管理办法	工商总局令第32号	2008年9月1日	2008年10月1日
	关于做好合伙企业登记管理工作的通知	工商个字〔2007〕108号	2007年5月29日	2007年5月29日
	关于切实做好外商投资合伙企业登记管理信息化建设工作的通知	工商明电〔2010〕4号	2010年2月5日	2010年2月5日
	关于充分发挥工商行政管理职能作用进一步做好服务外商投资企业发展工作的若干意见	工商外企字〔2010〕94号	2010年5月7日	2010年5月7日
	关于外国投资者通过股权并购举办外商投资广告企业有关问题的通知	工商广字〔2006〕99号	2006年4月11日	2006年4月11日

续表

发文单位	文件名称	文号	颁布时间	实施时间
国家外汇管理局	境内机构境外直接投资外汇管理规定	汇发〔2009〕30号	2009年7月13日	2009年8月1日
	境内居民境外特殊目的公司融资及返程投资有关问题的通知	汇发〔2009〕75号	2005年10月21日	2005年11月1日
	国家外汇管理局关于加强外汇业务管理有关问题的通知	汇发〔2010〕59号	2010年1月1日	2010年1月1日
	关于境内银行境外直接投资外汇管理有关问题的通知	汇发〔2010〕31号	2010年6月30日	2010年9月1日
	关于外商投资企业资本金结汇有关法律适用问题的批复	汇综复〔2009〕29号	2009年4月3日	2009年4月3日
	国家外汇管理局综合司关于完善外商投资企业外汇资本金支付结汇管理有关业务操作问题的通知	汇综发〔2008〕142号	2008年8月29日	2008年8月29日
	国家外汇管理局关于调整部分资本项目外汇业务审批权限的通知	汇发〔2010〕29号	2010年6月23日	2010年7月1日
	关于外商投资创业投资企业资本金结汇进行境内股权投资有关问题的批复	汇综复〔2008〕125号	2008年11月14日	2008年11月14日

三、并购与股权投资地方规范性文件

省/市	文件名称	文号	发文单位	颁布时间	实施时间
北京	关于促进首都金融业发展的意见		中共北京市委 北京市人民政府	2008年4月30日	2008年4月30日
	北京市人民政府关于金融促进首都经济发展的意见	京政发〔2009〕7号	北京市人民政府	2009年3月21日	2009年3月21日
	关于促进股权投资基金业发展的意见	京金融办〔2009〕5号	北京市金融服务工作领导小组办公室 北京市财政局 北京市国家税务局	2009年2月20日	2009年2月20日

续表

省/市	文件名称	文号	发文单位	颁布时间	实施时间
北京	关于促进股权投资基金业发展意见部分内容调整的通知	京金融〔2009〕9号	北京市金融工作局 北京市财政局 北京市国家税务局 北京市地方税务局 北京市工商行政管理局	2009年4月15日	2009年4月15日
	在京设立外商投资股权投资基金管理企业暂行办法	京金融〔2009〕163号	北京市金融工作局 北京市商务委员会 北京市工商行政管理局 北京市发展和改革委员会	2009年12月22日	2010年1月1日
	关于进一步促进高新技术产业发展的若干规定	京政发〔2001〕38号	北京市人民政府	2001年11月9日	2002年11月1日
	北京市风险投资机构享受财政专项资金支持确认办法	京财经一〔2001〕2356号		2001年12月6日	2001年12月6日
	北京市财政支持高新技术成果转化项目等财政专项资金实施办法	京财预〔2001〕2395号	北京市财政局	2001年12月8日	2002年1月1日
	北京市科技中介机构享受财政专项资金支持认定办法	京科政发〔2001〕658号	北京市科学技术委员会	2001年11月19日	2001年11月19日
	中关村国家自主创新示范区创业投资风险补贴资金管理办法	中科园发〔2011〕10号	北京市中关村科技园区管理委员会	2011年6月1日	2011年6月1日
	北京市中小企业创业投资引导基金实施暂行办法	京发改〔2008〕1167号	北京市发展和改革委员会 北京市财政局	2008年7月3日	2008年8月3日
	中关村科技园区创业投资发展资金管理办法	中科园发〔2007〕34号	中关村科技园区管理委员会		2007年3月15日

续表

省/市	文件名称	文号	发文单位	颁布时间	实施时间
北京	中关村国家自主创新示范区重大科技成果转化和产业化股权投资暂行办法	京科发〔2009〕574 号	北京市科学技术委员会 北京市财政局 北京市发展和改革委员会 北京市经济和信息化委员会 中关村科技园区管理委员会 北京经济技术开发区管理委员会	2009 年 12 月 2 日	2010 年 1 月 2 日
	北京市关于境外投资者和境内非公有制经济组织并购国有工业企业暂行办法	京政发〔2003〕21 号	北京市人民政府	2003 年 9 月 30 日	2003 年 9 月 30 日
	北京市关于境外投资者和境内非公有制经济组织并购国有工业企业人员分流安置暂行办法	京政办发〔2003〕49 号	北京市人民政府	2003 年 9 月 30 日	2003 年 9 月 30 日
	中关村国家自主创新示范区条例	北京市人民代表大会常务委员会第 12 号	北京市人民代表大会常务委员会	2010 年 12 月 23 日	2010 年 12 月 23 日
	北京市文化创意产业创业投资引导基金管理暂行办法	京文创办法〔2009〕7 号	北京市文化创意产业领导小组办公室	2009 年 8 月 12 日	2009 年 8 月 12 日
	北京市文化创意产业投资指导目录		中共北京市委宣传部 北京市发展和改革委员会		2006 年 8 月
	石景山区创业投资引导基金管理暂行办法	石政发〔2010〕31 号	北京市石景山区人民政府		2010 年 7 月 12 日
	北京市海淀区创业投资引导基金管理暂行办法	海政发〔2006〕第 59 号	北京市海淀区人民政府		2006 年

续表

省/市	文件名称	文号	发文单位	颁布时间	实施时间
天津	天津股权投资企业和股权投资管理机构管理办法	津发改财金〔2011〕675 号	天津市人民政府金融服务办公室 天津市发展和改革委员会 天津市工商行政管理局 天津市商务委员会 天津市财政局	2011 年 7 月 11 日	2011 年 9 月 1 日
	天津市促进股权投资基金业发展办法	津政发〔2009〕45 号	天津市人民政府	2009 年 10 月 16 日	2009 年 10 月 16 日
	天津市关于私募股权投资基金、私募股权投资基金管理公司（企业）进行工商登记的意见		天津市发改委	2007 年 11 月 16 日	2007 年 11 月 16 日
	天津股权投资基金和股权投资基金管理公司（企业）登记备案管理试行办法	津发改财金〔2008〕813 号	天津市财政局 天津市工商行政管理局 天津市地方税务局 天津市发展和改革委员会 天津市商务委员会 天津市人民政府金融办公室	2008 年 11 月 10 日	2008 年 11 月 10 日
	天津市公司股权出资登记管理试行办法	津工商企注字〔2008〕16 号	天津市工商局	2008 年 9 月 16 日	2008 年 9 月 16 日
	天津滨海新区创业风险投资引导基金管理暂行办法	天津滨海新区管理委员会	天津市滨海新区管理委员会	2008 年 3 月 12 日	2008 年 3 月 12 日
	天津市促进创业投资业发展暂行规定		天津市人民政府	2002 年 5 月 5 日	2002 年 5 月 5 日
	支持服务业发展的有关财税政策汇编	津政办发〔2007〕89 号	天津市人民政府办公厅	2007 年 10 月 1 日	2007 年 10 月 1 日
	支持金融业发展的有关优惠政策汇编		支持金融业发展的有关优惠政策汇编	2007 年 11 月 1 日	2007 年 11 月 1 日

续表

省/市	文件名称	文号	发文单位	颁布时间	实施时间
天津	天津新技术产业园区鼓励投融资发展暂行办法	津园区管发〔2009〕13号	天津市高新区管理委员会		2009年4月12日
	关于合伙企业合伙人分别缴纳所得税有关问题的补充通知	津地税所〔2008〕14号	天津市地方税务局、天津市国家税务局	2008年3月26日	
	关于合伙企业合伙人分别缴纳所得税有关问题的通知	津地税所〔2007〕17号	天津市地方税务局办公室	2007年10月26日	
	天津市地方税务局关于合伙企业合伙人分别缴纳所得税有关问题的补充通知	津地税所〔2008〕1号	天津市地方税务局	2008年1月2日	
	鼓励创业投资的暂行规定	天津经济技术开发区管理委员会令第128号第128号	天津经济技术开发区管理委员会	2008年8月17日	2008年1月1日
深圳	深圳经济特区创业投资条例	深圳市人民代表大会常务委员会公告第69号	深圳市人民代表大会常务委员会	2003年2月27日	2003年4月1日
	深圳经济特区金融发展促进条例	深圳市第四届人民代表大会常务委员会公告第72号	深圳市人民代表大会常务委员会	2008年4月24日	2008年6月1日
	关于促进股权投资基金业发展的若干规定	深府〔2010〕103号	深圳市人民政府	2010年7月9日	2010年7月9日
	关于进一步支持股权投资基金业发展有关事项的通知	深府办〔2010〕100号	深圳市人民政府	2010年12月4日	2010年12月4日
	关于加强自主创新促进高新技术产业发展的若干政策措施	深府〔2008〕200号	深圳市人民政府	2008年9月21日	2008年9月21日

续表

省/市	文件名称	文号	发文单位	颁布时间	实施时间
深圳	天使投资人备案登记非行政许可审批和登记实施办法	深科信规〔2009〕2号	深圳市科技和信息局	2009年2月3日	2009年2月3日
	深圳市支持金融业发展若干规定实施细则	深府〔2009〕6号	深圳市人民政府	2008年12月31日	2008年12月31日
	深圳市国家税务局转发国家税务总局关于企业股权投资差额所得税处理问题的批复的通知	深国税发〔1999〕433号	深圳市国家税务局	1999年9月3日	1999年9月3日
上海	关于本市股权投资企业工商登记等事项的通知	沪金融办通〔2008〕3号	上海市金融服务办公室 上海市工商行政管理局 上海市国家税务局 上海市地方税务局	2008年8月11日	2008年8月11日
	关于印发浦东新区促进股权投资企业和股权投资管理企业发展意见的通知	浦府〔2008〕342号	浦东新区人民政府	2008年12月13日	2008年12月13日
	上海市浦东新区设立外商投资股权投资管理企业试行办法	浦府综改〔2009〕2号	浦东新区人民政府	2009年6月2日	2009年6月2日
	关于本市开展外商投资股权投资企业试点工作的实施办法	沪金融办通〔2010〕38号	上海市金融服务办公室 上海市商务委员会 上海市工商行政管理局	2010年12月24日	2011年1月23日
	关于对本市股权投资企业实施备案管理的通知	沪发改财金〔2011〕045号	上海市发展和改革委员会 上海市金融服务办公室	2011年7月18日	2011年7月18日
	关于放宽外商投资公司出资期限的暂行规定	沪工商外〔2009〕241号	上海市工商行政管理局	2009年7月2日	2009年7月2日

续表

省/市	文件名称	文号	发文单位	颁布时间	实施时间
上海	关于外资并购本市国有企业的若干意见	沪国资产〔2002〕77号	上海市国有资产管理办公室 上海市外国投资工作委员会 上海市工商行政管理局	2002年4月4日	2002年4月4日
	关于外资并购本市国有企业若干意见的实施细则	沪国资委产〔2003〕15号	上海市国有资产监督管理委员会、上海市外国投资工作委员会、上海市工商行政管理局	2003年8月4日	2003年8月4日
	上海市国有创业投资企业股权转让管理暂行办法	沪发改财金〔2010〕050号	上海市发展和改革委员会 上海市国有资产监督管理委员会	2010年11月18日	2010年11月18日
	上海市创业投资引导基金管理暂行办法	沪府发〔2010〕37号	上海市人民政府	2010年10月26日	2010年10月26日
新疆	新疆维吾尔自治区促进股权投资类企业发展暂行办法	新政办发〔2010〕187号	新疆维吾尔自治区人民政府办公厅	2010年8月25日	2010年8月25日
	关于鼓励股权投资类企业迁入我区的通知	新金函〔2010〕87号	新疆维吾尔自治区金融工作办公室 新疆维吾尔自治区经济和信息化委员会 新疆维吾尔自治区工商行政管理局 新疆维吾尔自治区国家税务局 新疆维吾尔自治区地方税务局	2010年12月3日	2010年12月3日
	关于提高股权投资类企业政府服务水平若干问题解释的函	新金函〔2011〕173号	新疆金融工作办公室	2011年6月24日	

续表

省/市	文件名称	文号	发文单位	颁布时间	实施时间
新疆	关于有限责任公司变更为合伙企业的指导意见	新工商企登〔2010〕172 号	新疆维吾尔自治区工商行政管理局	2010 年 11 月 19 日	2010 年 11 月 19 日
	关于促进科技风险投资若干规定的通知	新政发〔2004〕42 号	新疆维吾尔自治区人民政府	2004 年 6 月 30 日	2004 年 6 月 30 日
安徽	安徽省创业（风险）投资引导基金实施办法（试行）	皖政办〔2009〕19 号	安徽省人民政府办公厅	2009 年 3 月 24 日	2009 年 3 月 24 日
	关于进一步加快发展和利用资本市场的意见	皖政〔2004〕57 号	安徽省人民政府	2004 年 7 月 15 日	2004 年 7 月 15 日
	合肥市高科技风险投资基金管理办法（试行）	合政〔2000〕49 号	合肥市人民政府	2000 年 8 月 29 日	2000 年 8 月 29 日
	芜湖市促进股权投资基金业发展办法	芜政〔2011〕39 号	安徽省芜湖市人民政府	2011 年 4 月 6 日	2011 年 4 月 6 日
	池州市股权投资机构引进及企业上市激励政策	池政〔2010〕126 号	安徽省池州市人民政府	2011 年 1 月 6 日	2011 年 1 月 6 日
	蚌埠市创业（风险）投资引导基金实施办法（试行）	蚌政办〔2009〕105 号	安徽省蚌埠市人民政府办公室	2009 年 10 月 16 日	2009 年 1 月 1 日
	马鞍山市创业（风险）投资引导基金暂行办法		安徽省马鞍山市人民政府办公室	2011 年 6 月 15 日	2011 年 7 月 1 日
江苏	关于加快创业投资发展若干意见	苏政办发〔2008〕141 号	江苏省人民政府	2008 年 12 月 31 日	2008 年 12 月 31 日
	江苏省新兴产业创业投资引导基金管理办法	苏政办发〔2010〕153 号	江苏省人民政府	2010 年 12 月 27 日	2010 年 12 月 27 日
	江苏省科技型中小企业创业投资引导资金管理暂行办法	苏财企〔2007〕132 号	江苏省财政厅、江苏省科技厅	2007 年	

续表

省/市	文件名称	文号	发文单位	颁布时间	实施时间
江苏	江苏省科技发展风险投资基金管理办法（试行）	苏政办发〔2000〕75号	江苏省人民政府办公厅	2000年7月20日	2000年7月20日
	苏州工业园区创业投资引导基金管理暂行办法	苏园管〔2010〕49号	苏州工业园区管理委员会	2010年11月22日	2010年11月22日
	南京市政府创业投资引导基金管理办法（试行）	宁政发〔2009〕314号	南京市人民政府	2009年12月23日	2009年12月23日
	常州市政府关于加快创新创业投资发展的若干意见	常政发〔2007〕88号	常州市政府	2007年5月21日	2007年5月21日
	常州市创业投资引导基金管理暂行办法		常州市发展和改革委员会	2008年5月9日	2008年5月9日
	扬州市政府关于加快创业投资发展的若干意见	扬府发〔2010〕201号	扬州市人民政府	2010年11月2日	
	无锡市创业投资引导发展专项资金运行管理暂行办法	锡政办发〔2009〕56号	无锡市人民政府办公室	2009年2月16日	2009年2月16日
	无锡市政府关于加快无锡市创投业发展的若干意见	锡政发〔2006〕178号	无锡市人民政府	2006年6月2日	
	张家港市创业投资引导基金管理暂行办法	张政办〔2007〕54号	张家港市人民政府		2010年8月1日
浙江	关于支持和引导上市公司开展并购重组的若干意见	浙政办发〔2010〕139号	浙江省人民政府	2010年10月26日	2010年10月26日
	关于促进股权投资基金发展的若干意见	浙政办发〔2009〕57号	浙江省人民政府	2009年5月8日	2009年5月8日
	浙江省股权投资企业、股权投资管理企业登记办法	浙工商企〔2010〕3号	浙江省工商行政管理局	2010年4月27日	2010年4月27日

续表

省/市	文件名称	文号	发文单位	颁布时间	实施时间
浙江	浙江省鼓励发展风险投资的若干意见的通知	浙政〔2000〕8号	浙江省人民政府	2000年10月20日	2000年10月20日
	浙江省创业风险投资引导基金管理办法	浙政办发〔2009〕24号	浙江省人民政府	2009年3月18日	2009年3月18日
	杭州高新开发区（滨江）创业投资引导基金管理暂行办法	区办〔2008〕68号	杭州高新开发区（滨江）管委会政府办公室	2008年9月9日	
	嘉兴市创业投资引导基金管理暂行办法	嘉政办发〔2009〕107号	嘉兴市人民政府办公室	2009年8月21日	2009年8月21日
	衢州市创业投资引导基金管理暂行办法	衢政发〔2009〕35号	衢州市人民政府	2009年8月3日	2009年8月3日
	慈溪市新兴产业发展投资引导基金管理暂行办法	慈政办发〔2010〕195号	慈溪市人民政府办公室	2010年12月7日	2010年12月7日
	绍兴市创业投资引导基金管理暂行办法	绍政办发〔2008〕103号	绍兴市人民政府办公室	2008年6月27日	2008年6月27日
	关于进一步完善绍兴市创业投资引导基金管理暂行办法的通知	绍政办发〔2009〕157号	绍兴市人民政府办公室	2009年9月17日	
	绍兴市人民政府办公室关于转发市财政局《绍兴市创业投资引导基金业务流程》的通知	绍政办发〔2010〕163号	浙江省绍兴市人民政府办公室	2010年11月22日	
	绍兴市财政局创业投资引导基金内部工作规程（试行）	绍市财企〔2008〕40号	绍兴市财政局	2008年10月10日	2008年10月10日

续表

省/市	文件名称	文号	发文单位	颁布时间	实施时间
浙江	绍兴市人民政府办公室关于鼓励市区企业并购重组的意见	绍政办发〔2008〕148号	绍兴市人民政府	2008年9月16日	2008年9月16日
	宁波市关于鼓励股权投资企业发展的若干意见	甬金办〔2008〕9号	宁波市人民政府金融工作办公室	2008年10月17日	
	宁波市人民政府关于促进宁波创业投资发展的意见	甬政发〔2007〕131号	浙江省宁波市人民政府	2007年12月10日	2007年12月10日
	宁波市北仑区（开发区）创业投资引导基金管理暂行办法	仑政办〔2008〕27号	宁波市北仑区人民政府办公室	2008年2月3日	2008年2月3日
	温州市人民政府关于鼓励和引导民间投资健康发展的实施意见	温政发〔2010〕74号	温州市人民政府	2010年12月12日	2010年12月12日
	温州经济技术开发区创业投资引导基金管理暂行办法	温开发〔2010〕170号	温州经济技术开发区管委会	2010年9月25日	2010年9月25日
福建	福建省创业投资引导资金管理实施办法（试行）	闽财企〔2008〕57号	福建省财政厅 福建省经济贸易委员会	2008年7月22日	2008年7月22日
	福建省创业投资引导资金管理实施办法（试行）补充规定	闽财企〔2010〕17号	福建省财政厅 福建省经济贸易委员会	2010年3月22日	2010年3月22日
	福建省省级创业投资资金管理办法（试行）	闽经贸企业〔2009〕331号	福建省经贸委 福建省财政厅 福建省国资委	2009年5月22日	2009年5月22日
	关于提请备案及在省政府公报刊登发布福建省省级创业投资资金管理办法（试行）的函	闽经贸函企业〔2009〕322号	福建省经济贸易委员会	2009年5月31日	2009年5月31日
	厦门市促进风险投资发展若干试行规定	厦府〔2001〕综1号	厦门市人民政府	2001年1月2日	2001年1月2日

续表

省/市	文件名称	文号	发文单位	颁布时间	实施时间
福建	厦门火炬高技术产业开发区关于加快股权投资产业发展的实施办法（试行）	厦高管〔2011〕79号	厦门火炬高技术产业开发区管理委员会	2011年4月27日	2011年4月27日
	三明市人民政府关于加快三明市创业投资发展的若干意见	明政文〔2010〕134号	三明市人民政府	2010年7月23日	2010年7月23日
江西	关于加强科技金融结合促进科技创新和高新技术产业发展若干意见的通知	赣府厅发〔2009〕20号	江西省人民政府办公厅	2009年4月22日	2009年4月22日
	关于进一步发展资本市场的实施意见的通知	赣府发〔2006〕4号	江西省人民政府	2006年2月27日	2006年2月27日
广东	广东省促进创业投资发展暂行规定	粤府办〔2003〕11号	广东省人民政府办公厅	2003年2月14日	2003年3月1日
	关于大力发展广东资本市场的实施意见	粤府〔2004〕66号	广东省人民政府	2004年6月23日	2004年6月23日
	广州市促进风险投资业发展若干规定	市政府令2001年第15号	广州市人民政府	2001年8月9日	2001年9月1日
	广州市创业投资引导基金实施方案	穗科信字〔2010〕93号	广州市科技和信息化局 广州市发展改革委 广州市财政局 广州市金融办	2010年6月28日	2010年6月28日
海南	海南省产业发展引导资金管理暂行办法	琼府〔2010〕2号	海南省人民政府	2010年1月16日	2010年1月16日
云南	云南省股权投资基金备案管理试行办法		云南省发展和改革委员会	2010年5月20日	2010年8月1日
	云南省高新技术产业风险专项资金暂行管理办法	云政办发〔2000〕22号	云南省人民政府	2000年2月21日	2000年2月21日
	昆明市科技型中小企业投资引导资金管理办法	昆明市人民政府公告第21号	昆明市政府	2008年6月6日	2008年7月1日

续表

省/市	文件名称	文号	发文单位	颁布时间	实施时间
成都	关于促进我市股权投资基金业发展的意见	成办发〔2010〕112 号	成都市人民政府办公厅	2010 年 12 月 30 日	2011 年 1 月 30 日
	关于股权投资基金企业和股权投资基金管理企业登记管理的实施意见	成工商发〔2011〕33 号	成都市工商行政管理局	2011 年 2 月 22 日	2011 年 3 月 1 日
重庆	重庆市人民政府关于鼓励股权投资类企业发展的意见	渝府发〔2008〕110 号	重庆市人民政府	2008 年 10 月 25 日	2008 年 10 月 25 日
	重庆市重大高新科技产业创业投资资金管理暂行办法	渝办〔2005〕16 号	重庆市人民政府办公厅	2007 年 7 月 26 日	2007 年 7 月 26 日
湖南	关于进一步加快发展资本市场的若干意见	湘政发〔2010〕1 号	湖南省人民政府	2010 年 1 月 13 日	2010 年 1 月 13 日
	长沙市人民政府关于进一步加快发展资本市场的若干意见	长政发〔2010〕23 号	长沙市人民政府	2010 年 11 月 8 日	2011 年 1 月 1 日
	长沙市人民政府办公厅关于印发《鼓励股权投资类企业发展暂行办法》的通知	长政办发〔2011〕29 号	长沙市人民政府办公厅	2011 年 4 月 15 日	2011 年 6 月 1 日
	株洲市股权投资企业和股权投资管理企业管理试行办法	株政办发〔2010〕26 号	株洲市人民政府办公室	2010 年 10 月 11 日	2010 年 10 月 11 日
湖北	关于促进股权投资类企业发展的若干意见	鄂政发〔2011〕23 号	湖北省人民政府	2011 年 5 月 6 日	2011 年 5 月 6 日
	武汉市人民政府办公厅关于印发促进资本特区股权投资产业发展实施办法的通知	武政办〔2011〕110 号	武汉市人民政府办公厅	2011 年 6 月 22 日	2011 年 6 月 22 日
	武汉市科技创业投资引导基金管理暂行办法	武科〔2008〕190 号	武汉市科技局 武汉市财政局	2008 年 9 月 25 日	2008 年 9 月 25 日

续表

省/市	文件名称	文号	发文单位	颁布时间	实施时间
河南	关于促进河南省股权投资基金业发展的通知		河南省发展和改革委员会	2011年8月17日	
	关于建立我省风险投资机制的若干意见	豫政办〔2000〕70号	河南省人民政府办公厅	2000年7月3日	2000年7月3日
	河南省促进创业投资发展暂行办法	河南省人民政府令第86号	河南省人民政府	2004年11月20日	2005年1月1日
河北	关于印发河北省促进股权投资基金业发展办法的通知	办字〔2010〕155号	河北省人民政府办公厅	2010年12月10日	2010年12月10日
	关于聚合社会资金加快创业投资企业发展的意见	冀发改财金〔2008〕1040号	河北省发展和改革委员会	2008年8月18日	2008年8月18日
	河北省科技型中小企业创业投资引导基金管理暂行办法	冀科计〔2009〕1号	河北省科学技术厅 河北省财政厅	2009年1月8日	2009年1月8日
	石家庄市创业投资引导基金管理暂行办法	石发改办〔2009〕613号	石家庄市发改委	2009年9月21日	2009年8月1日
山东	山东省省级创业投资引导基金设立方案	鲁政办发〔2009〕57号	山东省人民政府办公厅	2009年7月27日	2009年7月27日
	山东省人民政府关于促进和支持民间投资发展的意见	鲁政发〔2009〕68号	山东省人民政府	2009年5月21日	2009年5月21日
	山东省省级创业投资引导基金管理暂行办法	鲁财企〔2009〕68号	山东省财政厅 省发展改革委 省科技厅 省中小企业办	2009年9月18日	2009年9月18日
	青岛市市级创业投资引导基金设立方案	青政办发〔2010〕11号	青岛市人民政府办公厅	2010年4月12日	2010年4月12日
	青岛高新区创业投资引导基金管理暂行办法	青高新管办〔2011〕20号	青岛市人民政府	2011年4月2日	2011年4月2日
	烟台高新区创业投资引导基金管理暂行办法		烟台高新区财政局	2010年8月11日	2010年8月11日

续表

省/市	文件名称	文号	发文单位	颁布时间	实施时间
山西	关于印发《创业投资扶持资金管理暂行办法》的通知	晋发改财金发〔2010〕15号	山西省发展和改革委员会	2010年1月7日	2010年1月7日
	关于促进创业风险投资发展的若干意见	晋政办发〔2007〕107号	山西省发展改革委 省科技厅 省财政厅	2007年8月25日	2007年8月25日
	关于做好山西省创业投资企业备案管理工作的通知	晋发改财金发〔2006〕771号	山西省发展和改革委员会	2006年1月1日	2006年1月1日
	山西省风险投资企业管理暂行办法	晋政发〔2002〕25号	山西省人民政府	2002年11月6日	2002年1月6日
	太原市科技风险投资专项资金管理暂行办法	并政发〔2009〕30号	山西省太原市人民政府	2009年6月25日	2009年6月25日
陕西	陕西省创业投资类高新技术企业认定实施细则（试行）	陕科高发〔2003〕54号	陕西省科学技术厅	2003年9月17日	2003年9月17日
	关于印发陕西省创业投资引导基金管理暂行办法	陕政办发〔2008〕139号	陕西省人民政府办公厅	2008年12月30日	2008年12月30日
内蒙古	内蒙古自治区创业投资引导基金管理办法（试行）	内政办发〔2009〕42号	内蒙古自治区人民政府办公厅	2009年7月9日	2009年7月9日
	鄂尔多斯市人民政府关于鼓励股权投资类企业发展的若干意见	鄂府发〔2011〕29号	鄂尔多斯市人民政府	2011年5月25日	
青海	青海省科技型中小企业创业投资引导基金管理暂行办法		青海省科技厅 青海省财政厅	2009年9月17日	2009年9月17日
吉林	吉林省股权投资基金管理暂行办法		吉林省金融办等部门	2010年6月24日	2010年6月24日
	关于加快资本市场发展的若干意见	吉政办发〔2010〕14号	吉林省人民政府办公厅	2010年5月22日	2010年5月22日
	关于加快资本市场培育和发展指导意见的通知	吉政发〔2006〕15号	吉林省人民政府	2006年3月19日	2006年3月19日
	长春市科技型中小企业技术创新基金管理暂行规定	长府办发〔2005〕12号	长春市人民政府办公厅	2005年3月24日	2005年3月24日

续表

省/市	文件名称	文号	发文单位	颁布时间	实施时间
辽宁	关于加快私募股权投资发展的实施意见	辽金办发〔2009〕69 号	辽宁省人民政府金融工作办公室 辽宁省工商行政管理局 辽宁省国家税务局 辽宁省地方税务局	2009 年 12 月 18 日	2009 年 12 月 18 日
	大连市股权投资企业管理暂行办法	大金局发〔2011〕69 号	大连市金融发展局	2011 年 4 月 19 日	2011 年 4 月 19 日
	关于加快股权投资业发展的实施意见	大政发〔2011〕21 号	大连市人民政府	2011 年 2 月 25 日	2011 年 2 月 25 日
黑龙江	哈尔滨市科技风险基金管理暂行办法		哈尔滨市人民政府	1999 年 12 月 14 日	1999 年 12 月 14 日

四、证券交易所文件

发文单位	文件名称	文号	颁布时间	实施时间
深圳证券交易所	深圳证券交易所中小企业板块保荐工作指引		2010 年 12 月 31 日	2010 年 12 月 31 日
	深圳证券交易所中小企业板块上市公司特别规定	深证会〔2004〕93 号	2004 年 5 月 21 日	2004 年 5 月 21 日
	深圳证券交易所主板上市公司规范运作指引	深证上〔2010〕243 号	2010 年 7 月 28 日	2010 年 7 月 28 日
	深圳证券交易所创业板上市公司规范运作指引	深证上〔2009〕106 号	2009 年 10 月 15 日	2009 年 10 月 15 日
	深圳证券交易所创业板股票上市规则	深证上〔2009〕45 号	2009 年 6 月 5 日	2009 年 6 月 5 日
上海证券交易所	上海证券交易所证券发行业务指引	上证发字〔2010〕30 号	2010 年 11 月 9 日	2010 年 11 月 9 日
	关于执行《上市公司收购管理办法》等有关规定具体事项的通知	上证公字〔2009〕3 号	2009 年 1 月 23 日	2009 年 1 月 23 日
	上海证券交易所股票上市规则（2008 年修订）	上证上字〔2008〕96 号	2008 年 9 月 4 日	2008 年 10 月 1 日
中国证券登记结算有限责任公司	合伙企业等非法人组织证券账户开立业务操作指引		2009 年 12 月 1 日	2009 年 12 月 21 日

第五章

中国并购与股权投资基金事件检索

第一节　中国并购事件检索[⑩]
(2010.1～2011.6)

2010年

1月

华能国际收购山东电力

4日，华能国际宣布，拟以86.25亿元受让山东电力集团公司旗下数项资产。公司表示，本次收购将使公司进入云南电力市场，并进一步巩固公司在山东电力市场的市场地位。

郴电国际股权划转

5日，湖南郴电国际宣布，公司股东郴州市国资委、宜章电力公司、临武水利电力公司、汝城水电公司分别将所持公司317.714 5万股、197.861 9万股、163.588 3万股和161.906 2万股股份（分别占总股本的1.51%、0.94%、0.78%和0.77%）无偿划转给永兴县财政局。

航天晨光股权划转

6日，航天晨光股份有限公司将南京晨光集团有限责任公司所持公司7 780万股股份（占总股本的23.98%）无偿划转给中国航天科工运载技术研究院。

舟山绿城收购中稷实业

6日，北京城建投资发展公司与舟山绿城房地产开发有限公司签署《产权交易合同》，北京城投将所持北京城建中稷实业发展有限公司全部40%的股权转让给舟山绿城房地产开发公司，标的股权交易价格为2.5亿元。

烟台张裕认购恒丰银行

7日，烟台张裕葡萄酒公司宣布，公司拟以自有资金出资10.2亿元，以每股3元的价格，认购恒丰银行公司增发股份3.40亿股，占恒丰银行增资扩股后总股本的5%。

广电集团收购金泉宝山

9日，吉林制药第一大股东吉林金泉宝山药业集团公司与广州无线电集团公司签订股权转让协议，吉林金泉宝山将其持有的公司3 036.25万股股权（占公司总股本的19.19%）转让给广电集团，标的股权交易价格为3.166 8亿元。

风神股份股权划转

12日，国务院国资委批复中国昊华化工（集团）总公司将所持风神轮胎股份有限公司股份159 642 148股（占公司总股本的42.58%）划转给中国化工橡胶总公司。

泛海建设收购王家墩建投公司

12日，泛海建设全资子公司北京泛海信华置业公司与武汉中央商务区投资控股集

⑩　本节内容由代安乐编辑整理。

团公司签订《武汉王家墩中央商务区建设投资股份有限公司20%股权（2亿股）转让合同》，武汉中央商务区投控集团将所持王家墩中央商务区建设投资公司20%股份(2亿股)转让予泛海建设，标的股权交易价格为8.887 471亿元。

国电江西电力收购丰城发电

13日，赣能股份控股股东江西省投资集团公司与国电江西电力公司（中国国电集团公司在江西的全资子公司）正式签订《股权转让合同》，公司将其所持江西丰城发电公司55%股权转让给国电江西电力公司，标的股权交易价格为8.1亿元。

卧龙地产收购耀江神马

15日，卧龙地产集团公司董事会通过关于受让耀江神马实业（武汉）公司股权的议案，公司拟受让浙江耀江房地产开发公司、武汉耀江置业公司分别持有的耀江神马50%、25%的股权，标的股权交易价格总计346 206 816.46元。

百联集团收购金山百倍

15日，上海百联集团股份有限公司董事会通过收购上海金山百倍购物中心有限公司100%股权的决议，经协商，标的股权交易价格为1.683亿元。

国电电力收购云南电力

15日，国电电力发展公司董事会通过有关收购云南银塔电力建设公司、云南耀荣电力公司和云南省电力设计实业公司各自所持国电宣威发电有限责任公司共计25%的股权的决议，标的股权交易价格合计4.849 2亿元。

联发投收购东湖高新

17日，武汉东湖高新集团公司控股股东武汉凯迪电力公司与湖北省联合发展投资公司签署《股权转让协议》，凯迪电力将其所持公司有限售条件的流通股14%的股权转让给联发投，标的股权交易价格总计2.179 934亿元。

农产品减持深宝实业

截至18日，农产品通过集中竞价交易方式减持深圳深宝实业公司1 242 083股股份，占总股本比例0.68%，公司本次减持后尚持有深圳深宝实业公司股份49 697 180股，占总股本比例27.32%。本次减持股权价格总计13 519 583.66元。

上海二纺机资产置换

18日，上海二纺机董事会通过实施重大资产置换的议案，交易由股份无偿划转、资产置换组成，其中，公司股东太平洋机电公司拟将其所持公司237 428 652股A股股份无偿划转给市北集团；公司以扣除现金2亿元后的全部资产及负债与市北集团合法拥有的上海开创企业发展公司100%股权进行资产置换。

民航房产收购北京五棵松

18日，北京城建投资发展股份有限公司与民航房地产开发有限公司签署《产权交易合同》，公司将其所持北京五棵松文化体育中心有限公司全部25%股权转让给民航房产，标的股权交易价格为3.3亿元。

中青港联投资公司收购郑州羚锐

18日，河南羚锐制药股份有限公司董事会通过公司及其控股90%的子公司河南羚锐投资发展有限公司将所持有的郑州羚锐制药股份有限公司合计49%的股权一次性转让给中青港联投资有限公司，标的股权交易价格为4 410万元。

天宸股份收购冀盛房地产

18日，上海市天宸股份有限公司董事会通过关于公司受让仲盛房地产（上海）有限公司所持河北冀盛房地产开发有限公司25.5%股权的决议，标的股权交易价格为255万元。

国电电力部分控股子公司转让脱硫资产

19日，国电电力宣布，公司拟继续对控股子公司国电电力大连庄河发电公司、国电宁夏石嘴山第一发电公司和国电宁夏石嘴山发电公司的脱硫设施采取特许经营，由北京国电龙源环保工程有限公司作为脱硫特许经营公司，交易价格分别为3.295亿元、1.388 1亿元、2.168 8亿元。

赣粤高速入股江西高速

20日，江西赣粤高速公路公司董事会通过以协议方式受让控股股东江西高速公路投资集团公司持有的国盛证券3 700万股股权及2 500万元次级债权的决议，转让价格以国盛证券股权转让价2.90元/股为参考，经评估后确定，并报监管部门批准后实施。

同济科技收购上海松江地产

20日，上海同济科技实业公司控股子公司上海同济房地产公司与同济大学设计研究院（集团）有限公司通过公开市场土地挂牌拍卖方式，取得上海市松江区环城路二号地块，土地用途为住宅及商业等配套用地，该地块总面积60 021.5平方米，标的资产交易价格为7.5亿元。

豫园商城转让德邦证券

22日，上海豫园旅游商城公司通过转让公司持有的德邦证券公司全部32.729 3%股权的议案，公司拟以不低于德邦证券经评估的整体权益价值（15.295 301亿元）所对应的标的股权比例价格即5.006 045亿元作为挂牌底价公开在上海联合产权交易所挂牌出让。

大有富矿出售盛屯矿业

22日，北京大有富矿投资公司通过上海证券交易所集中竞价交易系统、上证所大宗交易系统分别累计出售所持厦门雄震矿业集团公司无限售条件流通股334 341股、2 200 000股，合计占公司总股本的3.19%，交易价格为10.96元/股，交易金额为2 411.2万元。

唐山中和收购辽宁五龙

22日，中金黄金股份有限公司宣布，公司在北交所挂牌转让的控股子公司辽宁五龙黄金矿业有限责任公司100%股权的最终受让方为唐山中和实业集团有限公司，标的股权交易价格为3.526 918亿元。

GLENOIT FABRIS TT CORPORATION ONC. 收购海欣美国公司北卡工厂

22日，上海海欣集团公司董事会通过以200万美元向GLENOIT FABRIS TT CORPORATION ONC. 出售海欣美国公司北卡工厂的全部土地、厂房（建筑面积为45万平方英尺，合4.18万平方米；土地和厂房的评估值合计为48万美元至52万美元）及部分设备的决议。

钱江摩托入股安驰汽车

23日，钱江摩托与自然人陈华能、陈华光签署《股权转让意向书》，公司拟购买陈华能所持安徽安驰汽车工业公司34%股权及陈华光所持安驰公司17%股权。三方将聘请具有证券从业资格的中介机构对安驰公司进行审计评估。预估安驰公司的净资产不超过1.26亿元。

大众环境收购徐州源泉

25日，上海大众公用事业集团公司控股88.97%的子公司上海大众环境产业公司分别与周如银、王健、周业明、王璐、门保良、刘树伦签署《股权转让协议》，大众环境受让上述自然人合计持有的徐州源泉环保工程公司70%的股权，标的股权交易价格为9 240万元。

荣盛控股收购宁波联合集团

25日，宁波市政府批复宁波经济技术开发区控股有限公司将其所持宁波联合集团股份有限公司90 417 600股国有股权（占总股本29.9%）以每股8.53元，合计771 262 128元转让给浙江荣盛控股集团有限公司。

国药控股收购南宁医药

25日，南宁百货大楼公司董事会通过关于公司参股46.26%的南宁医药公司转让其有关资产及负债的议案，医药公司拟将其药品经营业务和药品业务对应的资产及负债整体转让给国药控股南宁公司，以交易标的净资产评估价值7 147.79万元作为转让价款；其余资产仍保留在原公司。

京新药业股权转让

27日，浙江康新化工公司通过深圳证交所大宗交易系统将其持有的京新药业公司无限售条件流通股507万股出售给公司实际控制人吕钢先生，交易量占公司总股本的4.992 6%，标的股权交易价格为每股8.83元。

祁连山收购兰州重装

28日，甘肃祁连山水泥集团公司董事会、监事会通过关于参股拟上市公司兰州兰石重型装备股份有限公司的议案，公司决定受让兰州重装1 710万股股份，占其总股本的6%。转让价格为每股2.468元，标的股权交易价格为42 202 865元。

恒生电子收购聚源数据

28日，恒生电子公司董事会通过关于收购上海聚源数据服务有限公司股权的决议，公司以现金方式收购上海聚源股东王时雨等17名自然人及新理益集团有限公司所持有的上海聚源99.975%股权，标的股权交易价格合计5 903.2万元。

贵州益佰收购南诏药业

28日，贵州益佰制药公司与徐闽翊、徐黔俊签订《股权转让协议》，公司拟受让上述两人分别持有的云南南诏药业有限公司80%和20%，合计100%股权，以南诏药业全部股权评估值2 290.22万元作为参考依据，以及中药产品市场状况，确定标的股权交易价格总计 2 200 万元。

用友移动收购用友软件

29 日，用友软件公司拟将在线业务及相关资产转让给关联法人北京用友移动商务科技有限公司，依据在线业务 2009 年度业务收入和利润情况及市场资金成本等因素，确定标的资产交易价格为 19 604 171.41 元。

中国中冶入股澳矿业公司

29 日，中国中冶在北京与澳大利亚矿业公司源库资源（RESOURCE HOUSE）签订股份配售协议，约定以 2 亿美元项目管理费认购源库资源相应股份，预计持股比例将不高于 5%。源库资源为一家注册于澳大利亚昆士兰的有限责任公司，正筹备通过全球公开发行股票的方式在香港联合交易所主板上市。

昆仑燃气收购中庆燃气

30 日，中国石油天然气股份有限公司发布公告称，其全资附属公司昆仑燃气将出资 10.88 亿元收购中国石油天然气集团公司全资下属企业大庆石油管理局所持有的中庆燃气 100% 的股权，进军东北城市燃气业务。

2 月

北京森隆投资收购惟远投资

1 日，上海多伦实业公司董事会通过将其持有的上海惟远投资管理公司全部 40% 的股权转让给北京森隆投资有限公司的议案，根据双方于同日签署的《股权转让协议》，以惟远公司经审计的账面净资产 1.904 584 亿元为参考依据，标的股权交易价格为 1.05 亿元。

中集集团收购 F&G 公司

1 日，中集集团董事会审议通过关于以公司境外全资子公司为收购主体，出资 7 500万美元收购 F&G 公司 75% 股权，获得 F&G 公司控股权的决议，授权公司作相应交易安排，办理报批手续。

双钱股份转让米回轮胎

1 日，米其林财务公司认购双钱股份以约 1.18 亿元的价格在上海联合产权交易所挂牌转让上海米其林回力轮胎股份有限公司 28.49% 的股权，实际成交价格为1.61 亿余元，双方并对支付方式等事宜作出相关约定。

晶泰锂业收购晶泰公司

1 日，四川西部资源控股公司审议通过关于设立全资子公司收购相关资产及股权的议案，公司赣州晶泰锂业公司签署《关于收购泰昱公司资产及晶泰公司股权之合作协议》，收购晶泰公司 100% 股权。标的股权交易价格为，1.030 535 亿元。

腾达建设中标太湖公司工程

2 日，腾达建设集团股份有限公司发布公告称，公司收到吴江市太湖综合开发有限公司发出的有关《中标通知书》，确定公司为太湖公司学院路西延工程的中标人，负责该项目工程的施工，中标价为 146 437 347.42 元，工期为 272 日历天。

特发集团股权划转

2 日，深圳投资控股有限公司持有的特发集团 43.3% 股权被无偿划转至深圳市国有资产监督管理局。

方大特钢收购五家铁矿股权

2 日，方大特钢董事会拟以 1 170 万元收购新余中亿矿业公司 40% 的股权、1 908 万元收购分宜东杭矿业公司 42% 的股权、1 000 万元收购峡江金海矿业公司 50% 的股权、1 080 万元收购峡江金溪铁矿 60% 的股权、1 640 万元收购龙南恒顺矿业公司 50% 的股权，标的股权交易价格合计 6 798 万元。

欣网视讯重组资产

3 日，欣网视讯拟向第一大股东上海富欣投资发展公司或上海富欣指定的第三方出售除现金以外的全部资产，预估值约为 1.18 亿元，同时以 11.66 元/股的价格向义马煤业集团公司非公开发行 A 股，以收购其拥有的煤炭类及与煤炭业务相关的资产及煤炭类下属子公司的股权，预估值为 81.28 亿元。

上海电气剥离上起厂

3 日，上海电气集团公司及其下属控股子公司与控股股东上海电气（集团）总公司签署《股权转让协议》，公司将所持有的上海起重运输机械厂有限公司 100% 股权转让给电气总公司，依据有关评估结果，目标股权交易价格为 300 085 923.86 元。

上海自动化仪表收购轨道交通公司

3 日，上海自动化仪表公司与上海电气集团公司下属控股子公司上海轨道交通设备发展公司签署协议，公司以现金方式受让轨道交通公司拥有的综合监控系统资产，同时轨道交通公司将上述资产涉及的 22 名员工劳动关系全部转移至公司，交易价格为标的资产评估价值 335.76 万元。

实达集团出售资产

4 日，福建实达集团公司将南京滨江奥城剩余 2 174.47 平方米的商业房产转让给公司控股股东北京昂展置业有限公司，以该项房产经上海众华资产评估有限公司评估的评估价值 41 689 922 元为基础，确定标的房产交易价格为 4 500 万元。

冠农果茸收购中电钒业

4 日，新疆冠农果茸集团公司与上海格泰实业发展公司和上海中电绿科集团有限公司及广西中电钒业有限公司签订《股权收购框架协议》，公司拟暂用自有资金收购格泰实业和中电绿科合计持有的中电钒业 30% 股权，标的股权交易价款为 3 亿元。

青岛软控收购青岛科捷

5 日，公司与青岛科捷股东陈莉军签订股权转让协议书，约定公司收购其所持青岛科捷 80% 的股份，标的股权交易价格为 7 203 601.80 元。本次股权收购不属于关联交易。

仪电商社收购飞乐音响

5 日，上海飞乐音响公司董事会通过将其持有的上海飞乐音响销售公司全部 66.204% 的股权转让给上海仪电商社公司的决议，根据交易双方于同日签署的股权转让合同，以标的股权对应的净资产评估值4 867 961.29元为依据，确定股权转让价款为487万元。

中信证券收购上海帝联

5日，成都鹏博士电信传媒集团公司董事会通过关于转让公司孙公司上海帝联信息科技发展公司股权的议案，公司全资子公司北京电信通电信工程有限公司将其所持上海帝联26.67%的股权转让给中信证券全资子公司金石投资等五位战略投资者，标的股权交易价格为4 800.6万元。

重庆迪马工业收购达航工业

5日，重庆迪马实业股份有限公司董事会通过关于公司全资子公司重庆迪马工业公司拟以自有资金收购深圳达航投资发展有限公司所持深圳达航工业有限公司40%股权的决议。据交易双方于同日签订的股权转让协议，确定标的股权转让价格为2 400万元。

明珠集团转让兴宁明珠建筑工程公司

8日，广东明珠集团股份有限公司董事会通过关于转让公司所持兴宁市明珠建筑工程有限公司全部股权共2 700万股（占总股本的90%）的决议，转让价格以2009年12月31日经评估后公司拥有明珠建筑的净资产3 931.04万元为基准。

南京中央商场收购江苏新亚百货

8日，南京中央商场（集团）公司董事会通过关于公司以自有资金受让淮安市供销社（集团）总公司所持江苏中央新亚百货公司17.14%股权的决议，以经审计后的新亚百货净资产6 691.39万元为依据，在此基础上适当溢价，标的股权交易价格为2 700万元。

海王生物收购海王大厦

8日，深圳海王生物工程公司宣布，经海王生物第四届董事局第40次会议及2009年第4次临时股东大会审议批准，公司与深圳海王集团股份有限公司签订资产转让协议，以人民币5 771万元收购海王大厦45套房产。

丝绸集团收购天骄科技

9日，扬州亚星客车公司董事会通过关于将其所持天骄科技创业投资有限公司33.33%的股权转让给江苏吴江丝绸集团公司的决议，经天骄科技三方股东确认的评估报告日后事项减少净资产23.6万元，双方确定股权交易价格为3 024.85万元。

景星实业收购莎普爱思

9日，景兴纸业董事会审议通过公司全资子公司上海景兴实业投资公司收购浙江莎普爱思药业公司20%股权的议案，上海景兴实业投资公司受让自然人王泉平、胡正国所持浙江莎普爱思药业公司的部分股权，标的股权交易价格为2 000万元。

金宇集团收购北京天安伟业

9日，内蒙古金宇集团与北京天安伟业置业公司、北京天安伟业商业管理咨询公司签订《股权转让合同》，公司作为战略合作伙伴，拟收购由协议对方分别持有的黄山市黄山区天安伟业置业有限公司52%、13%，合计65%的股权，标的股权交易价格为1 203.15万元。

林海股份2009年关联交易

10日，林海股份有限公司公布其2009年日常关联交易发生金额：购买材料及商品、接受劳务的实际金额为3 592.13万元；销售产品或商品、提供劳务的实际金额为8 360.96万元。此外，公司向相关关联方收取租赁费、通讯费、检测费等共计156.84万元；支付土地租金、代支款项、商标许可使用费分别为112.09万元、862.73万元、68.5万元；资产转让价款合计169.33万元。

大元化工收购左旗珠拉

10日，宁夏大元化工公司董事会通过关于公司与郭文军签订的《附生效条件的股权转让框架协议》的议案，公司拟将非公开发行股票募集资金用于购买郭文军持有的阿拉善左旗珠拉黄金开发公司100%股权，股权转让金初步确定为16.75亿元，最终价格以2009年12月31日为基准日的评估值为准。

重庆置业、金信信托、通和投资完成股权转让

浙江广厦股份有限公司所持广厦重庆置业99.06%的股权已在2010年1月完成股权转让；金信信托9.832%的股权、通和投资18.38%的股权均已在2009年完成股权转让，交易对方分别为北京中奥启天、浙江国贸集团、三和控股，标的股权交易价格合计4.07亿元。

大有同盛收购玉溪鑫盛矿业

10日，厦门雄震矿业集团公司董事会、监事会通过关于公司控股95%的子公司厦门大有同盛贸易公司继续购买云南玉溪鑫盛矿业开发公司股权的决议，根据与周金陵签订的《股权转让合同》，大有同盛拟购买周金陵持有的鑫盛矿业全部10%的股权，标的股权交易价格为550万元。

运盛实业收购浩大小贷

10日，运盛（上海）实业公司董事会通过关于收购实际控制人持股88.372%的上海浦庆投资有限公司合法持有的上海浦东新区浩大小额贷款公司股份2 000万股（占总股本的10%）的议案，交易双方于11日签署《股份转让协议》，标的股权转让价格为2 000万元。

鲁能晋北收购眉山启明星

10日，根据金马集团六届九次董事会通过的资产重组预案，公司与山西鲁能晋北铝业公司签订《产权交易合同》，将所持眉山启明星铝业公司40%的股权转让予晋北铝业，标的股权交易价格为25 712 720元，该转让合同需获公司股东大会及国务院国资委、中国证监会等主管部门批准后生效。

一汽富维收购普拉斯塔

12日，长春一汽富维汽车零部件公司董事会通过关于公司拟向长春高新汽车饰件有限公司购买其所持长春普拉斯塔高新汽车饰件有限公司51%股权的决议，根据交易双方于8日签订的《股权转让协议》等，标的股权交易价格为55 716 225元。

锦绣投资认购 S＊ST 圣方

12 日，牡丹江锦绣投资有限公司协议受让中融国际信托公司持有的 S＊ST 圣方 30 120 880股股份，占 S＊ST 圣方总股本的比例为 9.67%，标的股份交易价格为 15 662 858元。

前锋电子收购四川首汇

13 日，成都前锋电子股份有限公司董事会、监事会通过公司于 12 日与四川方桥科技有限公司签订的《股权转让协议》的议案，公司以流动资金收购四川方桥所持有的四川首汇房地产开发有限公司 30% 的股权，标的股权收购价格为 21 584 572 元。

爱默生电气收购必能信超声

13 日，长发集团长江投资实业股份有限公司与爱默生电气（中国）投资有限公司签订《产权交易合同》，公司控股子公司上海仪电科技有限公司将其所拥有的必能信超声（上海）有限公司 12% 的股权转让给爱默生电气，标的股权交易价格为 2 348 万元。

上海上实收购上实瑞欧

14 日，上海实业发展公司全资子公司上海上实城市发展投资公司与公司控股股东上海上实（集团）公司签订《股权转让协议》，公司以上实城发为主体，收购中国房地产机会（浦东）有限公司所持青岛上实瑞欧置业有限公司 50% 股权的决议，标的股权交易价格为 3.76 亿元。

中国北车收购上海轨道交通公司

22 日，上海电气集团公司董事会审议通过关于将其所持有的上海轨道交通设备发展有限公司 44.79% 股权转让给中国北车股份有限公司的决议，以轨道交通经评估的合并净资产 8.15 亿元为基准，标的股权转让价格为 365 088 992.94 元。

上汽集团收购上海通用

24 日，上海汽车通过全资子公司上海汽车香港投资公司以现金收购通用中国持有的上海通用 1% 股权，交易完成后，上海汽车直接持有上海通用 50% 股权，并通过上汽香港间接持有上海通用 1% 股权，合计持股比例为 51%。根据《股权转让协议》，转让股权对价为 8 450 万美元。

中弘兴业收购海南弘昇

24 日，＊ST 科苑全资子公司北京中弘兴业房地产开发公司与海南国升投资公司、海南和银置业公司、海南弘昇投资公司签署《合作协议书》，海南国升、海南和银拟将其合计持有海南弘昇 70% 的股权转让给中弘兴业，标的股权交易价格为 1.15 亿元。

厚丰投资转让＊ST 皇台

25 日，＊ST 皇台在《详式权益变动报告书》第四节“权益变动方式”一节中列出《北京鼎泰亨通有限公司与上海厚丰投资有限公司关于甘肃皇台酒业股份有限公司之股份转让协议》的主要条款，在所列条款之第（4）项转让价款 22 113.72 元的货币单位系笔误，该项转让价款应为 2.211 372 亿元。

沪都置业、沪武建设收购顾村置业

25 日，上海爱建公司董事会、监事会通过关于公司及其控股 95% 的子公司上海爱和置业发展公司分别将所持上海爱建顾村置业公司85%、5%股权（合计90%股权）转让给上海沪都置业公司及其控股公司江苏沪武建设工程公司，标的股权交易价格为2 153.98万元。

沪武建设收购恒盛房地产

25日，上海爱建股份有限公司监事会通过关于公司控股子公司上海爱坤置业有限公司将所持有的江苏恒盛房地产开发有限公司100%股权转让给沪武建设事宜，参照标的股权资产评估值1.043 31亿元，确定标的股权转让价款为1.028 31亿元。

珠峰工业收购塔中选矿

28日，西藏珠峰工业公司董事会通过公司与控股股东新疆塔城国际资源公司控制的下属子公司塔中矿业公司签署附生效条件《资产收购协议》的议案，公司计划以发行募集资金中部分资金收购塔中矿业所拥有的塔中矿业选矿公司100%股权，标的股权交易价格为212 120 692.95元。

成都金瑞通收购全兴酒业

28日，四川水井坊公司董事会、监事会审议通过公司关于转让所持四川全兴酒业有限公司部分股权的议案，经与成都金瑞通实业股份有限公司协商一致，决定向其转让公司所持全兴酒业55%的股权及其相关权益，标的股权交易价格为6 482.85万元。

常高新收购常州新发展

28日，黑牡丹（集团）股份有限公司控股股东常州高新技术产业开发区发展（集团）总公司与公司第三大股东常州市新发展实业公司签署《股份转让协议》，常高新拟收购新发展持有的公司86 893 834股股份，每股单价上限为9.42元。

3月

鱼跃医疗调整内部资产

1日，鱼跃医疗董事会审议通过关于控股子公司股权转让的议案，刘杰将其所持5.64%的股权全部转让给王匀平；刘霁将其所持3.45%的股权全部转让给王匀平；公司将所持有5.91%的股权转让给王匀平，将所持有3%的股权转让给毕建国。标的股权交易价格总计104.28万元。

成都地产收购双流项目

4日，北京城建成都地产有限公司收到双流县国土资源局与成都地产签署的《双流县国有建设用地使用权挂牌成交确认书》，成都地产竞得双流项目，成交价为446 047 200元。

北京城投收购世纪鸿城

4日，北京城建投资发展公司宣布，公司拟收购北京中鸿房地产开发公司所持世纪鸿城45%股权及其相应债权，总价款为13.262 4亿元，其中股权转让款为4.361 392亿元，债权为8.901 008亿元。此次股权收购后，公司持有世纪鸿城100%股权。

上海汽车股权划转

5日，上海汽车集团股份有限公司宣布，公司收到控股股东上海汽车工业（集团）

总公司的函，上海市国资委已同意上汽集团将持有的上海汽车 4 030.66 万股股份无偿划转给跃进集团。

界龙实业收购界龙房产

5 日，上海界龙实业集团股份有限公司董事会、监事会通过关于公司收购其第一大股东上海界龙集团有限公司持有的上海界龙房产开发有限公司 38% 股权的议案，根据双方于同日签署的股权转让合同，以标的股权权益评估值 65 714 779.00 元作为交易价格。

飞乐音响收购圣阑实业

8 日，上海飞乐音响公司董事会通过关于收购上海圣阑实业公司股权的议案，公司拟以本次募集资金部分款项受让曹容等 5 名自然人及上海盛阑投资管理有限公司持有的圣阑实业合计 70% 的股权，交易价款将根据评估结果协商确定，并且不得高于 1.575 亿元。

金融街认购通州商务园

8 日，金融街控股股份公司与北京通州商务园开发建设公司（公司参股比例为 18.75%）组成的投标联合体通过招标方式以总价 9 亿元获得北京通州商务园 B1、B2 地块土地使用权。此次投标中，金融街出资比例为 80%，北京通州商务园开发建设公司出资比例为 20%。

中铁股份收购中铁港航

8 日，中国中铁股份有限公司与控股股东中国铁路工程总公司签署《产权转让协议》，公司受让中铁工所持有的中铁港航工程局有限公司 100% 的股权，标的股权交易价格为有关《资产评估报告》确定的目标企业评估净资产 4.086 409 亿元。

嘉濠商厦房产转让

9 日，欧亚集团发布公告，公司转让其拥有的沈阳嘉濠商厦地上一、二层 8 426 平方米的房屋及所占国有土地使用权，孙晓枫授权委托公司转让其所持嘉濠商厦基础设施、配套设施设备及装饰装潢等，标的资产交易价格总计 1.716 亿元。

长园集团收购长园特发

9 日，长园集团董事会通过关于全资子公司深圳长园电子材料公司受让深圳市长联投资公司及石洪军等 8 名自然人所持长园特发 40% 的股权，基于长园特发 2009 年实现的合并净利润，结合 2008 年评估报告为基础，标的股权交易价格为 2 460 万元，受让完成后，长园电子实现 100% 控股长园特发。

通威集团收购永祥股份

10 日，通威股份有限公司董事会通过关于四川永祥股份公司股权转让的议案，公司已与控股股东通威集团于 2 月 9 日签署《股份转让协议》，将所持永祥股份 1.54 亿股股权（占其总股本的 50%）转让给通威集团，标的股权交易价格为 2.483 473 亿元。

广东移动入股浦发银行

10 日，中国移动宣布，其全资附属公司广东移动已与浦发银行签订股份认购协议。根据协议，广东移动以 398 亿元收购浦发银行 22 亿新股。交易完成后，中国移动将通过全资附属公司广东移动持有浦发银行20%股权，并成为浦发银行第二大股东。

汉地置业股权转让

10日，上海大江（集团）全资子公司上海大江房地产有限公司与自然人吴永根、张永明签订《股权转让协议》及其《补充协议》，大江房产将其所持上海汉地置业发展有限公司100%股权转让给上述受让方，标的股权转让价格为4 058.87万元。

西电电气收购西电开关

11日，中国西电电气公司董事会审议通过关于公司收购西安西电高压开关有限责任公司所持西安西电开关电气有限公司100%股权的决议，以2009年12月31日标的公司经审计后账面净资产值5.841亿元为转让价格实施协议转让。

大同制药购回资产

12日，亚宝药业宣布，同年2月27日，公司股东会形成决议，自然人股东程玉德将其持有的亚宝药业大同制药有限公司7.33%股份以220万元的价格转让给公司。本次股权转让完成后，大同制药注册资本1 500万元，为公司的全资子公司。

中海油入股BEH

14日，中海油有限公司宣布，拟斥资31亿美元将阿根廷石油公司Bridas Energy Holdings Ltd.改组为一家双方各占50%股份的合资公司，交易由中海油内部资金支持完成。能源专家认为，此举意味着中海油在全球石油资源最丰富的南美洲地区迈出重要的第一步。

联发投调整对凯迪电力股本

15日，武汉东湖高新集团控股股东武汉凯迪电力与湖北联发投签署《股权转让补充协议》，公司实施该资本公积金转增股本方案后，维持公司总股本14%的收购比例及本次收购总价款人民币2.179 934亿元不变。

***ST秦岭收购陕西秦岭铜川公司**

15日，陕西秦岭水泥（集团）铜川公司董事会通过关于受让陕西秦岭水泥（集团）铜川公司部分股权的议案，公司拟以自有资金受让陕西耀县水泥厂、陕西秦岭水泥集团特种水泥公司和陕西秦岭运输公司分别持有的陕西秦岭水泥（集团）铜川公司19.27%、0.385%、0.385%的股权，标的股权交易价格总计5 200万元。

昆明路马收购澄星磷业

16日，江苏澄星磷化工公司董事会通过关于将公司所持东川澄星磷业公司全部90%股权转让给昆明路马企业管理咨询公司事宜，根据交易双方于同日签署的《股权转让协议》，以东川澄星经评估的净资产45 414 500元为依据，标的股权交易价格为40 873 050元。

上海昂立收购诺德生物

16日，上海交大昂立公司与上海交大科技园（上饶）有限公司签署《上海市产权交易合同》，公司以自有资金受让科技园所持上海诺德生物10.256%股权，按备案确认后的诺德生物净资产评估值149 618 334.58元为依据，标的股权交易价格为15 350 841.13元。

三安光电收购芜湖资源局地产

17 日，按照与芜湖市国土资源局签订的《国有建设用地使用权出让合同》，安徽三安支付定金 8 500 万元用于购买坐落于开发区东梁路北侧龙山街道办事处保顺社区 745 780.79 平方米的土地使用权，原定标的资产总价款 28.339 7 亿元，性质为工业用地，使用年限 50 年，用于安徽三安项目建设。

科华生物收购科华东菱

18 日，科华生物与日本东洋纺织株式会社、日本三菱商事株式会社在上海签署股权转让合同，科华生物拟收购东洋纺织及三菱商事持有的上海科华东菱诊断用品公司 30% 和 20% 的股权，标的股权交易价格分别为 622.42 万元和 414.95 万元。

鼎泰新材收购中水光海

18 日，鼎泰新材与中国华农资产经营公司签署《产权交易合同》，鼎泰新材拟收购华农资产所属中水广海钢丝绳厂整体资产，标的资产交易价格为 52 632 194.21 元。

航天科工转让金中都置业、燕山石化转让华瑞物业

18 日，航天科工将其三级子公司北京金中都置业公司 80% 股权挂牌转让，挂牌价为 1.84 亿元。19 日，中石化北京燕山石油化工有限公司挂牌转让珠海华瑞物业建设有限公司 50% 股权及 1 460 万元债权，50% 股权挂牌价格仅 1 元，债权挂牌价格为1 314 万元，挂牌总价格为 13 140 001 元。

康美药业收购世纪国药

18 日，康美药业公司董事会通过关于公司拟收购亳州世纪国药公司 100% 股权的决议，公司已就该收购事宜与世纪国药两家股东亳州中药材交易中心管理公司、江苏天地龙集团公司达成初步意向，即公司拟通过收购上述股权的方式，标的股权交易价格暂定为 1.68 亿元。

江阴平绒收购湖北纺织、上海望春花

19 日，中源协和干细胞生物工程公司与江阴望春花平绒公司签订协议，将公司所持湖北望春花纺织公司 64.45% 的股权、上海望春花进出口贸易公司 51% 的股权和公司对湖北纺织 796.12 万元的历史债权一揽子打包转让给江阴平绒，交易价格合计 1 480 万元。

菲达环保收购菲达环境

20 日，浙江菲达环保科技股份公司与朱勇等 8 名自然人签订投资协议，公司收购该等自然人持有的浙江菲达环境工程有限公司 40% 的股权，每股净资产 1.65 元，交易价格合计 660 万元。收购后，环境公司将成为公司的全资子公司。

河南高发公司回购郑东办公楼

22 日，河南中原高速公路股份公司与其控股股东河南高速公路发展公司签署《合资建房项目转让协议书》，公司拟向高发公司协议转让之前双方合资建设的郑州市郑东新区办公楼项目的全部权益，以其评估值 5 835.39 万元作为转让价格。

河南煤层气收购东升煤业

23 日，长源电力与河南省煤层气开发利用公司、武汉新谷燃料集团公司和自然人李丁仁四方共同签署《颊县东升煤业有限公司股权转让合同》，《合同》约定由煤层气公司分别收购新谷燃料和李丁仁各自持有的颊县东升煤业公司30%股权中的各26%的股权，标的股权交易价格合计117 184 500元。

成都赢龙收购四川普地

23日，浙江钱江生物化学股份公司与成都赢龙投资有限公司签订《股权转让协议》，公司将持有的四川普地全部股权转让给成都赢龙，以经评估后四川普地净资产4 735.14万元为依据，标的股权交易价格为5 900元。

华天酒店收购资阳商贸投资开发公司

23日，华天酒店与湖南迅润投资管理公司共同出资成立的湖南华辉投资公司认购益阳资阳商贸投资开发公司100%的股权，标的股权交易价格为3 380万元。

通化吉恩收购金斗铜镍矿

25日，吉恩镍业公司董事会通过关于公司控股84.586%的通化吉恩镍业公司收购通化唐人矿产发展公司所持通化金斗铜镍矿的采矿权、固定资产、工程物资，根据交易双方签订的《资产转让合同》，以金斗镍矿相关资产评估值3 000.05万元为依据，标的资产交易价格为3 000万元。

浙江小商品城收购申银万国

25日，浙江中国小商品城集团股份有限公司宣布，公司拟收购上海广电电子股份有限公司所持申银万国证券股份有限公司0.680 4%股权（4 569.6万股）。采用协议转让的方式，转让价格为6.60元/股。标的股权交易价格为301 593 600元。

锦都房产收购上海常春藤

25日，华丽家族股份公司董事会通过关于公司于同日与上海锦都房地产经营开发公司签署《股权转让协议》的决议，公司将所持上海长春藤房地产公司85%的股权一次性出让给锦都房产或其指定的第三方，标的股权交易价格为157 751 710.86元。

浙江巨化收购氟化公司、联州公司

25日，浙江巨化股份有限公司董事会、监事会审议通过关于公司以现金方式分别受让浙江衢州联众实业公司所持浙江衢化氟化学公司1.29%即229.50万元的股权、浙江衢州联州致冷剂公司55%即330万元的股权，标的股权交易价格分别为4 105 913.03元、3 840 452.29元。

美菱电器收购美菱集团

25日，美菱电器董事会审议通过《关于协议受让合肥美菱集团控股有限公司100%国有产权的议案》事宜，合肥市人民政府国资委批复兴泰控股将剥离部分资产、负债后的合肥美菱集团控股公司100%国有产权转让给美菱电器，标的股权交易价格为1.132亿元。

鲁能集团股权划转

26日，金马集团收到控股股东山东鲁能集团公司转发的《关于整体划转山东鲁能集团有限公司股权的通知》（国家电网财〔2010〕333号文），国家电网公司决定将山东电力集团公司持有的山东鲁能集团公司100%的股权无偿划转予国家电网公司。

南大紫金股权转让

28 日，天通控股股份公司董事会通过关于公司于当日与自然人刘建平签订《股权转让协议》的决议，公司将所持江苏南大紫金科技集团有限公司部分股权计 180 万元、占南大紫金注册资本的 6% 转让给刘建平，标的股权交易价格为 123 万元。

盛屯矿业转让股权、债权

28 日，厦门雄震矿业集团股份公司董事会、监事会通过关于批准有关附条件生效的股权及债权转让合同的议案，公司与上海回丰投资有限公司、赤峰润丰投资有限公司、郦虹、金美华、陶美芳、李国刚于 27 日签订转让合同，交易总价款为 6.485 1 亿元。

张润置业收购张江集电房产

29 日，上海张江高科技园区开发股份公司全资子公司上海张江集成电路产业区开发公司与上海张润置业公司签署《上海市房地产买卖合同》，张江集电将其坐落于上海浦东新区金秋路 158 号盛夏路 61 号 1 ~ 5 幢房屋及该房屋占用范围内的土地使用权转让给张润置业，交易价格为 1.96 亿元。

中国石化收购集团海外上游资产

29 日，中国石化宣布，将以 24.57 亿美元（约合人民币 167.76 亿元）对价收购集团位于安哥拉 18 号石油区块 50% 的权益。这是中国石化首次收购海外上游资产，也是集团公司目前最好的一项海外资产。

青岛碱业入股华东制钙

29 日，青岛碱业股份有限公司董事会、监事会通过关于公司拟收购青岛融通达投资公司所持青岛华东制钙有限公司 24% 股份的议案，收购价格原则上不高于 650 万元。

鲁锦集团收购锦丰纺织

30 日，山东新华锦国际股份公司董事会审议通过关于公司拟将所持新华锦集团山东锦丰纺织全部股权出售给公司第一大股东山东鲁锦进出口集团公司的决议，以标的股权 2009 年 12 月 31 日为基准日的评估价值为依据，转让价格为 956.78 万元。

广东健隆达出售德豪润达

31 日，德豪润达控股股东广东健隆达光电科技公司通过深圳证交所大宗交易系统出售公司股份 500 万股，占公司总股本的比例为 1.55%，标的股权交易价格约为 9 000 万元。

绿城置业收购东城置业

31 日，绿城房地产旗下子公司杭州绿城置业及绿城房地产与济南海信及青岛海信订立转让协议，杭州绿城置业拟收购济南海信全资子公司山东东城置业有限公司 100% 股权，标的股权交易价格为 12.4 亿元。

4 月

杰瑞股份收购烟台杰瑞机械设备有限公司

1 日，杰瑞股份与烟台杰瑞机械设备公司自然人股东王鲁水签订《烟台杰瑞机械设备有限公司股权转让协议》，王鲁水将其在烟台杰瑞机械设备公司的175万元股权转让给公司，标的股权交易价格为1 706 321.10元，公司于2日将股权转让价款一次性支付给王鲁水。

江苏开元出售光华控股

2日，江苏开元国际集团公司将对所持江苏开元资产管理公司9%的股权在江苏省产权交易所进行挂牌转让，挂牌终止日期为2010年4月30日。根据中联资产评估有限公司出具的评估报告，转让标的对应评估值为1 993.52万元。

华域汽车收购德国大陆公司制动系统

2日，华域汽车系统股份有限公司董事会、监事会审议通关于公司收购德国大陆股份公司所持上海汽车制动系统公司1%股权的议案，根据经评估的制动系统全部股东权益15.02亿元，标的股权交易价格为1 500万元。

三元食品收购三元梅园

2日，北京三元食品股份有限公司董事会审议通过有关公司与韩晋堂等15名自然人分别签署《股权转让合同》的决议，公司以现金方式收购上述自然人持有的公司控股子公司北京三元梅园乳品发展公司共计5%的股权，标的股权交易价格为63.81万元。

星马汽车收购华菱汽车

4日，安徽星马汽车股份有限公司董事会、监事会通过关于公司发行股份购买资产暨关联交易的议案，公司拟向安徽星马汽车集团等9名投资者非公开发行人民币普通股（A股）股份，购买其合计持有的安徽华菱汽车100%股权，标的股权交易价格为1 785 361 500元。

中国宝安转让鸿安农场、胜安农场

4日，中国宝安集团公司宣布，公司将其所持海南鸿安农场公司100%股权、海南胜安农场公司100%股权转让给河南锦鹏投资集团公司，标的股权交易价格分别为4 056.93万元、6 956.37万元。

太行水泥收购宙石水泥

6日，河北太行水泥股份公司董事会审议通过关于公司以自有资金（自筹）收购河北海天建设有限公司全资子公司河北宙石水泥公司91%股权的决议，根据公司与海天建设于同日签署的有关股权转让协议，标的股权交易价款为181 678 700元。

龙元建设收购大地钢结构

6日，龙元建设集团股份有限公司董事会、监事会通过关于收购杭州大地控股集团有限公司所持浙江大地钢结构有限公司19%股权的议案，标的股权交易价格不高于大地钢结构评估报告净资产值的19%，即约5 253万元。

荣盛控股收购宁波经开公司

6日，宁波经济技术开发区控股有限公司收到浙江荣盛控股集团支付的公司29.90%股份（共计9 041.76万股股份）转让余款，计人民币539 882 128元；至此，经开公司已收到上述股份转让的转让金额全款，共计人民币771 262 128元。

上海光华出售无锡光华

7 日，上海机电股份有限公司董事会、监事会审议通过关于上海光华印刷机械有限公司以不低于 2 285 万元的价格挂牌转让所持无锡光华印刷机械有限公司 100% 股权的决议。

上海焊接出售中国南非焊接

7 日，上海机电股份有限公司董事会、监事会审议通过有关上海焊接器材有限公司以不低于 675. 73 万元的价格挂牌转让其所持中国南非焊接材料有限公司 100% 股权的议案。

江苏瑞华出售华昌化工

7 日，华昌化工持股 5% 以上的股东江苏瑞华投资发展公司通过深圳证交所大宗交易系统出售所持有的公司部分股份 7 057 400 股（占公司总股本比例为 3. 51%），标的股权交易价格约 1 亿元。

洋河股份收购双沟酒业

8 日，洋河股份与宿迁国丰资产经营管理有限公司签订《股份转让协议》，收购宿迁国丰所持有的江苏双沟酒业公司 44 658 280 股（占注册资本 40. 598 436 4%）股权，标的股权交易价格为 535 899 360 元。

广州远洋股权划转

8 日，经国务院国资委批复，中远航运股份有限公司将广州远洋所持公司全部国有股份 656 880 888 股（占公司总股本的 50. 13%）无偿划转给中国远洋。本次国有股权无偿划转后，中国远洋持有公司股份 656 880 888 股，成为公司的控股股东。

北京双鹤收购晋新双鹤

9 日，北京双鹤药业公司董事会通过有关公司收购山西晋新药业集团有限公司所持山西晋新双鹤药业公司 9. 48% 的股权，以晋新双鹤截至 2009 年 12 月 31 日的财务审计的结果作为计价基础，拟定标的股权交易价格为 457 918. 67 元。

京投银泰收购晨枫房地产

9 日，京投银泰股份有限公司董事会通过关于公司拟与北京优视达广告有限公司签订《股权转让协议》的决议，公司自筹资金受让优视达所持北京晨枫房地产开发有限公司 51% 股权，以参与 CBD 商业项目（宗地面积约 13 600 平方米）的开发建设，标的股权交易对价为 291 872 067. 53 元。

冠农果茸收购冠农艾丽曼

9 日，新疆冠农果茸集团股份有限公司董事会、监事会审议通过有关公司受让全资子公司新疆冠农果蔬食品公司所持新疆冠农艾丽曼贸易公司 30% 的股份并对其实施增资的议案，根据公司与冠农果蔬于 3 月 26 日签订的《股权转让协议》，标的股权交易价格为 30. 00 万元。

武汉健民收购诺尔康药业

9 日，武汉健民药业集团股份有限公司董事会审议通过关于公司以自有资金受让北京新龙药业投资集团有限公司、自然人杨四知及张春华分别持有的广东诺尔康药业有限公司 37.67%、8%及5.33%，合计 51%股权的决议，标的股权交易价格为 800 万元。

物产元通收购申浙汽车

10 日，浙江中大集团股份有限公司董事会、事会审议通过有关物产元通统一收购其他自然人持有的浙江申浙汽车股份有限公司股权的议案，收购价格不高于浙江申浙 2009 年 12 月 31 日为基准日的评估后每股净资产（3.58 元），标的股权交易价格预计不超过669.91 万元。

中投控股收购浩晖房地产

10 日，中珠控股股份有限公司董事会、监事会审议通过关于公司收购阳江市德邦投资有限公司所持阳江市浩晖房地产开发有限公司 51%股权的事宜，根据交易双方于同日签署的相关股权转让协议约定，公司以自有资金按审计净资产账面值作价 51 万元收购标的股权。

经纬纺机收购中融国际

12 日，经纬纺机股东大会审议通过关于批准、确认及追认公司（作为买方）与中植企业集团有限公司（作为卖方）于 8 日以不超过 12 亿元收购中融国际信托公司全部注册资本的 36%股权而订立的收购协议及其项下拟进行之所有交易的议案。

四川双马入股拉法基

13 日，国家发改委批复四川双马水泥公司通过向拉法基中国海外控股公司定向发行 A 股将其所持都江堰拉法基水泥公司的优质资产 50%股权注入四川双马水泥公司事宜，同时都江堰拉法基水泥公司的企业整体价值不高于 45.13 亿元，转让 50%股权的公允价值最高不超过 22.56 亿元。

东贝电器转让海观山宾馆、晨信光电、东贝太阳能

13 日，黄石东贝电器股份公司宣布，黄石海观山宾馆公司、黄石晨信光电公司各 90%股权分别以 35 212 950.00 元、9 773 640.00 元转让给黄石港区日豪水都、芜湖法瑞西投资公司，黄石东贝机电集团太阳能公司的 83.03%股权因未征得受让意向人故暂未转让。

宜华木业收购大浦宜华

13 日，广东省宜华木业股份有限公司董事会审议通过公司以自有资金收购宜华企业（集团）有限公司、蔡锐彬分别持有的大埔县宜华林业有限公司 8.5%、1.5%，合计 10%的股权的决议，根据交易各方于同日签订的《股权转让协议》，标的股权交易价格为 8 941 610 元。

山西新龙药业购回资产

14 日，亚宝药业集团股份有限公司董事会、监事会审议通过有关公司及其全资子公司亚宝药业太原制药有限公司将分别所持山西亚宝新龙药业有限公司全部 22.2%、28.8%，合计 51%的股权转让给新龙药业集团有限公司的议案，标的股权交易价格总计 2 846 万元。

亚宝药业收购北京中医药大学药厂

14 日，亚宝药业集团股份有限公司董事会、监事会通过关于变更募集资金投资项目的议案，将中药小容量注射剂生产线项目原计划投资的 4 820 万元募集资金变更用于收购在上海联合产权交易所挂牌出让的北京中医药大学药厂 70% 产权，标的产权交易价格为 65 312 834 元。

中安国泰收购华立药业

15 日，华立药业与中安国泰投资公司签署《股权转让及债权处置协议书》，公司拟转让其所持子公司重庆美联制药公司 70% 股权、洪雅美联曼地亚红豆杉种植公司 80% 股权、对洪雅种植 13 289 326. 44 元债权转让予中安国泰投资公司，标的股权交易价格合计 4 069 万元。

汇鸿国际收购中融信佳

16 日，南京医药股份有限公司与江苏汇鸿国际集团有限公司签署股权转让协议，公司将所持中融信佳投资担保有限公司全部 19. 50% 股权转让给汇鸿国际，以标的股权净资产评估值扣除公司获得信佳投资 2009 年利润分配现金红利后确定转让价格为 2 933. 81 万元。

西泉泛东收购 * ST 中服

16 日，* ST 中服控股股东汉帛（中国）公司与深圳西泉泛东投资公司签署《股权转让协议》，汉帛将其持有的公司 38 822 567 股（占公司总股份 15. 04%）股权转让给西泉，标的股权交易价格为 213 306 700 元。

熊猫烟花收购浏阳东信烟花

18 日，熊猫烟花发布公告称，公司拟出资 6 266 万元向钟自奇购买其持有的湖南浏阳市东信烟花集团有限公司 51% 股权，成为控股股东，标的股权的交易价格为 6 266 万元。

北京卓丰投资有限公司收购蜀汉酒店

19 日，西藏发展董事会审议通过关于同意公司出售成都蜀汉酒店公司 100% 股权的议案，公司于同日与北京卓丰投资公司签订《股权转让协议》，向卓丰投资出售公司所持成都蜀汉酒店公司 100% 的股权，标的股权交易价格为 6 200 万元。

杰瑞股份收购股东股权

19 日，杰瑞股份公司与烟台杰瑞压缩设备公司自然人股东温韶凯签订《烟台杰瑞压缩设备有限公司股权转让协议》，温韶凯将其在烟台杰瑞压缩设备公司的 379 939. 95 元股权转让给公司，标的股权交易价格为 37 939. 95 元，公司在 2010 年 4 月 23 日前一次性支付给温韶凯。

海南民生百货收购望海公司房产

20 日，海南筑信投资公司董事会通过关于公司全资子公司海南民生百货商场有限公司拟与海南望海商城有限公司签订《房屋转让协议》的议案，民生百货购买望海公司位于海口市海秀路 8 号望海商城 6 层 3 721. 18 平方米房产、七层 528. 95 平方米房产共 4 项房产，标的房产交易价格为 3 670 万元。

四创电子收购四创恒星

20 日，安徽四创电子公司董事会通过有关公司受让香港恒星科技公司所持安徽四创恒星电子有限公司 48.6% 股权的决议，依据经评估的四创恒星净资产 1 778 296.54 元，标的股权交易价格为 864 252.12 元。本次股权受让后，四创恒星成为公司的全资子公司。

大唐华银收购永州侨海

21 日，大唐华银电力股份有限公司董事会、监事会通过关于收购陈海诚持有的永州侨海投资开发有限公司 70% 股权的议案，经协商，按侨海公司实收资本 1 810 万元计算，标的股权交易价款为 1 267 万元。侨海公司另一股东已同意放弃优先购买权。

三特索道收购东星航空

21 日，东星航空名下的最后一笔资产东星国际大酒店在武汉被拍卖，最终由三特索道购得，标的资产交易价格为 6 350 万元。

岳阳纸业收购骏泰浆纸

22 日，岳阳纸业宣布，公司收到湖南省产权交易所《产权交易鉴证书》、湖南省国资委《产权交易鉴证复核通知书》，确认公司收购湖南骏泰浆纸公司 100% 股权的成交价格为 964 027 000 元。至此，公司完成上述股权收购的公开交易摘牌程序。

大连加氢公司收购一重核电

25 日，中国第一重型机械股份公司董事会、监事会通过关于中国第一重型机械集团大连加氢反应器制造公司收购大连市工业发展投资公司持有的大连一重核电设备制造公司 80% 股权的议案，基于有关评估报告，标的股权交易价格为 5.614 亿元。

牡丹江广汇经贸股权转让

25 日，青岛澳柯玛股份有限公司董事会、监事会审议通过有关公司控股子公司青岛澳柯玛资产管理有限公司将其所持牡丹江广汇经贸股份有限公司 200 万股股份（占该公司总股本的 5.56%）全部转让给王鸿扬的决议，每股转让价格为 1.085 元，标的股权交易价格总计 217 万元。

蓉记鸿丰收购成都融金房地产

26 日，上海交大昂立公司董事会审议通过有关上海昂立同科经济发展公司拟以净资产 5 510.55 万元转让其所持成都融金房地产开发公司 100% 股权给四川蓉记鸿丰投资有限公司的决议，此次股权转让剔除后期费用，将整体为公司带来项目转让净收益约 3 000万元。

桐庐热电股权转让

26 日，信雅达系统工程股份有限公司董事会通过关于公司将所持联营公司桐庐信雅达热电有限公司全部股权即 42.0%、1.5% 的股权分别转让给浙江金帆达生化股份有限公司、自然人陈家泉的议案，标的股权交易价格分别为 7 535 460.10 元、1.00 元。

众和创景收购河源振邦地产

26 日，广东明珠集团股份有限公司与深圳市众和创景环境艺术设计有限公司签订关于转让河源振邦房地产有限公司 100% 股权的《股权转让合同》，按此约定标的股权交易价格为 2.037 亿元，受让方对振邦地产归还所欠公司债务 131 906 200 元提供连带责任担保。

黑龙江省交通厅回购伊嘉公路收费经营权

26 日，龙建路桥股份有限公司董事会通过关于出售黑龙江省伊嘉公路汤旺河至嘉荫段公路收费经营权的议案，黑龙江省交通厅以审计后的竣工决算总投资额 513 056 500元回购公司投资建设的伊嘉公路收费经营权。

钱江置业股权转让

27 日，钱江水利开发公司董事会审议通过有关公司控股 51% 的子公司浙江钱江水利置业投资有限公司将其所持营口经济技术开发区钱江置业发展有限公司 51% 股权转让给自然人吴坚志的议案，交易双方于 28 日正式签订股权转让协议，标的股权交易价格为 4 578 万元。

河北宝硕收购宝源公司、型材公司

28 日，河北宝硕股份有限公司董事会审议通过《关于收购资产暨关联交易的议案》，公司拟以 1 150 万元收购保定宝源新型塑料包装材料有限公司的破产财产包，并拟重整保定宝硕新型建筑材料有限公司，同时受让型材公司股东让渡的 100% 的股权，标的股权交易价格为 2 600 万元。

长江通信收购长线公司、长盈公司、同盈典当

28 日，武汉长江通信产业集团公司董事会、监事会通过有关公司内部机构整合的决议，公司拟收购子公司武汉长江光网所持公司子公司武汉长线公司 5.88% 的出资额、长线公司所持长盈公司 15.67% 的出资额及公司孙子公司武汉同盈典当 10% 的出资额，标的出资额交易价格总计 1 022.57 万元。

美的电器收购 Miraco 公司

28 日，美的电器通过海外全资控股子公司美的电器荷兰公司（Midea Electrics Netherlands B. V.）与美国联合技术公司（UTC）全资荷兰子公司联合科技控股公司签署协议，拟以 5 748 万美元收购其所持 Misr Refrigeration And Air Conditioning Manufacturing Co.（Miraco 公司）32.5% 的股权。

汇源矿业收购 ST 汇源

29 日，ST 汇源在成都与西部汇源矿业公司签订《股权转让协议》，将其所持有的四川汇源进出口公司 83.51% 的股权转让给汇源矿业，标的股权交易价格为 9 282 137元。

汇源集团收购汇源光

29 日，ST 汇源全资子公司四川汇源光通信公司在成都与汇源集团公司签订《资产转让协议》，将其位于成都高新西区西芯大道 5 号的面积为 30 919.49 平方米的国有土地使用权以及地上 3 号研发楼项目在建工程、厂房及其他建筑物、构筑物的所有权出售给汇源集团，标的资产交易价格为 2 283.8 万元。

中国远大集团收购杨歧房地产

29 日，华东医药与中国远大集团公司、浙江远大房地产开发公司签署《民事调解书》，并于当日签署《股权转让协议》，公司将杭州杨歧房地产开发公司100%股权以1.8亿元转让给中国远大。中国远大保证于上述调解书生效之日起10日内支付公司1亿元股权转让款及30日内支付剩余8 000万元股权转让款。

5月

南方建材股权划转

4日，中国证券登记结算公司深圳分公司出具《证券过户登记确认书》，确认湖南华菱钢铁集团持有的南方建材公司23 077 083股股份无偿划转给华菱控股集团公司的过户手续已办理完毕。本次股权过户完成后，华菱控股为公司第二大股东。

计微发展研究中心出售 * ST 传媒

4日，工业和信息化部批复 * ST 传媒控股股东工业和信息化部计算机与微电子发展研究中心以公开征集方式协议转让所持有的公司国有法人股，计79 701 655股，标的股权交易价格总计不低于6.38亿元。

长园集团调整内部股权转让价格

5日，长园集团股份有限公司董事会审议通过关于调整集团内部股权转让价格的事宜，调整后，标的股权即浙江恒坤、北京电力、杭州电力、长园长通、利多投资各100%股权的转让价格分别为4 370万元、55万元、86.92万元、1 968万元、7.9元。

KNAPP 公司欧元收购 DFT 公司

6日，上工申贝（集团）股份有限公司董事会审议通过关于公司境外全资子公司上工（欧洲）控股有限公司控股的德国杜克普·阿德勒股份公司拟将其全资子公司杜克普物料输送技术有限公司全部股权以协议方式出让给 KNAPP 股份有限公司的议案，标的股权交易价格初步估计为1 000万欧元。

华电集团收购三胜风电

7日，华仪电气股份公司董事会通过关于公司与全资子公司浙江华仪风能开发公司分别将所持内蒙古三胜风电公司85.5%、4.5%的股权转让给中国华电集团新能源发展公司的决议，根据交易各方于同日签署的《股权转让协议》，标的股权交易价格为1 620万元。

清华控股股权转让

8日，经公开征集，清华控股确定其转让同方股份有限公司5 000万股无限售条件流通股份（占公司总股本的5.12%）的最终受让方，并于该日与刘益谦签署《股份转让协议》，转让单价为21.00元/股。

用友软件收购、增资中科方德

11日，用友软件股份有限公司董事会审议通过有关公司收购深圳因泰克计算机技术有限公司所持中科方德软件有限公司4.807 7%股权的议案，收购价为275万元；并以现金675万元向中科方德增资，其中，450万元为注册资本，其余225万元列入资本公积。

广安爱众收购红石岩

12日，四川广安爱众股份有限公司董事会通过关于收购云南红石岩水电开发有限公司股权的议案，公司拟收购毛大勋等 10 名自然人股东所持红石岩 72.09% 的股权，标的股权交易价格合计 191 351 017.61 元；红石岩的其他股东同意放弃本次优先受让权。

海大集团收购象屿集团

12 日，海大集团与厦门象屿集团公分别签署浙江海大和福建海大的《股权转让协议》，公司拟收购象屿集团所持浙江海大 40% 的股权、象屿集团所持福建海大 40% 的股权，标的股权交易价格合计 1 600 万元。收购完成后，公司占有浙江海大和福建海大 100% 股权。

上海亚通与港投公司置换资产

13 日，上海亚通股份有限公司董事会审议通过关于公司资产置换的议案，公司与上海崇明港务建设投资管理有限公司于同日签署《资产置换合同》分别作价 224 965 421.84 元、205 007 677.38 元，置入资产与置出资产的差额部分以现金方式补足。

北京昊华收购西部能源

15 日，北京昊华能源股份有限公司董事会、监事会通过关于以自有资金收购杭锦旗西部能源开发有限公司股权的议案，公司拟与山西榆次中博房地产开发有限公司签署股权收购协议，收购其所持西部能源 60% 的股权，标的股权交易价格为 10.852 亿元。

华敏投资管理有限公司收购华神集团

17 日，华神集团宣布，根据上海华敏投资管理公司于 13 日与上海同功投资公司、上海佑昌实业公司签订的《股权转让协议》，上海华敏投资管理公司受让上海同功投资公司、上海佑昌实业公司各自所持四川华神集团公司 24%、21.69% 的股权，标的股权交易价格合计 6 534 万元。

宁波联合收购建开公司

18 日，宁波联合集团股份有限公司董事会、监事会通过有关公司以自筹资金（现金）分别向宁波汇林投资咨询有限公司、自然人曹建平及林平收购其合计持有的公司子公司宁波联合建设开发有限公司 15% 股权的议案，标的股权交易价格合计 155 302 800元。

国元控股收购国元期货

18 日，国元证券临时股东大会审议通过《关于转让国元期货有限责任公司股权的议案》，公司向安徽国元控股（集团）公司转让国元期货公司 55% 的股权，标的股权交易价格为 6 242 万元。

蓝森地产收购腾辉控股

19 日，迪马股份控股子公司蓝森地产与英属维尔京始创公司签订《股权转让协议》，蓝森地产拟出资 1.8 亿元收购始创公司所持重庆腾辉控股管理有限责任公司 100% 的股权，同时补足腾辉控股实收资本 1.59 亿元。

中顺盈腾收购华安期货

20 日，丰原生化董事会审议通过《关于转让华安期货有限责任公司股权的议案》，公司将所持华安期货公司 14.25% 的股权协议转让给肇庆中顺盈腾信用担保公司，以安徽国信资产评估公司出具的《资产评估报告》为依据，标的股权交易价格为 2 850 万元。

经纬纺机收购新楚风汽车

20 日，经纬纺机董事会审议通过公司与随州鸿运国有资产经营公司、随州城市投资集团公司和湖北新楚风汽车公司签署《湖北新楚风汽车股份有限公司股权转让协议书》的议案，以零对价的方式受让鸿运公司对新楚风公司已经认缴但未实际缴付出资的股本 1 亿元。此次交易后，公司将持有新楚风公司 50% 的股权。

长江通信收购联亨公司

20 日，武汉长江通信产业集团股份有限公司董事会、监事会审议通过关于变更部分募集资金用途暨对外投资的议案，公司拟与张雯签订《股权收购/转让意向协议书》，收购其所持深圳联亨技术有限公司 100% 股权中的 54% 股权，标的股权交易价格为 77 290 451元。

华电国际收购坪石发电

20 日，华电国际电力股份有限公司与海粤电力投资有限公司及乐昌进达电力有限公司签订关于韶关坪石发电厂有限公司（B 厂）的《股权转让协议》，公司按照该协议的条款且在其条件的规限下，购买上述两方所持坪石发电 100% 股权，标的股权交易价格为 9 亿元。

华电国际收购坪石发电

20 日，华电国际与海粤电力及进达电力签订坪石发电股权转让协议。按照坪石发电股权转让协议的条款且在其条件的规限下，华电国际出资 9 亿元购买坪石发电的 100% 股权（海粤电力及进达电力分别拥有其中 75%、25% 股权）。

西电宝光收购宝光真空

21 日，陕西宝光真空电器股份有限公司就公司将开关业务及相关资产转让给西电宝光宝鸡公司事宜与西电宝光正式签署《资产及业务转让协议》，双方约定资产交割日为 2010 年 4 月 30 日，确定本次交易对价共计 75 656 249.49 元。

中化股份收购 Peregrino 油田

24 日，中化国际宣布，中化国际母公司中化股份有限公司与挪威国家石油公司（Statoil ASA）达成协议，以 30.7 亿美元的对价从后者手中购买其位于巴西海上的 Peregrino 油田 40% 股权。

山东如意入股 RENOWN

25 日，正在进行经营重建的日本成衣巨头 RENOWN 公司计划向中国纺织巨头山东如意集团实施第三方定向增发，双方已进入最后协调阶段。山东如意将向 RENOWN 出资约 40 亿日元（4 444 万美元），成为持股约 40% 的最大股东。RENOWN 通过归入山东如意旗下以强化财务，实现经营重建。

永泰控股收购泰安鲁润、平度金矿

26 日，泰安鲁润股份有限公司与控股股东永泰投资控股有限公司签署有关股权转让协议，公司拟将所持泰安鲁润地产开发公司100%股权、青岛平度鲁润黄金矿业公司54%股权转让给永泰控股，标的股权交易价格分别为2 200万元、1 950万元。

成都蓉药收购蓉锦医药

26日，武汉健民药业集团股份有限公司董事会通过关于公司控股子公司武汉健民创业投资有限公司将其所持成都蓉锦医药贸易有限公司全部51%的股权转让给成都蓉药实业集团有限公司的决议，标的股权交易价格为540万元。

兴发集团竞买树空坪

27日，湖北兴发化工集团股份有限公司董事会、监事会审议通过关于参与竞买控股股东宜昌兴发集团公司在宜昌产权交易中心挂牌转让的所持兴山树空坪矿业有限公司全部国有股权的事宜，股权转让底价为8 107.56万元，并授权经营层全权办理本次受让的具体事宜。

兴发集团置换对兴福电子资金

27日，湖北兴发化工集团股份有限公司董事会、监事会审议通过有关以增资湖北兴福电子材料有限公司的募集资金8 800万元置换其已投入募集资金投资项目的等额自筹资金。

山东黄金收购鑫莱矿业

27日，山东黄金矿业股份有限公司董事会审议通过有关公司以自有资金收购青岛宝华矿业投资有限公司所持青岛鑫莱矿业投资有限公司49%股权的决议，22日，公司通过在鑫莱公司双方股东之间拍卖竞价的方式，以1.666亿元的价款竞得标的股权。

金智科技收购金智智能

27日，金智科技董事会审议批准《江苏金智科技股份有限公司关于收购金智智能股权的议案》，公司与南京金智创业投资公司签署《股权转让协议书》，收购南京金智创业投资公司所持江苏东大金智建筑智能化系统工程公司1 625万元股权，标的股权交易价格为2 925万元。

华阳科技收购华阳集团废水深度治理回用项目资产

28日，山东华阳科技公司与控股股东山东华阳农药化工集团有限公司签署《资产出售合同》，公司拟以现金（自有资金）收购华阳集团废水深度治理回用项目资产，以该等资产截至评估基准日2010年4月30日的评估价值29 229 856.35元为依据，标的资产交易价格为2 922.99万元。

中山公用收购长安期货

29日，中山公用事业集团公司与西安飞机工业（集团）公司和西安飞机工业铝业公司签署关于《股权转让协议》，中山公用认购西飞集团、西飞铝业所持陕西长安期货经纪公司100%股权，标的股权交易价格为8 640万元。

华阳科技收购泰安玉海房地产

30日，山东华阳科技公司董事会、监事会通过有关收购自然人陈成德、杨永贵分别所持泰安玉海房地产开发公司40%、30%，合计70%股权的决议，根据交易各方于28日签订的股权转让协议书，以经评估后的玉海公司净资产价值1 004.10万元为依据，标的股权交易价格为700万元。

6月

中铁建铜冠收购 Corriente

1日，铜陵有色宣布，铜陵有色金属集团控股公司与中国铁建公司各出资50%共同投资设立的中铁建铜冠投资有限公司，以约42.72亿元收购加拿大CorrienteResources Inc.（科里安特资源公司）96.9%的股份。

岳阳市财政局转让天润发展

1日，天润发展发布《湖南天润化工发展股份有限公司重大事项提示性及复牌的公告》，公司第一大股东岳阳市财政局拟以公开征集意向受让方的方式协议转让其所持公司的2 540万股股票，占公司总股本的21.45%，标的股权交易价格总计不低于2.43亿元。

中石油挂牌转让其上海核心区商业物业股权

2日，中石油集团以1.13亿元的价格在上海联合产权交易挂牌转让旗下一位于上海核心区名为上海中国石化大厦置业发展公司的商业物业股权。该项目6月12日挂牌期满，尚未有企业递交竞买材料。

攀钢有限股权划转

2日，攀钢集团公司与攀枝花钢铁公司签署《攀钢集团钢铁钒钛股份有限公司股份无偿划转协议》，其中攀钢有限为股份出让方，攀钢集团为股份受让方。

华联集团收购北京华联、联合创新

3日，北京华联综合超市股份公司董事会通过关于出售资产的议案，根据于同日签订的《资产出售合同》，公司及其全资子公司北京联合创新国际商业咨询公司将位于北京大兴区的固定资产及在建工程等资产出售给华联集团，标的资产交易价格总计206 382 800元。

凯迪矿业入股天山纺织

3日，新疆凯迪投资公司全资子公司新疆凯迪矿业投资公司拟以其所持新疆西拓矿业公司50%的股权作价认购天山纺织向其发行的81 977 594股股份，占本次发行后天山纺织总股本的16.85%。

大橡塑国际收购麦克罗公司

5日，大连橡胶塑料机械股份有限公司宣布，大橡塑控股子公司大橡塑国际有限公司拟收购加拿大阿波罗国际营销公司所持麦克罗工程技术有限公司100%的股权，标的股权交易价格不超过900万美元（约合人民币6 120万元）。

世纪星源收购重庆荣鼎地产公司

6日，世纪星源公司与重庆荣鼎地产公司全体股东签署《关于重庆荣鼎地产有限公司股权转让框架协议》，以重庆荣鼎100%股权以及负债项上经核定的债务及或有债务为标的，标的股权交易价格为7 000万元，债务及或有债务的对价将按对重庆荣鼎未售物业审计和评估结果来核定。

巨石集团收购巨石攀登

8日，中国玻纤股份有限公司董事会审议通过关于公司控股子公司巨石集团有限公司拟以直接和间接方式收购巨石攀登电子基材有限公司50%股权的事宜，交易各方于同日共同签署《关于巨石攀登股权转让之协议书》，标的股权交易价格合计1 268万美元。

力合创业收购力合信息港

8日，力合股份董事会审议通过《关于转让深圳力合信息港投资发展有限公司12.35%股权的议案》，公司以1 358.5万元将所持深圳力合信息港投资发展公司12.35%的股权转让给深圳力合创业投资公司，要求股权转让款于转让合同生效后7日内支付。

四川南方、上海宝投、上海万津收购国泰君安

9日，上海航天汽车机电股份有限公司宣布，公司通过上海联合产权交易所上市挂牌后，采用拍卖的方式，分别向四川南方希望实业公司、上海宝投物资公司、上海万津实业公司各转让公司所持国泰君安证券公司500万股股权，标的股权交易价格合计2.275亿元。

环境集团收购金山百玛士

9日，经上海城投控股股份有限公司董事会审议通过，公司控股子公司上海环境集团有限公司拟收购上海环境百玛士投资有限公司所持上海金山百玛士绿色能源有限公司100%的股权，本次收购以经上海市国资委备案的标的股权评估价格7 494.18万元为准。

申达股份收购新纺联汽车

9日，上海申达股份有限公司董事会通过关于公司向上海联交所递交举牌申请的决议，公司拟收购现于该所挂牌的公司控股股东上海申达（集团）有限公司所持上海新纺联汽车内饰有限公司13.6%的股权。若通过竞价方式确定受让方，公司出价不高于1 500万元。

嘉士伯香港收购重啤集团

9日，重庆啤酒股份有限公司第一大股东重庆啤酒（集团）公司与嘉士伯啤酒厂香港有限公司签订附生效条件的股权转让协议，重啤集团拟将其所持公司12.25%的股权，计59 294 582股，以40.22元/股的价格转让给嘉士伯香港，标的股权交易价格总计2 384 828 088元。

天宸股份收购文信荣公司

10日，上海天宸股份有限公司董事会审议通过关于公司日前与上海施明投资管理有限公司签订股权转让协议的事宜，公司拟受让施明公司持有的上海文信荣投资管理有限公司100%的股权，以文信荣公司的资产评估金额（净资产评估值31 610 544.06元）为依据，标的股权交易价格为2 840万元。

长园集团收购深圳南瑞

10日，长园集团股份有限公司在北京产权交易中心成功竞得深圳南瑞科技有限公司15%的股权，成交价格为2.55亿。公司已签署拍卖成交确认书，待所有相关手续办理完成后，公司将合并持有深圳南瑞53.333 4%的股权，纳入公司合并报表。

三爱富新、上海华谊收购万豪氟化工

10 日，上海三爱富新材料股份有限公司、上海华谊（集团）公司及窦建华等 6 名自然人签署《股权转让合同》，上述自然人向公司、上海华谊分别转让其所持内蒙古万豪氟化工有限公司 20%、50% 的股权，两部分股权交易价格分别为 2 105 万元、5 265 万元。

界龙集团收购界龙艺术

10 日，上海界龙实业集团股份有限公司董事会、监事会审议通过公司收购第一大股东上海界龙集团有限公司所持上海界龙艺术印刷有限公司 100% 股权的议案，以标的股权评估值 40 626 311. 32 元为基准，确定标的股权交易价格为 40 626 311. 00 元。

界龙集团收购 4 家子公司

10 日，上海界龙实业集团股份有限公司董事会、监事会通过关于公司转让下属 4 家子公司全部股权于界龙集团的议案，即上海界龙金属拉丝有限公司、上海界龙纺织器材厂、上海界龙远东钢丝厂各 100% 股权及上海界龙怡钢包装器材有限公司 55% 股权，标的股权交易价格总计 45 766 412 元。

新疆城建收购城建装饰

10 日，新疆城建（集团）股份有限公司董事会审议通过关于公司以自有资金 50 万元受让岳光华持有的新疆城建装饰设计有限责任公司 50% 股权的议案。转让完成后，公司持有城建装饰股权比例将由 20% 增至 70%，城建装饰成为公司控股子公司。

嘉士伯增持重啤

11 日，重庆啤酒宣布，公司第一大股东重庆啤酒集团拟将其所持重庆啤酒 12. 25% 的股权转让给国际啤酒业巨头嘉士伯啤酒香港有限公司。转让股份共计 5 929. 46万股，标的股权交易价格为 23. 85 亿元。股权转让成功后，嘉士伯香港与其关联公司嘉士伯重庆有限公司成为公司第一大股东。

中粮屯河增资搬迁玛纳斯番茄分公司老厂生产线

11 日，中粮屯河股份有限公司董事会审议通过关于公司收购的玛纳斯番茄分公司老厂生产线整体搬迁至公司投资建设的玛纳斯新厂的决议，此次搬迁需新增国内配套设备、电气设备等固定资产投资约 3 177. 24 万元。

国药沈阳、国大连锁分别收购国药美罗、美罗药房

11 日，美罗药业股份有限公司董事会通过关于签署《股权转让协议》的决议，公司将所持国药控股美罗（大连）有限公司 70% 股权、大连美罗大药房连锁有限公司全部 60. 3% 股权分别转让给国药沈阳、国大连锁，标的股权交易价格总计 5 600. 75 万元。

大地农产品收购兴业玉海

12 日，ST 铜城第一大股东北京兴业玉海投资公司控股股东北京锦绣大地商业管理公司与北京锦绣大地农产品公司签署《股权转让协议》，大地商业将其所持兴业玉海 38% 的股权转让予大地农产品，标的股权交易价格为 2 340 万元。

常州新城房地产收购恒福置业

12 日，江苏新城地产股份有限公司董事会审议通过关于收购常州恒福置业有限公司全部股权的议案，常州新城金郡房产开发有限公司拟受让常州市天宁恒阳投资发展有限公司持有的恒福置业50%股权，标的股权交易价格为1 000万元。

用友软件、江西用友收购英孚思为

13日，用友软件股份有限公司董事会通过关于公司及其全资子公司江西用友软件公司以现金分别收购上海英孚思为信息科技股份有限公司99%、1%，合计100%的股权事宜，根据公司将与英孚思为股东签署的《股份转让协议》，标的股权交易价格共计4.91亿元。

中远航运股权划转

18日，中远航运股份有限公司宣布，广州远洋运输公司已完成将所持中远航运股份有限公司656 880 888股股份无偿划转给中国远洋运输（集团）总公司的所有过户手续，公司控股股东已变更为集团公司。

中国海诚股权划转

18日，中国海诚原控股股东中国海诚国际工程投资总院将所持公司61 919 933股股份无偿划转给中国轻工集团公司的股权过户手续办理完毕。过户后，公司控股股东变更为中国轻工集团公司，实际控制人仍为国务院国资委，中国海诚国际工程投资总院不再持有公司股份。

建工集团股权划转

18日，新疆维吾尔自治区人民政府与中国建筑工程总公司签订《关于重组新疆建工（集团）有限责任公司协议》，新疆建工集团是自治区政府授权自治区国资委持有100%股权的国有独资有限责任公司，持有公司50.79%的股份，新疆国资委将其所持建工集团的部分股权无偿划转至中建总公司。

钜盛华接盘ST湖科

18日，河北湖大科技教育发展公司宣布，中国华星氟化学投资集团公司将其对公司111 729 900.25元的债权及相关权利转让给钜盛华，公司与氟化学此前所签订的与上述债权有关的协议、合同在债权转让后仍继续有效，钜盛华将承继氟化学在上述协议、合同项下全部权利和义务。

方大碳素收购成都碳素

19日，方大碳素新材料科技公司董事会通过关于改变募集资金部分投资项目实施地点及方式，并以部分募集资金收购控股股东所持股权的议案，在投产达标的情况下，将募集资金结余额度用于收购公司控股股东辽宁方大集团实业公司所持成都碳素公司100%股权，标的股权交易价格为2.03亿元。

康缘药业收购南星药业

20日，江苏康缘药业公司董事会通过关于公司受让参股30.08%的江苏南星药业公司股权的议案，公司于同日分别与连云港金典科技开发公司、江苏经略实业发展公司签署《股权转让协议》，公司以自有资金现金分别受让上述转让方所持南星药业29.17%、3.96%的股权，标的股权交易价格总计8 137.38万元。

上海锦江收购锦江之星

21 日，上海锦江国际酒店发展股份有限公司与徐祖荣、杨卫民、陈灏等 37 人签署《股权转让协议》，公司受让上述 37 人所持锦江之星旅馆有限公司合计 8.775 0% 的股权，以标的股权对应的净资产评估值 132 380 527.50 元为交易价格。

东江畜牧收购晨风东江

21 日，湖南新五丰股份有限公司董事会通过关于公司控股子公司深圳晨丰食品公司将其所持汕头晨丰东江畜牧公司 55% 股权转让给汕头东江畜牧有限公司的议案，以晨丰东江经审计评估的净资产（分别为 1 754.54 万元、1 681.36 万元）为依据，标的股权交易价格为 1 100 万元。

大同煤业收购燕子山矿

22 日，大同煤业宣布，拟与控股股东大同煤业集团公司签订《资产转让协议》，公司拟收购同煤集团拥有的燕子山矿业务相关资产、权益或负债，包括但不限于燕子山矿采矿权等无形资产、房屋所有权及与燕子山矿所有业务相关的机器设备及其他固定资产，标的资产交易价格为 21.86 亿元。

紫江集团收购紫江彩印

22 日，上海紫江企业集团股份有限公司董事会通过关于公司受让伊达控股（香港）有限公司所持上海紫江彩印包装有限公司 52.5% 股权的决议，以紫江彩印股东全部权益评估价值 398 511 900 元为依据按股权比例折算，标的股权转让价格为 2.09 亿元。

凉山州国资收购华电西溪

22 日，四川西昌电力股份有限公司董事会审议通过关于四川华电西溪河水电开发有限公司 510 万元股权评估价格为 716.65 万元的决议，在此基础上，经公司与受让方公司第二大股东凉山州国有资产投资发展公司协商，标的股权交易价格为 717 万元。

四川路桥收购巴郎河

22 日，四川路桥建设股份有限公司董事会通过关于收购控股子公司四川巴郎河水电开发有限公司股权，并因此承担相应保证责任的议案，公司拟以自筹资金收购康定能源投资公司拟转让的巴郎河 25% 股权，标的股权交易价格最高不超过 1.823 亿元。

中石化天然气收购浙江天然气

23 日，浙江东南发电股份有限公司董事会通过与中国石油化工股份有限公司签署《关于浙江省天然气开发有限公司股权转让协议》的议案，公司将其所持天然气公司全部 10% 股权转让给中国石化的子公司中国石化天然气公司，标的股权交易价格为 158 622 891.70元。

澄星磷收购雷打滩

23 日，江苏澄星磷化工股份有限公司董事会审议通过关于签订《股权转让补充协议》的议案，公司拟使用部分非公开发行股票募集资金收购控股股东江阴澄星实业集团有限公司持有的云南弥勒雷打滩水电公司 55% 股权，标的资产交易价格为 250 206 000 元。

建研集团收购建研科技

23 日，建研集团与重庆建研科技公司 41 名自然人股东签订《关于转让重庆市建研科技有限责任公司 76.23% 股权的协议书》，公司拟收购重庆建研科技公司 41 名自然人股东持有的重庆市建研科技公司 76.23% 的股权，标的股权交易价格合计13 143 265元。

鹏博士收购长城宽带

24 日，深圳长城开发科技公司董事会审议通过《关于与鹏博士签署出售长城宽带 5% 股权协议事项》，公司和长城科技、长城电脑与鹏博士拟签署《产权交易合同》，鹏博士购买三者所持长城宽带共计 50% 股权及相关债权，各标的权益交易价格分别为 422.60 万元、306 893 000 元、12 678 891.41 元。

杭萧钢构收购万郡房地产

24 日，浙江杭萧钢构股份有限公司董事会审议通过关于公司收购安徽杭萧钢结构有限公司所持万郡房地产有限公司 4.89% 股权的决议，标的股权交易价格按照初始出资额确定，即每 1 元出资的转让价格为 1 元，交易总额为 2 200 万元。

路桥集团收购中交路桥北方公司

24 日，路桥集团国际建设股份有限公司董事会通过关于公司收购控股股东的控股子公司中交西安筑路机械有限公司所持中交路桥北方工程有限公司全部 21.02% 股权的议案，根据交易双方于 23 日签订的有关《股权转让协议书》，标的股权交易价格为 1 482.10万元。

三井物产株式会社收购北京泰豪

24 日，泰豪科技股份有限公司董事会通过关于公司将所持控股子公司北京泰豪智能科技有限公司 19.2% 的股权转让给北京泰豪现有股东三井物产株式会社的决议，按经评估 1.288 元/股溢价，标的股权交易价格共计 49 474 607.7 元。

北京豪泰收购深圳电力

24 日，泰豪科技股份有限公司董事会通过对公司控股子公司泰豪科技（深圳）电力技术有限公司股权实施转让的决议，公司与深圳晟大投资有限公司分别将所持深圳电力 82.5%、17.5% 的股权转让给北京豪泰，标的股权交易价格分别为 46 578 972.26 元、9 880 388.06 元。

中恒集团收购双钱实业

24 日，广西梧州中恒集团股份有限公司董事会、监事会通过关于以自筹资金整体收购广西梧州保恒投资实业有限公司、自然人肖波持有的广西梧州双钱实业有限公司合计 100% 股权的事宜，以双钱实业股东权益评估价值 9 193.57 万元为依据，标的股权交易价格为 9 000 万元。

方大特钢收购巴丘园矿区外围及深部铁矿普查探矿权

24 日，方大特钢科技股份有限公司董事会审议通过在《公司章程》规定的董事会资金权限范围内，参与竞拍新余仙女湖区九龙山乡巴丘园矿区外围及深部铁矿普查探矿权的决议，并于同日以 9 200 万元竞得上述探矿权（出让方为江西省国土资源厅）。

东日房地产收购金狮房开

24日，浙江东日股份有限公司控股子公司温州东日房地产开发有限公司竞得由金可达集团有限公司转让的金华金狮房地产开发有限公司60%股权。根据转让双方已签署的相关股权转让协议，本次股权转让采取承债式转让方式，标的股权交易价格为3 868万元。

天富集团收购大白杨沟煤矿在建工程项目

25日，新疆天富热电股份有限公司宣布，公司拟与控股股东新疆天富电力（集团）公司签订《大白杨沟煤矿在建工程项目（该项目目前未形成经营性资产）转让合同》，公司将该项目以经审计的账面资产价值43 047 057.52元转让给天富集团。

铜峰集团收购盛达公司

25日，安徽铜峰电子股份有限公司宣布，公司拟向控股股东安徽铜峰电子集团有限公司出售其所持控股子公司安徽铜峰盛达化学有限公司全部46%的权益，根据双方达成的股权转让临时协议，参考标的股权的评估值1 225.24万元，确定标的股权交易价格为1 794万元。

宁波城投置业收购宁波城投B－9商务楼在建开发项目

25日，宁波富达股份有限公司董事会、监事会审议通过公司全资子公司宁波城投置业有限公司受让公司控股股东宁波城建投资控股有限公司B－9商务楼在建开发项目的议案，交易双方于同日签订《资产转让协议》，标的项目交易价格为196 744 100元。

友于商贸、博闻投资收购八里庄仓库房产及附着土地

25日，西藏珠峰工业股份有限公司董事会通过关于处置公司资产的事宜，公司与成都友于商贸有限责任公司及四川博闻投资管理有限公司共同签订关于转让八里庄仓库房产及附着土地的相关转让合同，标的资产交易价格为2 500万元。

长春融创收购长春嘉盛

28日，福建实达集团股份有限公司董事会通过公司控股子公司长春融创置地有限公司购买长春中创投资有限公司持有的长春嘉盛房地产开发有限公司2.8%股权的议案，以标的股权的预估值1 239.55万元为基础，确定标的股权交易价格为1 240万元。

上海金陵电子股东调整金陵电子股权

28日，上海金陵股份有限公司宣布，公司已与股东上海惟成投资管理有限公司、张孝珍、江文通、刘峰、马广会签署《上海市产权交易合同》，后者受让上海金陵电子网络股份有限公司17%的股权，标的股权交易价格为3 748.5万元。

宜和房产收购爱坤置业

29日，上海爱建股份有限公司董事会审议通过关于公司与上海宜和房产经纪有限公司签署《股权转让协议》的决议，公司将所持上海爱坤置业有限公司全部60%的股权转让给受让方，标的股权交易价格为23 601 376.78元。

三峡水利收购后溪河

29日，重庆三峡水利电力（集团）股份有限公司董事会通过关于收购重庆加利宁水电开发有限公司所持巫溪后溪河水电开发有限公司全部1 964万元股权的议案，以后溪河净资产评估价值2 919.57万元为依据，标的股权交易价格为2 363.3万元。

三峡水利收购孔梁至镇泉110kV输电线路

29日，重庆三峡水利电力（集团）股份有限公司董事会通过关于公司收购加利宁拥有的孔梁至镇泉110kV输电线路的决议，以该线路资产评估市场价值1 049.45万元为依据，标的资产交易价格为1 000万元。

同方股份出让百视通

30日，同方股份有限公司董事会通过关于根据百视通网络电视技术发展有限公司未来发展需要，公司拟逐步退出第一大股东地位的决议，公司出让百视通916万股股份（即4.63%的股权）给成都元泓创新投资有限公司，标的股权交易价格为9 737万元。

华丽家族收购金叠房产

30日，华丽家族股份有限公司董事会通过关于公司与控股股东上海南江（集团）有限公司共同收购上海金叠房地产开发有限公司的议案，公司与南江集团签署意向书，公司拟以5.508亿元受让金叠房产的51%股权，南江集团则受让金叠房产剩余的49%股权。

7月

国安集团收购中信国安葡萄酒业

2日，国安集团控股90%的新天国际经济技术合作（集团）有限公司将其所持中信国安葡萄酒业股份有限公司全部股权175 678 199股转让给国安集团的股权过户手续在中国证券登记结算有限责任公司上海分公司办理完毕。

方大特钢收购兴龙矿业

2日，方大特钢科技股份有限公司董事会通过关于公司以自有资金收购郴州云龙实业发展有限公司所持郴州兴龙矿业公司70%股权的决议，以兴龙矿业及汝城荣兴矿业经评估的净资产合计186 457 800元为基础，标的股权交易价格为1.4亿元。

思博睿收购华夏学院投资权益

5日，武汉人福医药集团公司董事会通过关于将其所持武汉理工大学华夏学院全部投资权益转让给武汉思博睿科教发展公司的决议，交易双方于同日签订《投资权益转让合同》，交易标的对应的净资产为337 861 095.52元，标的股权交易价格初步定为3.4亿元。

菲达环保收购菲达集团部分资产

5日，浙江菲达环保科技股份有限公司宣布，公司拟收购控股股东菲达集团有限公司部分存货、机器设备及房屋建筑物，标的资产交易价格为3 423 584.81元。相关《资产转让协议》尚未签署。

长园集团收购珠海共创

5日，长园集团股份有限公司董事会通过关于收购深圳创盈投资企业（有限合伙）持有的珠海共创电力安全技术股份有限公司5%股权的议案，比照上次增持珠海共创股权时的价格，此次标的股权交易价格为1 400万元。收购完成后，公司将持有珠海共创92.45%的股份。

云南白药收购西双版纳制药厂

5日，云南白药董事会审议通过《关于收购西双版纳制药厂有限公司全部股权的议案》，由云南白药集团公司收购西双版纳制药厂100%的股权，参照西双版纳制药厂有限公司相关资产评估报告，标的股权交易价格为1 160.61万元。

湖南信托收购*ST传媒

6日，*ST传媒控股股东工业和信息化部计算机与微电子发展研究中心与湖南省信托公司签订《关于北京赛迪传媒投资股份有限公司之股份转让协议》，研究中心将其所持公司国有法人股79 701 655股（占公司总股本的25.58%）转让给湖南信托，标的股权交易价格为638 051 599元。

百利特精收购泵业集团

6日，天津百利特精电气股份有限公司宣布，公司拟向实际控制人天津百利机电控股集团有限公司收购其所持天津泵业机械集团有限公司58.74%的股权，依据泵业集团在评估基准日（2009年10月31日）股东全部权益评估值170 422 200元，标的股权交易价格为100 106 000元。

东日股份收购熊猫乳品及"熊猫"乳品类系列商标所有权

6日，浙江东日股份有限公司以1 721.17万元竞得浙江粮油食品进出口股份有限公司所持浙江熊猫乳品有限公司42%的股权及"熊猫"乳品类系列商标所有权。交易双方共同签署《标的资产交易合同》，原有债权债务将由股权转让后的熊猫乳品承继。

中央商场、中央百货收购中商置地

8日，南京中央商场（集团）股份有限公司董事会通过关于公司及其控股子公司南京中央百货连锁有限公司分别以自有资金受让苏州科睿投资咨询有限公司所持苏州中商置地有限公司40%及5%股权的事宜，标的股权交易价格分别为1 120万元、140万元。

金发科技收购上海金发

9日，金发科技股份有限公司董事会通过关于收购自然人吴诚持有的上海金发科技发展有限公司0.81%股权（对应300万股股权）的决议，交易双方于同日签订股权转让协议，以上海金发截至2009年末每股收益0.32元的15倍PE为作价依据，标的股权交易价格为1 440万元。

金种子集团收购阜阳房地产

9日，安徽金种子酒业股份有限公司董事会审议通过关于将公司所持安徽金种子集团阜阳房地产开发有限公司全部98.16%股权转让给公司控股股东安徽金种子集团有限公司的议案，交易双方于同日签订《股权转让协议》，标的股权交易价格为80 558 300元。

涿州恒达收购东华公司

9日，佛塑股份公司与涿州恒达工程技术公司签订《股权转让合同》，公司将所持有的东华公司51%股权转让给涿州恒达公司，标的股权交易价格为4 100万元。

中能电气收购武昌电控

10日，中能电气第二次临时股东大会审议通过《关于收购武汉市武昌电控设备有限公司股权的议案》，公司拟收购武昌电控设备公司51%的股权，标的股权交易价格为4 300万元。

中科英华收购天冶基金

12日，中科英华高技术股份有限公司与中国吉林森林工业集团公司签订《股权转让协议》，公司受让森工集团持有的天冶基金管理有限公司3 000万股股权（占该公司总股本23.08%），收购价格每股2.55元，标的股权交易价格为7 650万元。

中建材玻璃无偿收购洛玻集团

13日，洛阳玻璃股份有限公司宣布，公司实际控制人中国建筑材料集团有限公司已决定将其所持公司控股股东中国洛阳浮法玻璃集团公司51.7%的股权无偿划转给中建材玻璃公司（其为建材集团的全资子企业），双方已签署《国有股权无偿划转协议》。

中国宝安增资收购深圳大地和

13日，中国宝安宣布，公司拟受让6位自然人所持深圳大地和电气公司15.8%的股权，标的股权交易价格为600万元，公司与3名自然人分别向大地和增资，其中中国宝安现金出资3 112万元，中国宝安持有大地和的股权比例增至51.56%。

福耀玻璃收购万盛浮法

13日，福耀玻璃工业集团股份有限公司与CITI－MERIT LIMITED签订《股权转让合同书》，福耀玻璃拟收购CITI－MERIT LIMITED所持重庆万盛浮法玻璃有限公司66.67%的股权，参照有关评估结果（经评估，万盛浮法净资产总额现值为156 889 292.50元人民币），标的股权交易价格为104 598 091.31元。

天地科技转让郭勒煤业

13日，天地科技股份有限公司根据2月10日董事会通过的有关决议，在北京产交所挂牌的公司所持控股子公司天地锡林郭勒煤业有限公司51%股权已完成转让交易，并收到全部价款130 044 000元，至此，公司不再持有天地锡林郭勒煤业有限公司的股权。

福耀玻璃、福耀香港收购万盛浮法

13日，福耀玻璃工业集团股份有限公司董事会、监事会通过关于公司及其全资子公司福耀（香港）有限公司分别收购重庆渝闽扬商贸有限公司所持重庆万盛浮法玻璃有限公司8.33%、25%股权的议案，标的股权交易价格合计52 291 201.19元。

天和斗特收购无锡万方

14日，昆明天和斗特实业（集团）有限公司（公司第一大股东史佩欣持有该公司69.45%的股权，为其第一大股东）竞得上海宽频科技股份有限公司股东无锡万方通信技术有限公司的全部股权，标的股权交易价格为1.825亿元。

华电能源收购亚电鑫宝

14日，华电能源股份有限公司董事会审议通过关于收购黑龙江亚电鑫宝热电有限公司的议案，公司拟用自有资金收购新加坡亚洲电力投资公司、齐齐哈尔鑫宝热电公司分别持有的亚电鑫宝51%、49%，合计100%的股权，交易各方已签订《股权转让协议》，标的股权交易价格合计3.894亿元。

普宁恒宏收购华保宏

14日，北京华业地产股份有限公司第二大股东华保宏实业（深圳）有限公司向其全资子公司普宁市恒宏业贸易有限公司协议转让公司2 500万股无限售流通股（占公司总股本的3.876%），标的股权交易价格约为1.342 5亿元。本次转让后，华保宏仍为公司第二大股东。

卧龙地产收购嘉原盛

15日，卧龙地产集团股份有限公司董事会通过关于公司拟出资受让北京奥图天元投资有限公司、自然人冯冲分别持有青岛嘉原盛置业有限责任公司74%、1%，合计75%股份的议案，以有关协议规定之对价及所规定的其他条件为依据，标的股权转让价格为6 500万元。

宝胜科创收购宝胜集团资产

15日，宝胜科技创新股份有限公司与控股股东宝胜集团有限公司签署《国有土地使用权转让合同》及《固定资产购买合同》，公司向宝胜集团购买465 328.56平方米的国有土地使用权、水电设施及地上辅助设施资产，标的资产交易价格合计231 745 600元。

新疆城建收购新疆宝深

16日，新疆城建（集团）股份有限公司董事会审议通过有关公司收购新疆宝深管业有限公司100%股权并控股该公司的议案，标的股权交易价格为4 450万元，其中，1 100万元用于收购新疆宝深100%股权（1 100万股），剩余3 350万元用于支付该公司原股东及关联方应付款及其他款项。

西宁特钢收购哈密博伦

16日，西宁特殊钢股份有限公司董事会通过关于公司以现金（自有资金）收购哈密长城实业公司所持哈密博伦矿业公司20%股权的决议，根据公司于15日与长城实业签订的《哈密博伦股权转让协议》，标的股权交易价格为6 900万元。

中捷欧洲收购德国杜克普·阿德勒股份公司

16日，上工申贝（集团）股份有限公司与中捷缝纫机股份有限公司签订《关于缝纫机业务战略合作框架协议书》，中捷股份全资子公司中捷欧洲公司拟购买公司全资子公司上工（欧洲）控股公司所持德国杜克普·阿德勒股份公司约43%的股权，标的股权交易价格约为1.1亿元。

光明乳业增资入购新西兰Synlait Milk公司

18日，光明乳业宣布，拟以增资形式认购新西兰Synlait Milk公司新增普通股26 021 658股，并获得后者51%股权。而以每股3.15新西兰元计算，标的股权交易价格为8 200万新西兰元（约合3.82亿元人民币）。

凯迪电力收购生物质能电厂

19日，凯迪电力宣布，公司拟收购控股股东武汉凯迪控股投资公司直接和间接持股的 11 个下属生物质能电厂子公司的 100% 股权，标的股权交易价格为 5 402.10 万元。

润宝置业收购上海外高桥保税区 C1 - 03A 地块国有建设用地使用权

19 日，上海外高桥保税区开发股份有限公司全资子公司上海外高桥联合发展有限公司挂牌转让上海外高桥保税区 C1 - 03A 地块期满，由上海润宝置业有限公司（投资比例为 100%）竞得上述地块的成片开发国有建设用地使用权，标的资产交易价格为 6 727万元。

亚星集团收购原平山厂区资产

19 日，扬州亚星客车股份有限公司董事会通过关于原平山厂区资产转让暨关联交易的预案，公司于同日与控股股东江苏亚星汽车集团有限公司签署《资产转让合同书》，将原平山厂区房屋建筑物、附着物和部分设备转让给亚星集团，标的资产交易价格为 38 708 900 万元。

国电电力收购浙江北仑三电、国电新疆、江苏谏壁、国电江苏

20 日，国电电力宣布，公司拟用本次公开发行 A 股股票的部分募集资金收购其控股股东中国国电集团公司所持浙江北仑第三发电公司 50% 的股权、新疆电力公司和江苏谏壁发电公司各 100% 的股权以及江苏电力公司 20% 的股权，交易价格将最终依据经有权部门备案的目标公司净资产评估值为基准确定。

广晟有色收购清远嘉禾

20 日，广晟有色金属股份有限公司宣布，公司拟以自有资金收购彭远海等 4 名自然人所持清远嘉禾稀有金属有限公司 30.5% 的股权，交易价格不高于该等股权所对应的净资产评估值。预计标的股权交易价格不高于 1 250 万元。

新华锦纺织收购恒孚针织

20 日，山东新华锦国际股份有限公司董事会审议通过关于公司全资子公司山东新华锦纺织有限公司收购公司另一全资子公司新华锦集团山东盈商国际贸易有限公司所持青岛恒孚针织有限公司 75% 股权的决议，标的股权交易价格为 605.42 万元。

江特电机股权划转

21 日，江特电机公司国家股股东宜春袁州区经济贸易委员会持有的公司13 545 510 股股份无偿划转给宜春袁州区国有资产运营有限公司事宜在中国证券登记结算公司深圳分公司办理过户登记手续。

三峡水利收购巫溪后溪河及孔梁至镇泉 110kV 输电线路

22 日，重庆三峡水利电力（集团）股份有限公司宣布，公司（乙方）与重庆加利宁水电开发有限公司（甲方）签订《股权及线路转让协议》，甲方分别将其所持巫溪后溪河水电开发有限公司全部 1 964 万元（占 95.85%）的股权及孔梁至镇泉 110kV 输电线路转让给乙方，标的股权、资产交易价格共计 3 363.30 万元。

陕西建设机械股权划转

22 日，陕西建设机械股份有限公司宣布，将其国有股东陕西建设机械（集团）有限责任公司所持公司 35 312 883 股股份无偿划转给陕西煤业化工集团有限责任公司。

华电集团收购华电置业

22日，国电南京自动化股份有限公司董事会通过关于公司拟将其所持华电置业有限公司全部2%股权转让给公司实际控制人中国华电集团公司的决议，以华电置业净资产评估值1 571 179 000元为依据，标的股权交易价格为3 142.36万元。

大海医药收购新港医药

22日，南京新港高科技股份有限公司董事会通过关于将其所持南京新港医药有限公司全部90%股权转让给南京大海医药有限公司的议案，以标的公司截至2010年6月30日的净资产评估值（559.14万元）为作价依据，标的股权交易价格为503.226万元。

北京有色研究院收购国瑞电子

22日，有研半导体材料股份有限公司董事会审议通过有关公司拟向北京有色金属研究总院协议转让公司持有的全部国瑞电子材料有限公司4.07%股权的决议，以目标公司股东权益评估价格为依据，标的股权交易价格为257.54万元。

成都倍特建设收购倍特建安

23日，高新发展董事会审议通过《关于公司控股子公司成都倍特建设开发有限公司受让成都倍特建筑安装工程有限公司股权的议案》，公司控股子公司成都倍特建设开发公司拟受让16名自然人持有的倍特建安26.862 2%的股权，标的股权交易价格为1 343.11万元。

赛马实业收购西水水泥

26日，宁夏赛马实业公司董事会、监事会通过关于收购相关股权的事宜，公司拟分别与内蒙古西水创业公司、包头泰格贸易公司签署《股权转让协议》，收购西水股份所持乌海西水水泥公司45%的股权、西水股份及泰格贸易分别所持包头西水水泥公司35%及10%的股权，标的股权交易价格总计375 880 725元。

凤凰置业收购龙凤公司

26日，江苏凤凰置业投资股份有限公司董事会通过关于公司全资子公司江苏凤凰置业有限公司签署《南京龙凤投资置业有限公司股权转让协议》的议案，凤凰置业拟收购重庆润源基础设施投资有限公司所持龙凤公司全部74.81%的股权，标的股权交易价格为6.5亿元。

用友软件收购江门用友、常州用友、徐州用友

28日，用友软件股份有限公司董事会审议通过有关收购江门用友软件有限公司、常州用友信息技术有限公司、徐州用友软件公司的业务及相关资产的议案，标的资产交易价格分别为132万元、4 796 378元、4 580 876.03元。

北京基投收购北信公司

30日，北京首创股份有限公司董事会审议通过关于将其所持北京信息基础设施建设股份有限公司81 390 890股股权转让给北信公司第一大股东北京基础设施投资有限公司的议案，标的股权拟转让价格为每股1.15元（实际转让价格按照评估值确定）。

金晶科技收购金晶节能

30日，山东金晶科技股份有限公司董事会通过关于公司于同日与控股股东山东金晶节能玻璃有限公司签订资产收购协议的决议，公司拟收购金晶节能的中空玻璃、Low－E镀膜玻璃等玻璃深加工生产线及其相关资产（包括该生产线的机器设备、房屋等），标的资产交易价格为8 124.74万元。

8月

龙建路桥收购龙捷公司、畅捷公司

2日，龙建路桥股份有限公司董事会通过关于公司以往来转账的方式受让黑龙江七密高等级公路公司、黑龙江汤嘉高等级公路公司所持黑龙江龙捷政轨道交通工程公司、黑龙江畅捷桥梁隧道工程公司各35%股权的事宜，同日，公司分别与交易对方签署股权转让协议，转让价格分别为3 500万元、1 050万元。

美克投资入股美克家具

3日，美克国际家具公司董事会审议通过关于对原审议通过的向特定对象非公开发行股票发行方案中的部分事项进行调整的议案，公司以本次非公开发行股票收购控股股东美克投资集团有限公司，且美克集团将以其所持美克美家全部49%股权作价439 925 800元认购公司本次向其发行的股份。

美尔雅集团收购劲牌公司

4日，湖北美尔雅股份有限公司接大股东湖北美尔雅集团有限公司通知，集团公司与湖北劲牌投资有限公司签署相关《债权转让协议书》，劲牌公司将其从GL亚洲毛里求斯第二有限公司取得的对公司和集团公司及其下属关联公司的全部债权合同和担保文件下的所有权利，以160 908 000元转让并交付给集团公司。

浙江航民收购航民海运

4日，浙江航民股份有限公司宣布，公司五届二次董事会、监事会通过关于收购航民海运其他少数股东持有的航民海运5%股权的决议，标的股权交易价格为450万元。本次收购完成后，公司持有航民海运股权达到70%。

香江控股收购金海马置业

6日，深圳香江控股公司董事会通过关于公司收购瑞通投资公司持有的武汉金海马置业公司30%股权的决议，双方签订股权转让协议，按金海马2009年12月31日净资产评估值（即401 171 600元）为基础，加上之前应付未付股利，标的股权交易价格为134 163 400元。

龙溪轴承股权划转

7日，龙溪股份宣布，公司控股股东漳州机电投资有限公司将所持公司31.39%国有股股权，计9 416.64万股无偿划转片仔癀集团。本次股权划转后，片仔癀集团将持有公司股份121 233 800股，占公司股份总数的40.41%。

上海昂立挂牌转让股权

9日，上海交大昂立股份有限公司董事会、监事会审议通过关于公司拟通过上海联合产权交易所以公开挂牌方式出售参股企业深圳康泰生物制品股份有限公司2.45%的股权（875万股）的决议，挂牌价不低于2009年末账面投资余额（为15 129 888.51元）。

北新建材收购北新房屋

9日，北新建材董事会通过《关于收购北新房屋有限公司部分股权的议案》，公司拟收购北新建材（集团）公司所持北新房屋公司11%的股权，标的股权交易价格1 471.58万元。

吉林敖东增持洮南药业

9日，吉林敖东董事会审议通过关于增持吉林敖东洮南药业公司部分股权的议案，公司拟增持洮南药业其他股东持有的不超过2 338万股的股份，标的股权交易价格为7 200万元。

乐山电力收购增持大堡水电、大堡水电股权转让

9日，乐山电力股份有限公司董事会审议通过有关公司收购增持控股子公司四川峨边大堡水电公司部分股权事宜，大堡公司自然人股东黄素清致函公司拟以2009年年末经审计每股净资产2.336元的价格出让其持有的大堡公司150万股股权，标的股权交易价格为350.40万元。

上海绿洲转让安徽绿洲

9日，上海机电股份有限公司董事会通过关于公司全资附属企业上海绿洲实业有限公司在上海联合产权交易所挂牌转让其所持安徽绿洲人造板有限公司全部61%股权的议案，挂牌价格不低于标的股权对应的净资产评估值3 348.06万元。

巢湖皖维收购皖维高新粘合机分厂

9日，安徽皖维高新材料股份有限公司宣布，公司与巢湖皖维振华实业有限公司签订《资产转让协议》，决定将粘合剂分厂全部资产出让给振华实业，标的资产交易价格为345.47万元。

香港振华收购FG

10日，中国交通建设股份有限公司宣布，中交股份的全资子公司香港振华工程有限公司于9日完成收购Friede Goldman United Ltd.（简称FG，是全球领先的海上钻井平台设计服务和装备供货商之一）100%的权益，标的权益交易价格为1.25亿美元。

上海飞乐转让华鑫证券

10日，上海飞乐股份有限公司董事会通过关于公司拟将其全资企业上海电讯器材厂的整体资产及公司所持华鑫证券有限责任公司全部3%股权在上海产权交易所挂牌出让的决议，出让价均不低于评估值。

卧龙地产清算、解散宁波信和置业

10日，卧龙地产集团股份有限公司收到宁波东部新城开发建设指挥部收回公司控股68.5%的子公司宁波信和置业有限公司有关国有土地使用权全部补偿款4.75亿元，公司拥有的相关权证也已办理注销手续，同意公司清算、解散宁波信和。

绿洲科创收购大江集团

10日，大江集团公司与上海绿洲科创生态科技有限公司签署相关《产权交易合同》，将所持上海大江饲料有限公司100%股权、上海大江水产饲料科技有限公司99.5%股权以及常州大江饲料有限公司94.4%股权转让予绿洲科创，标的股权交易价格合计4 750万元。

华电国际收购鄂托克前旗正泰公司

11日，华电国际电力股份有限公司宣布，公司拟与内蒙古华实祥泰商贸有限公司签署协议，购买华实祥泰持有的鄂托克前旗正泰商贸有限公司的20%股权，标的股权交易价格为2.679 7亿元，并完成交割及有关的工商变更。

藤仓亚洲收购烽火藤仓

11日，南京新港高科技股份公司董事会通过关于将其所持南京烽火藤仓光通信有限公司全部7.65%的股权，以其2010年6月30日的净资产审计值（422 333 380.90元）按1∶1的比例作价转让给藤仓亚洲有限公司，标的股权交易价格为32 308 503.64元。

兴业实业入股江苏银行

11日，江苏吴中实业股份有限公司董事会通过关于转让公司所持江苏银行部分股权的议案，公司于同日与兴业实业签订《股权转让协议书》，将所持江苏银行股份中的1 000万股股份（公司的账面成本为694.05万元）转让给兴业实业，标的股权交易价格为5 000万元。

中信网络收购长城宽带

11日，长城开发公司董事会审议通过《关于变更出售长城宽带5%股权受让方的议案》，公司将出售长城宽带网络服务公司股权的受让方变更为中信网络公司。同日，中信网络与公司、长城科技、长城电脑签署《产权交易合同》，购买后者拟出售的长城宽带合计50%股权及相关债权，其中公司的股权转让价格为4 226 000元。

合肥高科技风险投资公司收购华安期货

12日，丰原生化公司与合肥高科技风险投资公司签订《股权转让协议》，丰原生化将所持华安期货公司14.25%股份转让给合肥高科技风险投资公司，标的股权交易价格为2 850万元，股权转让完成后，公司不再持有华安期货公司股份。

中科英华入股天富期货

12日，中科英华高技术股份有限公司与吉林省信托有限责任公司签订《股权转让协议》，公司拟收购吉林信托持有的天富期货有限公司2 500万股股权（占该公司总股本25%），收购价格为每股1.5元，标的股权交易价格为3 750万元。

锦江酒店入股锦江国旅、锦江实业

13日，锦江国际（集团）有限公司与锦江国际酒店（集团）股份有限公司签署《股份转让协议》，锦江酒店将以向锦江国际非公开发行内资股和支付现金对价的方式收购其所持锦江国旅全部66 556 270股国家股（占公司总股本的50.21%）及锦江实业212 586 460股股份（占公司总股本的38.54%）。

大同煤业收购燕子山矿及洗煤厂

13日，大同煤业股份有限公司董事会审议通过公司收购控股股东大同煤矿集团有限责任公司燕子山矿（包括采矿权）及洗煤厂相关资产的议案，经公司重新聘请资产评估机构，以其为本次资产收购出具并经山西省人民政府国资委核准的评估报告中标的资产评估价值2 184 460 200元为转让价款。

恒顺醋业转让恒顺苏中

13日，江苏恒顺醋业股份有限公司董事会、监事会审议通过关于公司拟按920万元的价格转让其全资子公司江苏恒顺苏中调味品有限公司（注册资本736万元，至2008年末已逐步停产，截至2010年6月30日经评估的所有者权益为642.52万元）100%股权的决议。

汇丰实业收购梅丰水电

15日，广东梅雁水电股份有限公司董事会审议通有关公司将所持丰顺梅丰水电发展公司50%股权转让给丰顺县汇丰实业公司的决议，同日交易双方签署有关股权转让协议，以梅丰水电经评估的净资产价格（股东权益评估值为137 698 300元）为基础，标的股权交易价格为7 024.5万元。

经纬纺机收购中融信托

17日，经纬纺机机械公司宣布，关于收购中融国际信托公司36%股权事宜，中融信托已完成董事、监事变更的工商登记手续，至此，有关股权收购事项的工商变更手续全部完成。此外，按照股权收购协议约定，公司已支付全部第一期股权转让价款6亿元。至此，公司完成对中融信托36%股权的收购。

上海寰保收购常熟寰保

18日，上海浦东路桥建设股份有限公司董事会、监事会审议通过关于公司控股子公司上海寰保渣业处置有限公司以现金方式受让自然人股东所持常熟寰保渣业处置有限公司24%股权的议案，受让价格以经评估的常熟寰保净资产为依据。

复地集团收购朗福置业

18日，渝开发董事会审议通过《关于转让全资子公司重庆朗福置业有限公司股权及债权的议案》，将公司所持重庆朗福置业公司（全资子公司）50%的股权以及公司对朗福公司享有的50%的债权转让给上海复地投资管理公司，标的股权、债权交易价格合计4.3亿元。

中国医药收购通用美康

20日，中国医药保健品股份有限公司宣布，公司与其控股股东中国通用技术（集团）控股公司就收购通用技术集团所持通用美康医药公司10%股权签订收购协议，标的股权交易价格为56 870 317.50元。完成收购后，中国医药持有通用美康100%股权。

冠农果茸收购冠农鹿丰

20日，新疆冠农果茸集团公司董事会审议通过关于公司以现金受让新疆冠农果蔬食品公司、涿鹿果仁食品公司、深圳丰达进出口公司分别所持新疆冠农鹿丰食品公司70%、15%、15%股份的决议，公司于10日分别与上述转让方签订《股权转让协议》，标的股权交易价格为 5 569 612 元。

中国对外经贸信托公司收购杭州万通

25 日，北京万通地产股份有限公司董事会通过关于公司将所持杭州万通时尚置业有限公司 100% 股权中的 51% 股权转让给中国对外经济贸易信托有限公司的决议，交易双方于同日签署《股权转让协议》，标的股权交易价格为 2.7 亿元。

贵航汽车股权划转

25 日，贵州贵航汽车零部件股份有限公司第二大股东贵阳国有资产投资管理公司与贵阳市工业投资（集团）有限公司签署《关于公司股份无偿划转协议》，贵阳国投将所持公司全部股票 17 950 566 股（约占公司总股本的 6.22%）无偿划转给贵阳工投。

无锡金久入股东方证券

26 日，无锡金久置业发展有限公司竞得上海百联集团股份公司所持 18 236 669 股东方证券股份有限公司股份（账面价值为 19 450 584.24 元），标的股权交易价格为 147 069 918.83 元。

宏碁上海收购方正科技与 PC 相关的无形资产

26 日，方正科技集团公司董事会审议通过关于向宏碁上海转让所有用于公司 PC 产品相关业务的数据库、软件（方正 IT 系统）等无形资产（市场价值评估值为 5 095.60 万元）的决议，以公司拥有所有权、使用权并且可以用于宏碁上海 PC 产品相关业务为原则，标的股权交易价格为 5 100 万元。

信达荣昌收购青岛千禧龙

26 日，信达地产股份有限公司董事会审议通过关于公司全资子公司青岛信达荣昌置业集团有限公司拟在评估的基础上以总价不超过 991.4 万元，收购其他股东持有的青岛千禧龙置业有限公司 49.57% 股权的议案。收购完成后，信达荣昌将持有千禧龙 100% 的股权。

中捷欧洲欧元入股 DA 公司

26 日，上工申贝（集团）股份有限公司董事会通过关于上工欧洲转让其所持 DA 公司部分股权的议案，由公司、上工欧洲与中捷股份及其全资子公司中捷欧洲公司共同签订 DA 公司股份转让协议，上工欧洲拟将其所持 DA 公司 29% 股份转让给中捷欧洲，标的股权交易价格为 863.26 万欧元。

东方航空收购东方飞培、东航大酒店

27 日，中国东方航空公司董事会审议通过关于公司以现金方式收购中国东方航空集团分别所持上海东方飞行培训有限公司 5% 股权、东航大酒店有限公司 14.14% 股权的决议，以基准日 2010 年 6 月 30 日的净资产评估值为基础，标的股权交易价格分别为 28 269 595.88 元、1 494.15 万元。

小商品城收购申银万国

28 日，浙江中国小商品城集团股份公司收购华能资本服务有限公司所持申银万国证券股份有限公司 0.703 0% 的股权（47 213 139 股），交易双方签订产权交易合同，转让价格为 5.26 元/股，标的股权交易价格为 248 341 111 元（主要来源于公司自有资金）。

中铁铁龙收购山西开城

29日，中铁铁龙集装箱物流股份公司董事会通过关于公司使用自有资金收购北京新德元盛投资有限公司所持山西开城房地产开发公司100%股权的决议，根据公司控股子公司大连铁龙房地产开发公司及新德元盛签订的股权转让协议书，标的股权交易价格为3.0亿元。

天山股份与天水中材签订《工业品买卖合同》

30日，天山股份董事会审议通过《关于本公司与关联方发生经营性关联交易的议案》，公司与关联方天水中材水泥公司签订《工业品买卖合同》，合同总价款为700万元。

露天煤业收购扎哈淖尔露天矿采矿权

截至30日，露天煤业收购中电投蒙东能源集团公司扎哈淖尔露天矿采矿权及相关资产和负债暨关联交易事项全部完成，当日，支付收购价款的余款1 082 588 565.35元。

海亮股份收购恒昊矿业

30日，海亮股份与金平添惠投资公司签订正式的股权转让协议，公司拟以每股4.5元的价格再次收购金平添惠所持红河恒昊矿业公司1 600万股股份，标的股权交易价格为7 200万元。

东阳光铝收购东阳光药

30日，广东东阳光铝业股份公司董事会审议通过公司以不超过2.5亿元的投资额、以不超过东阳光药引进其他战略投资者价格的80%受让深圳东阳光所持东阳光药部分股权的议案。具体交易金额及交易价格由双方协商确定。

华电国际收购鄂托克前旗权辉公司

31日，华电国际电力公司与内蒙古金沃投资公司签订有关股权转让协议书，公司拟收购金沃公司出售的鄂托克前旗权辉商贸有限公司35%的股份，考虑到权辉公司评估资产净值（为27.25亿元）、煤炭储量及设计产能以及现行煤价，标的股权交易价格确定为9.388 344亿元。

华夏建通入股建通科技

31日，华夏建通科技开发公司第一大股东北京卷石轩置业发展公司与廊坊国土土地开发建设投资公司签订《股份转让协议》，卷石轩将所持公司5005万股有限售条件的流通股（占公司总股本的13.17%）全部转让给开发公司，标的股权交易价格为284 284 000元。

中兵光电收购浦丹光电

31日，中兵光电科技股份有限公司董事会、监事会通过关于公司使用自有资金收购姜恩颖持有的北京浦丹光电技术公司30%股权的决议，根据交易双方于19日签署的《股权转让协议》，标的股权交易价格为5 500万元。

强生控股收购久事公司、强生集团

截至31日，强生控股以7.03元/股向实际控制人上海久事公司、控股股东上海强生集团有限公司共发行约2.45亿股人民币，以购买久事公司和强生集团持有的出租车运营、汽车租赁、汽车服务等汽车运营类相关资产及旅游类资产。标的资产交易价格总计17.2亿元。

9月

中国平安认购深发展A

1日，中国平安和深发展宣布，中国平安拟以17.75元/股的价格，认购深发展A的16.39亿股，合计约291亿元，交易对价主要由中国平安向深发展银行注入平安银行90.75%股份及部分现金来支付。

金海房开公司收购泉野酒店

1日，国旅联合股份有限公司董事会通过关于公司全资子公司南京国旅联合汤山温泉开发有限公司将其所持有的南京泉野酒店开发有限公司19%的股权转让给辽宁金海房地产开发集团有限公司的决议，标的股权交易价格为1 800万元。

华远置业收购曲江唐瑞置业

2日，华远地产股份有限公司董事会通过关于公司全资子公司北京华远置业公司收购西安曲江大明宫投资（集团）公司所持西安曲江唐瑞置业公司100%股权及债权的议案。双方于当日签署《股权及债权转让协议》，标的股权、债权交易价格合计6.6亿元。

北京苏宁电器购朝阳区商业金融用地

2日，北京苏宁电器认购北京朝阳区八里庄京棉新城危改项目二期A1区商业金融用地，标的资产交易价格为9.65亿元。

铖兴泰收购正大国利

2日，深圳正大国利投资公司与深圳铖兴泰投资公司签订《债权转让协议》，正大国利投资公司将所持对*ST中华的美元21 968 365.55元债权（约合计人民币1.5亿元）转让给深圳市铖兴泰投资公司。

浙江水利收购松阳安民、临安青山殿

3日，钱江水利开发公司董事会通过关于公司控股子公司钱江水电控股公司与公司第二大股东浙江水利水电投资集团公司于2007年12月19日签署的《股权转让协议书》的事宜，水利置业将其所持浙江松阳安民水电站公司27%的股权、临安青山殿水电开发公司6.5%的股权转让给浙江水电集团，标的股权交易价格为1 840万元。

润丰集团收购桂林润琦房地产

7日，桂林集琦药业公司与北京润丰宏业房地产开发公司签订《股权转让协议》，公司将所持参股公司桂林润琦房地产开发公司32.43%股权转让予北京润丰宏业房地产公司，标的股权交易价格为5 568万元。交易完成后，公司不再持有桂林润琦股权。

天府新城收购迈尔斯通

8日，天府新城公司与华弘公司、林氏公司签订《股权转让协议》，林氏公司将持有的迈尔斯通公司49.31%的股权全部转让给天府新城公司，标的股权交易价格为272 522 742.20元。

民丰特纸收购嘉兴桑达贝

9日，民丰特种纸股份有限公司董事会通过有关公司拟收购嘉兴丰莱桑达贝纸业有限公司全部资产的决议，公司将与控股股东协商确定转让价格和转让形式，并提交董事会审议。该事项构成关联交易，已经公司控股股东董事会审议通过。

粤宏远A收购威宁煤炭沟煤矿

9日，粤宏远A董事会审议通过公司与张金火、柳国明签署《威宁县煤炭沟煤矿财产份额转让合同书》的决议，公司拟受让威宁煤炭沟煤矿70%股权，包括张金火持有的30%份额和柳国明40%份额，标的股权交易价格为4 795万元。

三五互联收购亿中邮

9日，三五互联董事会审议通过《关于首次公开发行股票募集资金中其他与主营业务相关的营运资金使用计划的议案》，公司使用首次公开发行股票募集资金中其他与主营业务相关的营运资金2 590万元收购北京亿中邮信息技术公司70%的股权。

宝鸡石油收购宝鸡钢管、咸阳宝石

10日，石油济柴宣布，公司拟将其持有的宝鸡钢管21%股权、咸阳宝石28.67%股权分别转让给宝鸡石油钢管厂和宝鸡石油机械有限责任公司，标的股权交易价格分别为2.518 8亿元、6 881万元。

江苏兴业收购吴中服装集团

12日，江苏吴中实业股份公司董事会审议通过关于转让江苏吴中服装集团公司股权的议案，公司拟将所持服装集团全部98%的股权转让给江苏兴业实业公司，以标的股权对应的净资产审计值114 077 700元为依据，标的股权交易价格为114 077 100元。

吴中实业收购隆兴置业

12日，江苏吴中实业股份有限公司董事会通过关于收购苏州隆兴置业公司股权的议案，公司将收购兴业实业所持隆兴公司95%的股权，标的股权交易价格为222 615 000元。

华丽商投收购华孚投控

13日，华丽家族股份有限公司全资子公司上海华丽家族商业投资公司与上海新谊房地产开发有限公司签署《股权转让意向书》，华丽商投拟购买新谊房产所持广东华孚投资控股有限公司100%的股权，目标公司企业价值不超过人民币5.6亿元。双方将根据评估价值协商确定最终成交价格。

阳光房地产收购福建康嘉、汇友房地产

13日，阳光城与阳光房地产分别签署《福州康嘉房地产开发有限公司股权转让合同》、《福建汇友房地产开发有限公司股权转让合同》，公司拟将康嘉房地产、汇友房地产各100%股权转让给阳光房地产，标的股权交易价格合计350 840 566.38元。

碧水源股权转让

13日，碧水源与梁辉在北京签署协议，公司拟将所持北京碧水源净水科技公司

70%股权中的10%转让给梁辉先生，标的股权交易价格为53万元。

长江电力参与重组三环股份

15日，中国长江电力股份公司董事会通过关于公司以所持湖北能源集团股份公司股份参与重组湖北三环股份公司事宜，经交易各方协商，置出资产与置入资产的交易价格分别确定为962 126 635.76元、11 246 643 981.38元。公司与原重组协议各方签署《关于三环股份重大资产重组交易价格之补充协议》。

中国船舶收购重大资产

16日，中国船舶重工股份公司宣布，国务院国资委原则同意公司非公开发行股份购买中国船舶重工集团公司、大连造船厂集团公司、渤海造船厂集团公司等持有的大连船舶重工集团公司、渤海船舶重工公司、山海关船舶重工公司各100%股权及青岛北海船舶重工公司94.85%股权。标的股权交易价格以国资委有关批复文件确认的净资产评估值17 438 073 800元为基准确定。

海翔药业股权转让

17日，海翔药业控股股东罗邦鹏与其子罗煜签署《股权转让协议》，将其所持3 480万股（占总股本的21.68%）海翔药业股份转让给罗煜先生，以协议签署日收盘价的50%作为转让价格，标的股权交易价格总计463 710 000元。

沈阳机床公司收购沈阳机床（集团）公司

17日，沈阳机床股份有限公司拟受让沈阳机床实际控制人沈阳机床（集团）公司所持沈阳机床（集团）成套设备公司80%的股权，标的股权交易价格为2 402万元。

中化国际转让天津港中化

20日，中化国际（控股）股份有限公司宣布，公司通过上海联交所以公开挂牌竞价方式转让其所持天津港中化国际危险品物流公司全部60%的股权，并以其资产评估值作为转让底价，该标的最终以6 470万元由中化天津有限公司受让。

天津滨海发展投控公司收购内蒙古滨海投资公司

20日，经天津产权交易中心确认，天津松江股份公司控股股东天津滨海发展投资控股公司作为唯一受让方，获得公司控股子公司天津松江集团有限公司持有的内蒙古滨海投资股份公司全部5%的股权，标的股权交易价格为7 231 790.00元。

明珠集团转让韶关众力

20日，广东明珠集团股份公司董事会、监事会通过关于转让公司所持广东明珠集团韶关众力发电设备公司全部104 862 424.80股股权的议案，转让价格以不低于9月30日经评估后公司拥有众力公司的净资产为基准确定（有关评估报告将于股东大会召开前5个工作日内披露）。

大唐电信收购上海优思

21日，大唐电信科技股份公司董事会通过关于公司与自然人顾新惠和熊碧辉签署《股权收购协议书》的事宜，公司以现金收购顾新惠和熊碧辉分别持有的上海优思通信科技公司各8%，合计16%的股权。依据上海优思的评估值4.51亿元，标的股权交易价格合计6 378万元。

中软国际收购掌中无限

27日，中国软件与技术服务股份公司董事会通过关于子公司收购资产的议案，公司控股99.999 4%的子公司中国计算机软件与技术服务（香港）公司之子公司中软国际公司于22日与卖方等相关方面签署《股份收购协议》，拟有条件收购掌中无限控股公司100%股权。标的股权交易价格不超过9 100万美元。

东方传媒收购百视通

27日，同方股份公司董事会，会议审议通过有关公司出让其所持百视通网络电视技术发展公司股份2 910万股给上海东方传媒集团的决议，标的股权交易价格为3.09亿元。转让完成后，公司持有百视通股权比例由35.37%降低至20.67%。

海航易控股收购易食股份

27日，海航商业控股公司与海航易控股有限公司签订《股权转让协议》，海航商业将其持有的易食股份42 847 964股（占公司总股本的17.38%）股权以协议方式转让给易控股，标的股权交易价格为489 323 748.88元（每股11.42元）。

中国北车收购上海轨发

28日，中国北车股份公司宣布，公司成功收购上海电气集团股份公司所持上海轨道交通设备发展公司44.79%的股权，收购价款为365 088 992.94元；单方认购上海轨发新增注册资本，增资价款为84 911 007.06元，其中，6 252万元计入上海轨发注册资本，其余22 391 007.06元计入其资本公积。

吉林天丰股权转让

28日，新疆众和股份有限公司与其控股70%的子公司吉林天丰机电设备制造公司自然人股东刘奎生签订《股权转让协议》，公司将持有的吉林天丰140万元股权全部转让给刘奎生，标的股权交易价格为190万元。

山航B收购青岛国际航空物流

29日，山航B董事会审议通过《关于收购青岛国际航空物流中心有限公司30%股权的议案》及公司与福晋国际投资公司签订的关于青岛国际航空物流中心公司的《股权转让协议》，公司拟收购福晋国际持有的青岛物流30%的股权，标的股权交易价格为2 451万元。

西水创业收购领锐股份

29日，内蒙古西水创业股份公司董事会通过关于公司以1.563 7元/股的价格认购参股18.622%的领锐资产管理股份公司本次拟增发的全部股份191 852 657股的决议，认购总价款为3亿元。

洛玻集团认购洛玻公司对广州国信的债券

29日，洛阳玻璃股份有限公司董事会通过关于债权转让的议案，公司与控股股东中国洛阳浮法玻璃集团公司于同日签订《债权转让协议》，将公司对广州国际信托投资公司的债权整体转让给洛玻集团，标的债券交易价格为3 500万元。

洪都航空收购洪都公司飞机业务及相关资产

30日，江西洪都航空工业股份公司董事会通过关于公司非公开发行募集资金投资项目之一收购洪都公司飞机业务及相关资产项目专项审计报告的决议。根据与洪都公司签署的《资产购买协议》及其补充协议，以6月30日为基准日，确定标的资产价值为589 070 672.92元。

10月

青松建化收购西部建设

8日，新疆青松建材化工（集团）股份有限公司董事会、监事会审议通过关于公司以自筹资金收购新疆西部建设股份有限公司持有的喀什西部建设公司（注册资本5 000万元人民币）40%股权的决议，标的股权交易价格为2 000万元。

安徽鑫科收购古河金属

10日，安徽鑫科新材料股份公司董事会、监事会通过关于收购古河金属（无锡）公司股权及对其增资扩股的议案，公司拟受让古河电气工业株式会社全资持有的标的公司60%的股权，根据双方签订的《关于股权转让及合资合同的备忘录》有关条款及《审计报告》和《评估报告》，标的股权交易价格为1 680万元。

浙江东日收购温州东日

11日，浙江东日股份有限公司与控股股东浙江东方集团公司正式签署《国有股权转让协议》，公司受让东方集团所持温州东日进出口有限公司40%的股权。温州东日股东全部权益评估值13 354 549.94元，标的股权交易价格为535万元。

力合股份股权划转

11日，珠海城市建设集团公司与珠海水务集团公司签订股权无偿划转协议，珠海城市建设集团公司将持有的力合股份34 665 162股国有法人股（占力合股份总股本的10.06%，全部为无限售条件的流通股股份）无偿划转给水务集团。

中信证券转让国泰君安

12日，中信证券股份公司董事会通过公司将所持国泰君安证券股份公司全部0.032 4%的股权和国泰君安投资管理股份有限公司全部0.044 0%的股权在产权交易机构通过挂牌方式转让的决议，挂牌价格分别为18 128 269.76元、70 2421.92元。

岷江水电股权划转

12日，四川岷江水利电力股份公司第一大股东阿坝州水利电网资产经营公司与省电力签署《股份无偿划转协议》，阿坝州水利将其所持有的公司股份120 578 132股（占公司总股本的23.91%）全部无偿划转给省电力。

雅戈尔投资入股徐工机械

13日，雅戈尔集团股份公司全资子公司雅戈尔投资公司与徐工集团工程机械股份公司签署其非公开发行股票之认购合同，雅戈尔投资以现金出资1 198 650 000元（自有资金），以30.50元/股的价格认购徐工机械非公开发行的股票3 930万股，并承诺于认购完成后12个月内不转让。

Deep Bright Limited收购中软香港

13日，中国软件与技术服务股份公司子公司中国计算机软件与技术服务（香港）

公司与 Deep Bright Limited 签署《股份转让协议书》，中软香港拟以 2.08 港元/股的价格向后者出售其持有的中软国际普通股股票 5 000 万股，标的股权交易价格为 1.04 亿港元。

雅戈尔入股宁波银行

13 日，雅戈尔集团股份公司与宁波银行股份公司签署《宁波银行非公开发行 A 股之股份认购协议》及《关于认购股份的数量及价格之确认函》，公司以自有资金现金出资 807 225 000 元，以 11.45 元/股的价格认购宁波银行非公开发行的股票 7 050 万股，并承诺于认购完成后 36 个月内不转让。

安源实业股权划转

13 日，安源实业股份公司实际控制人江西煤炭集团公司与其全资子公司丰城矿务局、萍乡矿业集团公司、江西煤炭销售运输公司、中鼎国际工程公司签署《上市公司国有股份无偿划转协议书》，安源实业将后者合计持有的 136 115 970 股股份（占公司总股本的 50.56%）通过行政划转直接持有。

和力置业收购上海飞乐丽园路房产

13 日，上海和立置业公司认购上海飞乐音响股份公司所持丽园路房产（评估价值为人民币 95 967 400.00 元），标的房产交易价格为 1 亿元。

亚泰建材收购铁新水泥

15 日，吉林亚泰（集团）股份公司董事会通过由公司子公司吉林亚泰集团建材投资公司收购辽宁新新集团股份公司持有的铁岭铁新水泥公司 108 193 895.19 元股权的决议，标的股权交易价格为 248 810 147.8 元。

福建南纸公开转让南平星光大厦

15 日，福建南纸股份公司董事会通过关于公司将所持福建南平星光大厦公司全部 90% 股权与南平星光大厦固定资产一并通过福建省产权交易机构整体公开转让，标的股权及标的资产的评估值分别为 366.64 万元、1.039 5 亿元，该等评估结果均尚须福建省国资委备案核准。

昊华能源收购东铜铁路

15 日，北京昊华能源股份公司董事会、监事会通过关于收购鄂尔多斯乌兰煤炭（集团）公司、鄂尔多斯腾远煤炭公司分别持有的鄂尔多斯东铜铁路公司 6%、2% 股权的决议，标的股权交易价格分别为 240 万元、80 万元。

鸿国实业收购颐美汤山温泉开发公司

18 日，国旅联合股份公司董事会通过关于公司全资子公司南京国旅联合汤山温泉开发有限公司以 1 874 万元的价格转让其所持有的南京颐美汤山温泉开发有限公司 61.2% 的股权予江苏鸿国实业集团有限公司或其指定的第三方的决议。

上海市长宁区土地资源储备中心收购武夷路、昭华路地块

18 日，上海飞乐股份公司董事会审议通过关于公司处置武夷路 174 号地块和昭化路 54 号地块的事宜，上海长宁区土地资源储备中心拟对公司拥有的上述两地块实施收购，双方就该等事宜签署相关协议，标的资产交易价格为 1.228 亿元。

云南城投收购申城房开

18日，云南城投置业股份公司董事会通过公司参与竞买上海汇成房产经营公司全资子公司昆明申城房地产开发公司100%股权及247 203 721.8元债权的决议，上述标的挂牌价格为4.307亿元，其中100%股权转让价格为183 496 278.2元。

时代出版收购华安证券

19日，时代出版传媒股份公司董事会审议通过公司与安徽华贸集团公司签订《股权转让协议》的议案，公司以自有资金受让华贸集团持有的华安证券公司（注册资本24.05亿元）2 000万股股权，标的股权交易价格为5 000万元。

兰花科创收购永胜煤业

19日，山西兰花科技创业股份公司董事会、监事会审议通过关于收购整合有关煤矿事宜，公司决定在朔州平鲁区连片整合平鲁永胜煤业公司、朔州万鑫煤业公司、朔州满贞煤业有限公司，分别以现金方式出资1.89亿元、1.67亿元收购永胜煤业100%股权和万鑫煤业股权。

亿利能源收购伊金霍洛旗东博煤炭

19日，亿利能源公司与亿利资源集团公司、神木地利矿业投资公司签署附条件生效的《股权转让协议》，公司拟以本次非公开发行部分募集资金购买后两者分别持有的伊金霍洛旗东博煤炭公司65%、35%的股权，标的股权交易价格合计1 659 209 900元。

宝塔石化入主西北轴承

19日，西北轴承宣布，公司第一大股东中国长城资产管理公司与宁夏宝塔石化集团公司签署《股份转让协议》，宁夏宝塔石化拟受让长城资产管理公司所持有的西北轴承4 336.58万股股份，标的股权交易价格以财政部最终批准价格为准。

西安旅游竞购西安海外旅游

20日，根据西安旅游董事会之前审议通过《关于收购西安海外旅游有限责任公司股权暨关联交易》的议案，公司向西安产权交易中心提交股权意向受让申请，参与竞购在西安产权交易中心挂牌的西安海外旅游公司97.9%股权转让项目，交易价格为232万元。

中国纸业增资泰格林纸

21日，中国诚通控股集团公司（中国纸业投资总公司）与湖南省国资委等7家股东共同重组泰格林纸集团合作协议签约仪式在长沙举行。根据协议，中国诚通旗下的中国纸业投资总公司出资25亿元对泰格林纸集团进行增资扩股，实现控股55.92%，泰格林纸集团将改制为股份有限公司。

三环股份重组资产

21日，三环股份宣布，公司此次重组拟置入资产为湖北省国资委、长江电力、国电集团合计持有的湖北能源100%的股份。拟置入资产交易价格为112.5亿元，增值率57.24%；拟置出资产为公司的全部资产和负债，交易价格为9.6亿元，增值率20.35%。

百利电气收购百利康诚

22日，百利电气宣布，公司拟受让香港理成投资公司持有的百利康诚机电设备

（天津）公司25%股权，并以经天津市国资委备案的评估价值为定价依据。本次受让完成后，公司持有百利康诚公司100%股权，百利康诚将成为公司全资子公司。

＊ST 白猫打包出售应收款项

23日，＊ST白猫董事会通过关于公司打包出售应收款项交易的议案，公司拟将截至2010年9月30日已提取坏账准备的应收款项（账面价值人民币26 931 344.18元，已提取坏账准备26 800 830.51元）及其相关财产权利打包出售给浙江经海投资管理公司，转让价格为1 200万元。

亚宝药业收购芮城永乐南路东侧土地使用权

25日，亚宝药业集团公司宣布，公司拟向其控股股东山西亚宝投资公司购买其位于芮城永乐南路东侧合计总面积为304.72亩的土地使用权（土地性质为工业用地，土地使用权剩余年限为49.95年），标的资产交易价格为3 900.45万元。

科创医药收购明星药业

26日，四川明星电力公司与四川科创医药集团公司签订《产权交易合同》，科创医药拟受让四川明星药业公司全部100%股权。按所持股权比例，标的股权交易价格为51 029 168元。

中铝100亿增资江钨有色

26日，中铝与江西国资委草签《江西稀有金属钨业控股集团有限公司增资扩股协议》。根据协议，在经江西省政府批准之后，中铝将以增资扩股方式对江钨进行出资，成为其控股股东。中铝增资100亿入主江钨有色。

光明乳业入股信联乳业

27日，国家发改委批复光明乳业股份公司投资入股新西兰信联乳业公司项目，即公司通过拟在境外注册的两层全资子公司出资8 200万新西兰元，认购信联乳业增发的2 602.1万股股票。入股完成后，公司持有信联乳业51%股份。批复文件自印发之日起一年内有效。

大新华航空收购海南航空及其控股子公司

28日，海南航空公司及控股子公司中国新华航空集团公司、长安航空公司、山西航空公司拟将包括机库、航材、特种车辆等航空维修资产及人员转让给大新华航空技术公司，标的资产交易价格为1 272 047 000元。

光明集团并购英国联合饼干公司

29日，光明集团正就收购英国联合饼干公司（United Biscuits）进行排他性谈判，拟以31.6亿美元（超过20亿英镑）并购联合饼干公司。罗斯柴尔德（Rothschild）担任光明食品本次谈判的顾问。

中航三鑫收购文昌南玻石英砂矿

31日，中航三鑫全资子公司海南中航特玻材料有限公司与中国南玻集团公司签署《股权转让合同》，由海南中航特玻购买南玻集团持有的海南文昌南玻石英砂矿100%股权，标的股权交易价格为5 122.41万元。

11 月

三元食品转让花冠公司

1 日，北京三元食品公司董事会通过关于挂牌转让全资子公司北京华冠乳制品有限责任公司 100% 股权的议案，公司将通过北京产权交易所，以不低于 3.5 亿元的底价对外挂牌转让标的股权。

长沙新阳光收购通程控股子公司

1 日，通程控股与长沙新阳光铝业公司签署《股权转让合同书》，公司将持有的全资子公司长沙通程金洲投资有限公司 100% 的股权全部转让给新阳光，标的股权交易价格为 6 614 万元。

农垦下河清实业收购亚盛绿鑫

1 日，甘肃亚盛实业（集团）公司董事会通过关于公司全资子公司甘肃亚盛绿鑫啤酒原料集团公司将其所持全资子公司甘肃下河清啤酒原料公司全部股权，以 1 500 万元的价格转让给甘肃农垦下河清实业公司（其与公司属同一控股股东控制）的决议。本次股权转让构成关联交易。

中国南航完成对南龙控股增股

1 日，中国南方航空公司完成向南龙控股公司定向增发境外上市外资股（H 股）3.125 亿股，每股面值人民币 1 元，全部为普通股；发行价格为每股港币 2.73 元；南龙控股亦已完成相关认购事宜。

上海数字产业集团收购上海高清

1 日，上海新南洋公司董事会审议通过公司关于转让所持有的上海高清数字科技产业有限公司 787.5 万股股权的议案，初步确定意向受让方为上海数字产业（集团）有限公司，转让价格为 2.5 元/股，转让总金额为 1 968.75 万元。

长江出版传媒集团收购上海华源

1 日，湖北长江出版传媒集团公司认购上海华源企业发展公司股东中国华源集团公司、上海华源投资（集团）公司分别持有的公司 190 127 100 股、3 560 100 股有限售条件的流通股，标的股权交易价格为 9 878 047.20 元。

城投控股收购西部证券

1 日，上海城投控股公司于 10 月 29 日与陕西电力公司签署的《产权交易合同》得到产交所盖章确认，公司拟受让陕西电力所持西部证券股份有限公司 30.7% 的股权（计 306 980 200 股），标的股权交易价格总计 1 780 485 160 元。

浙江龙禧收购中轻房产、汇金酒店

2 日，浙江龙禧投资集团公司认购浙江中国轻纺城集团公司全资子公司浙江中轻房地产开发有限公司和绍兴汇金酒店有限公司各 100% 股权，标的股权交易价格合计 3.6 亿元。

淄博远景收购鲁新高新土地使用权

2 日，淄博远景房地产开发公司认购山东鲁信高新技术产业所持土地使用权（城镇混合住宅用地）及相关房产等资产，标的资产交易价格为 2.9 亿元［其中应支付淄博金信博商贸公司房产出售款项741.86万元（为该等房产评估值），公司房地产拍卖出售价格为282 581 400元]。

华电能源、东兴集团收购陈巴尔虎旗天顺矿业

3日，华电能源股份有限公司、鹤岗东兴集团与德清宇生粮油公司以及自然人马洪祥、马洪海、张甲亮和马德权签订《股权转让协议》，华电能源、东星集团拟联合收购后者所持陈巴尔虎旗天顺矿业公司90%的股权，标的股权交易价格合计5.7亿元。

浙江龙盛新加坡公司收购Dystar Acquisition Corporation

4日，浙江龙盛新加坡KIRI控股有限公司与美国白金私募基金签署《股份购买协议》，新加坡公司以自筹资金出资1 000万美元购买该私募基金所持Dystar Acquisition Corporation（简称德司达美国公司，截至2010年6月末未经审计的净资产为2 007.9万美元）100%股权。

英特药业出售英特物业

4日，英特集团子公司浙江英特药业公司将转让标的100%浙江英特物业管理公司股权在上海联交所上市挂牌，挂牌期截至2010年12月2日，拍卖会举行时间为2010年12月14日下午3时。转让标的的转让底价为4.501 1亿元。

日本武田收购武田药品

4日，力生制药与武田药品工业株式会社签订股权转让协议，将力生制药持有的天津武田药品有限公司25%的股权转让给日本武田，标的股权交易价格为1.2亿元。

同达创业收购乐凯大厦

4日，根据上海同达创业投资股份有限公司六届八次董事会通过的有关决议，公司参与乐凯大厦20、21层的竞拍，并以总价4 150万元［折合单价2.101 9万元/平方米（不含税费）］竞得该等标的资产。

上海华源公开拍卖资产

4日，拍卖公司公开拍卖受上海华源企业发展公司，部分资产已成交：江西华源江纺公司69.075 9%股权、广东发展银行0.004%股权、张家港中东石化实业公司23.715%股权及公司对中东石化的债权、上海华天电子商务公司56%股权、公司对海阳华源公司的债权、商城路660号乐凯大厦2001~2015室，合计68 444 254元。

友谊股份合并百联股份、增股收购上海第一八佰伴与百联投资

4日，百联集团公司旗下两家上市公司百联股份和友谊股份宣布，友谊股份拟吸收合并百联股份，同时以定向增发方式向百联集团发行A股收购上海第一八佰伴36%股权与上海百联集团投资公司100%股权。收购完成之后，友谊股份更名为百联集团公司，成为国内综合实力最强的零售业上市公司之一。

东原宝境置业、深圳河东基业收购腾辉控股

5日，重庆迪马实业公司董事会通过关于公司控股子公司东原房地产公司之控股子公司重庆蓝森房地产公司拟将所持腾辉控股管理公司51%、49%的股权，分别转让给东原地产之控股子公司重庆东原宝境置业公司、蓝森地产的另一股东深圳河东基业投资公司的决议，标的股权交易价格总计3.429 4亿元。

中粮地产收购加来房地产

5日，中粮地产宣布，中粮地产完成对上海加来房地产开发有限公司51%股权的收购，收购价格以经国务院国资委授权机构备案的评估值为准，标的股权交易价格为588 827 500元。

华北高速、华祺投资出售易通交通

5日，华北高速公路公司及公司全资子公司华祺投资与招商局物流集团有限公司签署产权交易合同，华北高速和华旗投资将其共同所持易通交通信息发展公司76%和14%的股权转让予招商局物流集团，标的股权交易价格为2 281.446万元。

国电电力收购万立水电

7日，国电电力发展公司董事会通过关于公司拟收购青海万立水电股份有限公司100%股权的决议，经竞价，公司以2.996 3亿元的报价成功竞得万立水电的收购权。

东百集团收购厦门新世界百货

8日，东百集团宣布，公司与武汉新世界千姿百货有限公司签署《股权转让协议》，公司以自有资金受让千姿公司持有的厦门新世界百货有限公司（注册资本人民币800万元）100%股权，标的股权交易价格为900万元整。

旭光资源收购中国高分子新材料

8日，旭光资源公布，拟以最多总代价116.35亿元向控股股东索郎多吉等收购中国高分子新材料约89.49%至95%权益，其中90%以发行代价股支付，代价股每股作价3.15元，较停牌前收市价2.93元折让7.51%，而代价股占旭光现行及经扩大后股本各161.62%及61.78%；余额以现金支付。

江西长运收购上饶汽运

8日，江西长运股份有限公司董事会通过关于与上饶汽运集团公司股东（包括武汉亿贝实业有限公司等5家公司）进行股权合作事宜，公司参考有关评估机构对上饶汽运全部资产及相关负债的评估结果，以自有资金1.35亿元收购武汉亿贝所持上饶汽运56.82%的股权。

长春经开与六合房开置换9亿元资产

9日，长春经开（集团）公司拟以所持会展整体资产、长春国际会展中心公司95%股权、长春经济技术开发区热力公司99.99%股权、长春经开集团兴隆热力公司100%股权与国资集团持有的吉林六合房地产开发公司100%股权进行置换，置出资产与置入资产的预估值分别为9.9亿元、9.968 8亿元。

中科电气收购湖南岳磁

9日，中科电气董事会审议通过《关于使用超募资金收购湖南岳磁高新科技有限公司51%股权的议案》，公司拟收购湖南岳磁高新科技有限公司51%的股权，标的股权交易价格为1 672.8万元。

长园集团收购康业投资

9日，长园集团股份有限公司董事会审议通过公司拟以2 700万元的价格收购东莞市康业投资有限公司（注册资本为人民币150万元；拥有自有房产，宗地面积为60 200

平方米）100%股份的决议。

上海沿海绿色家园置业收购北京联海

11日，上海丰华（集团）公司拟将持北京联海房地产开发公司全部50%的股权转让给上海沿海绿色家园置业公司，标的股权交易价格为4 300万元；因北京联海参股北京通州商务园开发建设公司，公司持有北京联海借款4 550万元所形成的债权，公司以4 550万元转让。本次交易总价款为8 850万元。

百科集团收购梧州贸易公司

11日，辽宁百科集团（控股）公司董事会通过关于公司于同日与控股股东浙江宋都控股有限公司、自然人郭轶娟签署《股权转让协议》的决议，公司拟收购宋都控股、郭轶娟分别持有的杭州梧都贸易公司90%、10%的股权，标的股权交易价格分别为9 981 794.61元、1 109 088.29元。

中海油收购美国鹰滩页岩油气项目

11日，中海油宣布，其全资子公司将以10.8亿美元现金购入美国鹰滩页岩油气项目33.3%的权益。收购预计2010年第四季度完成。

珠海前胜收购世纪中珠

11日，中珠控股公司2010年第二次临时股东大会审议通过公司将其所持控股子公司北京世纪中珠置业公司全部51%的股权出售给珠海前胜投资公司的议案，以有关《专项审计报告》和《资产评估报告》为定价依据，确定标的股权交易价格为230 492 300元。

盛运股份收购中科通用

11日，盛运股份董事会审议通过《关于公司利用自有资金收购北京中科通用能源环保有限公司部分股权的议案》，公司拟受让北京紫金投资公司持有的北京中科通用能源环保公司220万股股权，标的股权交易价格为4 400.00万元。

亿阳信通收购大桥公司

12日，亿阳信通股份有限公司收到亿阳集团公司关于南京长江第三大桥公司股权支付的第三笔转让款1.5亿元；第四笔转让款1.5亿元将于2011年5月13日前支付。至此，公司已收到转让款累计3.621亿元，占本交易总额6.21亿元的58.31%。

上海飞乐收购上海圣阑

12日，上海飞乐音响股份有限公司董事会通过关于公司与上海盛阑投资管理公司及曹容等五名自然人签订有关股权转让框架协议的决议，公司收购出让方合计持有的上海圣阑实业公司35%的股权，按标的股权对应的股东权益评估价值7 910万元为依据，标的股权交易价格为7 875万元。

丹化科技挂牌出售上海申盈

13日，丹化化工科技股份有限公司公开挂牌出售持有的上海申盈实业有限公司（注册资本4 000万元人民币；自2007年以来已不再经营任何业务，实际已处于停业状态）全部90%的股权（对应的净资产评估值为2 479.98万元），出售底价为3 100万元。

华新水泥收购京兰集团三源水泥

13日，华新水泥公司与吕有富、湖北京兰水泥集团公司签订《股权转让协议》，公司以自筹资金收购上述两方分别持有的湖北京兰集团三源水泥公司 42.5%、57.5%，合计 100% 的股权，根据三源公司经审计的净资产价值 34 269 898.40 元及有关因素，标的股权交易价格合计 23 795 805.98 元，折价约 30%。

中珠控股收购盘锦弘盛

15 日，中珠控股公司与盘锦弘盛房地产开发公司自然人股东周国伟、张燕飞签署有关股权转让协议，公司以自有资金按股东实际出资额收购上述两人分别持有的盘锦弘盛 30%、40%，共 70% 股权，标的股权交易价格为 700 万元。

梅花伞转让苏兹诺

16 日，梅花伞董事会审议通过关于与非关联自然人蔡尔超先生签订《股权转让协议》事宜，公司向其转让公司持有的厦门苏兹诺服饰产业发展公司 45% 的股权，标的股权交易价格为 3 519 109.89 元。

澳洋顺昌收购张家港昌盛农村小额贷款公司

16 日，澳洋顺昌与江苏信源诚泰投资担保公司签署《关于张家港昌盛农村小额贷款有限公司之股权转让协议》，信源诚泰将其所持 10.00% 的张家港昌盛农村小额贷款公司股权转让给公司，标的股权交易价格为 2 500 万元。

云南城投收购申城公司

17 日，云南城投置业公司与昆明申城房地产开发公司唯一股东上海汇成房产经营公司签订的《产权交易合同》经上海联合产交所审核通过，公司以 4.307 亿元认购申城公司 100% 股权及 247 203 721.80 元债权，标的股权、债权交易价格分别为 183 496 278.20 元、247 203 721.80 元。

上海仪电控股收购 SMT 板块 4 家公司

18 日，上海金陵公司将所持 SMT 板块四家公司全部股权，即上海金陵表面贴装公司和香港文康电子公司各 100% 股权、杭州金陵科技公司 53.18% 股权及深圳金陵通讯技术公司 41.29% 股权，转让给公司控股股东上海仪电控股（集团）公司，标的股权交易价格为 102 926 652.89 元。

雅戈尔收购宜科科技

18 日，宜科科技控股股东宁波鄞州新华投资公司和第二大股东雅戈尔集团公司签署《股权转让协议书》，新华投资将其所持的 34 391 199 股（占总股本的 17.00%）宜科科技股份转让给雅戈尔，标的股权交易价格为 363 171 061.44 元。

上海海博收购金陵出租

18 日，上海金陵股份有限公司董事会审议通过关于公司将上海金陵出租汽车服务有限公司（注册资本人民币 3 080 万元）20% 股权转让给上海海博出租汽车公司的决议，标的股权交易价格为 35 102 728.05 元。

上汽香港认购通用汽车

18 日，上海汽车集团股份公司全资子公司上海汽车香港投资公司以自筹资金认购通用汽车公司上市发售普通股，认购价格为 33 美元/股，获售股数为 15 151 515 股（约占通用汽车总股本 0.965 57%）；标的股权交易价格为 499 999 995 美元。

东方集团投控公司收购东方实业

18 日，东方集团公司大股东东方集团实业公司股东池清林、安英、邢文兆分别将其所持有的东方实业 4 082.32 万股、4 057.88 万股、4 004.95 万股股权转让给东方集团投资控股有限公司，转让后投资公司合计持有东方实业 30.11% 的股权。

山东高速集团替换对高速公司的德齐北段房产

19 日，山东高速公路公司审议通过《关于京福高速公路德齐北段沿线房屋资产之协议书》，根据于 2008 年 8 月 7 日与公司签订的相关转让协议，公司控股股东山东高速集团公司将其转让给公司的德齐北段沿线房屋替换为现金，标的资产交易金额为 2 368.09万元。

鸿源机电收购韶关众力

19 日，广东明珠集团公司与广东鸿源机电公司签订《股权转让合同》，公司向鸿源机电转让其持有的广东明珠集团韶关众力发电设备公司 95.33% 的股权，标的股权交易价格为 247 858 000 元。

常州新发展认购江苏银行

19 日，黑牡丹（集团）公司董事会审议通过关于转让江苏银行股份公司部分股权暨关联交易的议案，根据公司五届十五次董事会相关决议，公司通过常州产交所对所持部分江苏银行股份 4 000 万股进行挂牌出让，公司原第三大股东常州新发展实业公司受让股权，标的股权交易价格为 2.44 亿元。

上海贝岭出售长丰智能卡公司

19 日，上海贝岭股份有限公司董事会审议通过关于公司出售其持有的上海长丰智能卡公司全部股权的议案，转让价格以 2010 年 7 月 31 日为基准日标的股权对应的净资产评估值 933 300.00 元为准。

海利化工挂牌出让长沙银行股份公司

19 日，湖南海利化工公司董事会审议通过关于公司通过湖南省产交所采取挂牌出让的方式，以不低于评估价值 1 342.89 万元，处置公司持有的长沙银行股份公司股权 257.759 万股事宜，预计处置该项股权将取得收益约 1 200 万元。

海利高新技术公司收购专有技术

19 日，湖南海利化工公司董事审议通过关于公司控股 99.42% 的子公司湖南海利株洲精细化工公司拟向公司控股股东湖南海利高新技术产业集团公司出让《呋喃酚生产技术》的决议，标的技术交易价格为 14 285 597 元，即该无形资产的账面价值。

方达再生以方达环宇置换中信安泰

19 日，东莞方达再生资源产业公司董事会审议通过关于股权资产置换的议案，公司以所持东莞方达环宇环保科技公司 78.73% 股权，置换韩光所持江苏中信安泰投资公司 45% 股权，根据双方于 18 日签署的有关协议，标的股权交易价格为 4 697.50 万元、4 828.662 万元，公司须支付补价 131.162 万元。

平安信托收购平安证券

20 日，中国平安保险（集团）公司控股子公司平安信托公司拟与林芝新豪时投资发展公司签署有关股权转让协议，平安信托拟受让新豪时所持有的平安证券公司9.90%的股权，标的股权交易价格为1 218 368 586.60元。

雅戈尔收购宜科科技

20日，雅戈尔集团公司董事会通过公司收购宁波鄞州新华投资公司（为宁波盛达发展公司全资子公司）所持宁波宜科科技实业公司无限售条件股份34 391 199股，根据交易双方签订的《股权转让协议》，标的股权交易价格为363 171 061.44元。

上海华源资产转让

22日，上海华源企业发展公司所持华源国际贸易发展公司100%的股权、华源万成服饰公司90%股权、华源针织时装公司88.53%股权、六安华源纺织公司95%股权、昆山华源印染公司83.5%股权、奉化华源步云西裤公司70%股权、江苏雅鹿39.25%股权在上海拍卖行获拍，拍卖资产交易价格为54 438 830元。

精工楚天首付收购武汉龙鼎

22日，根据浙江中国轻纺城集团公司与湖北精功楚天投资有限公司草签的关于转让武汉龙鼎置业公司全部60%股权的《股权转让协议》，公司收到精功楚天支付的首期50%股权转让款6 924万元。公司将配合办理上述股权转让的工商变更登记手续。

耀华玻璃股权划转

23日，上海耀华皮尔金顿玻璃公司大股东上海建筑材料（集团）总公司宣布，建材集团与其全资子公司上海耀华玻璃厂已签署股份划转协议，耀华厂将所持公司全部16.14%股权计117 997 072股国有法人股无偿划转给建材集团。划转后建材集团将持有公司26.33%的股份，为公司第一大股东。

圣莎物业股权转让

23日，阳光城全资子公司阳光城集团陕西实业公司与自然人李玉杰签署《陕西圣莎物业管理有限公司股权转让合同书》，公司拟受让陕西圣莎物业管理有限公司100%的股权，标的股权交易价格为1 135 787.07元。本次股权受让后，公司拟将陕西圣莎物业管理公司更名为阳光城物业（陕西）有限公司。

长电科技收购新潮集团于江阴工业用地土地使用权

23日，江苏长电科技公司与其第一大股东江苏新潮科技集团公司签订相关资产买卖合同，公司拟以现金方式收购新潮科技集团公司拥有的江阴澄江镇红岩村、长山路西的工业用地188 115.5平方米土地使用权，标的资产交易价格为8 007.89万元。

长电国际收购长电先进

23日，江苏长电科技公司董事会、监事会审议通过关于公司全资子公司长电国际（香港）贸易投资公司受让新加坡APS公司持有的长电先进3.08%股权（即80万美元出资）的议案，标的股权交易价格为120万美元。

鑫茂科技收购特雷卡

23日，鑫茂科技宣布，就网络上有关“鑫茂科技有意收购荷兰光纤光缆巨头特雷卡（Draka）”的传闻进行澄清，称参与竞购的是控股股东鑫茂集团，鑫茂集团预计出资超过50亿元。

卧龙地产收购耀江神马

24日，卧龙地产集团公司董事会通过关于公司受让上海盛扬投资咨询公司所持公司控股子公司耀江神马实业（武汉）公司25%的股权的议案，以经审计的耀江神马净资产41 980 965.86元为依据，标的股权交易价格为2.063 9亿元。转让后，公司将持有耀江神马100%的股权。

黄和投资收购旭光股份于成都金牛区房地产及土地使用权

24日，成都黄和投资公司竞得成都旭光电子公司所持成都金牛区天回街道办事处长胜村的房地产（建筑面积18 198.39平方米）及土地使用权（面积约28 469.61平方米），标的资产交易价格合计1.125亿元。公司将与黄和投资签订资产转让协议，并办理相关手续。

申银万国股权转让

25日，上海汇通能源公司董事会审议通过关于公司将其所持有的申银万国证券公司176万股股份转让给弘昌晟的议案，交易双方签署《股份转让协议》，依据市场公允价格，确定股权交易价格为人民币6元/股，标的股权交易价格总计1 056万元。

金润热能收购璜塘热电

25日，江苏阳光股份有限公司董事会审议通过管公司向江阴金润热能电力公司转让其所持江苏阳光璜塘热电公司24%股权的议案，交易双方于当日签署《股权转让协议书》，按照璜塘热电经评估后净资产（282 424 300元），标的股权交易为6 778.18万元。

Fair Gold International Limited 收购久游国际

26日，中科英华高技术公司董事会审议通过公司全资子公司中科英华香港商贸公司拟将所持 Nineyou International Limited（久游国际）全部700万股A系列优先股股权出售给 Fair Gold International Limited 事宜，标的股权交易价格为1 500万美元（约合人民币9 983万元）。

新三九地产收购科技办公大楼

26日，华润三九宣布，华润三九董事会审议通过《关于转让科技办公大楼产权的议案》，拟将科技办公大楼一至九楼及天面转让给新三九地产有限公司，标的资产交易价格为1.6亿元。

长虹电子集团收购长城证券

26日，四川长虹电器公司第一大股东四川长虹电子集团公司受让公司所持长城证券公司全部5 000万元（2.42%）股权，标的股权交易价格为3.005亿元。交易双方于同日签署《产权交易合同》。

宁夏电投钢铁收购恒力盛泰

28日，宁夏恒力钢丝绳公司（甲方）与控股股东的全资子公司宁夏电投钢铁公司（乙方）签署《股权转让协议》，甲方将其全资子公司宁夏恒力盛泰房地产开发有限公司100%的股权转让乙方，标的股权交易价格为4 154.33万元。

飞利浦电子公司收购亚明照明

29日，上海飞乐音响公司及其控股子公司上海亚明灯泡厂公司与飞利浦电子技术

（上海）有限公司签署《产权交易合同》，公司及亚明公司将分别持有的飞利浦亚明照明有限公司7.74%、32.26%（合计40%）全部股权协议转让给电子公司，标的股权交易价格为1.389 6亿元。

肖赛英收购衡阳华丰

29日，冠城大通公司董事会、监事会审议通过关于公司将其持有的衡阳华丰房地产开发公司全部51%的股权转让给自然人肖赛英的决议，交易双方于同日签署《股权转让合同》，以衡阳华丰截至2010年9月30日的净资产评估值人民币31 502 480.29元为依据，标的股权交易价格为1 600万元。

安徽水利转让九华山沃尔特

29日，安徽水利开发公司董事会审议通过有关公司拟通过安徽省产权交易中心公开挂牌转让安徽九华山沃尔特酒店有限公司100%股权的决议，以沃尔特净资产评估值3 987.93万元为挂牌价格。

中储股份收购北京中储物流、广州中储国际

30日，中储发展股份公司宣布，公司拟参与受让控股股东中国物资储运总公司所持北京中储物流公司55%股权、广州中储国际贸易公司89%股权，上述标的股权的竞拍起拍价格分别为962.5万元、548.30万元。

长百购物收购江西风尚

30日，长春百货大楼集团公司董事会、监事会审议通过长百购物以现金出资收购江西风尚家庭购物公司股权的议案，交易标的为上海潮流实业有限公司持有的江西风尚全部49%股权，标的股权交易价格为5 000万元，并由长百购物完成缴足江西风尚后续注册资本2 000万元。

东湖实业收购普尼太阳能

30日，哈尔滨高科技（集团）公司董事会审议通过关于出售普尼太阳能（杭州）公司股权的议案，大豆食品于同日与湖州东湖实业公司签订协议，大豆食品将其持有的普尼太阳能300万美元股权中的130万美元股权转让给东湖实业，标的股权交易价格为4 547.4万元。

12月

浙江康恒房开收购昊川置业

1日，上海爱建公司董事会审议通过公司将所持上海昊川置业公司全部10%股权（出资额为500万元）协议转让给浙江康恒房地产开发公司的议案，双方拟签署相关《股权转让协议》，参照净资产评估值（8 687.75万元），标的股权交易价格为8 700万元。

山东高速集团以高速运管公司、潍莱公路公司置换高速股份公司股权

1日，山东高速宣布，山东省国资委批复山东高速集团公司拟通过发行股份实施重大资产购买暨关联交易的方案，原则上公司以5.29元/股的价格向高速集团增发14.20亿股A股，高速集团以所持山东高速公路运营管理公司100%股权和山东高速潍莱公路公司51%股权作为支付对价。

华能电力收购海南核电、时代航运

1日，华能国际电力公司分别与中国华能集团公司及其持股100%的华能能源交通产业控股公司签署有关股权转让协议，公司拟以自有资金（现金）受让华能集团拥有的海南核电公司注册资本中30%的权益及华能能交拥有的上海时代航运公司注册资本中50%的权益，标的权益交易价格总计12.32亿元。

城投置地挂牌出让城投悦城

1日，上海城投控股公司董事会审议通过关于公司下属全资子公司上海城投置地（集团）公司拟将所持上海城投悦城置业公司全部30%股权通过上海联交所挂牌转让的决议，根据标的股权的股东权益价值975 517 706.94元（以最终国资备案核准的评估价值为准），拟定挂牌底价为10.14亿元。

豫园商城收购婺源旅游公司

2日，上海豫园旅游商城公司与江西三清山旅游集团公司签订股权转让协议，公司收购三清山持有的江西婺源旅游股份有限公司（注册资本人民币1.8849亿元）16%的股权（共计3 015.84万股，评估值为7 782.4万元），标的股权交易价格为77 520 800元。

锦江国际酒店收购锦江餐饮投资公司

2日，上海锦江国际酒店发展公司拟受让控股股东之全资子公司锦江国际酒店管理公所持上海锦江国际餐饮投资管理公司10%股权；餐饮投资公司拟向酒店管理公司转让其所持锦江（北方）管理公司、云南锦江国际管理公司各5%股权，标的股权交易价格总计16 053 828.8元。

河南交投集团无偿收购中原高速

2日，河南中原高速公路公司控股股东河南高速公路发展公司、股东河南省高速公路实业开发公司及河南公路港务局与河南交通投资集团公司签署《国有股权划转协议书》，前者拟将其分别所持全部公司股份963 889 405股、585 433股、585 433股无偿划转至河南交投集团。

云南同德实业收购城投同德

3日，云南城投置业公司董事会、监事会审议通过公司将所持云南城投同德房地产开发公司41%股权转让给其另一股东云南同德实业集团公司的议案，根据双方于同日签署的《股权转让协议》及城投同德审计、评估结果，标的股权交易价格为2.34亿元。

财信集团收购融达投资

5日，国兴地产控股股东北京融达投资公司与重庆财信企业集团公司签订《北京融达投资有限公司与重庆财信企业集团有限公司之股份转让协议》，融达公司将其所持公司94 512 556股股份（占公司总股本的52.22%）中的36 018 930股转让给财信集团。

新城万博收购常州新城万盛

6日，江苏新城地产公司董事会审议通过关于公司控股子公司常州新城房产开发公司将其所持常州新城万盛房地产限公司100%股权转让给公司控股股东新城控股集团公司全资拥有的新城万博置业公司的决议，标的股权交易价格为 3 581.46 万元。

金丰投资收购住房置业担保公司

6 日，上海金丰投资公司董事会审议通过关于收购上海住房置业担保公司股权的议案，公司于同日与控股股东上海地产（集团）公司签订《股权转让协议》，同意收购地产集团持有的置业公司 10.5% 股权，以置业公司经审计评估后的净资产值为依据，标的股权交易价格为 158 510 567.17 元。

中华企业收购上海房地

6 日，中华企业股份有限公司与控股股东上海地产（集团）公司签订《股权转让协议》，公司拟以现金收购地产集团持有的上海房地（集团）有限公司 40% 股权，标的股权交易价格为 830 298 556.69 元。

亚盛实业与亚盛盐化置换资产

6 日，甘肃亚盛实业（集团）公司与第二大股东甘肃亚盛盐化工业集团公司签署《资产置换协议书》，公司以所持兰州新西部维尼纶公司 50.48% 的股权、甘肃兰维新材料公司 100% 的股权、山东盛龙实业公司 90% 的股权及公司其他部分资产进行资产置换，标的股权置换价格为 83 879.82 万元、63 786.83 万元。

长江投资实业收购长发物流

6 日，长发集团长江投资实业公司董事会审议通过关于长发货运转让其控股子公司上海长发物流公司 52% 的股权事宜，该项股权转让拟在上海联合产交所采取公开转让的方式进行，根据标的股权对应的评估价 -2 567.64 万元，公司将以 1 元的价格受让。受让后，公司将直接控股该公司。

AB 集团回购 AB 股份公司

7 日，苏州新区高新技术产业公司董事会审议通过关于授权公司实施转让参股企业 AB 股份有限公司股权，即由 AB 公司的大股东 AB 集团公司回购公司持有的 AB 公司全部 20% 股权的议案，以评估净资产价值（9 255 万元 ×20%）为基础，标的股权交易价格为 1 910 万元。

福源药业收购亚宝药业大同制药

7 日，亚宝药业集团公司董事会审议通过关于公司将所持有的亚宝药业大同制药有限公司（注册资本 1 500 万元，截至 2010 年 9 月 30 日净资产 2 238.99 万元）100% 的股权转让给山西福源药业公司的决议，标的股权交易价格为 2 350 万元。

张江高科技园区开发公司收购兴科置业

7 日，上海张江高科技园区开发公司董事会、监事会通过公司拟以自有资金向控股股东上海张江（集团）公司收购其全资子公司上海兴科置业公司 100% 股份暨关联交易议案，交易双方拟签署相关股权转让合同，标的股权交易价格为 244 466 354.11 元。

青岛啤酒、青啤香港公司收购新银麦啤酒公司

7 日，青岛啤酒宣布，公司及其全资子公司青岛啤酒香港贸易公司与新银麦啤酒（香港）公司及华祺有限公司（出让方）签订股权转让合同，公司、香港公司受让出让方分别持有的山东新银麦啤酒公司 75%、25% 的股权，标的股权交易价格总计 18.73

亿元。

莱美药业收购禾正制药

7日，青海明胶与重庆莱美药业公司在四川成都签订《青海明胶股份有限公司与重庆莱美药业股份有限公司之股权转让框架协议》，青海明胶拟转让所持子公司四川禾正制药公司100%股权给莱美药业，标的股权交易价格为9 000万元。

山东威达收购拜骋电器

8日，山东威达董事会通过《关于收购上海拜骋电器有限公司100%股权的议案》，公司拟收购徐新生、徐婷分别持有的上海拜骋电器有限公司64%、36%股权，标的股权交易价格合计2 000万元。

海南椰岛房开收购海口酒厂旧址

8日，海南椰岛（集团）公司董事会审议通过关于转让公司全资子公司海口酒厂原位于海口市龙华路43号土地（41.59亩）的议案，公司拟将标的土地按评估值327 381 500元转让给全资子公司海南椰岛房地产开发公司，其支付给公司及海口酒厂的搬迁补偿费参照地上附属物评估值69 918 900元。

西部资源收购银茂矿业

8日，四川西部资源控股公司董事会、监事会审议通过关于非公开发行A股股票募集资金拟收购南京银茂铅锌矿业公司80%股权相关审计、资产评估、盈利预测报告的议案，标的股权交易价格为695 926 800元。

广发证券转让华福证券

9日，广发证券将其所持广发华福证券公司60.351 9%的全部股权在福建省产权交易中心挂牌转让，挂牌期截至12月6日，目标股权转让总价为2 489 515 500元。

中建材玻璃无偿划转洛玻公司

9日，洛阳玻璃股份有限公司宣布，中建材玻璃公司通过国有股权无偿划转而间接收购洛阳玻璃公司31.80%股份所触及的要约收购义务已获中国证监会的豁免。

中国石化收购宏泰石化

9日，永泰能源公司董事会审议通过公司于同日与中石化公司签署《股权转让协议》事宜，公司将所拥有的山东鲁润宏泰石化公司100%股权转让给中国石化，综合考虑宏泰石化以2010年5月31日为基准日经审计的净资产账面价值41 304 378.41元及其他相关因素，标的股权交易价格为4 689.65万元。

厦门钨业收购虹广钨钼

9日，厦门钨业公司董事会审议通过公司收购上海广电电子公司持有的上海虹广钨钼科技有限公司（注册资本5 000万元）27%股权的决议，根据标的资产的评估结果，标的股权交易价格为1 176.42万元。

长电科技收购新潮集团地产

9日，江苏长电科技公司董事会审议通过《关于收购第一大股东新潮集团位于江阴长山路的土地的议案》，因该事项涉及重大关联交易事项，公司聘请另一家评估机构对本地块进行评估，本次关联交易的转让价格最终确定为8 007.89万元。

茂华能源收购白芦煤业、西家寨煤矿、一半岭煤业

9 日，华电国际电力公司全资子公司山西茂华能源投资公司分别与山西晋能白芦煤业公司、山西朔州平鲁西家寨煤矿公司、朔州一半岭煤业公司签署《产权转让协议》，标的产权交易价格分别为人民币 5.5 亿元、8 亿元、2.39 亿元。

南京新港收购经技开发区厂房

10 日，南京新港高科技公司董事会审议通过公司以评估值为基础购买控股股东南京新港开发总公司投资建设的南京经济技术开发区出口加工区一期 01 ~04 幢标准厂房（总建筑面积为 3 3211.12 平方米；评估值为 5 496.32 万元）的决议，标的房产交易价格为 5 496.32 万元。

南宁百货收购世贸西城广场

13 日，南宁百货股份公司董事会审议通过关于购买资产的议案，公司拟以自有资金购买由南宁标特步房地产开发公司建设并持有的位于南宁西乡塘区大学路 98 号的“世贸西城广场”商业性房地产的 A 区 1 ~2 层商场，标的资产交易价格为 110 125 381.00 元。

东阳光新药收购东阳光铝

13 日，广东东阳光铝业公司控股股东深圳东阳光实业发展公司与其二级控股子公司东莞长安东阳光新药研发公司签订《股权转让合同》，深圳东阳光将其持有的公司 9 000万股股份（占公司总股本的 10.88%）转让给新药公司。

重庆华森收购南京同仁堂药业新药资产

13 日，南京医药公司全资子公司南京同仁堂药业公司与重庆华森制药公司签署《六味安神胶囊新药技术转让合同》，同仁堂药业将所拥有的六味安神胶囊之新药技术、新药证书及其相关专利一次性转让给重庆华森，标的资产交易价格为 1 200 万元。

上实科技收购 China Health System Ltd.

13 日，上海医药集团公司董事会通过收购 China Health System Ltd. 股权的议案，公司拟以全资子公司上海实业医药科技（集团）公司作为收购实体，与百奥维达、礼来、NEA、Biomedical Sciences Investment Fund Pte Ltd. 和 Sagamore Bioventures，LLC. 签署《股份购买协议》，标的股权交易价格总计 2 234 398 336 元。

宁波雅戈尔收购浙江英特物业

14 日，雅戈尔集团公司控股子公司宁波雅戈尔服饰公司以 4.501 1 亿元的价格竞得浙江英特物业管理公司 100% 的股权。宁波雅戈尔服饰将与出让人浙江英特药业有限责任公司签订《产权交易合同》。

楚天高速股权划转

14 日，楚天高速宣布，公司接省人民政府有关批复文件，将湖北省高速公路集团公司所持有的公司 37 606.693 万股国有股（占总股本的 40.37%）无偿划转给湖北省交通投资公司。本次股权划转事项尚需报国务院国资委审核同意。

上海医药收购抗生素业务资产

14 日，上海医药宣布，公司拟以现金向控股股东上海医药（集团）公司购买其所持抗生素业务和资产，包括上海新亚药业公司（上药集团及其控股子公司上海新先锋药业公司）96.9%股权、上海新先锋华康医药公司100%股权，标的股权交易价格总计14.877 8亿元。

翰泰科技收购源久房产

14日，江苏宏图高科技公司董事会通过公司于同日与南京翰泰科技发展有限公司签订《股权转让协议》事宜，公司将所持南京源久房地产开发公司5 756.5万股股权（占其总股权的14.5%）转让给翰泰科技，标的股权交易价格为183 277 300元。

德高汇盈收购四维国创

15日，上海四维国创控股（集团）公司及其第一、二大股东青海中金创业投资公司、深圳益峰源实业公司分别与深圳德高汇盈投资担保公司签订《股份转让合同》，德高汇盈拟协议受让中金创业以及益峰源所持公司各2 500万股股票，合计5 000万股，占股本总额的13.24%。

西山公司收购花冠公司

15日，北京西山产业投资公司受让北京三元食品公司所持北京华冠乳制品公司100%的股权。

民百集团收购兰州银行

15日，兰州民百（集团）公司受让兰州国有资产经营公司持有的兰州银行2 500万股股份（受让股价为2.38元，总计5 950万元）的股权过户手续办理完毕，受让的股份已经过户至民百集团名下。

中储发展收购中储物流

15日，中储发展公司董事会审议通过关于收购宁波金昌实业投资公司持有的北京中储物流公司38%股权的决议，以目标公司市场价值评估值1 750.00万元乘以38%为基准，标的股权交易价格为665万元。

盟威斯林格缸套公司收购惠民渤海活塞

15日，山东滨州渤海活塞股份有限公司董事会审议通过关于公司拟将所持惠民渤海活塞公司的100%股权转让给滨州盟威斯林格缸套公司的议案，标的股权交易价格为299.72万元。

太极实业收购太极实业新材料

16日，无锡太极实业公司董事会审议通过关于公司拟出资不超过3 600万元，参与竞拍江苏金茂化工医药集团公司所持江苏太极实业新材料公司3 260万股股权（占其总股本的10.87%；在评估基准日2010年10月31日的市场价值为3 570.95万元）的决议。

茸源食用农产品股权转让

16日，上海大江（集团）公司和控股85%的上海大江肉食品二厂与非关联自然人宋瑞群、刘文金及吴德华签订《股权转让协议》及《补充协议》，公司及肉食品二厂分别将所持上海茸源食用农产品公司49%、51%，合计100%股份，以评估价为依据转让给受让方，标的股权交易价格合计2 228.28万元。

金风科技转让达茂旗天润风电

16日，金风科技全资子公司北京天润新能投资公司与平安信托公司签署股权转让协议，金风科技拟转让北京天润全资子公司达茂旗天润风电公司49%的股权，标的股权交易价格为209 349 400元。

中铁瑞城置业收购中铁二局旗下资产

17日，中铁二局公司董事会审议通过公司将所持达州中铁瑞城置业公司50%股权、中铁二局贵州锦隆房地产开发公司84%股权、四川三元文化产业发展公司95.6%股权、成都中铁置业公司100%股权和成都盈庭置业公司100%股权转让给公司全资子公司中铁瑞城置业公司的决议，标的股权交易价格为368 068 184.35元。

亚泰建材收购铁新水泥

20日，吉林亚泰（集团）公司所属子公司吉林亚泰集团建材投资公司与铁法煤业（集团）公司签署《股权转让合同书》，亚泰建材拟购买铁法煤业（集团）所持铁岭铁新水泥公司125 406 560.55元股权，标的股权交易价格为265 882 500元。

舜天西投转让金盛裕铁合金、川渝矿业

20日，江苏舜天公司董事会审议通过公司控股子公司重庆舜天西投实业公司分别以不低于1 506.60万元、2 200万元的价格，在江苏省产交所挂牌转让其所持城口金盛裕铁合金公司全部80%股权、重庆川渝矿业公司全部70%股权的决议。

德旗典当、元泰典当股权股份转让

22日，香溢融通控股集团公司控股子公司浙江香溢德旗典当公司、浙江元泰典当公司分别与刘洪宇签署协议，将德旗典当、元泰典当对华伦集团公司、浙江大地纸业集团公司分别拥有的债权2 000万元、2 040万元转让给刘洪宇，标的债权交易价格为1 400万元、243万元。

成渝高速股权转让

22日，国资委批复四川高速公路建设开发总公司将所持四川成渝高速公路公司全部975 060 078股股份（占公司总股本的31.88%）无偿划转给四川交通投资集团公司。

东华实业收购豪城公司

22日，广州东华实业公司董事会审议通过公司于同日与关联方广州豪城房产开发公司签订《资产购买协议》事宜，公司以4 240万元购买豪城公司所持位于广州荔湾区南岸路63号总建筑面积为2 812.09平方米的经营性资产（截至2010年11月30日的资产评估值为4 245.49万元）。

宜春锂能矿业收购南方矿业

22日，江特电机宣布，公司控股子公司宜春巨源锂能矿业拟收购奉新南方矿业公司的采矿权及设备，标的资产交易价格不超过700万元。

三维工程收购康克工业炉

23日，三维工程宣布，公司拟收购北京康克工业炉有限公司80%的股权，标的股权交易价格为1 010万元。

摩尔信息收购申盈实业

23日，丹化科技宣布，江苏摩尔信息技术公司受让丹化化工科技公司所持上海申盈实业公司全部90%的股权，标的股权交易价格为3 600万元。相关股权转让协议在镇江产权交易中心所出具本次股权转让产权交割单后生效。本次交易将给丹化化工带来约1 100万元的收益（未经审计）。

宏兴钢铁收购天风不锈钢

23日，甘肃酒钢集团宏兴钢铁公司董事会审议通过关于公司发行涉及关联交易事项的议案，公司拟以非公开发行股票的部分募集资金，收购公司控股股东酒泉钢铁（集团）公司所持酒钢集团天风不锈钢公司100%股权的决议，标的股权交易价格为43亿元。

天津滨海发展投控公司收购松江体文产业公司

23日，天津松江公司董事会通过公司控股子公司天津松江集团公司持有的天津松江体育文化产业公司65%股权转让暨关联交易事宜，当天，公司控股股东天津滨海发展投资控股公司受让标的股权，标的股权交易价格为8 589 165元。

安源实业股权划转

24日，江西煤炭集团公司将其全资子公司丰城矿务局、萍乡矿业集团公司、江西煤炭销售运输公司、中鼎国际工程公司分别持有的安源实业股份有限公司股份通过行政划转方式直接持有的国有股权无偿划转事宜完成相关股权过户手续。

上海一建收购建一实业

24日，上海建工集团公司宣布，经公司全资子公司上海第一建筑公司董事会审议通过，一建拟收购公司控股股东所属全资子公司上海建一实业公司所有的铁力路675号土地房屋产权，标的产权交易价格为6 761.85万元。

鼎盛天工股权划转

24日，国务院国资委批复鼎盛天工工程机械公司国有股东所持股份无偿划转暨重大资产置换及发行股份购买资产暨关联交易的方案，将天津工程机械研究院所持公司115 275 666股股份无偿划转给工业集团，公司本次重大资产重组的总体方案。

新盛建材收购江西中科

25日，中科合臣宣布，公司原控股子公司江西中科合臣实业公司已在江西九江工商局办理完毕公司转让持有江西中科股权过户事宜，公司所持江西中科股份2 550万股（占51%的股份）已全部转让给南通新盛建筑材料限公司，标的股权交易价格为5 508万元。

永泰能源收购昌隆煤化、南京永泰收购晋泰源选煤

25日，永泰能源公司收购自然人王伟、曹昌增所持灵石昌隆煤化公司89%、11%，合计100%的股权；公司全资子公司南京永泰能源发展公司收购自然人王勇、牛志刚所持灵石晋泰源选煤公司60%、40%，合计100%的股权。标的股权交易价格分别为1 718万元、1 038万元。相关《股权转让协议》均于同日签署。

国发房产股权转让

27 日，北海国发海洋生物产业公司董事会审议通过公司于同日与简一平签订《股权转让协议》事宜，公司将所持北海国发房地产开发公司 95% 的股权以经评估后的净资产值为基础，按现金 4 739 万元溢价转让给简一平。转让完成后，公司仍持有国发房产 5% 的股权。

新地能源收购威远生化地产

27 日，河北威远生物化工公司董事会审议通过将公司拥有的位于鹿泉李村镇的三宗土地（面积共计 69 108.90 平方米）及地上建筑物（建筑面积 2 317.76 平方米）以 1 036万元转让给新地能源工程技术公司的决议。

中色股份收购东北大学设计研究院

27 日，中色股份宣布，公司与其第一大股东中国有色矿业集团有限公司签署产权交易合同，拟收购其持有的东北大学设计研究院 20% 的股权，标的股权交易价格为 4 740万元。

巨力索具收购巨力钢构

28 日，巨力索具宣布，公司完成对巨力集团公司所持巨力集团徐水钢结构工程公司 92.50% 的股权收购事宜，标的股权交易价格为 39 296 912.42 元。

陈芳收购园林青

28 日，中珠控股公司董事会审议通过公司拟将所持湖北园林青食品公司全部 97.8% 的股权出售给自然人陈芳的议案，以有关《专项审计报告》（截至 2010 年 11 月 30 日，园林青所有者权益为 8 529 492.61 元）为定价依据，标的股权交易价格为 834.61 万元。

中珠红旗收购华云投资地产

28 日，中珠控股公司董事会审议通过关于公司全资子公司珠海中珠红旗投资公司受让其持股 100% 的珠海华云投资公司拥有的位于珠海金湾区红旗镇中心区双湖北路西侧的两宗土地使用权的决议，标的资产交易价格为 4 300 万元。

新华医疗收购安得医疗

30 日，山东新华医疗器械公司董事会审议通过公司收购参股 15% 的子公司山东新华安得医疗用品公司拥有的涉及消毒器生产、经营的全部资产的决议。安得医疗将此资产项目所涉及的全部经营业务转移给公司，不再经营此项业务，标的资产交易价格为 550.85 万元。

海利化工出售长沙银行

30 日，湖南海利化工股份有限公司持有的长沙银行股份有限公司 257.759 万股股权，经湖南省产权交易所挂牌，以网络竞价成交价 1 783 万元成功出让。

恒华投资收购凯马柴油机

30 日，恒天凯马公司与北京恒华投资有限公司签署《产权交易合同》，公司将其所持南昌凯马柴油机公司 93.67% 股权转让予恒华投资，标的股权交易价格为 2 900 万元。

新天集团收购新天房产

30 日，中信国安葡萄酒业公司与新天国际经济技术合作（集团）公司签署有关股权转让协议，公司拟将持新疆新天房地产开发公司68.33%的股权转让给新天集团，以新天房产的净资产评估价值3.5371 亿元为参考依据，标的股权交易价格为2.417 亿元。

2011 年

1 月

上海城投收购西部证券与国泰君安股份

1 月初，在出资17.8 亿元成为西部证券第二大股东之后，上海城投再出资28.83 亿元购买国泰君安5.55%股权，以此为契机，西部证券和国泰君安的上市工作有望提速。

东方钽业收购中色东方资产

4 日，东方钽业披露，拟从大股东中色东方集团购买球镍资产，交易价格为4 088.84万元。该资产位于宁夏石嘴山经济开发区，主要生产球形氢氧化镍产品。

杭萧钢构收购自然人股份

4 日，浙江杭萧钢构股份有限公司召开董事会，会议审议通过同意公司拟收购李文斌所持有的内蒙古杭萧钢构有限公司7.5%股权。此次股权转让的价格按照初始出资额确定，即每1 元出资的转让价格为人民币1 元，此次股权转让总价款为人民币225 万元。

卧龙电气收购烟台络华电器等资产

5 日，卧龙电气集团股份有限公司召开董事会，会议同意公司与烟台市络华电器开关设备有限责任公司、烟台东源电力集团有限公司、山东恒源电力股份有限公司签订《股权转让协议》，受让上述股东持有的烟台东源变压器有限责任公司7 070 万元股权，受让金额为人民币116 637 500 元。

英特药业增资海斯医药

5 日，英特集团宣布，公司控股子公司浙江英特药业有限责任公司与浙江海斯医药有限公司签署《增资扩股协议》，以现金出资1 465.45 万元，采用增资扩股方式投资海斯医药49%的股权。

燕京啤酒收购金川保健啤酒股份

5 日，燕京啤酒证实，已经在2010 年年底前出资1.5 亿元收购了内蒙古金川保健啤酒高科技股份有限公司96%股权。

新湖中宝股份收购平阳利得海涂围垦公司

5 日，新湖中宝股份有限公司召开董事会通过关于收购及增资平阳县利得海涂围垦开发有限公司的议案：公司通过收购和增资的方式，获得利得公司51%的股权，同时以人民币2 亿元的价格认缴新增该公司注册资本金人民币1 022.82 万元，其余部分作为其资本公积。本次交易的资金总额为11.1 亿元人民币，所需资金全部来源于公司的自有资金。

山西煤销集团重组山西焦炭集团

6日，从山西省国资委传来消息，山西煤炭运销集团正式整合重组山西焦炭集团，相关文件指出，煤销集团整合重组焦炭集团后，变为其母公司，依法对其进行管理。

祁连山水泥收购巨龙股权

6日，甘肃祁连山水泥集团股份有限公司与甘肃黑河水电开发股份有限公司、张掖市环保建材有限责任公司、张掖市三强化工建材有限责任公司、张掖市龙腾水泥建材有限公司、临泽县生源实业有限责任公司、甘肃张掖巨龙建材有限责任公司共同签署了《关于张掖巨龙股权转让协议》，祁连山水泥拟以现金方式出资6 000万元，受让黑河水电持有张掖巨龙的26%股权。

维科精华收购维科家纺股份

7日，宁波维科精华集团股份有限公司以自有资金收购控股子公司宁波维科家纺有限公司另两方股东即关联方兴洋浙东（宁波）毛毯有限公司、公司控股子公司宁波人丰家纺有限公司分别所持有的维科家纺43.33%股权、10%股权，依据有关评估结果，标的股权所对应的评估价值分为804.43万元、185.65万元，合计收购价为990.08万元。本次收购完成后，公司持有维科家纺股权比例增至100%；与此同时，公司将对维科家纺增资2 000万元人民币。

维科精华收购淮安安鑫家纺股权

7日，宁波维科精华集团股份有限公司同意以自有资金收购控股子公司宁波兴洋毛毯有限公司所持有的淮安安鑫家纺有限公司51%股权，依据安鑫家纺截至2010年11月30日的净资产1 669.06万元（未经审计）进行，标的股权所对应的收购价为851.22万元。

同方股份与晶源裕丰电子置换资产

7日，同方股份有限公司董事会通过关于向唐山晶源裕丰电子股份有限公司出售资产并认购其股份的预案，根据有关资产评估报告，确定标的资产即北京同方微电子技术有限公司86%股权的交易价格为1 282 552 500元；晶源电子以每股14.07元，向同方股份发行91 155 116股，以换取同方持有的上述标的资产。

同方股份向清华控股转让资产

7日，同方股份有限公司董事会通过关于向唐山晶源裕丰电子股份有限公司出售资产并认购其股份的预案，同意向清华控股有限公司出让其持有的航天科工卫星技术有限公司全部13.74%的股权，股权转让价格为195.93万元。

中国化工集团收购MA Industries

9日，中国化工集团公司签署协议购买以色列企业MA Industries 60%的股份，为中国企业进军全球农药市场迈出的最新一步。收购定价为24亿美元，Koor将保留40%的MA股份。中国化工将以12.72亿美元在公开市场购入53%的MA股份，另以1.68亿美元向Koor Industries购买7%的MA股份。

东方传媒收购上海仪电控股资产

10日，上海广电信息产业股份有限公司召开董事会，会议审议通过股份转让协议：

上海东方传媒集团以现金收购公司控股股东上海仪电控股集团公司持有的公司 36.6% 股份，收购价格为 7.67 元/股，总交易价格合计 19.9 亿元。

仪电集团收购上广电信资产

10 日，上海广电信息产业股份有限公司召开董事会，会议通过股份转让决议：向仪电集团出售全部主业相关经营性资产和部分非主业资产。全部出售资产将以现金为支付对价。本次交易拟置出资产的预估值约为 32 亿元。

国电电力收购宣威发电股权

11 日，国电电力宣布，放弃收购云南银塔电力工程有限公司、云南耀荣电力股份有限公司和云南省电力设计实业有限公司 3 家股东持有的宣威发电共计 25% 的股权，改为收购云南省投资控股集团有限公司持有的宣威发电 25% 的股权，参考标的股权的评估结果，经协商确定转让价格为 609 166 000 元。

湖北宜化收购贵州宜化等资产

11 日，湖北宜化发布关于收购贵州宜化化工有限责任公司 50% 股权的公告和关于收购湖北宜化肥业有限公司 50% 股权的公告，两笔交易收购金额合计 514 438 250 元。

东软集团收购望海康信科技

11 日，东软集团股份有限公司对外发布公告，东软将以不超过 114 101 440 元人民币的对价，从包括英特尔等企业投资者和公司管理层那里收购望海康信 73.14% 股权。这是东软迄今为止在医疗行业最大的一次收购。

山东如意收购新疆金天阳纺织公司

12 日，山东如意宣布参加新疆产权交易所组织的关于石河子国有资产经营（集团）有限公司部分毛纺设备、房屋、无形资产（土地）及新疆金天阳纺织有限公司部分固定资产的竞拍。石河子国有资产经营（集团）有限公司部分毛纺设备、房屋、无形资产（土地）成交价格人民币 3 290.51 万元；新疆金天阳纺织有限公司部分固定资产成交价格人民币 1 735.64 万元。

上海医药收购中信医药

12 日，上海医药在北京宣布完成以 23.28 亿元收购中信医药 65.24% 股权，同时宣布上海医药北京总部成立。这是 2010 年 3 月上海医药重组以来规模最大的一项并购，也是中国内地最大的医药并购案。

珠海华发实业收购大连华坤房地产

13 日，珠海华发实业公司召开董事局会议，会议同意收购大连嘉华颐和投资管理有限公司及王德胜分别持有的大连华坤 60%、20% 的股权。此次收购标的股权的总对价款为人民币 679 363 297.00 元。

大商股份收购淄博商厦

17 日，大商股份有限公司召开董事会，会议通过关于收购淄博商厦有限责任公司 60% 股权的议案，并于同日与淄博商厦股份有限公司签订《股权转让协议》，收购淄博股份持有的标的股权。本次收购标的股权的总价款为人民币 6 亿元。

国家电网收购巴西7家输电公司

18日，非洲资产规模最大的银行标准银行发布新闻稿称，该行作为唯一的财务顾问，已于近日帮助国家电网公司完成了对巴西7家输电公司100%的股权收购，交易总额达18亿美元。

宁夏宝塔受让西北轴承股份

18日，西北轴承发布大股东中国长城资产管理公司协议转让公司股份公开征集受让方的公告，长城公司拟将所持有的公司股份43 365 867股，占公司总股本的20%，以直接协议转让的方式出售给符合条件的受让方。征集期间，宁夏宝塔石化集团有限公司提出受让意向并递交了相关资料，双方已签署《股份转让协议》。转让价格每股9.35元。

佳兆业集团收购浙江伍丰

18日，佳兆业集团公告称，公司附属公司佳兆业地产（深圳）有限公司拟以6.72亿元收购浙江伍丰，以扩大杭州业务版图。

富力收购上海城投置地

20日，上海城投子公司置地集团所持上海城投悦城置业30%股权通过上海联合产权交易所挂牌方式进行转让，受让方确定为上海富力房地产开发有限公司与上海合景房地产开发有限公司，交易价格为10.1亿元，两家受让方各支付人民币5亿元。

金龙汽车出售物流公司股权

20日，金龙汽车召开董事会，会议同意以26 182 892.60元出售所持厦门金龙汽车物流有限公司40%股权给厦门海翼物流有限公司，原则同意控股子公司厦门金龙联合汽车工业有限公司、厦门金龙汽车车身有限公司各以6 545 723.15元出售所持有的金龙物流各10%股权给海翼物流。

工商银行收购东亚银行股份

21日，工商银行透露，工行与东亚银行已就美国东亚银行股权买卖交易达成协议，并于1月21日在芝加哥签署了股份买卖协议。根据双方签署的协议，工行将向东亚银行支付约1.4亿美元的对价，收购美国东亚银行80%的股权，东亚银行持有剩余20%的股权。

长江电力收购中电新能源股份

21日，中国长江电力股份有限公司及其全资子公司中国长电国际（香港）有限公司与中国电力新能源发展有限公司签订了《股权购买协议》。长江电力拟通过长电国际以0.75港元每股的价格，以自有资金投资21亿港元购买中电新能源在香港配售的股份，投资后将持有其26.20%的股份。

海湾电子收购九龙山股份资产

24日，上海九龙山股份有限公司召开董事会，会议同意全资子公司上海九龙山投资有限公司将目前持有的平湖九龙山海泉水上运动服务有限公司100%股权（金额为人民币2 000万元）中的30%股权转让给上海海湾电子科技有限公司。

乐凯胶片完成对保定乐凯康科的收购

25日，乐凯胶片股份有限公司发布公告，已完成对保定乐凯康科特种薄膜有限公司涂布生产线和辅助设备及备件的收购，全部收购价款为人民币11 435 124元。

三一重机收购新利恒租赁公司

25日，三一重工股份有限公司召开董事会，会议审议同意下属子公司三一重机有限公司以人民币111 572 200元的价格收购上海新利恒租赁有限公司、自然人股东袁跃分别持有的昆山新利恒机械有限公司99%、1%，共计100%的股权。

日海通讯收购广州穗灵股份

25日，日海通讯与自然人刘向荣、易绛霞签订股权转让协议，以1 350万元人民币受让刘向荣持有的广州穗灵通讯科技有限公司90%的股权，以150万元人民币受让易绛霞持有的广州穗灵10%的股权，收购总价为1 500万元人民币。股权转让完毕后，广州穗灵成为公司的全资子公司。

中航科工收购天津航空

25日，中航科工公告称，已经与母公司中航工业的全资子公司中航机电签订了收购协议，中航机电同意将旗下全资子公司天津航空出让给中航科工。中航科工为此支付768 278 300元。

波司登国际服饰增资上海旭高时装

26日，波司登宣布，集团旗下全资附属公司上海波司登国际服饰斥逾1亿元，对上海旭高时装进行增资扩股，增资扩股后将持有后者56.04%股权。

锦富新材收购蓝思科技

27日，锦富新材就收购浙江象禾投资有限公司持有的苏州蓝思科技发展有限公司所拥有的100%股权与象禾投资签署《收购意向书》。经初步协商，本次交易的总价款暂定为人民币6 200万元。

驰宏锌锗收购云冶资产

27日，云南驰宏锌锗股份有限公司公告称，拟收购控股股东云南冶金集团股份有限公司（冶金集团）三控股公司的股权。对于此次股权收购的目的，驰宏锌锗表示是为了消除潜在同业竞争，减少关联交易。

顺网科技收购五公司资产

30日，顺网科技对外发布公告称，顺网科技拟向Hintsoft Holdings Ltd.、上海就爱网络科技有限公司、上海谷屹信息科技有限公司、上海炯盛信息科技有限公司、上海呈质信息科技有限公司、上海库奇信息科技有限公司、上海誉轩信息科技有限公司，以及自然人徐智勇、徐龙兴、冯妹妹、冯德林通过非公开发行股份以及支付现金的方式购买上海新浩艺软件、上海凌克翡尔广告公司、上海派博软件公司、上海信御计算机公司和上海翊广信息技术5家公司。上述交易对价总计4.8亿元。

长高集团收购湖南一品重机股权

30日，长高集团与湖南一品重机股份有限公司及自然人股东王晒明、戴斌安、王东华、彭梦兰、李刚等签订了《投资合作协议书》，协议约定以340万元收购一品重机原股东刘运君、边边、周晓杭3人共340万股权，以现金参股投资640万元，按每股1.285 7元的价格，折股498万股。此次投资共计980万元，投资完成后，公司将持有一品重机股份838万股，占比62.63%。

五矿建设再次收购河北地块

31日，五矿建设宣布，合营公司收购一幅位于已收购的河北省土地之毗邻地块，预计地盘面积约6.7公顷，代价1亿人民币，以供合营公司发展，主要做景观用途。

大唐电信收购子公司物业

31日，大唐电信科技股份有限公司董事会通过关于购买子公司大唐电信（天津）科技产业园有限公司写字楼的议案，同意购买产业园位于天津保税区内的空港物流加工区的一栋写字楼，每平方米价格为人民币5 518.60元，总价款为1.766亿元。

长实集团收购英第二大电网

1月，媒体报道，长实集团主席李嘉诚有意出价35亿英镑（折合港币436亿元），竞投E. ON旗下英国第二大电网资产。该网络估值36亿英镑（约448亿港元），市场估计可以以40亿英镑售出。

湖北双环科技收购重庆宜化化工

双环科技1月披露了湖北双环科技股份有限公司关于收购湖北双环科技（重庆）碱业投资有限公司49%股权的公告和湖北双环科技股份有限公司关于收购重庆宜化化工有限公司55%股权的公告，收购金额合计509 008 861元。

百利特精向天津液压机械出让资产

1月，天津百利特精电气股份有限公司宣布，拟向大股东天津液压机械（集团）有限公司出让公司全资子公司天津百利资产管理有限公司55%股权，本次交易以经有关评估机构出具并经天津市国资委备案的评估价值为交易价格，即该部分股权出让价格3 675.452万元。

2月

莱美药业收购四川禾正制药

9日，莱美药业董事会通过了《关于收购四川禾正制药有限责任公司股权的议案》，莱美药业拟收购青海明胶持有的四川禾正制药有限责任公司全部100%的股权，此次股权转让价款总额为人民币9 000万元。

兴业银行收购联华国际信托

10日，兴业银行公告称，将以约8.52亿元的对价收购联华国际信托51.18%股权。本次交易完成后，兴业银行将成为联华信托控股股东。

万华实业收购宝思德股权

10日，烟台万华公告，公司控股股东万华实业集团有限公司已经以12.63亿欧元的价格，获得中东欧最大异氰酸酯生产商宝思德化学公司96%股权。

中国农业银行认购嘉禾人寿股份

11日，中国农业银行股份有限公司召开董事会，同意认购嘉禾人寿保险股份有限公司新发行股份1 036 653 061股，认购金额约为人民币25.92亿元。本次交易完成后，中国农行所持股份占嘉禾人寿股份总额的51%，成为其控股股东。

新疆冠农果茸集团收购昊鑫矿业股权

12日，新疆冠农果茸集团股份有限公司宣布，拟暂用自有资金收购吐鲁番市昊鑫矿业有限责任公司100%的股权，股权转让价款暂定为4 000万元人民币（含税价）。

长江精工钢结构收购亚洲建筑系统

14日，长江精工钢结构（集团）股份有限公司通过关于收购亚洲建筑系统有限公司全部股权的议案，并于同日与关联方成昌国际控股有限公司签署《关于收购亚洲建筑100%股权的协议》，协议约定最终转让价格为7 000万美元。

哈药股份收购哈药集团生物工程公司等股权

15日，哈药股份宣布，将收购该公司控股股东哈药集团有限公司所持哈药集团生物工程有限公司100%的股权及哈药集团所持的三精制药股份有限公司全部股份。

Seb Internationale S. A. S收购苏泊尔股权

16日，Seb Internationale S. A. S. 与苏泊尔集团有限公司及苏增福签署《股份转让协议》，根据该协议约定，苏泊尔集团及苏增福将其持有的部分苏泊尔流通股以30元每股的价格转让给收购人，此次股份转让价款合计34.64亿元。

众业达收购上海泰高开关有限公司

16日，众业达与拉森特博洛国际有限公司签订《股权转让协议》，以人民币6 200万元收购拉森特博洛国际有限公司持有的上海泰高开关有限公司100%股权，收购资金来源为募集资金2 135万元，自筹资金4 065万元。

中粮酒业收购雷沃堡酒庄

16日，继2010年9月以1 800万美元收购智利葡萄酒酿造企业比斯克特酒庄后，中粮集团旗下中粮酒业有限公司当天与法国雷沃堡酒庄在法国波尔多正式签署收购协议，成为收购法国波尔多酒庄的首家中国葡萄酒企业。

徐工机械收购徐工集团资产

18日，徐工集团工程机械有限公司与徐工机械签订《股权转让协议》，徐工集团将徐州徐工筑路机械有限公司100%的股权协议转让予徐工机械。

上海实业收购上海智颖置业股份

18日，上海实业发展股份有限公司召开董事会，审议同意公司与控股股东上海上实（集团）有限公司及其全资子公司上海实业东滩投资开发（集团）有限公司分别签订《股权转让协议》，以1 000万元人民币收购上海上实及上实东滩分别持有的上海智颖置业有限公司95%及5%，合计100%股权。

华芳集团收购华合投资

21日，华芳纺织股份有限公司同意将所持有的上海华合投资有限公司全部52%的股权转让给公司的控股股东华芳集团有限公司。根据交易双方于同日签署的《股权转让协议》，确认以评估基准日2010年12月31日的评估值合计人民币26 051 002.64元作为本次资产收购的交易价格。

意马国际收购动漫火车集团

22日，由"红筹之父"梁伯韬任主席的香港上市公司意马国际宣布，以8.14亿港元至10.47亿港元的代价收购内地知名动画《喜羊羊与灰太狼》的版权管理及拥有人——动漫火车集团。

卧龙置业转让卧龙地产股份

22日，卧龙地产集团股份有限公司宣布，接到控股股东浙江卧龙置业投资有限公司的通知，卧龙置业通过协议转让方式，以每股5.733元的价格将持有卧龙地产的59 244 315股股份转让给一致行动人王建乔。

江苏阳光转让宁夏银行股份

23日，江苏阳光股份有限公司与江阴市新桥第一毛纺厂签订了《股权转让协议书》，江苏阳光将所持有的宁夏银行股份有限公司全部944.3万股股权转让给新桥毛纺厂，每股转让价格为2.2元，转让总价款为2 077.46万元人民币。

吉林亚泰受让吉林银行股份

23日，吉林亚泰（集团）股份有限公司公告称，收到吉林银行股份有限公司转发的中国银监会吉林监管局有关批复文件，同意其受让吉林亚泰生物药业股份有限公司持有的吉林银行股份120 974 935.4股。

国电南京自动化增资上能新特

24日，国电南京自动化股份有限公司同意拟以现金5 420万元增资江苏上能新特变压器有限公司，占该公司增资后总股本1.06亿元的51.13%。完成增资后，由上能新特以8 030.36万元收购江苏上能变压器有限公司部分资产。

农工商地产收购广林物业

24日，上海梅林正广和股份有限公司已与农工商房地产（集团）股份有限公司签署了附生效条件的转让上海广林物业管理有限公司49%股权的协议，转让价格约为100 445 000元。

钱江水利置业收购锦天地产股份

25日，钱江水利控股子公司浙江钱江水利置业投资有限公司与自然人郑燕明正式签订协议，水利置业以1亿元人民币收购郑燕明持有的浙江锦天房地产开发有限公司36%的股权。

钱江水利置业出售钱江置业资产

25日，浙江钱江水利置业投资有限公司与自然人吴坚志正式签订协议，水利置业将其持有的营口经济技术开发区钱江置业发展有限公司全部49%股权出售给吴坚志，出让价为人民币4 416万元。

西部矿业转让诚信工贸股权

28日，西部矿业股份有限公司同意公司全资子公司青海西部矿业科技有限公司依据有关《审计报告》及《资产评估报告》结果，以人民币3.55亿元的价格，将其所持宜昌诚信工贸有限责任公司60%股权和宜昌西部化工有限公司100%股权转让给诚信工贸现有股东陈发智。

中航国际收购 NLT 股权

28 日，深天马公告称，中航国际在日本与 NEC 正式签约，向 NEC 购买其所持 NLT 的股权，NLT 将在 2011 年 7 月成为中航国际和 NEC 的合资公司。

上海钢垒与宝投物资收购国泰君安股份

2 月，上海航天汽车机电股份有限公司采用拍卖的方式，分别向上海钢垒企业发展有限公司及上海宝投物资有限公司转让其持有的国泰君安证券股份有限公司 500 万股及 4 744 767 股股权，转让价格分别为 6 300 万元及 5 978.41 万元。

3 月

航天恒星科技收购北京星地恒通信息

1 日，中国东方红卫星股份有限公司召开董事会，会议同意全资子公司航天恒星科技有限公司以自有资金收购航天神舟投资管理有限公司持有的北京星地恒通信息科技有限公司 10% 股权，本次收购价格约为 532.5 万元。

昂立股份收购国泰君安股份

3 日，上海交大昂立股份有限公司收购中华企业股份有限公司出让的国泰君安证券股份有限公司 0.161 8% 股，并通过上海联合产权交易所于 2011 年 3 月 3 日签订产权交易合同，转让成交价为 12.50 元每股，总交易金额 96 401 814 元。

中航重机收购福田燃机电力公司股权

4 日，中航重机股份有限公司控股子公司中国航空工业新能源投资有限公司收购深圳福田燃机电力有限公司 15% 优先股权，投资金额为 1.08 亿元。

桂林三金收购湖南三金制药

5 日，桂林三金与常德市城市建设投资集团有限公司签订了《股份转让协议》，收购常德城建投所持的三金集团湖南三金制药有限责任公司 30% 股权。上述标的股权转让价款最终确定为人民币 900 万元。

中广核铀业发展公司收购 Kalahari Minerals Plc

7 日，中广核集团旗下的中广核铀业发展有限公司拟以总价约为 7.56 亿英镑（约合 81 亿元）收购 Kalahari Minerals Plc，以寻求新的铀资源。

贤成矿业转让蕉岭龙腾旋窑水泥

8 日，青海贤成矿业股份有限公司召开董事会，会议同意公司子公司梅州市联维亚投资有限公司与自然人股东钟少林签署有关《股权转让协议》，联维亚将其参股的蕉岭县龙腾旋窑水泥有限公司 45% 的股权出售给钟少林，本次股权转让的交易金额为人民币 2 850 万元。

宝光真股份收购宝光集团资产

9 日，陕西宝光真空电器股份有限公司与宝光集团签署了《资产转让协议》，拟收购第一大股东陕西宝光集团有限公司下属经营动能供应业务的动力公司和气体分公司全部资产（含负债）和相关业务事宜，双方协商本次交易对价共计 28 765 373.26 元。

南通同方半导体受让同方光电科技股份

9日，同方股份有限公司召开董事会，同意将其持有的同方光电科技有限公司100%股权转让给公司下属全资子公司南通同方半导体有限公司，转让价格为公司对同方科技的初始投资额8 000万元人民币。

三五互联收购北京中亚互联科技

10日，三五互联通过了《关于首次公开发行股票募集资金中其他与主营业务相关的营运资金使用计划二》的议案，计划使用公司首次公开发行股票募集资金中其他与主营业务相关的营运资金人民币5 900万元至人民币1.247亿元收购北京中亚互联科技发展有限公司60%股权。

重庆国际复合材料公司收购卡比瓦里玻璃纤维公司

10日，云天化发布公告称，公司控股子公司重庆国际复合材料有限公司拟出资5 950万美元，从国际玻纤巨头欧文斯康宁手中，收购位于巴西的卡比瓦里玻璃纤维有限公司100%的股权。

华润创业收购金威啤酒股份

10日，华润雪花母公司华润创业以12.58亿港元从喜力啤酒接过金威啤酒21.37%的股份。

中粮置业收购新兰地产股权

11日，上海新梅置业股份有限公司召开董事会，会议通过关于转让上海新兰房地产开发有限公司股权的议案，拟向中粮置业投资有限公司转让所持有的新兰房产全部19.975%的股权，经协商确定股权转让价格为人民币340 695 447.64元。

德力西集团收购ST甘化股权

15日，ST甘化于收到控股股东江门市资产管理局的通知，江门市资管局已于2011年3月12日与德力西集团有限公司签署了《江门市资产管理局与德力西集团有限公司关于转让江门甘蔗化工厂（集团）股份有限公司股份之股份转让协议》和《江门市资产管理局与德力西集团有限公司之补充协议书》，市资管局拟将其所持有的公司6 400万股股份以每股6.59元的价格转让给德力西集团，转让总价款4.217 6亿元。

中国移动收购波导股份资产

17日，宁波波导股份有限公司将所持中移鼎讯通信股份有限公司全部15%的股份，以净资产2.370 7亿元的15%即3 556.05万元的对价转让给中国移动通信有限公司。

中广核收购维奥集团股权

18日，中广核通过全资子公司中广核铀业发展有限公司，以每股作价0.23元，买入42.8亿股维奥集团，将占维奥扩大后的股本约73.4%，成为控股股东，交易总作价9.8亿元。

岷江水利收购黑水冰川水电

22日，四川明星电力股份有限公司全资子公司四川奥深达资源投资开发有限公司所持的黑水冰川水电开发有限责任公司1 301.20万元出资在天津产权交易中心公开挂牌转让。2011年3月22日，公司与挂牌交易受让方四川岷江水利电力股份有限公司签订《产权交易合同》，岷江水利以119 730 000元的价格受让上述出资。

君正能源化工收购鄂尔多斯市君正能源

22日，内蒙古君正能源化工股份有限公司召开董事，会议通过关于使用部分超募资金增资并收购鄂尔多斯市君正能源化工有限公司股权的议案，拟用超募资金中的5亿元人民币对鄂尔多斯君正进行增资，并以1.5亿元的价格收购君正化工持有的鄂尔多斯君正全部出资。

广汽集团吸收合并广汽长丰

23日，广汽长丰披露广汽集团换股吸收合并的方案，广汽集团以换股方式吸收合并广汽长丰，本次换股吸收合并的换股比例为1.6∶1。

韵升控股受让韵升弹性元件公司股份

25日，宁波韵升股份有限公司与控股股东韵升控股集团有限公司签订股权转让协议，韵升股份将持有的宁波韵升弹性元件有限公司全部75%的股权转让给韵升控股，交易价格为2 700万元人民币。

泛华保险转让大童保险股份

27日，泛华保险服务集团宣布，将所持大童保险销售服务有限公司55%的股权，以4.18亿元悉数转让给美国华平投资集团（Warburg Pincus），这将是外资收购国内保险中介股权第一案。

瑞泰新材料科技收购开源电力耐磨材料股权

27日，瑞泰科技的控股子公司安徽瑞泰新材料科技有限公司以自有资金出资人民币2 400万元收购宁国市开源电力耐磨材料有限公司的100%股权，安徽瑞泰已于2011年3月27日就上述事项签署了《股权转让协议》。

厦门雄震矿业收购锡林郭勒盟银鑫矿业

30日，厦门雄震矿业集团股份有限公司召开董事会，会议同意继续购买锡林郭勒盟银鑫矿业有限责任公司5%股权及22 489 796元债权，确定股权受让价款为人民币2 200万元（含税），债权受让按原价22 489 796元作价，总计为44 489 796元。

华仪电气收购华仪电器科技股份资产

30日，华仪电气股份有限公司与董事、总经理陈帮奎签署《股权转让协议》，公司拟以现金支付方式收购陈帮奎持有的浙江华仪电器科技股份有限公司10%的股权，经协商确定交易价格为1 404.27万元。

大众交通受让京威实业股权

30日，上海大众公用事业（集团）召开董事会，会议同意公司控股子公司上海中医大药业股份有限公司和全资子公司上海大众市政发展有限公司向大众交通（集团）股份有限公司转让上海京威实业有限公司100%的股权。本次股权转让的交易价格为114 656 517.01元。

驰宏锌锗股份有限公司收购云冶资产

31日，云南驰宏锌锗股份有限公司与冶金集团签署《股权收购协议》，拟以现金支付方式收购冶金集团持有的云南永昌铅锌股份有限公司93.08%的股权、云南澜沧铅矿有限公司及大兴安岭云冶矿业开发有限公司各100%的股权。按照经有关中介机构评估并经云南省国资委备案后的标的股权评估价值，双方确定本次收购标的股权的价款总计为1 363 152 300元。

首创香港收购新环保能源

31日，首创股份子公司首创香港以不超过3亿元港币，收购新环保能源不超过4.5亿股份，收购成功后占其总股本的16.7%，成为单一最大股东。

长园盈佳投资增资倍泰健康

31日，长园集团股份有限公司召开董事会，同意深圳市长园盈佳投资有限公司以1 800万元人民币增资深圳市倍泰健康测量分析技术有限公司，增资完成后，公司将持有倍泰6%的股权。

哈高科转让普尼太阳能股权

31日，哈尔滨高科技（集团）股份有限公司全资子公司哈高科大豆食品有限责任公司分别与蓝山投资有限公司和温州物华创业投资合伙企业签订股权转让合同，以每股5.3美元的价格分别向蓝山投资、物华创业转让普尼太阳能（杭州）有限公司40万美元股权、130万美元股权，转让金额分别合计212万美元（折合人民币1 378万元）、689万美元（折合人民币4 526.73万元）。

4月

昆明交投收购无锡万方股权

2日，昆明天和特实业（集团）有限公司与昆明市交通投资有限责任公司签订了《关于无锡万方通信技术有限公司股权转让协议》，昆明天和将所持有的无锡万方100%股权以186 706 400元的价格转让给昆明交投；股权转让完成后，昆明交投持有无锡万方100%股权，间接持有上海宽频科技股份有限公司（以下简称公司）限售流通股27 376 311股，占公司总股本的8.32%，为公司的第二大股东。

鲁北化工竞购鲁北盐化股权

2日，山东产权交易中心确认，山东鲁北化工股份有限公司以人民币1.823 7亿元（即拍卖底价）的价格成功竞得公司控股股东山东鲁北企业集团总公司全资子公司山东鲁北盐化有限公司40%国有股权。2011年4月2日，公司与鲁北集团就股权转让事宜签订了《产权交易合同》。

内蒙古包钢稀土收购华美股权

7日，内蒙古包钢稀土（集团）高科技股份有限公司拟现金出资465 151 600万元，收购包头华美稀土高科有限公司66.7%的股权；收购完成后，公司将持有华美公司100%的股权。该事项尚需公司股东大会批准。

雅化集团收购内蒙古柯达化工

7日，雅化集团第一届董事会第九次会议审议通过了《关于使用部分超募资金收购内蒙古柯达化工股权的议案》，现将该项目的进展情况公告如下：截至2011年4月7

日，雅化集团与内蒙古柯达化工有限责任公司自然人股东签订了共计 82.481 1% 股权的《股权转让协议书》，实现了对柯达化工的控股，需支付的股权转让款为 281 254 800 元，已支付 261 074 900 元。目前，柯达化工正在办理工商登记变更手续，雅化集团正在实施对柯达化工的管理对接工作。

上海建工认购东方证券股权

8 日，上海建工集团股份有限公司召开五届八次董事会及五届五次监事会，会议审议通过同意公司在东方证券股份有限公司 2011 年度配股方案获得中国证监会核准后，出资 138 658 509 元人民币认购东方证券 2011 年度的配售新股30 813 002股。

昆明交投收购银洞山铁矿探矿权益

8 日，上海宽频科技股份有限公司召开七届六次董事会，会议审议通过公司向控股股东转让银洞山铁矿探矿权权益的议案：公司于 2011 年 4 月 6 日与第一、二大股东史佩欣（甲方）、昆明市交通投资有限责任公司签订探矿权权益转让协议书，公司将对探矿权享有的权益转让给史佩欣及昆明交投，以交易标的评估值 8 485.00 万元（基准日为 2006 年 10 月 31 日）作为转让价格。

金杯汽车出让民生担保股权

11 日，就金杯汽车股份有限公司将所持有的民生投资信用担保有限公司 44% 股权转让给辽宁正国投资发展有限公司事宜，公司收到投资公司支付的股权转让款 1.6 亿元，至此，公司已全部收回民生公司股权转让款。

太原重机收购澳威利朗沃国际公司

12 日，太原重型机械集团煤机有限公司出资 1.3 亿澳元（折合人民币 8.79 亿元）收购澳大利亚威利朗沃国际集团公司，在当地顺利完成资产交割。

凌云工业收购河工集团资产

12 日，凌云工业股份有限公司拟收购控股股东河北凌云工业集团有限公司的全部经营性资产并承接相关负债，根据有关《资产评估报告书》，以 2010 年 12 月 31 日为评估基准日，标的资产评估价值为 590 243 900 元，减除拟承接的相关负债 201 576 300 元，为此，双方确认本次标的资产的交易价格为 388 667 600 元。相关《资产转让协议》及《购买资产之利润补偿协议》均已于 2011 年 4 月 12 日签署。

东软欧洲向 Aerotel 投资

14 日，东软集团股份有限公司全资子公司——东软（欧洲）有限公司与以色列 Aerotel Medical Systems Ltd. 签订《股权认购协议》，东软欧洲将以 66.02 美元/股的价格认购 Aerotel 新增发行的 26 915 股普通股，占 Aerotel 增发后已发行股份的 30.77%，投资金额为 177.7 万美元。

宁波维科精华集团收购兴洋浙东毛毯公司资产

14 日，宁波维科精华集团股份有限公司召开六届二十三次董事会，会议审议通过关于公司拟以自有资金收购关联企业兴洋浙东（宁波）毛毯有限公司部分存货和机器设备的议案，收购价格为其评估价值人民币 8 073.26 万元。该事项构成关联交易。

湖南有色金属向 Abra 发起要约收购

15 日，湖南有色金属股份有限公司公告称，已向澳大利亚金属勘探公司 Abra Mining Limited（简称 Abra）发起要约收购，以每股 0.83 澳元的价格，收购 Abra70% 的股权。湖南有色将为此支付 8 121 万澳元，即约 5.37 亿元人民币。

方正信产收购苏州方正科技股权

15 日，方正科技集团股份有限公司下属全资子公司方正科技集团苏州制造有限公司与关联方方正信息产业控股有限公司签署《股权转让协议书》，苏州制造以人民币 229 507 200 元的转让价款向方正信产出售其持有的苏州方正科技发展有限公司（注册资本及实收资本均为 229 034 284 元人民币，评估后的净资产为 229 249 400 元）100% 的股权。

永泰能源收购陕西亿华矿业

19 日，永泰能源公告称，以不低于 23.41 元/股，向不超过 10 名的特定投资者发行 2.31 亿股，控股股东永泰投资控股有限公司承诺出资不低于 10 亿元参与认购本次非公开发行股票。募集不超过 54 亿元用于 4 家煤矿股权的收购。此外，将收购陕西亿华矿业开发公司 70% 股权，收购价款暂定为 34.30 亿元。

盐田港物流收购深圳能源物流股权

19 日，深圳能源董事会六届二十二次会议以通讯表决方式召开，审议通过了《关于转让能源物流公司股权的议案》，同意公司将持有的深圳能源物流有限公司 81.19% 股权协议转让给深圳市盐田港物流有限公司，转让价格为人民币 111 742 400 元；同意深圳妈湾电力有限公司将持有的能源物流 18.81% 股权协议转让给深圳市盐田港物流有限公司，转让价格人民币 2 588.83 万元；同意将本议案提交公司股东大会审议。

神华能源收购华阳电业

21 日，中国神华能源股份有限公司与华阳投资（香港）有限公司签订《股权收购协议》，公司收购华阳投资全资子公司华阳（洛阳）电业有限公司 51% 的股权，收购价格以人民币 971 703 000 元为基础，加上个别价格调整事项确定。完成本次收购后，公司将洛阳电业更名为“国华孟津发电有限责任公司”。

***ST 得亨购买均胜集团股权**

21 日，*ST 得亨重组新方案显示，购买均胜集团及其一致行动人持有的宁波均胜汽车电子股份有限公司 75% 股权、长春均胜汽车零部件有限公司 100% 股权、华德塑料制品有限公司 82.3% 股权和华德奔源 100% 股权，交易标的总价值 8.87 亿元。重组完成后，*ST 得亨的主营业务将变更为汽车零部件的研制、生产和销售。

帝奥投资受让青海中金股权

22 日，青海中金与江苏帝奥投资公司签订了《股份转让之协议书》，帝奥投资拟协议受让青海中金所持公司 3 550 万股股票（占公司总股本的 9.40%），转让价格确定为人民币 4.00 元/股，股份转让价款共计人民币 1.42 亿元。

上海海欣股份受让金欣发展公司股权

22 日，上海海欣集团股份有限公司召开六届十二次董事会及六届八次监事会，会议审议通过同意公司受让全资子公司上海海欣长毛绒有限公司持有的上海金欣联合发展有限公司全部7.55%股权，受让价格为7 462万元。海欣长毛绒收到转让款后，用于归还原向公司的借款。

香港金腾收购AWC公司股权

25日，南京钢铁股份有限公司召开四届二十一次董事会，会议审议通过同意公司下属全资子公司南京南钢产业发展有限公司之全资子公司香港金腾国际有限公司拟出资5 000万美元，收购境外铁矿公司All Wealthy Capital Ltd.（简称AWC公司）10%的股权。AWC公司将自2011年6月起，每年向香港金腾供应200万吨铁矿，铁矿供应合同期限为10年；前5年的价格为马来西亚铁矿市场价基础上每吨优惠3美元，后5年的价格届时另行商定。

江苏熔盛重工有限公司收购安徽全柴集团股权

26日，国内大型重工产业集团——中国熔盛重工宣布，以21.49亿元的价格收购安徽全柴集团100%股权。全柴集团100%股权于3月15日在安徽省产权交易中心挂牌转让。而中国熔盛重工26日通过旗下江苏熔盛重工有限公司与安徽省全椒县政府签订《产权交易合同》，受让全柴集团100%股权。

通化东宝药业转让甘李药业股权

26日，通化东宝药业召开六届十八次董事会及六届十三次监事会，会议审议通过公司于同日与有关受让方（共9家单位）签订的关于转让甘李药业有限公司股权的协议：公司拟将持有的甘李药业全部2 079.15万元人民币的出资作价人民币456 165 000元转让给受让方。甘李药业其他股东放弃优先受让权。

中色收购宁夏东方钽业股权

27日，于2011年3月22日在北京产权交易所公开挂牌转让全资子公司宁夏东方钽业房地产开发有限公司100%股权，至挂牌有效期满，产生一个受让方：中色（宁夏）东方集团有限公司。交易双方按照有关规定以协议方式转让相关股权。2011年4月20日，公司与集团公司签署了《产权交易合同》，转让价格为挂牌价格279 219 900元。2011年4月25日钽业房地产公司完成工商变更。至此，公司公开挂牌转让钽业房地产公司100%股权事项已办理完毕。

华阳科技购买东平宏达

28日，华阳科技公司向宏达矿业发行股份购买拟置入资产超出拟置出资产价值的差额部分，向孙志良、山东金天地集团有限公司和张中华发行股份购买其持有的东平宏达3.49%、1.74%和1.74%股权，向潍坊华潍膨润土发行股份购买其持有的万宝矿业20%股权。本次交易拟整体注入公司的资产，预估值合计27亿元。根据拟注入、置出资产预估值及本次发行价格9.50元/股计算，本次非公开发行境内上市的人民币普通股（A股）股份总量约2.54亿股。

华阳科技购买山东金鼎矿业

28日，华阳科技以拥有的全部资产及负债与第一大股东宏达矿业拥有的经营性资产及相关负债、山东金鼎矿业30%股权、东平宏达93.03%股权和万宝矿业80%股权进行等值资产置换，拟置出资产由宏达矿业或其指定的第三方承接。本次拟置出资产的预估值为人民币 2.9 亿元，拟置入资产的预估值为人民币 25.36 亿元。

宁夏宝塔石化集团收购中国长城资产

28 日，*ST 西轴收到大股东中国长城资产管理公司通知，宁夏宝塔石化集团有限公司按照与中国长城资产管理公司签订的《股份转让协议》，已将剩余股权转让款支付完毕。截至目前，宁夏宝塔石化集团有限公司已支付给中国长城资产管理公司股权转让价款 405 470 856 元，占协议约定总金额的 100%。按照双方约定，股权转让价款支付完成后将办理股权过户手续。公司将及时披露有关股权过户的进展情况。

厦门厦工收购厦工（三明）重机股权

29 日，厦门厦工机械股份有限公司拟收购第二大股东厦门厦工重工有限公司全资持有的厦工（三明）重型机器有限公司 100% 股权，以厦门市人民政府国有资产监督管理委员会核准的厦工三重整体净资产评估值 445 938 600 元作为转让价格；厦工重工并就厦工三重担保责任有关事宜作出相关承诺。

5 月

中信证券转让华夏基金

3 日，中信证券股份有限公司董事会审议通过《关于转让华夏基金管理有限公司股权的预案》，根据有关机构出具的《资产评估报告》，中信证券拟转让华夏基金 51% 股权，首次挂牌价格将不低于经国有资产管理部门备案的评估值（7 563 332 800 元），最终转让价格以产权交易机构根据交易规则确定的转让价格为准。

天酬佳成科技公司收购嘉事大恒、大恒倍生制药厂

5 日，嘉事堂股东大会审议通过《关于挂牌转让持有北京嘉事大恒制药有限公司 100% 股权、北京大恒倍生制药厂有限公司 75% 股权的议案》。北京天酬佳成科技发展有限公司已与北京天酬佳成科技发展有限公司签订两份《产权交易合同》。标的股权交易价格总计 8 073.35 万元。

弘业股份收购江苏再担保

10 日，江苏弘业股份有限公司与江苏信用再担保有限公司签订《股权受让协议》，公司以自有资金 5 000 万元受让江苏乾明投资有限公司持有的 5 000 万股江苏再担保的股权（占其股份比重 1.6129%），受让价格为 1 元人民币/股。

香港金腾国际收购 All Wealthy Capital Ltd.

10 日，南京钢铁股份有限公司全资子公司南京南钢产业发展有限公司之全资子公司香港金腾国际有限公司与黄炳均签署《股权转让协议》，香港金腾以自有资金收购黄炳均持有的 All Wealthy Capital Ltd. 的 10% 股权，股权转让价格为 5 000 万美元。

中石油收购英国两炼油厂

13 日，欧盟委员会宣布，批准中国石油天然气股份有限公司出资 10.15 亿美元收购英国石油化工大型企业英力士集团旗下的两家炼油厂部分股权。拟收购的两家炼油厂分别位于法国和英国的苏格兰，中石油在其中所占的股权均在 50% 上下。

源深节能收购北京高新创投

17日，同方股份董事会审议通过关于公司以协议转让方式向北京源深节能技术公司出让公司所持北京高新技术创业投资公司全部3.23%股权，退出该公司的决议。按照有关资产评估报告为依据计算，评估基准日为2010年9月30日，股东权益评估值为156 053 400元，确认每股转让价格为0.50元，标的股权的转让对价为500万元。

清华控股收购启迪控股

18日，同方股份以协议转让的方式向控股股东清华控股公司转让公司所持启迪控股公司0.52%的全部股权（2 835 000股股份），转让价格以启迪控股2010年12月31日经审计的归属于母公司所有者权益（合并数）为确定的依据，计算每股交易价格为2.177 3元，所转让股份的转让价款为6 172 645.50元。

大唐电信收购大唐融合

26日，大唐电信科技公司拟向大唐高鸿数据网络技术股份有限公司转让持有的北京大唐融合通信技术有限公司全部75%的股权（经评估，该等股权价值为691.62万元），根据《股权转让协议》，标的股权转让价格为700万元。

禾嘉股份收购中汽成都配件

26日，四川禾嘉股份有限公司董事会审议通过公司拟收购自贡铸钢公司持有的中汽成都配件有限公司10%股权的议案，标的股权交易价格为3 366.5万元，交易双方已签署《股权转让协议》。通过本次交易，中汽成配将成为公司的全资子公司。本次交易构成关联交易。

三胞集团收购新街口百货

30日，南京新街口百货商店股份有限公司的控股股东南京新百投资控股集团有限公司、南京金鹰国际集团公司、南京华美联合营销管理公司与三胞集团有限公司签署《股份转让协议书》，分别向三胞集团转让其持有的公司15.15%、1.14%和0.71%股份，股份总数合计为60 916 150股，占公司总股本的17%；转让价格为9.87元/股。

6月

长远集团收购长园维安

1日，长园集团公司董事会通过关于公司以每股16.8元的价格收购盛建民等36位自然人股东合并持有上海长园维安电子线路保护公司的11 110 118股股份的决议，标的股权交易价格为1.866 5亿元。全部收购完成后，公司将合计持有长园维安88.973 6%的股份。

三胞集团收购南京新百

1日，南京新百宣布，宏图高科控股股东三胞集团有限公司拟受让金鹰系持有的南京新百17%股权，成为南京新百第一大股东，而南京市国有资产经营（控股）有限公司依旧持有15.74%股权退居第二大股东，金鹰系所持股权则从29.98%减至12.98%，成为第三大股东。

鼎立科技收购恭城鑫盛矿业

2日，上海鼎立科技发展（集团）公司与桂林恭城鑫盛矿业公司签署《股权转让协议》，公司拟收购桂林恭城鑫盛矿业有限公司51%的股权，标的股权交易价格为1.78亿元。

华之杰收购华盛达房开

2日，浙江刚泰控股（集团）公司控股子公司浙江华盛达房地产开发有限公司与华之杰塑料建材有限公司签署《股权转让协议》，浙江华盛达将所持杭州华盛达房地产开发有限公司全部34%的股权转让给华之杰，标的股权交易价格为2 727万元。

顺鑫集团、金盛置业收购顺鑫农业

2日，顺鑫农业宣布，公司拟向大股东顺鑫集团及金盛置业转让茂峰花卉100%股权，标的股权交易价格为2.5亿元。本次交易可收回茂峰花卉的投资，并将消除对公司的资金占用，同时增加公司净利润。

海南农之家收购华龙证券

2日，九龙山宣布，公司将持有的华龙证券4 000万股股权转让给海南农之家实业有限公司，转让价格为7 400万元。此次股权转让完成后，公司不再持有华龙证券股权。

Pacific公司收购亚太石油

3日，TCL集团宣布，公司实际控制人为李东生的Pacific公司拟以现金收购TCL集团子公司亚太石油20%的股权，折合人民币5 199.2万元。此外，因亚太石油当前的投资业务是初期，且其他现有股东考虑风险控制因素均已放弃同等条件下的优先认购权，因此不存在损害股东，特别是中小股东和公司利益的情形。

山东隆信化工收购新华隆信

3日，新华制药拟以1 161.252万元为底价，转让其持有的新华隆信40%股权，其交易价格与初始投资价相当，而潜在意向受买方为新华隆信老股东山东隆信化工集团有限公司管理层。

吴江丝绸收购东方市场丝绸交易所

7日，东方市场宣布，公司将持有的东方市场丝绸交易所65%股权转让给大股东江苏吴江丝绸集团，标的股权交易价格为1 662.93万元。本次转让完成后，公司不再持有丝绸交易所股权。

S*ST北亚资产重组

7日，S*ST北亚披露股改方案，此次重组拟注入的中航投资100%股权，评估值达66亿元。重组完成后S*ST北亚将归入中航工业麾下，“蜕变”成为一家以金融及财务性股权投资为主业的上市公司。

油富置业收购ST安彩长沙土地

7日，ST安彩宣布，公司拟与湖南省油富置业有限公司签订《长沙市人民东路490号工业用地使用权及其地上附着物转让协议》，将拍得的长沙土地转让给油富置业，交易金额为1.5亿元。

深投控股转让建设集团

7日，深投控股拟挂牌转让所持建设集团29%股权，挂牌价格4.95亿元，之前，恒大集团以16.6亿元的高价竞得建设集团71%股权。对于本次标的29%股权，恒大集团表示不放弃优先购买权。

华丰达有线网络收购百世开利

7日，电广传媒宣布，其控股子公司华丰达有线网络控股有限公司拟收购Broadway Offshore Limited持有的保定百世开利有线广播电视综合信息网络有限公司49%的股权，标的股权交易价格为1.03亿元。

人保控股转让华闻控股、广联控股

7日，新黄浦宣布，人保控股将对外转让所持有的华闻控股55%股权、广联投资54.21%股权。若该项股权转让成功，新黄浦实际控制人将发生变更。公司目前大股东为华闻投资（持有公司13.48%股权）。华闻控股、广联投资分别持有新华闻投资50%的股权。

天山纺织增发收购西拓矿业

8日，天山纺织火速重启重大资产重组，再度提出增发收购西拓矿业75%股权的重组方案。天山纺织4日发布非公开增发预案，拟以每股5.66元向凯迪矿业和青海雪驰非公开增发1.11亿股，以6.29亿元的价格收购两家公司所持西拓矿业50%和25%的股权。本次增发完成后，凯迪矿业和青海雪驰分别持有天山纺织15.6%、7.8%的股权。

中国宝安入股永离电源

8日，中国宝安宣布，拟以1.235亿元投资控股武汉永力电源技术有限公司。据测算，中国宝安入股价折合永力公司2010年业绩15.6倍PE（市盈率）。

长征电气收购贵州博毫矿业

10日，长征电气宣布，长征电气拟6 300万元收购贵州博毫矿业有限公司100%股权。此次是公司第三次收购相关矿企。

新湖中宝收购四子王旗德日存呼都格区煤矿探矿权

11日，新湖中宝股份有限公司董事会审议关于公司拟与内蒙古自治区乌兰察布市人民政府、四子王旗国有资产经营公司签订《探矿权转让合同》，市政府和国资公司将四子王旗德日存呼都格区煤矿探矿权（评估价值为380 867 500元）协议转让给公司，转让资源量为11.687 9亿吨，转让金总额为人民币642 834 500元。

华宇天地收购申银万国

11日，上海爱建股份有限公司控股子公司上海爱建信托投资公司将所持有的申银万国证券有限公司352万股股权（占其股权比例为0.0524 1%）以资产评估总价(2 133.12万元)为参考，通过挂牌交易方式以2 182.4万元转让给天津华宇天地商贸有限公司。

岳阳林纸收购佛山华新发展公司

21日，岳阳林纸宣布，公司拟以8.39元/股的价格非公开发行不超过2.39亿股，募集资金不超过20亿元，用于投资收购佛山华新发展有限公司73.41%股权等三大项目并补充流动资金。

第二节　中国股权投资基金事件检索[11]
(2010.1～2011.6)

2010年

1月

恒知网获得PE投资

5日，恒知网获得美国、欧洲、我国香港以及国内天使投资人联合投资的资金已经到位，这是中国网络社区2010年投资第一单。

红杉资本投资男装品牌MasaMaso

6日，红杉资本与国内服装品牌Masa Maso（玛萨·玛索）达成投资协议，Masa Maso获得近千万美元融资。

联想控股入主汉口银行

6日，汉口银行与联想控股、武钢集团和武汉城投集团签署投资入股暨战略合作协议，联想控股成为汉口银行第一大股东，武钢集团次之。

华灿光电获IDG等投资

6日，武汉华灿光电有限公司表示，华灿光电获得1.5亿元融资。这笔资金由4家投资机构组成：开投基金投资6 500万元，IDG投资3 000万元，其余部分由浙江民营资本组成。在2008年3月，IDG曾向华灿光电投资7 000万元，加上此轮投资，IDG对华灿光电已投资1亿元，约持有华灿光电30%的股份。

康采恩医药获私募投资

7日，广州康采恩医药有限公司宣布，康采恩与摩根大通旗下的私募股权投资公司One Equity Partners（OEP）签订股权从属协议，OEP以每股3美元的价格认购康采恩医药400万股普通股，并以每股30美元的价格认购192万股可赎回可转换优先股，总认购价为6 960万美元。康采恩医药因此成为OEP在大中华地区投资的第一家公司。

御青茶业获风投660万美元注资

7日，山东日照御青茶业有限公司宣布，与LIONFUND（亚洲）私募股权投资基金及青联投资签订股权从属协议，LIONFUND以每股6美元的价格认购御青茶业100万股普通股，青联投资以每股6美元的价格认购御青茶业10万股，总认购价为660万美元。

金沙江领投汇通天下

8日，汇通天下（HUBS1）完成第二轮融资，金沙江创投领投，上一轮投资者纪源资本和经纬创投继续跟投。融资金额未公布。

欧瑞斯投资美陵集团

8日，山东美陵集团与欧瑞斯投资管理有限公司签订私募融资协议，由欧瑞斯投资

---

[11] 本节内容由李萧、陈克梦等编辑整理。

管理有限公司投资850万美元，购买美陵集团15%的股份，资金于2010年上半年到位。

国投高科注资天下图

11日，国内测绘行业龙头北京天下图数据技术有限公司获得国投高科技投资有限公司2 100万元的注资。这项投资行为也成为测绘行业首个投资案例。

世界之窗获“奇虎起飞计划”投资

12日，国内知名互联网软件“世界之窗（The World）”浏览器宣布加入“免费软件起飞计划”，成为该计划的首位“乘客”，世界之窗除了获得千万元投资用于新产品研发外，还将得到“起飞计划”几位投资人的深入指导，以及360平台的大力扶持和推广。

北极光注资城市纵横传媒

13日，城市纵横传媒宣布已获得知名风险投资机构北极光创投基金（NLVC）总规模3 000万美元的投资，首期资金现已就位。

暴雨娱乐融资2 000万美元

20日，暴雨娱乐透露，暴雨娱乐已经完成了总额超过2 000万美元的第二轮融资，国内VC深圳达晨创投参与了本轮投资。

橡树资本投资圣华集团

21日，圣华集团宣布，橡树资本管理有限公司出资1.4亿欧元（约13.76亿元人民币）成为圣华集团第一大股东，持有高达80%的股权，其余20%的股权由多位债权人持有。

盈成油脂完成第二轮融资

21日，盈成油脂获得湖南高新以及深圳等地的3家创投机构及多家银行的注资，总金额近2亿元。

廿一客获联想注资

22日，联想投资完成对蛋糕电子商务公司廿一客千万元的注资。

软通动力完成新一轮融资

25日，软通动力信息技术（集团）有限公司宣布，已经圆满完成新一轮6 500万美元的融资，资金主要来自有自主投资商光大及国内其他商业银行。参与新一轮融资的投资商还有永威投资、富达亚洲风险投资、盈富泰克和三井创投。同时，无锡市金源产业投资发展有限公司作为无锡政府下属的投资机构也参与了本轮融资。

中经合集团领投天常玻纤

25日，美国中经合集团宣布领投江苏省常州天常玻纤复合材料有限公司，这是中经合集团为清洁能源和低碳排放的又一个投资项目。本次投资由中经合领投，深圳创新投资集团及其旗下基金常州武进红土创业投资有限公司和常州红土创新创业投资有限公司跟资。

速途网获首笔天使投资

26日，天极传媒集团原副总裁、速途网CEO范锋证实，速途网已获得了数百万元的首笔天使投资。

京东商城第三轮融资

27 日，京东商城确认，由老虎环球基金领投的 7 500 万美元 C1 风险投资已经到账。京东商城同时表示，在年底前还有 C2 轮融资到账，总金额超过 1.5 亿美元。这是金融危机发生以来中国互联网市场金额最大的一笔融资。此前京东商城分别于 2007 年 8 月和 2009 年 1 月获得 1 000 万美元和 2 100 万美元融资。目前，京东商城总融资额已超过 1. 8 亿美元。

苏州纳通获软银中国投资

28 日，苏州纳通生物纳米技术有限公司与软银中国创业投资有限公司成功签署融资协议，这也是软银中国该年度的首单投资。

天线视频获第二轮风投

29 日，永新视博宣布对天线视频进行战略投资。根据双方签订的协议，在规定的条件下，天线视频将获得的 1 450 万美元投资中包括股权投资、可转换贷款以及认股权证。这是天线视频获得的第二轮大规模融资。2006 年成立时，天线视频就获得了来自 autonomy 及部分天使投资人共计 1 800 万美元的投资。

2 月

UT 斯达康获 4 850 万美元注资

1 日，UT 斯达康宣布，引入北京亦庄国际发展投资有限公司、Ram Max Group Limited 有限公司和 Shah Capital Management 资本管理公司为战略投资者。根据协议，UT 斯达康将获得 4 850 万美元投资，将以每股 2. 2 美元的价格发行约 2 200 万普通股，其中亦庄国际注资 2 500 万美元，Ram Max Group Limited 有限公司注资 1 250 万美元，Shah Capital Management 资本管理公司注资 1 100 万美元。

能一郎获科华银赛及固德银赛投资

1 日，能一郎获得湖北科华银赛创业投资有限公司和武汉固德银赛创业投资管理有限公司的联合注资，此次湖北两家投资公司的加盟，不仅为能一郎引进了巨额的资金，更增加了一大批行业专家。

银广传媒完成第二轮融资

3 日，招商局中国基金有限公司与北京东方银广文化传媒有限公司签订第二轮投资协议，此轮投资规模达 1 亿元，银广传媒融资完成后招商局中国基金将占其约 14.51% 的股权。

悠易互通获思伟及戈壁注资

22 日，悠易互通（北京）广告有限公司宣布获得来自思伟投资和戈壁合伙人的首轮风险投资，融资额度为 1 200 万美元。

GEF 3 000 万美元投资 UPC Renewables 中国

25 日，私募股权公司全球环保基金（Global Environment Fund，GEF）宣布完成对 UPC Renewables 中国控股有限公司 3 000 万美元的投资。

普罗维登斯注资百度视频公司

26日，百度公司发布公告称，美国私募股权投资公司普罗维登斯资本（Providence Equity Partners）向百度旗下视频网站奇艺投资5 000万美元。注资完成后，百度将继续持有奇艺控股权。

3月

普能完成第三轮融资

2日，普能科技有限公司（Prudent Energy）宣布已完成了由北极光创业投资基金主领的2 200万美元的第三轮（Series C）优先股融资。红杉资本和前一轮的投资者德丰杰和德同资本也参加了该轮投资。

博腾精细化工获德同基金投资

3日，重庆博腾精细化工股份有限公司获得重庆德同基金1 000万美元的投资。

红杉资本投资华医网

5日，华医网宣布，华医网成功获得红杉资本战略投资3 000万元。

卓润重工完成首轮融资

6日，道杰资本牵头联合4家国内外雄厚专业投资机构成功完成了对江苏卓润重工的首轮亿元投资。

沃脉德资本投资时代天使医疗器械公司

8日，全球最大的专注于生物医疗领域的投资公司“沃脉德资本（OrbiMed）”和中国齿科隐形矫治行业的领军企业“时代天使”联合宣布，沃脉德资本已参股时代天使医疗器械科技公司，注资约660万美元，共同拓展中国口腔正畸隐形矫治业务。

华登国际投资中微半导体

11日，中微半导体设备有限公司（AMEC）宣布总金额为4 600万美元的第四期融资圆满结束。中微公司原有投资方上海创业投资有限投资公司、美国华登国际风险投资公司、光速风险投资合伙人、美国高盛公司、红点风险投资、Global Catalyst Partners、中西部合伙人、湾区合伙人，以及美国高通公司投资部继续参与了这轮投资。

傲锐东源再获注资

17日，北京傲锐东源生物科技有限公司宣布完成1 600万美元的融资，此次融资是由IDG资本（IDG－Accel）领投，华汇通投资（SBI&TH Venture Capital Enterprise）、清科创投（Zero2IPO Capital）参与的B轮融资。傲锐东源以前的投资方晨兴创投（Morningside Veture Investments）和统一国际开发（PIDC）也参与了此轮融资。

九鼎投资注资利民化工

18日，九鼎投资与位于江苏新沂的利民化工股份有限公司正式签署投资入股协议，利民化工获得约8 000万元人民币的资金注入。

“孩儿国”获1 000万元风投

22日，获得贝因美杯首届中国婴童产业创富大赛全国总冠军的“孩儿国”项目正式与“金色未来”创业投资基金委员会签约，成功获得1000万元的创业投资基金。

招商局中国基金增资中诚信托

23 日，招商局中国基金全资子公司深圳天正投资有限公司向中诚信托有限责任公司增资 2.401 5 亿元。增资完成后，招商局中国基金及深圳天正将合计持有中诚信托不少于 6.816 7% 的权益。

盛隆光电完成上市前私募融资

24 日，黎曼投资控股有限公司协助盛隆光电投资有限公司成功完成首次公开发行前的私募融资，本轮投资由 Hyundai China – Solarcell Bond Trust，Korea Investment Partners Co. Ltd，苏州国发创业投资控股有限公司旗下的基金及黎曼投资共同参与，总金额约 1 200 万美元。

华平投资领投敦煌网第三轮融资

24 日，美国华平投资集团和电子商务平台敦煌网联合宣布，双方已经签署长期战略合作协议，华平投资领投敦煌网第三轮融资，向敦煌网投资近 2 亿元人民币。前两轮参与者凯鹏华盈和集富亚洲本轮也已跟进。

银湖投资收购展讯通信股份

25 日，银湖投资投资集团（Silver Lake）表示，以大约 4 000 万美元收购了中国半导体公司展讯通信有限公司（Spreadtrum Communications Inc，SPRD）13% 的股权。

联易互动获北极光投资

26 日，联易互动获得北极光创投千万美元级别投资。有消息表示，本次投资涉资金额在 3 000 万美元左右，但这一数字一直未获得双方证实。

MEZABAY 联合新加坡 LegendVenture 收购蚂蚁网

27 日，MEZABAY 国际控股集团、新加坡 Legend Venture Pte Ltd 和北京蚂蚁互动网络技术有限公司三方签署注资协议仪式，MEZABAY 国际控股集团将掌握蚂蚁网 51% 的股份，具体金额不详。

也买网完成第一轮融资

29 日，上海也买网完成第一轮融资，获得来自 DCM（Doll Capital Management）300 万美元的风险投资。

优视动景获诺基亚成长伙伴投资

30 日，移动互联网技术及服务提供商 UC（优视动景）宣布与诺基亚旗下风投基金诺基亚成长伙伴达成战略融资协议，这是优视动景获得的第 4 轮投资。此前曾获得雷军等人 400 万元的天使投资，2007 年获得联创策源和晨兴 1 000 万美元投资，2009 年获得来自阿里巴巴集团的战略投资。本轮投资来自于诺基亚旗下风投基金，纪源资本同样参与本轮投资。

九鼎投资入股奇力制药

30 日，昆吾九鼎投资管理有限公司宣布与海口奇力制药股份有限公司正式签署投资入股协议，通过旗下基金向其注资 3 400 万元。

弘毅、高盛等投资中复连众

30 日，弘毅投资、高盛集团和江苏高科技投资有限公司宣布联合投资中国建材集团旗下的中复连众，总金额约为1亿美元，占股30%。其中，弘毅投资持有中复连众约16.5%的股权。

弘毅等入股快乐购

31日，湖南广电旗下产业快乐购物有限责任公司宣布引入弘毅投资、中信产业基金和红杉资本三家战略投资者。根据协议，弘毅投资将联合中信产业基金，红杉资本组成投资人团，向快乐购投资共3.3亿元。

赛富基金注资香雅

31日，赛富亚洲投资基金宣布注资香雅集团，总投资为2 000万美元，首期1 100万美元已到账，这是现磨药膳养生行业获得的首笔风险投资。

4月

凯星电子获达晨创投投资

1日，陕西凯星电子科技有限公司获得达晨创投1 500万元风险投资，节能减排技术持续受风投追热捧。

厚朴投资注资永晖焦煤

6日，厚朴投资携另外两家公司斥资1.1亿美元收购焦煤运输和加工企业永晖焦煤20%的股权。另两家公司分别是银建国际实业有限公司和国有金属企业中国五矿集团公司。在1.1亿美元投资中，厚朴投资出资6 000万美元，银建国际和中国五矿共同出资5 000万美元。

博远获投资

6日，网龙对旗下无线业务部门进行调整，组建名为"博远"的新公司。博远已经获得来自IDG和经纬创投总计800万美元的联合投资。

摩卡世界获风险投资

6日，北京摩卡世界对外宣布，日本著名风投机构IVP（Infinity Venture Partners）与该公司达成协议，注入200万美元的风投资金。

红石创投入股世瑞集团

7日，赣州红石矿业投资中心（有限合伙）与赣县世瑞集团签订了《股权投资协议》，总投资额1亿元人民币。

联想投资领投聚成公司

8日，深圳聚成企业管理顾问有限公司与联想投资、和君咨询签署投资协议，两家投资机构共同向聚成公司投资近亿元，联想投资为领投。

普凯基金投资龙灯

9日，普凯投资基金宣布，已成功完成对龙灯环球农业科技有限公司1 500万美元的投资。

达晨创投注资伟景行科技

10日，伟景行科技宣布，已经与达晨创投正式签署投资协议，获得将近6 000万元的注资。同时，北京智诚盛景创投作为本次投资团队之一也参与了投资。

58 同城获 DCM 和软银赛富投资

12 日，58 同城宣布完成第二轮融资，主要投资方为 DCM 和软银赛富基金，总投资金额为 1 500 万美元。

红杉资本投资怡成生物

12 日，红杉资本和优势资本共同向北京怡成生物电子技术有限公司投资 7 000 万元，但未透露入股比例。

中国人寿注资顺鑫农业

15 日，顺鑫农业披露，中国人寿对顺鑫农业进行增持，持股量已达 1 688.78 万股，金额约 2.5 亿元。

迅游科技获 4 000 万元注资

16 日，迅游科技宣布正式获得 4 家国内知名投资机构共 4 000 万元注资。

天图创投投资 BLOVES 结婚钻戒网

20 日，天图创投与 BLOVES 结婚钻戒网举行签约仪式，BLOVES 结婚钻戒网正式获得来自天图创投的 3 000 万元人民币投资。

凌旭完成第三轮融资

20 日，凌旭宣布，该公司完成总额 1 050 万美元的第三轮融资。本轮投资由集富亚洲（JAFCO ASIA）和台湾新扬投资（Pac – Link Capital）领投。此前的投资者蔚华科技（Spirox）、Magic Shares，Shinden 和凌旭首席执行官李大范（David Lee）也参加了本轮投资。

达晨创投增资巨星建材

20 日，达晨与长沙巨星轻质建材股份有限公司签订协议，达晨向巨星建材增资近 7 000 万元。

淡马锡等认购雨润新股

22 日，淡马锡控股以及旗下新成立的投资公司 Seatown Holdings Pte. 和厚朴投资管理公司联合认购雨润食品集团有限公司配售的价值 2. 35 亿美元的新股。

Blippy 再获风险投资

23 日，网购共享网站 Blippy 获得 1 120 万美元风投资金。2010 年 1 月，Blippy 获得首轮 160 万美元的风险投资。

建银医疗基金注资普什医塑

26 日，普什医药塑料包装有限公司获得建银医疗基金投资近 1. 8 亿元投资。

九鼎投资入股山西普德药业

28 日，继 3 400 万元入股奇力制药之后，九鼎投资又向山西普德药业有限公司增资 1.1 亿元。

VANCL 获老虎基金投资

28 日，VANCL（凡客诚品）获得老虎基金 4 000 万 ~5 000 万美元规模的投资，这也是 VANCL 上市之前的最后一笔融资。

网秦完成第三轮融资

29 日，北京网秦天下科技有限公司完成 2 000 万美元的融资，由原投资方金沙江、联创策源跟进投资。本次为网秦的第 3 轮融资。此前两轮融资的投资人包括金沙江、红杉资本、联创策源和富达亚洲基金等知名风险投资公司。

招商局中国基金投资深圳吉阳科技

30 日，招商局中国基金有限公司的全资附属公司—深圳市天正投资有限公司与深圳市吉阳自动化科技有限公司订立投资协议，天正同意向吉阳科技注入现金人民币 2 000万元（约合 292.98 万美元）的资本；而其他投资者同意按同等条款共同向吉阳科技注入现金人民币 500 万元的资本。注资完成后，天正将持有吉阳科技经扩大股本中约 15.38% 的权益。

5 月

九鼎投资入股青莲食品

5 月初，昆吾九鼎投资管理有限公司以 5 000 万元入股浙江青莲食品有限公司。

兰馨亚洲注资特星集团与联合动力

5 月初，兰馨亚洲投资集团分别向特星连锁集团及福建联合动力集团注入资金，旨在为特星集团品牌扩张铺路及加快联合动力海外上市进程。

凯鹏华盈等向瑞尔齿科投资

凯鹏华盈（KPCB China）宣布，向中国高端齿科服务行业领先品牌瑞尔齿科投资 2 000 万美元。启明创投也参与了此次投资。

软银中国首轮投资恒惠科技

软银创业投资有限公司（SBCVC）日前与恒惠科技有限公司签署战略合作协议，完成对其首轮投资。软银中国第一阶段已斥资数千万元入股恒惠科技，助其在中国隐性矫治市场进一步扩张。

盛大车险完成首轮投资

盛大车险已完成首轮千万美元级融资，并拟在北京、天津、广州、深圳布局扩张。

IDG 再投资易积网

IDG 再次出手，完成对广州易积网科技有限公司的战略投资。

天正等注资吉阳科技

招商局中国基金有限公司 5 月 5 日宣布，该公司的全资附属公司——深圳市天正投资有限公司 4 月 30 日与深圳市吉阳自动化科技有限公司订立投资协议，天正同意向吉阳科技注入现金人民币 2 000 万元的资本；而其他投资者同意按同等条款合共向吉阳科技注入现金人民币 500 万元的资本。

红杉资本领投 51 玩

据悉，51 玩已获得第二轮融资，由红杉资本领投，额度近千万美金，目前资金已到账。

英飞尼迪等投资联合水务

联合水务有限公司近日宣布完成了第二轮融资，引入新的投资者以色列英飞尼迪投资基金，现有投资者蓝山中国资本也参与了此次融资。

天图创投等投资百年栗园

天图创投旗下的深圳市天图投资管理有限公司、天津天图兴盛股权投资基金合伙企业（有限合伙）完成了对北京百年栗园生态农业有限公司的投资，总投资额 3 000 万元。

高德创投注资中德美联

江苏高德创业投资有限公司近日注资 2 000 万元，成为无锡中德美联生物技术有限公司的新股东。

高盛等购入泰康人寿股权

法国保险公司安盛（AXA）悉数出售所持中国泰康人寿保险股份有限公司的股权交易，已经进入收官阶段。高盛等 3 家机构将以总价约 11 亿美元的作价，从安盛手中购得泰康 15.6% 的股权。

宏达电领投丁丁网

上海本地生活信息网站丁丁网 CEO 确认，已经获得宏达电领投的 900 万美元融资，这笔资金将用于向无线互联网以及上海以外的地区扩张。在此之前，丁丁网曾获得晨兴创投、韩国 KTB 等投资商 900 万美元的投资。本轮融资是丁丁网的第二轮融资，宏达电获得丁丁网 10% 股权。

拉手网获得新一轮的天使投资

国内团购网站拉手网 14 日宣布获得新一轮的天使投资，但并未透露具体机构和融资金额。

启明创投投资甘李药业

启明创投 19 日完成对北京甘李药业有限公司的投资，投资金额超过 1 亿元人民币，这是后者引入的第一轮战略投资者。

瑞典资本集团等投资统 e 省

19 日下午，浙江新万蓝科技有限公司开发的无线打折消费平台（简称“统 e 省”）项目在杭州启动。瑞典资本集团和中鼎投资联手投资 6 500 万美元投入该项目的开发推广。

圣天龙飞乐获投资

21 日圣天龙飞乐董事长表示，圣天龙飞乐已获得 2 000 万美元风投，目前正在计划筹备《水浒》同名网游。

7k7k 获投资

25 日，国内知名小游戏网站 7k7k 获得 700 万美元风险投资。

蓝驰创投等投资赶集网

国内分类信息网站赶集网 31 日下午宣布获得诺基亚成长伙伴基金和蓝驰创投 2 000 万美元联合注资，重点布局手机领域。

6月

九鼎投资再投资红旗连锁

4日，媒体报道九鼎投资再次出手，此次投资的对象是在天府之国的社区便利连锁超市——红旗连锁，投资规模则高达1.5亿元。

万嘉创投首轮投资酷团网

9日，酷团网宣布获得万嘉创投首轮800万元人民币投资，资金将于近期一次性到位。

金沙江等投资拉手网

17日，有消息称拉手网新获得金沙江等创投500万美元融资，经拉手网总裁吴波证实，此500万美元为贷款，由金沙江及欧洲团购网站Daily Deal创始人提供，将用于拉手网全国扩张及日后推广。

曼图资本等投资也买网

17日，也买网宣布完成第二轮融资，投资方是由曼图资本主导的投资团队。

华平投资等联合注资红星美凯龙

19日，红星美凯龙公布了其最新的融资行动。华平投资集团、中信产业基金、复兴集团和渤海产业基金联合向红星美凯龙注资26亿元人民币。

达晨创投投资中科金财

22日，据媒体报道，北京中科金财科技股份有限公司董事长朱烨东在接受媒体专访时透露，达晨创投对其首轮投资规模已达3 600万元。

青云创投等投资宏邦节水

24日，据新华社报道，新疆喀什宏邦节水有限公司与青云创投、华创盛景基金在京签署投资仪式。两大投资机构向宏邦节水一期投资4 000万元人民币。

天越创投注资中南卡通影视

24日，海越股份公告，公司全资子公司浙江天越创业投资有限公司与浙江中南集团卡通影视有限公司签署了《增资协议书》。中南卡通拟将注册资本由5 330万元增至6 600万元，天越创投出资2 727万元，认购中南卡通新增注册资本300万元，占中南卡通增资后注册资本的4.55%。

汇友资本投资奥天集团

28日，奥天集团宣布，获得汇友资本2.5亿元资金，计划5年内开店1万家。

7月

建银国际投资鹭燕集团

1日，建银国际医疗产业基金联手厦门建行，与福建医疗企业鹭燕（福建）集团签署战略投资协议，鹭燕获得近1.5亿元投资，将进军全国医药市场。

鼎晖投资注资蓝海电视传媒

8日，鼎晖投资宣布，注资入股蓝海电视传媒。

世纪鼎利投资贝讯通信等

10 日，世纪鼎利公告称，公司拟使用超募资金 1.66 亿元，分别投资广州市贝讯通信技术有限公司、广州市贝软电子科技有限公司、北京世源信通科技有限公司。

泰山投资注资塔塔电力

12 日，泰山投资宣布，与印度最大私营电力生产商塔塔集团旗下子公司塔塔电力签署 3 亿美元的投资协议。这笔针对塔塔电力旗下持有印度尼西亚最大出口型煤矿 Kaltim Prima Coal（KPC）和 Arutmin 股份的两家全资子公司的投资可被用来收购更多的资源和进行投资。

中信资本等注资 Teibow

14 日，据港媒透露，中信资本旗下私募基金竞购日本水彩笔尖生产商 Teibow 股权，代价 1.13 亿美元。参与竞购 Teibow 的共有 3 家私募基金，包括 Advantage Partners、Wise Partners 及 Polaris Principal Finance。

新景地投资联手硅谷天堂推出创投基金

15 日获悉，厦门新景地投资有限公司已在近期敲定与硅谷天堂创业投资有限公司的战略合作，两家公司将于 9 月底之前在厦门联合推出创投基金。

软银中国投资宁波永润石化

16 日，宁波永润石化科技有限公司获得了软银中国创业投资有限公司 8 000 万元的风投基金，主要用于低凝白油深度脱蜡——蒸馏切割生产线项目。

贝恩资本投资亚新科工

20 日上午消息，据外媒报道，贝恩资本日前决定收购中国汽车零部件制造商亚新科工业技术有限公司股权，出资达 1.5 亿美元。

汉能资本等投资恒知网

27 日，恒知网再次获得风险投资的支持。本轮投资由汉能资本领投，来自中国、美国、新加坡的投资机构和天使投资人跟投。

联想投资等投资壹人壹本科技

29 日，联想投资与启迪创投宣布，将联手注资平板电脑厂商壹人壹本科技人民币 5 600 万元。

CITIC Capital Partners 收购特耐王集团

中信集团的关联私募股权公司 CITIC Capital Partners 将斥资 6 550 万美元，收购总部位于东京的重型包装公司特耐王集团。

建银国际医疗产业基金投资乐仁堂

乐仁堂医药集团股份有限公司已获建银国际医疗产业基金的投资，金额为 1 亿元。

蔡氏家族购得凯擘

凯雷集团正就将台湾最大的有线电视运营商出售给蔡氏家族进行谈判。凯雷已经同意以 700 亿元新台币的现金交易方式，将凯擘出售给蔡氏家族。

8 月

集富亚洲领投灵禅

2 日，上海灵禅信息技术有限公司宣布成功募集资金 800 万美元。此次融资由集富亚洲领投，参与投资的还有和通集团及东京海上投资管理，本轮募集的资金将主要用于网页游戏研发与手机游戏的研发。这是灵禅的第三轮融资。

团氏网获投资

3 日，有媒体报道称，团氏网于近期获得 100 万元风险投资。团氏网是集团购导航、点评、分享、打假为一体的团购互动社区，相较国内其他团购导航网站，团氏推出的团购点评、打假频道独树一帜，因而受到业内以及风投们的关注。

襄樊创业投资引领投长源东谷

3 日，襄樊创新资本创业投资有限公司向襄樊市长源东谷实业有限公司投资3 000万元。随着襄樊基金的投资，湖北高和基金等外地投资机构也迅速跟进，长源东谷再获 8 000 万元“风投”，两笔投资 8 月中旬全部到位。

淡马锡控股领投土豆网

5 日，土豆网官方宣布已完成第五轮融资，融资总金额为 5 000 万美元。本次融资由新加坡淡马锡控股领投 3 500 万美元，原有股东 IDG 中国（IDG China）及纪源资本（GGV）等追投 1 500 万美元。土豆网从 2005 年至今，已完成五轮融资的总金额升至 1.35 亿美元，成融资总量最大的中国视频网站。

新闻集团出售 3 家中文频道控制权

9 日，新闻集团称，将向私募股权基金华人文化产业投资基金出售 3 家中文频道相应控股权，交易双方将组建一家合资公司。出售的电视频道包括大众娱乐频道星空卫视、星空海外版、音乐频道，以及包括 757 部中文电影在内的电影资料库的多数股权。这宗交易价值大约 1.6 亿美元。

满座网获投资

11 日，据媒体报道，团购网站满座网已获得来自美国著名风险基金的千万美元级别首轮融资。满座网定位为高端的团购网站，团购网站第一梯队的前 3 家公司，已先后获得投资。

深圳创投等投资北森公司

11 日，国内最大的人才管理解决方案提供商北森公司获得来自深圳创新投联合天津创投的首轮上千万元注资。据悉，这也是中国人才管理解决方案领域第一笔风险投资，标志着该行业在资本市场快速升温。

中信资本收购日本 Tri－Wall KK

13 日，据国外媒体报道，中信集团旗下投资公司 CITIC Capital Partners 已完成对日本纸箱制造商 Tri－Wall KK 多数股权的收购，Tri－Wall KK 总部位于东京。据报道，CITIC Capital Partners 向 Tri－Wall 投资者支付了数十亿日元，前者计划支持 Tri－Wall 的扩张并在数年内于香港挂牌上市。日经新闻称，Tri－Wall 欢迎 CITIC Capital Partners 作为主要投资者入股公司，部分原因是其对在香港上市很有兴趣。

MBK Partners 出售中嘉网路

18 日，据路透报道，私募基金 MBK Partners 已做好出售台湾中嘉网络有线电视（China Network System）的准备，而私募股权基金 Permira、Providence Equity Partners、贝恩资本（Bain Capital）以及投资银行麦格理集团 MQG. AX 已计划入围收购中嘉，并参与第二轮竞标，据路透的报道，其交易价值可能达约 20 亿美元。

沃银德克资本投资新合作连锁超市

18 日，沃银德克资本通过旗下的私募股权投资基金——沃银德克中国投资基金，成功完成了对北京新合作连锁超市有限公司总额为 4 000 万美元的投资。这是这家投资公司在中国完成的第一个股权投资项目。

纪源资本等投资 MediaV

18 日，聚胜万合公司（MediaV）宣布已完成了来自纪源资本和光速创投的联合融资，规模上亿元。这是继去年光速创投的首轮投资以来，MediaV 在短短一年内完成的第二轮融资。

IDG 资本注资福州大红袍

21 日，福建印象大红袍茶业有限公司获得风险投资机构 IDG 资本约 5 000 万元的注资，这是目前国内首家由风险投资机构直接投资的茶叶企业，目的在于孵育出以文化为主题的大红袍茶叶连锁企业。

一嗨租车获投资

23 日，据媒体报道，一嗨租车日前已完成第三轮巨额融资，融资额 1 亿美元以上。

IDG 注资四海商舟

23 日，提供企业外贸整体解决方案的电子商务公司四海商舟上线伊始，就获得了美国国际数据集团（IDG）的青睐，据悉四海商舟已获得 IDG 4 000 万美元的投资。

趣玩网完成二轮融资

25 日，据媒体报道，国内创意百货 B2C 商城趣玩网近期完成了第二轮融资，金额约为千万美元。2009 年 11 月，趣玩网获得经纬创投的约 200 万美元首轮投资。

浙江报业集团领投随视传媒

26 日，百度 TV 运营方随视传媒宣布完成第二轮融资，总金额达 5 000 余万人民币，由浙江报业集团领投。随视传媒的首轮融资完成于 2007 年 11 月，由英特尔投资、法拉龙资本和百度联合注资，总金额达 500 万美元。

险峰华兴创投注资圣特尔科技

29 日，北京圣特尔科技发展有限公司宣布，公司获得知名早期天使投资注资，投资方为险峰华兴创投。北京圣特尔科技发展有限公司专注于电子商务 ERP 软件管理服务，对于此次天使创投的用途，圣特尔 CEO 表示，投资主要用来完善服务体系，提升用户满意度。

IDG 技术创业投资等安徽艾可蓝

30 日，据媒体报道，安徽艾可蓝节能环保科技有限公司近日获得深圳松禾资本、IDG 技术创业投资基金及深圳力合创业投资有限公司 3 家机构 1.5 亿元风险投资。

美国中经合集团投资美日保险代理有限公司

31 日，据媒体报道，由红孩子创始人李阳与保险电销行业资深人士高纬共同创立的北京美日保险代理有限公司获得首轮融资，投资方为美国中经合集团。投资金额没有披露。

9 月

中海创投等注资依科曼

3 日，北京中海创业投资有限公司联合其他投资人完成对北京依科曼生物技术有限公司首轮 700 万元投资。

招商局中国基金注资华尔光电

7 日，招商局中国基金发布公告，公告称，向扬州华尔光电子材料有限公司注入现金 1 500 万元，注资完成后，将持有其 7.5% 的权益。

DCM 联合联想投资注资麦包包

16 日，麦包包 CEO 叶海峰披露，该公司已经获得规模为 3 000 万美元的第一轮融资，该轮投资由 DCM 和联想投资联合投资。这也是淘宝网商获得的较大规模的风险投资。

红杉资本中国成长基金等注资亿腾医药

17 日，亿腾医药宣布，完成了 2 400 万美元的 B 轮融资。此次融资由沃脉德资本旗下 Caduceus 亚洲合作伙伴基金以及 Domain Associates 联合牵投。红杉资本中国成长基金也参与了融资。

达晨创投等投资四维文化传媒有限公司

17 日，达晨创投与易津投资联合宣布，双方向上海四维文化传媒有限公司增资共 3 900万元。其中，达晨创投出资 3 600 万元，易津投资出资 300 万元。

科元化工注资普凯投资基金

28 日，科元化工宣布从普凯投资基金融资 2 000 万美元。这是科元化工继纳斯达克上市后的又一大动作。

凯鹏华盈注资满座网

近日，全球顶级风险投资基金凯鹏华盈宣布，已向国内团购网站满座网注资千万美元。

10 月

贝恩资本收购金宝贝

8 日，童装零售商金宝贝宣布，已经接受私人股权资本管理企业贝恩资本 18 亿美元的私有化收购要约。金宝贝公司表示，贝恩资本的收购报价是每股 65.4 美元，按照金宝贝上周五收盘价每股 52.95 美元计算，溢价为 24% 。

红杉资本注资嘉和一品

11 日，北京嘉和一品企业管理有限公司董事长刘京京正式确认：嘉和一品获得红杉资本中国基金、涌铧投资两家知名风险投资公司的战略投资。

达晨创投联合浙商创投增资 AMT

18 日，中国本土最大的“管理 + IT”咨询服务提供商 AMT 与深圳达晨创投、浙江浙商创投在上海举行合作签约仪式，达晨创投和浙商创投联合将增资 AMT，AMT 由此成为国内第一家获得风险资本的咨询服务企业。AMT 获得这笔风投累计 5 000 万元，其中达晨创投出资 3 000 万元，浙商创投出资 2 000 万元。

宏弧资本等投资中国时尚休闲服饰有限公司

19 日，以斯舒郎为品牌的休闲运动服饰公司中国时尚休闲服饰有限公司宣布，全球投资公司美国德太集团组建了包括合众集团和既有股东宏弧资本的财团，对公司进行了超过 4 500 万美元投资。

启明创投投资当乐网

20 日，当乐网宣布，获得启明创投 1 200 万美元投资，这是当乐网成立以来正式公布的首轮融资。双方的接洽始于去年下半年，全部资金已在今年 7 月到位。同时，当乐网还启动了 Android 平台游戏战略。

英特尔投资注资东方网力

21 日，英特尔投资宣布投资中国网络视频监控领域的领先厂商东方网力，该投资来源于英特尔投资——中国技术基金 II，英特尔投资中国区董事总经理许盛渊在接受媒体专访时并没有透露投资金额和持股比例。

银湖投资集团投资挪宝新能源集团

22 日，美国银湖投资集团宣布，已投资入股中国节能技术供应商挪宝新能源集团。这是银湖首次对中国清洁技术领域进行投资。

晨兴创投等投资尚品网

24 日晚间，迪斯尼旗下思伟投资高级投资总监 Jennifer Yan 向媒体证实，思伟创投已经联合晨兴创投对国内奢侈品购物网站——尚品网进行了一笔千万美元投资。这将是 2010 年 5 月上线的尚品网获得的第二轮融资。

挚信资本等投资兰亭集势

26 日，在线 B2C 外贸平台兰亭集势董事长兼 CEO 郭去疾 25 日透露，兰亭集势刚完成了 3 500 万美元融资。该轮的投资方为挚信资本、联创策源和金沙江创投。

北极光投资攀业氢能源公司

10 月，知名创投公司北极光投资 2 000 万元风险资金入主上海攀业氢能源公司。

11 月

英飞尼迪集团投资哈尔滨第一工具

1 日，私募基金公司英飞尼迪集团发布新闻稿称，将向哈尔滨第一工具制造有限公司领投 1.2 亿元，以帮助后者实现技术升级。

青云创投投资多利农业

3 日，专注于清洁技术投资的青云创投宣布已投资上海多利农业发展有限公司，总额为 1 000 万美元。

红桥创投增资味博食品

3 日，泉州红桥创业投资股份有限公司以增资入股的方式投资味博食品有限公司 1 600 万元。

红杉资本等注资国康网

4 日，中国领先的健康风险管理服务提供商国康网宣布获得红杉资本和启明创投的第二轮投资，总金额达 1 亿元人民币。这是在 2007 年底，国康网获得启明创投首轮 1 000 万美元投资以来的第二轮巨额融资。

青云创投投资沁园集团

9 日，青云创投宣布，由青云创投管理的义云清洁技术基金已经决定向宁波沁园集团有限公司投资 8 000 万元人民币，相关协议的签署工作已于日前完成。

达晨创投注资赢合科技

15 日，深圳市赢合科技宣布完成第一轮融资，获得达晨创投独家 5 000 万元投资，所有投资将用于扩大产能及新产品的研发。

青锋投资基金投资环洋经典

21 日，美国青锋投资基金宣布投资北京环洋经典建筑发展有限公司，具体投资金额尚未披露。与此相关的另一项交易是美国青锋投资基金将旗下的凯里森建筑事务所与北京环洋世纪国际建筑顾问公司成立了合作企业。

DCM 等投资麦包包

22 日，国内在线箱包销售 B2C 网站麦包包日前获得 DCM、联想投资及挚信资本联合注资，总额 1 500 万美元。叶海峰表示，这是麦包包的第二轮融资，融资所得主要是为明后两年做储备。

联想投资投资拉夏贝尔

近日，联想投资宣布注资时尚女装品牌拉夏贝尔，金额达千万美元级。

12 月

宽带资本投资欢网科技

1 日，宽带资本已正式完成对 TCL、长虹合资成立的互联网电视技术提供商——广州欢网科技有限责任公司的投资。欢网科技战略合作中心总监姜钧凯透露，这笔投资金额为 4 000 余万元。此外，宽带资本创始人田溯宁已经被选举为欢网科技董事长。

周黑鸭获天图创投 6 000 万元注资

2 日，天图创投旗下天津天图兴盛股权投资基金完成了对湖北周黑鸭食品有限公司的投资，总投资额近 6 000 万元人民币。天图创投合伙人王岑代表投资方出任湖北周黑鸭食品有限公司董事。

拉手网获 5 000 万美元二轮融资

2 日，国内团购网站拉手网宣布获得第二轮风险投资，金额为 5 000 万美元。本轮投资方包括 Tenaya Venture、Norwest Venture Partners、金沙江创投和 Rebate Network，此次投资由 Tenaya Venture 领投。拉手网此前曾获得泰山天使基金、欧洲团购网站 Daily

Deal 创始人以及金沙江投资500万美元A轮融资，6月曾获得金沙江等创投500万美元贷款，加上此轮融资拉手网目前累计已获得风投6 000万美元。

成都工投引进九鼎等逾10亿元投资

2日，国企成都工投集团引进战略投资者入股旗下成都中小企业信用担保有限责任公司。此次增资扩股，中银投资资产管理有限公司、中信产业投资基金、渤海产业投资基金管理有限公司、渣打直接投资有限公司、北京九鼎投资中心（有限合伙）和成都成创汇智投资有限公司成功入股，募股价格为1.8元/股，总计募集资金人民币10.35亿元。此次募股价格水平创造了中国担保机构私募股价的新高。

红杉鼎晖注资驴妈妈旅游网

2日，旅游电子商务网站驴妈妈旅游网宣布，已经与红杉资本和鼎晖投资正式签约，获得1亿元的融资。据介绍，这是驴妈妈创始以来所获得的第二笔创投，也是红杉资本、鼎晖投资首次投资旅游电子商务。

易传媒完成第三轮融资

2日，国内互联网广告服务“商易传媒”宣称已经盈利，并在一个月前完成第三轮融资，金额达4 000万美元，但未公布投资方名单。2008年6月，易传媒获得金沙江创投领投的1 000万美元投资；2009年7月，易传媒获得由Richmond Management领投的3 000万美元第二轮融资。

鸿图精密获注资

6日，殷拓大中华基金II投资鸿图精密控股有限公司并获得其30%的股权，新资金将用于鸿图精密扩充产能与在中国设立新厂。

梦芭莎完成第三轮融资

6日，“梦芭莎”确认已完成总额接近6 000万美元的第三轮融资，此轮融资领投的是老虎基金。梦芭莎首轮融资来自瑞士信贷银行中国区战略投资伙伴崇德基金和清科创投，融资金额未公布；第二轮融资在2010年6月28日，由金沙江主投，首轮投资者崇德投资跟投，金额为2 000万美元。

金醋科技获东方睿银投资

7日，北京东方睿银投资管理有限公司董事长李建国表示，东方睿银与金醋科技正式签订了投资合作协议，首期投资将上亿元。

中科白云投资燕塘乳业

7日，广东燕塘乳业改制引入战略投资者并进行管理层持股一事落下帷幕。广东中科白云创业投资有限公司、广州长金投资管理公司、广东省湛江农垦集团公司、广东中远轻工有限公司、广东中科招商创业投资管理公司分别持有燕塘乳业9.79%，3.67%，7%，3.25%，0.52%的股权。燕塘乳业公司董事长黄宣等11位高管则获得共2.23%的公司股权。

英飞尼迪完成对九派制药投资

7日，英飞尼迪投资集团披露，已于10月完成了对河北九派制药有限公司的股权投资，总计投入人民币5 000万元。在本次对九派制药的投资中，英飞尼迪投资集团采用由其旗下石家庄石以投资中心领投，常州常以股权投资中心及苏州华亿投资中心共同投资的联合投资模式。

酷漫居获风险投资

8日，广州酷漫居动漫科技有限公司一举获得国际风投6 000万元的投资，继科宝、红星等先后与风投“喜结良缘”后，成为家具行业第四家获得风险投资的公司。这意味着酷漫居的创意模式步入相对稳定的成熟期。

光速基金联手德同资本注资中职北方

8日，中国最大的汽车职业教育机构——中职北方汽车职业培训学校（更名前为北方汽车专修学校）成功获得光速基金创投、德同资本1 500万美元的注资。

英飞尼迪携手MC Capital投资巨元瀚洋

9日，英飞尼迪投资集团宣布，联合MC Capital、浙江金桥创业投资等投资机构对换热器生产厂商——巨元瀚洋换热器公司，共同投资1 430万美元，其中英飞尼迪出资900万美元。

晶能光电完成第二轮融资

9日，LED芯片生产企业晶能光电有限责任公司完成第二轮融资，获得国际金融公司（IFC)、金沙江创投、海益得投资公司以及香港亚杰投资公司5 550万美元投资。其中，IFC出资1 250万美元。2006年4月，晶能光电完成第一轮1 000万美元融资，投资方为金沙江创投、Mayfield、永威投资；2007年6月，晶能光电又获得凯鹏华盈、淡马锡投资，金沙江创投、Mayfield、永威投资跟投，融资规模达4 000万美元。

58同城完成第三轮融资

9日，58同城完成了第三轮融资，融资金额达到创纪录的6 000万美元，融资后估值超过1. 5亿美元。58同城此轮融资由美国著名的投资机构华平投资集团（Warburg Pincus）领投，58同城创始人姚劲波个人也跟投了超过500万美元。

金沙江及IDG等注资易美芯光

9日，易美芯光科技有限公司（ShineOn）宣布，金沙江创业投资基金（GSR Ventures)、北极光风险投资基金（NLVC）与IDG资本（IDG - Accel）3家公司向易美芯光（北京）科技有限公司（ShineOn）投资5 000万美元，合力打造高亮度发光二极管（HB LED）企业旗舰。这是截至目前国内最大的针对HBLED封装项目的国际资本投资。

八方视界再融资525万美元

9日，八方视界网络科技有限公司宣布，该公司已通过第二轮融资募集到525万美元的资金。日本第三大银行瑞穗金融集团（Mizuho Financial Group Inc. ）引领了此轮融资，公司早期投资人、风险投资公司星火资本（Spark Capital）和戈壁合伙人有限公司（Gobi Partners）也参与跟投。八方视界在第一轮融资中获得了700万美元的投资。

网游商百游获千万美元投资

14日，百游证实，其已获得1 000万美元的投资，这是公司成立以来的首笔融资。对于资金来源百游并未透露，只是表示非国际风险投资。同时，此次获得的融资将主要用于新产品的推广和研发团队的扩充。

维棉获第二轮投资

15 日，贴身快时尚电子商务网站维棉 CEO 林伟表示，公司已经获得新东方联合创始人徐小平天使投资，金额超过千万元人民币。

晨兴启明联合投资小米科技

15 日，天使投资人雷军投资的 APP 开发团队小米科技融资 3 500 万美元，且市值已达 2 亿美元，投资方为晨兴和启明创投。

华致酒行获 KKR 注资

15 日，美国私募巨头 KKR 宣布，已投资中国华致酒行，但投资的具体金额和股权情况并未披露。华致酒行在 9 月 28 日得到新天域 2. 5 亿元入股的投资，其董事长吴向东表示，将在各方面条件成熟的时候，选择合适的时机推进上市进程。

淘宝童装品牌获 DCM 投资

16 日，上海“绿盒子”网络科技有限公司总裁吴芳芳透露，已再次获得风险投资 1. 2 亿元。此次投资来自世界上排名第六的风险投资商 DCM，其投资计划用于强化已有的童装品牌形象，进一步开拓市场。9 月，“绿盒子”完成首笔融资，获得了位于美国的挚信资本 2 000 万元的投资，打破了网货童装品牌零融资的纪录。

云锋基金投资印象系列

17 日，云锋基金与印象系列的联姻成功。云锋基金以 5 000 万美元投资印象系列，这是云锋基金成立以来首个官方正式披露的投资案例，也是继马云和虞锋投资华谊兄弟之后，云锋基金在文化创意产业的又一标志性手笔。

深圳创新投联合福田创投入股苏赛特

17 日，深圳创新投与深圳苏赛特商业数据有限公司签署投资协议，联合深圳市福田创新资本创业投资有限公司共同投资中国首家专业商业数据公司苏赛特公司，金额为 3 000 万元。

殷拓基金投资沁园

20 日，殷拓集团（EQT Partners Asia）旗下殷拓大中华基金 II（EQT Greater China II）发布消息称，未来两年内将在一定条件下投资沁园，获取其 65% 的股权，成为沁园的控股股东，而原有股东将继续持有沁园 35% 的股权。

九城、华岩资本投资移动互联网领域

21 日，中国网络游戏开发及运营商第九城市宣布，与华岩资本、成为基金和险峰华兴创业投资共同组建一只投资基金，规模 1 亿美元，用于投资国内外移动互联网领域。

第一财经获招商局中国基金投资

21 日，招商局中国基金公布，旗下全资附属公司深圳市天正投资公司——深圳市天正投资有限公司和上海大众集团资本股权投资有限公司、上海联新投资中心（有限合伙）、天津诚柏股权投资基金合伙企业（有限合伙）签署了一份关于上海第一财经传媒有限公司的增资协议，将向第一财经注入现金 1. 2 亿元人民币资本。完成注资后，天正将持有第一财经扩大股本中约5%的权益，大众资本增资额为228万元。公告称，上海东方传媒集团有限公司将继续为第一财经的单一最大股东。

京东完成第三轮融资

23日，京东商城董事局主席刘强东透露，公司已经完成C轮融资，总额将超5亿美元，全球零售业巨头沃尔玛参投，这已超过两家上市B2C上市融资额总额。京东商城于2010年初获得融资1.5亿美元融资的C2轮融资已经完成，金额为7 500万美元，投资方依然为C1轮的老虎环球基金。

百世物流启动第三轮融资

23日，物流管理系统提供商百世物流已启动第三轮融资，融资总额约为2 000万美元。2010年4月，百世物流获得华登国际和鼎晖的投资为百世物流获得的B轮融资，总金额达到1 500万美元；首次融资发生于2009年，当时的融资总金额高达1 500万美元，投资机构为阿里巴巴和富士康。

博瑞传播投资锐易通

24日，博瑞传播发布公告称，其子公司北京博瑞盛德创业投资有限公司出资700万元现金单方面增资《泡泡鱼》开发商北京锐易通科技有限公司，增资后博瑞盛德持有锐易通20%的股权。同时，博瑞还宣布以1 200～4 000万美元的价格收购苹果iPhone平台游戏开发商上海晨炎信息100%股权。

亲和源获挚信资本首轮风投

25日，挚信资本（Trust Bridge Partners）与养老企业亲和源股份有限公司签订投资协议，亲和源获得注资1亿元。亲和源成立于2005年3月，是一家从事养老服务投资与运营的专业公司。

优众网完成首轮融资

27日，优众网宣布，已经获得美国光速创投和IDG资本1 100万美元的首轮融资。该网站是由原MSN中国区副总裁陈啸与淘宝网创始人孙彤宇共同创建的。

激动网完成首轮融资

29日，激动网创始人兼CEO吕文生透露，公司已经获得首轮投资2亿元，目前该笔资金已经全部到账。此次投资由江苏广播电视集团领投，华商盈通、复行信息等跟投，此轮融资也创下了国内视频网站首轮融资的最高纪录。

浙江华野绿化获千万美元风投

30日，浙江华野景观绿化有限公司确认，已成功引入来自北京、上海、山东、浙江的风投资金1 000万美元。

2011年

1月

网秦科技获MTK注资

4日，大参考创办人李易在腾讯微博透露，继获得HTC投资后，网秦科技日前又获得了MTK旗下创投公司220万美元的投资。至此，网秦旗下多款手机软件将完成从高端至低端全面预装的战略布局。

松禾资本投资饭否网

4日，王兴创办的独立微博客饭否网获松禾资本千万元注资，此次投资由松禾资本投资总监张春晖负责完成。

Koolanoo集团注资椰子网

1月初，成立仅两个月的椰子网获得了以色列著名的风险投资集团——Koolanoo集团500万美元的风险投资。

指付通获得私募注资

1月初，亚洲唯一运营指纹支付业务的立佰趣正式对外宣布，在2010年末接受中金、联想、鼎晖投资等投资机构巨额注资，总金额为5亿元人民币。据悉，此次融资立佰趣婉拒了花旗集团、金光集团、软银等诸多国际资本，并拟与花旗集团在海外设立合资公司，共同开拓海外市场。

金沙江创投联合注资佳品网

1月中，媒体报道，国内最大采用会员制的奢侈品网站——佳品网已顺利完成第三轮千万美元级融资。本轮融资由金沙江创投领投，泰山天使创业基金、松禾资本及香港某财团共同投资。

玛萨玛索获得北极光等注资

1月中旬，北京九合尚品科技有限公司正式宣布已完成B轮融资，该轮融资由北极光创投领投，曾在2010年初投资玛萨玛索的红杉资本跟投。

辰能风投注资华拓数码

23日，黑龙江辰能哈工大高科技风险投资有限公司和大庆市华拓数码科技有限公司举办投资合作签署仪式，辰能风投向华拓数码投资3 000万元。

2月

戈壁基金等投资悠易互通

互联网精准定向广告公司悠易互通获得第二轮总计2 000万美元的风险投资，本轮融资由美国橡树投资（Oak Investment Partners）领投，曾参与首轮注资的思伟投资及戈壁基金本轮跟投。

经纬创投等投资恺英网络

国内知名社交游戏公司恺英网络宣布，公司已完成由经纬创投（Matrix Partners）、凯鹏华盈（KPCB China）与清科创投共同完成的第二轮投资，金额超1 500万美元。

经纬创投等投资传漾科技

国内网络广告解决方案提供商传漾科技已完成第二轮融资，该轮融资规模在千万美元级别，除参与首轮投资的经纬创投外，祥峰中国投资公司、美资SIG亦联合参与投资。

华亿基金等投资兴柏生物

领先的人民币和美元跨境私募基金英飞尼迪投资集团，于2011年2月完成了对石家庄市兴柏生物工程有限公司的股权投资。本次投资由英飞尼迪投资集团旗下石家庄石以投资中心领投，华亿基金、常以基金及天以基金等多支英飞尼迪投资集团旗下基金及合作基金联合投资，总计投入人民币1.2亿元。投入资金将用于支持兴柏生物的新型农药产品开发及产能建设。

DCM等投资万学教育集团

北京万学教育科技集团宣布完成第二轮2 000万美元融资，投资机构包括DCM、红杉、联想投资和新加坡凤凰基金。

3月

贝塔斯曼亚洲投资基金等投资爱点击亚洲互动传媒

贝塔斯曼亚洲投资基金（Bertelsmann Asia Investments，BAI）宣布对爱点击亚洲互动传媒有限公司（iClick Interactive Asia Limited）的投资。本轮融资由贝塔斯曼亚洲投资基金领投，合作投资方包括SSG Capital Partners和住友商事亚洲资本股份有限公司（Sumitomo Corporation Equity Asia）。

IDG等投资优雅100

家纺B2C电子商务网站优雅100创始人陈腾华透露，其已经完成第一轮1 000万美元融资，由IDG和DCM联合进行投资。

信达资本投资恒生科技

自2010年6 000万元投资浙江金融服务集团中新力合后，信达资本管理有限公司再度出手与民营化工企业恒生科技研发有限公司在北京举行入股签约仪式，通过旗下基金斥资2亿元入股该公司。

红杉资本投资聚美优品

国内首个化妆品团购网站聚美优品宣布获红杉资本千万美元级别的投资。

天津创投注资原力动画

天津创投宣布在本月投资江苏原力电脑动画制作有限公司，具体金额尚未透露。

泰山投资注资喜事网

国内领先的提供婚宴预订服务的结婚网站喜事网近期对外宣布与泰山天使创业基金“联姻”成功，成为国内首个获风险投资的婚庆类网络平台。据悉，泰山天使创业基金对喜事网的首轮投资金额也超过了其平均的天使项目投资额度。

天图创投投资川铁电气

天图创投旗下天津天图兴盛股权投资基金合伙企业（有限合伙）完成了对川铁电气（天津）集团有限公司的投资，总投资额3 000万元人民币。

创业加速器等投资海客瑞斯

在摆脱冠福家用子公司上海五天实业有限公司控股地位之后，上海海客瑞斯酒店用品有限公司吸引了6家创投公司，以及3位自然人的高价入股。

和君资本投资卓越教育

和君咨询董事长王明夫在接受采访时表示，和君资本已经投资了广东卓越教育，但他表示不方便透露具体的投资金额。

君盛投资投资上海瀚银

君盛投资旗下在管基金中小企业（天津）创业投资基金日前正式完成了对上海瀚银信息技术有限公司的投资。

秉原秉鸿资本等投资雅润传播

海雅润文化传播有限公司本月完成二轮融资，投资方包括上海秉原秉鸿及海通开元等机构。

天堂硅谷投资山地茶业

浙江天堂硅谷股权投资管理有限公司与杭州山地茶业有限公司正式签约，由天堂硅谷注资1 500万元给山地茶业，成为资本与浙江绿茶的首次牵手。

4月

KKR收购苏州胶囊

辉瑞公司（PFE）和Kravis Roberts & Co. LP（KKR）宣布，一家KKR的子公司将出价24亿美元现金收购辉瑞的胶囊部门。

软银中国领投宜搜科技

国内移动搜索领军企业宜搜科技对外宣布已完成最新一轮融资，此次融资金额高达数千万美元。本轮融资由软银中国领投，联电弘鼎创投、VENTECH等业内知名的企业也参与了投资。

IDG投资埃沃定制

埃沃定制（IWODE）服装凭借独特的“以消费者为导向的产品提供模式”获得知名风投IDG的千万元级别的首轮融资。

金沙江创投等投资拉手网

国内团购网站拉手网正式宣布完成1.11亿美元的C轮融资。本轮融资由Milestone Capital（麦顿投资）、Richemont（历峰集团）旗下的Reinet Fund SCA FIS和Remgro Limited、金沙江创投以及其他两家基金共同投资。

北京国有资本等投资二商股份

北京二商食品股份有限公司3家发起股东以增资扩股方式引入中国食品工业（集团）公司、北京国有资本经营管理中心、信达资本（天津）股权投资合伙企业和北京新希望产业投资中心4家机构作为战略投资者。

红杉资本等投资途牛旅游网

途牛旅游网宣布，公司成功完成C轮约5 000万美元融资，该轮融资由红杉资本、乐天集团、DCM、高原资本等联合投资。

上海涌铧等投资拓明科技

北京拓明科技有限公司宣布成功实现第二轮8 000万元融资。这是拓明科技继第一轮融资4个月后又一次规模性资本运作。本轮投资由上海涌铧、上海科惠、杭州立元等机构联投。

清科创投等投资聚尚网

IDG资本携手清科创投千万美元投资聚尚网。

中投注资中芯国际

中国投资有限责任公司（简称“中投”）与中芯国际达成协议，向后者投资2.5亿美元，并将获得增发后11.6%的股权。

挚信资本等投资大众点评网

大众点评网在上海宣布，获得总额超过1亿美元的第三轮融资。据了解，此轮投资由挚信资本、红杉资本、启明创投、光速创投4家联合投资，是大众点评网的第三轮融资。

金沙江创投等投资易美芯光

易美芯光披露，公司已经完成第二轮融资，总金额达到5 150万美元。其中，美国风险投资公司Mayfield投资基金加入此轮融资，与原有的投资方金沙江创投、北极光创投和IDG－Accel资本结为投资伙伴。

德同资本投资百年栗园

百年栗园近日完成新一轮融资，总金额为1亿元，德同领投，另外有国内投行参与其中。

联创策源等投资点点网

点点网创始人许朝军宣布，点点网已完成A轮融资超过1 000万美元，由联创策源、红杉资本以及创新工场投资。

5月

杭州熙浪信息获投资

杭州熙浪信息技术有限公司获得美国某着名私募基金千万美元级别投资，是截至目前电商外包服务领域获得的最大单笔融资。

启明创投等投资中美冠科

创新抗癌药物研发合作和服务领域的领导者中美冠科生物技术有限公司（Crown Bioscience，Inc.）2011年5月4日宣布，该公司已完成2 880万美元的第三轮融资。本轮融资的牵头投资者包括沃脉德资本（OrbiMed Advisors）旗下Caduceus亚洲合作伙伴基金（Caduceus Asia Partners Fund）、Argonaut私募投资基金、华威国际（CID Group）、IBT和CDIB Capital Investment。现有股东启明创投和CRCI也参与了此项融资。

九鼎投资注资无锡小天鹅

无锡小天鹅精密铸造有限公司（简称“无锡小天鹅”）与昆吾九鼎投资管理有限公司（简称“九鼎投资”）、深圳市创新投资集团有限公司（简称“深创投”）及福布斯资本等机构已经正式签署投资协议，无锡小天鹅获得过亿元人民币的注资。

今日资本等投资赶集网

分类信息网站赶集网宣布获得今日资本和红杉7 000万美元投资。这是继2010年5月该网站宣布获得诺基亚成长伙伴基金和蓝驰创投联合投资的2 000万美元后的又一轮融资。

成为资本等投资也买酒

“也买酒 Yesmywine”正式获得 C 轮 4 000 万美元投资的消息。此轮投资由成为资本领投，DCM、曼图宏业（Mandra Capital）以及清科创投等跟投。过去一年也买酒获得三轮共计 5 300 万美元的投资。

红杉资本等投资唯品会折扣网

从名牌折扣网站唯品会获悉，唯品会再次获得红杉和 DCM 的联合风险投资 5 000 万美元。

腾讯注资好乐买

好乐买（okbuy. com）此前宣布完成的第三轮 6 000 万美元融资全部来自腾讯。据称目前资金已经到账。

量子策略基金等投资聚胜万合

聚胜万合宣布完成第三轮融资，该轮投资由索罗斯旗下的量子策略基金领投，光速创投和纪源资本联合投资，融资金额为 5 000 万美元，这是量子基金首次在华投资，也是中国互联网广告领域最大的单笔投资。

红杉资本等投资十月妈咪

女性分众市场的服装品牌运营公司十月妈咪董事长赵浦透露，公司刚刚获得红杉资本和贝加资本的联合注资，具体金额未披露。

新以创业投资基金注资伊士通

伊士通技术股份有限公司（简称“伊士通”）日前获得宁波新以创业投资基金 1 750 万元注资，该项目为新以创业投资基金首个投资项目。

DCM 等投资兰缪

著名内衣生活品牌兰缪（LA MIU）正式对外宣布获得 4 000 万美元 B 轮融资。兰缪品牌 CEO 董路表示，此轮融资将主要应用于丰富产品品类、提升客户体验、优化后台技术、完善物流体系等方面。

鼎鑫国际资本投资龙腾公司

龙腾公司与上海鼎鑫国际资本有限公司达成战略合作，首期引进 1. 25 亿元风险投资。企业研发的聚光太阳能发电设备将于明年 1 月份大规模投产。

湘江产业投资新疆大西部旅游股份有限公司

新疆大西部旅游股份有限公司获得湘江产业投资有限责任公司注资。融资将用于新疆旅游业的整合及景区项目的开发和建设。

鼎晖等投资窝窝团

团购网站窝窝团举行新闻发布会，宣布已获鼎晖、天佑、清科等多家投资机构的战略投资，本轮融资规模预计为 2 亿美元，并正式启动 IPO 程序。

美国中经合集团投资个信互动

老牌风险投资商美国中经合集团宣布注资中国领先的专注手机移动信息公司——个信互动（北京）网络科技有限公司，个信互动拥有自主设计的基于手机通讯录的跨网免费短信的手机客户端软件——“个信”，为用户提供一个可以支持 Symbian、Kjava、Android、MTK、iPhone、Window Mobile 等所有主流手机平台。

凤凰出版集团等投资凤凰联动

中国出版界巨头北京凤凰联动传媒有限公司成功完成首轮股权融资，此次融资规模为人民币 1 亿元。凤凰联动现有股东江苏凤凰出版集团与万达集团的关联公司积极参与了此次融资。

6 月

全国社保基金注资天津诚柏股权投资

社保基金与宽带资本签署投资协议，投资 5 亿元于宽带资本设立的人民币基金——天津诚柏股权投资合伙企业（有限合伙）。该基金由宽带资本作为发起人，国科控股、全国社保基金作为关键投资人。

麦格理与光大控股合资基金公司完成募资

麦格理和光大控股宣布，两家公司合资成立的光大麦格理大中华基础设施基金已完成首轮募资，募集总额 7.29 亿美元。

长江国泓股权基金投资发网

雅戈尔集团旗下凯石长江投资管理的上海长江国泓股权基金宣布对电子商务物流服务公司发网注资数千万元人民币。

徐汇科技投资欧安派

国内互动界知名广告公司——上海欧安派（OMP）广告传播有限公司获得徐汇科技投资有限公司首轮千万级融资，成为又一家公众瞩目的互动行销企业。

天图创投旗下投资机构注资长广天择传媒

天图创投旗下投资机构与长沙广电集团签署正式投资协议，向湖南长广天择传媒有限公司增资 5 200 万元人民币，本次融资是天择传媒的 A 轮融资。天图创投投资总监、高级合伙人冯卫东先生代表投资方出任企业董事。

红杉资本等投资 i 美股

网易前副总编辑方三文创立的财经网站 i 美股近日拿到红杉 250 万美金的投资。项目为红杉资本中国合伙人沈南鹏主谈，薛必群作为天使投资人也参与投资。

红杉资本等投资 E 店宝

红杉资本中国基金副总裁谢娜透露，E 店宝获得红杉资本和险峰华兴的投资，具体金额目前不详。

滨海引导基金投资博纳艾杰尔

天津博纳艾杰尔科技有限公司与天津滨海新区创业风险投资引导基金（简称“滨海引导基金”）签署股权合作协议。按照协议，滨海引导基金将为博纳艾杰尔科技有限公司提供 1 900 万元的股权融资。

原点资本领投 yoopay. cn

6 月 7 日，中国首家活动收款平台友付（yoopay. cn）获得了由原点资本领投的首轮风险投资。友付上线3周，注册用户超过1万，收款总额超过100万元人民币。中国在线第三方支付的规模是1万亿元人民币左右。针对于活动收款、团体收款、朋友转款的细分市场份额，大概在1 000亿元左右。友付现有的合作伙伴包括中国银联、支付宝、Visa、MasterCard、Paypal，并即将与五大商业银行达成合作意向，推出实名认证机制，开放平台的应用接口API。

美国高通公司等投资中科创达软件

中科创达软件科技（北京）有限公司（“Thundersoft”）宣布，在其最近一轮融资中将获得来自多家领先投资机构约1亿人民币的战略投资，其中包括美国高通公司、ARM（安谋）公司、北极光创投和国科瑞祺物联网创业投资有限公司。

金沙江投资 SunSun Lighting

SunSun Lighting 宣布获得金沙江首轮投资1 000万美元。经过本轮融资，SunSun Lighting 成为国内为数不多的获得风险投资的LED下游照明企业。

山东高新投注资山东方圆

6月9日，信创投其全资子公司山东高新投完成了对山东方圆有色金属技术服务有限公司的投资，将持有后者20%的股份。山东高新投、山东科创分别出资1 800万元、600万元认购山东方圆新增注册资本1 800万元和600万元。

利孚投资等投资合肥菱电冷设备

慧宇投资发展有限公司旗下的两只基金：上海利孚投资发展中心和新疆利孚龙丰股权投资有限合伙企业共同投资合肥菱电冷却设备有限公司，总额为人民币4 000万元，但具体价格没有透露。

联想控股投资武陵酒

联想控股有限公司（简称“联想控股”）将把触角伸向国内白酒业。日前，泸州老窖控股子公司湖南武陵酒有限公司拟进行战略引资，联想控股投资约1.3亿元。

蓝港在线投资博乐世纪

蓝港在线创始人CEO王峰再度担任天使投资人，投资在移动平台主打棋牌休闲类的博乐世纪公司，具体投资金额不详。

天正投资注资广西华劲

招商中国基金旗下深圳市天正投资有限公司斥资9 289万元人民币注资广西华劲集团，占扩大后股本5.5%。

腾讯战略投资珂兰钻石网

6月14日，腾讯战略投资钻石垂直B2C珂兰钻石网，投资金额5 000万美元。腾讯投资珂兰钻石的协议业已达成，而腾讯亦获得珂兰钻石相当比例的股份。

达晨创投等投资盛景网联

达晨创投、用友集团、汉能投资和分享投资联合向盛景网联培训咨询集团注资9 000万元，协助盛景网联高速发展。盛景网联董事长兼首席执行官彭志强称，公司将在未来3年择机申报上市。

盛大网络投资安智网

盛大网络悄然布局 Android 分发渠道，斥资千万投资国内基于 Andriod 的手机软件下载服务平台安智网。

同创伟业创业投资品尚红酒

垂直红酒 B2C 网站“品尚红酒”（www. pinwine. cn）获得了首轮 2 500 万元人民币融资，深圳市同创伟业创业投资有限公司投资。

华融渝富股权投资基金注资重庆小康

华融资产旗下华融渝富股权投资基金管理有限公司与重庆小康工业集团签署战略合作协议。根据协议，华融渝富将出资 2. 25 亿元入股小康集团，成为小康汽车的第三大股东，持有小康 5% 的股份。

钛和投资注资华安无损

浙江钛和投资管理有限公司与杭州华安无损检测技术有限公司签署正式投资协议，向杭州华安无损检测技术有限公司增资 1 850 万元，本次融资是华安检测的 A 轮融资。

今日资本等投资俏物悄语网

服装类电子商务网站 ihush（俏物悄语网）宣布，正式获得今日资本和经纬创投 4 300万美元联合注资。ihush 于 2008 年 12 月 29 日上线，是一个“限时特卖”电子商务网站。

挚信资本投资 Vpon

LBS 移动广告公司披露，其旗下的 Vpon 已获得知名风投挚信资本投资700 万美元，完成首轮融资。

摩根大通投资方正国际

方正国际软件有限公司宣布正式引入美国华尔街最大金融机构之一摩根大通，投资金额为 2 500 万美元，但目前尚不方便透露具体入股比例。

盛大投资豆果网

国内首家且最大的美食菜谱发现、分享、交流互动社区豆果网昨天宣布，成功获得盛大首轮融资，金额达千万元，创下美食互动社区行业最高融资纪录，同时也是盛大首次对美食行业进行投资。

鼎聚投资注资“音之舞”

杭州“音之舞”舞蹈培训全国连锁机构，获得了杭州鼎聚投资有限公司首轮风险资本资助 300 万元人民币，据悉，这在全国舞蹈培训行业是首例。

中经合集团等投资康圣环球

6 月 28 日，康圣环球医学特检集团（简称“康圣环球”）宣布成功完成第二轮 1 100万美元融资，投资方为美国中经合集团、贝雅亚洲私募股权基金、晨兴创投和美国梅奥医学中心（Mayo Clinic）。

凯鹏华盈等投资满座网

6 月 28 日，国内团购网站满座网宣布获得来自凯鹏华盈和摩根大通的第二轮超过 5 000万美元融资。

科华银赛投资炎黄娱动

国家科技部下属创设投资基金——科华银赛，向武汉炎黄娱动网络科技有限公司注资500万元人民币。

挚信资本投资果丽美

果丽美在完成首轮融资、投资方为挚信资本，金额为几百万美元级别。该投资是水果电子商务行业第一笔融资。

松禾资本投资乐蛙科技

松禾资本完成对上海乐蛙科技2 000万元的投资。这将成为其布局移动互联产业、特别是千元内Android操作系统本土化开发的重要一步。

海通开元基金等投资九九维康

沪上最大的保健品电子商务网站九九维康昨天宣布，与海通开元基金、航天新能源基金及红杉基金达成协议，上述3家基金向九九维康“砸”下数千万元，成为今年国内保健品行业最大一笔融资个案之一。

社保基金入股人保集团

社保基金入股人保集团（PICC）的股权比例21日终于披露。人保集团总裁吴焰表示，此次社保基金出资100亿元入股人保，占人保总股本的11%左右。而这一股权比例，高于此前业界不高于10%的猜测，约3元/股的价格将使社保基金拥有较高的收益空间。

附　录

● 附录1　全球并购研究中心简介

● 附录2　全国工商联并购公会简介

● 附录3　中国股权投资基金协会简介

● 附录4　中国基金博物馆简介

附录1 全球并购研究中心简介

全球并购研究中心是由中国社会科学院世界经济与政治研究所、亚洲商学院和中国并购交易网等单位联合发起，为适应全球企业并购浪潮而成立的非盈利性专业研究机构。中心成立于2001年11月，现拥有中外十余位并购领域专家为学术委员。全球并购研究中心旨在研究全球企业并购动态，帮助中国企业迎接“入世”挑战和建立全球化战略，为中国政府和企业提供有关全球并购领域最权威的调研报告和战略指导，并在学术界提供中国一流专家的独特见解。

2005年1月，已经运作4年之久的全球并购研究中心全面并入并购公会，保证了公会在发展战略和学术研究方面的领袖地位。

学术委员会主任 余永定

中国世界经济学会会长，英国牛津大学经济学博士，曾任中国人民银行货币政策委员会委员、中国社会科学院世界经济与政治研究所所长。

学术委员会秘书长 王 巍
副 秘 书 长 史建三 张金杰
海 外 理 事 施迈克
学 术 秘 书 王一霖

全球并购研究中心学术委员会成员（按姓氏笔画排序）

王 波 埃森哲（中国）有限公司董事总经理，美国美利坚大学经济学硕士，中国人民大学经济学学士。曾任职于一家中国著名民营企业和领先的投资咨询机构，以及世界银行总部。

王育琨 清华大学长三角研究院中国企业家思想研究中心主任。曾任国务院发展研究中心副研究员（1985～1993）、世界银行顾问（1988～1993）、知名集团公司副总裁（1994～2005）、经理人商学院院长。《经理人》、《证券市场周刊》、《董事会》等杂志的专栏作者。

朱 民 国际货币基金组织副总裁。美国约翰·霍布金斯大学经济学博士。曾任中国银行国际金融研究所所长、中国银行（香港）有限公司重组项目办公室负责人、香港国华银行董事、中国银行副行长、中国人民银行副行长等。

汤世生 方正集团有限公司高级副总裁。曾任中国建设银行洋浦分行行长、中国国际金融有限公司第一副总裁、宏源证券股份有限公司董事长。

张　克　信永中和会计师事务所董事长、首席合伙人，中国注册会计师协会副会长，北京司法鉴定业协会副会长。曾任中信集团中国国际经济咨询公司部门经理、中信永道会计师事务所总经理、永道中国副执行董事等职位。

陈全生　国务院参事。曾在国家经委、国家计委、国家体改委、国务院生产委、国家经贸委等部门工作，长期从事企业改革和管理工作。

陈志武　美国耶鲁大学终身教授、北京大学教授。金融学和金融资产定价领域的最具有创造力和最活跃的学者之一，国际顶级经济学和金融学杂志的撰稿人。

张秋生　北京交通大学中国企业兼并重组研究中心副主任、北京交通大学基础产业研究中心主任、北京交通大学经济管理学院教授、博士生导师。

金立佐　牛津大学经济学博士。曾任职于北京大学、国家经济体制改革委员会、英国洛希尔商人银行、摩根士丹利投资银行，全程参与了中国国际金融有限公司（CICC）的创建，中国信达资产管理公司专家委员会委员。

周放生　国务院国资委企业改革局，曾在原国家国有资产管理局、原国家经贸委、国有资产管理研究所、财政部财政科学研究所等多部门任职工作。

高世楫　国务院发展研究中心发展战略和区域经济研究部副部长、研究员，英国城市大学系统管理博士。国家信息化专家咨询委员会委员（第一、第二届）及政策规划专委副主任（第二届）。

聂庆平　证监会机构部巡视员，兼任北京大学中国金融政策研究中心研究员，中国社会科学院研究员，中国人民银行总行研究生部指导导师。曾任中国证券业协会副会长兼秘书长。

曹远征　中银国际首席经济学家，中国人民大学经济学博士。曾任国家经济体制改革委员会研究院常务副院长。先后担任过世界银行、亚洲开发银行、联合国开发计划署的专家。

附录2 全国工商联并购公会简介

中华全国工商业联合会并购公会（简称“全国工商联并购公会”）是在中华全国工商业联合会领导下的非营利性民间行业协会，设立于2004年9月。总部位于北京，在上海、深圳、沈阳、杭州等地设有分支机构。

全国工商联并购公会成员均为中国内地、香港、台湾及亚太地区专业从事企业重组改制、私募、融资、上市、并购及产业整合等领域的业界翘楚，拥有目前中国最优秀的企业集团作为客户群体。

全国工商联并购公会为国内外企业界和政府部门提供战略顾问、并购操作、管理咨询、资产评估、融资安排、法律及财务等投资银行服务，广泛联络各界精英结盟，致力于推动中国并购市场的规范与成熟，协助中国企业的全球化进程。

宗旨

▲ 构建会员群体在并购业务方面的交流与合作平台

▲ 参与行业发展规划与行业标准的制定，推动并购市场规范化和专业化发展

▲ 把握产业趋势，反映业界动态，维护行业利益

▲ 建设并购交易数据库，打造并购电子交易平台

组织结构

全国工商联并购公会最高权力机构是会员大会。理事会是会员大会在闭会期间的执行机构，对会员大会负责并报告工作。理事会选举产生会长、副会长、常务理事。常务理事会选举产生轮值主席。监事会由理事会选举产生。常务理事会的常设办公机构为秘书处，负责协会日常管理工作。

▲ 事业发展部

负责与政府部门及社会各界的联系，代表会员权益，推动行业规则及执业规范的制定。

▲ 会员管理部

扩大会员群体，建立业界网络，并根据会员的商业需求，提供商机、信息和定制服务。

▲ 国际合作部

开展与国内外同业的交流合作，扩大会员的国际认知和业务联系。

▲ 研究培训部

推动并购理论研究和专业培训，筹办专业杂志和网络平台，打造业界商业论坛。

理事会

荣誉会长	刘　吉	全球并购研究中心理事会主席
荣誉会长	朱　利	中国银河证券股份有限公司名誉董事长
会　　长	王　巍	万盟并购集团董事长
执行会长	费国平	国浩律师集团合伙人
常务副会长	葛　明	安永华明会计师事务所董事长
副 会 长	谢佳扬	德勤华永会计师事务所合伙人
副 会 长	谢思敏	北京市信利律师事务所高级合伙人
副 会 长	冯　戎	宏源证券股份有限公司董事长
首席经济学家	夏　斌	国务院参事、国务院发展研究中心金融研究所所长
顾　　问	刘红路	中华全国工商业联合会联络部部长
轮值主席	陈有安	中国银河证券股份有限公司董事长
轮值秘书长	李　梅	中国银河证券股份有限公司副总裁
常务理事	汤世生	北大方正集团有限公司高级副总裁
常务理事	宫少林	招商证券股份有限公司董事长 并购公会第二届（2006）轮值主席
常务理事	熊　焰	北京产权交易所董事长 并购公会第三届（2007）轮值主席
常务理事	孙月焕	中企华资产评估有限责任公司董事长兼 CEO
常务理事	王东明	中信证券股份有限公司董事长
常务理事	王少华	中诚信托投资有限责任公司总经理
常务理事	林怡仲	普华永道会计师事务所中国主管合伙人
常务理事	张晓森	北京市中咨律师事务所合伙人
常务理事	郑建彪	京都天华会计师事务所有限公司董事合伙人
常务理事	冯　兵	大亚科技集团有限公司执行副总裁兼首席战略官
常务理事	陈　爽	中国光大控股有限公司执行董事兼行政总裁
常务理事	刘信义	上海浦东发展银行副行长
常务理事	李　弘	中国国际金融有限公司董事总经理
常务理事	李祥军	中勤万信会计师事务所有限公司高级合伙人
常务理事	王　波	埃森哲（中国）有限公司董事总经理
常务理事	叶有明	乔丹投资咨询（中国）有限公司总裁

常务理事　傅继军　中华财务咨询有限公司董事长
常务理事　项绍琨　美国威嘉律师事务所驻北京代表处首席代表
常务理事　高鹰忠　浙江省中小企业局局长
常务理事　王　平　深圳市中科宏易创业投资管理有限公司董事长
常务理事　北尾吉孝　日本 SBI 控股株式会社董事长兼 CEO
理　　事　张　克　信永中和会计师事务所董事长
理　　事　张云岭　万盟投资管理有限公司执行董事
理　　事　张宏久　北京市竞天公诚律师事务所执行合伙人
理　　事　何猷龙　新濠国际发展有限公司董事总经理
理　　事　余以恒　上海华夏邓白氏商业信息咨询有限公司高级副总裁
理　　事　李　肃　和君创业咨询集团公司总裁
理　　事　沈　琦　中联资产评估有限公司董事长
理　　事　郭志标　宏高集团有限公司董事总经理
理　　事　梁家齐　鹰达证券有限公司董事
理　　事　温嘉旋　镒源资本有限公司董事长
理　　事　丛培国　君佑律师事务所主任
理　　事　石铁军　君合律师事务所合伙人
理　　事　吕红兵　国浩律师集团事务所首席执行合伙人
理　　事　蒋尚义　蒋尚义律师行合伙人
理　　事　刘　艳　天元律师事务所合伙人
理　　事　王翔弘　美世咨询大中华区并购咨询总监
理　　事　华东明　Monex 集团公司顾问
理　　事　权载伦　韩国 M&A 公司总裁
理　　事　本杰明·卫　美国纽约国际集团亚太区总裁
理　　事　韦杰夫　金融顾问
理　　事　沈功伟　重庆汉尊律师事务所主任执行合伙人
理　　事　张增根　中化国际（控股）股份有限公司董事总经理
理　　事　吴勇为　美国评值有限公司董事总经理
理　　事　张美灵　上海立信资产评估有限公司董事长
理　　事　黄世友　韬睿惠悦咨询公司大中华区总裁
理　　事　田溯宁　中国宽带产业基金理事长
理　　事　蔡　咏　国元证券有限责任公司董事、总裁
理　　事　贝彼德　银硃合伙人有限公司董事长
理　　事　黄齐元　蓝涛亚州有限公司总裁
理　　事　顾宁珂　北京聚科投资管理有限公司董事长
理　　事　郝　荃　毕马威华振会计师事务所合伙人
理　　事　张懿宸　中信资本控股有限公司首席执行官

理　　事　　单祥双　　深圳市中科招商创业投资管理有限公司董事长
理　　事　　陈镇洪　　天泉私募投资有限公司总裁
理　　事　　李　欣　　中国信达资产管理股份有限公司辽宁省分公司总经理
理　　事　　柳志伟　　上海金融与法律研究院董事长
理　　事　　中川隆　　日本 SBI 投资株式会社代表董事兼首席运营官
理　　事　　宫崎诚　　日本 SBI 控股株式会社北京代表处首席代表
理　　事　　江建法　　浙江民泰商业银行股份有限公司董事长
理　　事　　李新海　　浙江华庭集团股份有限公司董事长
理　　事　　陈文轩　　沃特（中国）财务集团管理合伙人
理　　事　　周华龙　　中信股份有限公司上海分分行投资银行部总经理

监事会

监事会主席　　刘　亭　　联亚集团董事长兼总裁
监　　事　　王国刚
监　　事　　索莉晖

秘书处

秘书长　　侯　震
会长助理　　常　芳　赵优优

会员申请条件

▲ 认同全国工商联并购公会宗旨及章程
▲ 经两个理事单位的正式推荐，提出申请并交纳会费
▲ 从事并购相关业务的投资银行中介机构及企业集团
▲ 积极参与并购公会活动并形成业界影响力

成员权益

▲ 商务脉络

成员与业界商业领袖和政府官员建立职业联系；通过各项活动开拓商机，分享信息，建立广泛的业界战略联盟。每年公会将根据成员建议展开各种论坛、博览、出访、培训活动，最大限度地发挥公会影响力，帮助成员获取商业利益。

▲ 政策参与

本会将高度关注业界动态，代表业界向政府机构提出各项专业建议，协助业界的专业研究活动。特别发挥公会的协调功能，坚定维护成员的正当社会与商业权益，推动并购交易的规范化运作，建立行业职业道德的标准。

▲ 商业信息

免费获得公会主编的《中国并购快讯》、《中国并购报告/年鉴》等文献，共享并购研究成果。成员公司简介将免费登载于公会主持的中国并购交易网（www. mergers - china. com）。成员可以获配网址并免费将网页寄存于本会网站。

▲ 会员优惠

成员公司在获得公会批准的条件下有资格代表公会开展有利于商业利益的社会活动。成员承诺在成员之间提供的并购相关专业服务是最优惠价格。公会参与主办的所有论坛将对成员收费提供最优惠价格。在公会网站及合作媒体上发布相应的品牌广告和企业介绍将同样享有优惠。

全国工商联并购公会与全球并购研究中心联手向并购业界长期奉献

▲ 参与主办“中国并购交易网”（www. mergers - china. com）

▲ 2001 年起，每年主编《中国并购报告》

▲ 2001 年起，每年评选“中国十大并购人物”和“中国十大并购事件”

▲ 2002 年起，每月编制公布“中国并购指数”（China M&A Index）

▲ 2003 年起，定期主编《中国产业地图》

▲ 2003 年起，在主流媒体定期发布“中国并购月度报告”和“中国并购季度报告”

▲ 参与主编《重组与并购周刊》和《中国并购快讯》，前者于 2005 年 9 月合并为《中国并购快讯》

▲ 2003 年起，每年主办中国并购年会

▲ 2006 年起，每年通过全国工商联向“两会”提交专业提案

▲ 2007 年起，每年评选并颁布“中国并购专项奖”

▲ 2007 年起，参与主办“中国企业国际融资洽谈会”

▲ 2008 年起，每月协办《资本交易》

并购俱乐部

▲性质

并购俱乐部是全国工商联并购公会设立的非营利封闭式并购交流和交易促进机构。

▲目标

由并购公会牵头，和境内外大型金融机构形成联盟，与境内外商会、民间组织合作，吸收境内外金融家、银行家、投资家、企业家等市场知名人士成为俱乐部会员，通过各种活动，促进并购市场繁荣发展。

▲会员

会员义务：恪守相互尊重，诚实信用的交往原则，积极参与俱乐部的活动，对本俱乐部的建设、发展提出意见和建议。

会员权益：有权在承担成本费用的前提下，参加俱乐部邀请参加的各项活动。拥有在俱乐部内，申请发起组织专题活动的权利。

▲北京并购俱乐部

名誉主席：吉　林　北京市市委常委、常务副市长
主　　席：王　巍　全国工商联并购公会会长
执行主席：葛　明　安永华明会计师事务所董事长
秘 书 长：郑建彪　京都天华会计师事务所有限公司董事合伙人

▲上海并购俱乐部

名誉主席：屠光绍　上海市委常委、副市长
主　　席：王　巍　全国工商联并购公会会长
顾　　问：方星海　上海市政府金融服务办公室主任
凌　涛　中国人民银行上海总部副主任
阎庆民　中国银行业监督管理委员会主席助理
秘 书 长：费国平　全国工商联并购公会执行会长、国浩律师集团合伙人

▲东北并购俱乐部

名誉理事长：祁　鸣　沈阳市人民政府副市长
理 事 长：李　欣　中国信达资产管理股份有限公司辽宁省分公司总经理
秘 书 长：詹正言　万盟并购集团执行董事

▲浙江并购俱乐部

理 事 长：高鹰忠　浙江省中小企业局局长

▲日本并购俱乐部

理 事 长：北尾吉孝　SBI 控股株式会社董事长兼 CEO
事务局长（秘书长）：中路武志　SBI 投资株式会社管理部长

联络方式

▲北京总部

地址：北京市建国路 77 号华贸中心 3 号楼 701A
邮编：100025
电话：86－10－65171198
传真：86－10－65171125
E－mail：cmaa@ mergers-china. com

▲上海办事处

地址：上海市南京西路 580 号南证大厦 45 层
邮编：200040
电话：86－21－52341668　　分机：8042
传真：86－21－52341680
E－mail：cmaa@ shanghaimaclub. org

▲深圳办事处

地址：深圳市福田中心区免税商务大楼28楼7A
邮编：518048
电话：86－755－82137771
传真：86－755－82137005
E－mail：lixiangjun88@hotmail.com

▲并购公会轮值秘书处

地址：北京市西城区金融大街35号国际企业大厦C座
邮编：100033
电话：86－10－66568888
传真：86－10－83574066

附录3 中国股权投资基金协会简介

中国股权投资基金协会（简称：中国PE协会，英文为China Association of Private Equity，缩写：CAPE）是由股权投资行业人士自愿联合发起成立的非盈利性社会团体法人机构。

中国股权投资基金协会接受国家行业主管部门的工作指导和业务支持，服务于在全国注册的各类基金及管理、中介机构等，致力于建设行业自律监管机制，维护会员的合法权益，提高会员从业素质，加强会员与境内外股权投资基金管理界的合作与交流，促进我国股权投资基金产业的健康发展。

协会服务宗旨

- 促进行业环境建设
- 建立自律监管机制
- 维护会员合法权益
- 研究行业发展动向
- 培养相关专业人员
- 组织内外交流合作

协会会员享受的服务

- 分享并参与建设中国PE/VC数据库
- 参与《中国PE专刊》以及相关报告的编写
- 参与相关课题研究及专题研讨
- 分享会员之间的投资技术和信息
- 获得市场地位巩固和提升的机会
- 参加协会提供的培训服务
- 参加协会举办的PE论坛
- 开展国际交流与合作服务

协会主要成员

荣誉会长	项怀诚	前财政部部长
会长	邵秉仁	全国政协人口资源环境委员会副主任
常务副会长	衣锡群	博威资本主席
秘书长	王巍	万盟并购集团董事长
首席经济学家	许小年	中欧国际工商学院教授

副　会　长　方风雷　厚朴投资董事长、高盛高华证券董事长
霍学文　北京市金融工作局党组书记
安红军　上海城投控股股份有限公司董事、总裁
李祥生　渤海产业投资基金管理有限公司首席执行官
姜传波　华融渝富股权投资基金管理有限公司董事、总经理
刘　昼　达晨创投创始合伙人、董事长
林向红　苏州创业投资集团董事长、总裁
何小峰　北京大学经济学院金融系主任、教授、博士生导师
赵令欢　弘毅投资总裁、联想控股董事局执行董事、高级副总裁
吴尚志　鼎晖投资董事长兼创始合伙人
刘乐飞　中信产业投资基金管理有限公司董事长兼 CEO，兼中信证券董事
张　琼　亚商集团总裁

秘书处

会长助理　郭　薇
法律顾问　曹　雪
业务主管　王　岩　李　明

专刊与活动

《中国 PE 与 VC 专刊》　周刊（周五出版）电子版
《资本交易》　月刊，中国股权投资基金协会协办
课题研究及研讨会　政策法规、热点课题研讨
月度培训　法律/税务培训
中国股权投资基金发展论坛　年度活动
全球 PE 北京论坛　年度活动

中国新金融研究中心

主　　任　方风雷　厚朴投资董事长
教授成员　陈全生　国务院参事
衣锡群　博威资本主席
梁锦松　前香港财政司司长黑石集团大中华区主席
曹文炼　国家发改委国际合作中心主任
田溯宁　宽带产业基金董事长

中国新金融研究中心由中国股权投资基金协会和亚洲商学院联合主办，旨在研究中国股权投资基金行业动态和趋势，为政府和企业提供股权投资领域权威的调研报告

和战略指导，帮助中国企业建立新金融领域发展战略，为业界提供学术支持，促进中国股权投资基金产业健康发展。

全球PE联盟

主　　席　邵秉仁
副 主 席　Steve Howard（澳大利亚）
秘 书 长　方风雷
副秘书长　Alberto G. Forchielli（意大利）
副秘书长　王　巍

成　　员　全球新兴市场股权投资基金协会（美国）
环球基金会（澳大利亚）
日本创业投资协会
巴西私募股权与创业投资协会
印度创业投资协会
意大利私募股权与风险投资协会
中国股权投资基金协会

《中国股权投资基金行业指导原则》

《中国股权投资基金行业指导原则》是经过半年的调研和讨论，由几十位来自境内外的律师、会计师和基金管理行业资深专业人士共同编制的中国第一个行业自律行为准则，也吸收了各地金融管理机构和相关部委的建议。在目前多部门监管的环境中，控制金融风险、提高自律规范运作水平成为重要课题。本原则参考了美国、欧洲、日本等同行的发展经验。

中国股权投资基金协会公布这一指导原则，标志着中国股权投资基金行业进入成熟发展的阶段，意义重大。

附录4 中国基金博物馆简介

中国基金博物馆位于苏州工业园区李公堤三期2号楼，是中国金融博物馆麾下第二家专业的金融教育公益博物馆，于2011年11月3日正式开馆，首期展示面积为2 300平方米。

第一部分：股权投资基金。股权投资基金的来龙去脉、中国股权投资基金市场的起源与发展、股权基金的影响力、股权基金里程碑、股权投资基金与我们的生活、著名基金公司、股权基金交易厅等。

第二部分：共同基金。证券基金的进化、证券基金的影响力、证券基金与我们的生活、证券基金名人堂、证券基金的运作。

第三部分：对冲基金。对冲基金的发展、对冲基金的影响力、对冲基金的千姿百态、著名对冲基金。

第四部分：公益基金。美国基金会发展历史沿革、代表性的基金会、中国基金会概览。

首期特展：苏州基金产业的崛起、中国金融博物馆精品展、基金与城市更新——苏州城铁规划展、邵秉仁书法作品特邀展。

馆内常规设展以私募股权投资基金、证券投资基金、对冲基金、公益基金等几种业态为主体，全面展示其演变历程、现状以及对民众生活的影响等。

博物馆运用声、光、电、影、物等多种展示手段，以多元化视角和参观者互动手法，普及基金业常识，提升民众的金融与理财能力。博物馆还定期推出各类特展、巡展，首期特展主题为：苏州基金产业的崛起。

中国基金博物馆

理事长	邵秉仁	中国股权投资基金协会会长 全国政协人口资源环境委员会副主任
副理事长	曹福龙	苏州市常务副市长
	杨知评	苏州工业园区管委会主任
馆长	王巍	中国金融博物馆理事长
首席经济学家	巴曙松	国务院发展研究中心金融研究所副所长